Franz Prisching
G'roder Michl, Pazifist und Selberaner

Franz Prisching

1864–1919

G'roder Michl, Pazifist und Selberaner

Von Reinhard Müller

Verlag Graswurzelrevolution
Verlag Gemeinde Hart bei Graz

Danke!

Für wertvolle Informationen und die Bereitstellung der Familiendokumente Franz und Johanna Prischings danke ich Christa Struckl (Hart bei Graz), Peter Struckl (Hart bei Graz) sowie Josefa Struckl (Graz), für Hinweise und Dokumente Helga Agnes Gössler (Vasoldsberg), Adolf Hausbauer (Kulm bei Weiz), Heinrich und Katharina Horjak (Hart bei Graz), Gerhard Payer (Hart bei Graz), Norbert und Rosa Plank (Raaba), Eduard Staudinger (Graz), Edeltraud Suntinger (Laßnitzhöhe), Florian T. (Amsterdam-Graz) und Josef Teichmeister† (Graz). Mein Dank gilt auch Karl-Heinz Gutmann (Hart bei Graz), der mein zwanzig Jahre altes Manuskript wiederentdeckte. Seine Begeisterung für den Harter »G'roden Michl« veranlasste mich zur grundlegenden Überarbeitung des Textes. Besonders aber danke ich Margarete Payer (Graz), der Retterin dieses Buches. Dem Internationaal Instituut voor Sociale Geschiedenis (IISG), Amsterdam, sei für Bereitstellung wie Druckerlaubnis zweier Dokumente aus dem Nachlass Pierre Ramus' gedankt. Für die sorgsame Lektüre des Manuskripts möchte ich mich bei Bernd Degener (Bremen), Thomas Iffert (Hannover) und Beatrix Müller-Kampel (Graz) bedanken.

Dieses Buch wurde mit finanzieller Unterstützung der Gemeinde Hart bei Graz gedruckt, wofür den Hartern und Harterinnen sowie Bürgermeister Gerhard Payer gedankt sei.

Reinhard Müller

Bibliografische Information der Deutschen Bibliothek
Die Deutsche Bibliothek verzeichnet diese Publikation in der Deutschen Nationalbibliografie; detaillierte bibliografische Daten sind im Internet über http://dnb.ddb.de abrufbar.

© 2006 Reinhard Müller
Verlag Graswurzelrevolution; www.graswurzel.net
Birkenhecker Straße 11 – D-53947 Nettersheim
E-Mail: buchverlag@graswurzel.net; Fax: 02440-959 351
ISBN 3-9806353-8-4

Verlag Gemeinde Hart bei Graz
Pachern Hauptstraße 117 – A-8075 Hart bei Graz
www.hartbeigraz.at

Umschlaggestaltung und Satz: Margarete Payer, www.tiga-design.at
Druck & Bindung: Druckhaus Thalerhof, Feldkirchen

Inhalt

Kurzgefasste Lebensgeschichte

Ich lasse mich von niemandem zwingen, ein Tol-
stoi- oder sonstiger »-aner« zu werden, sondern
man kann auch ein »Selberaner« sein.

Franz Prisching[1]

Kindheit und Jugend. 1864 bis 1877

Geboren wird er am Sonntag, dem 16. Oktober 1864, um sechs Uhr morgens in Hart, einem Dorf in unmittelbarer Nähe von Graz, im Haus Nummer 4. An der Stelle des Geburtshauses, nunmehr nach Graz eingemeindet, befindet sich heute ein Parkplatz der Wohnanlage Waltendorfer Hauptstraße 101. Noch am selben Tag, um vier Uhr nachmittags, wird das Kind in der nahe gelegenen Pfarrkirche von Sankt Peter (heute ebenfalls zu Graz gehörig) auf den Namen »Franciscus« (Franz) getauft. Taufpatin ist Cäcilia Fauland, Magd in Fernitz (Steiermark). Als Eltern zeichnen Thomas Prisching, Schuhmacher in Hart, und dessen Ehefrau Maria, geborene Gangl, beide römisch-katholischen Glaubensbekenntnisses.[2]

Franz Prischings Eltern,[3] die zu diesem Zeitpunkt bereits ein außereheliches Kind haben, stammen aus ärmsten Verhältnissen. Der Vater, Thomas Prisching, kommt 1813 im Herzogtum Nassau als Sohn des Kräutersammlers Michael Prisching und seiner Frau Elisabeth, geborene Günster, zur Welt und zieht nach dem Tod seiner Eltern nach Österreich, wo er sich in Sankt Peter Nummer 137 (heute Graz, Breitenweg) als Lederergehilfe niederlässt. Am 12. Februar 1860 heiratet er hier die Handarbeiterin Maria Gangl, welche als außereheliches Kind der Dienstmagd Julia Gangl 1834 in Graz geboren wird. Marias Vater ist unbekannt, und bei der Heirat der Sechsundzwanzigjährigen heißt es in den Heiratsmatriken über ihre Mutter: *unbekannt, ob noch am Leben*. Beistände der Trauung sind der Handarbeiter Franz Spitzer und der Bruder des Bräutigams, der Kräutersammler Michael Prisching, beide aus Sankt Peter bei Graz (heute zu Graz).

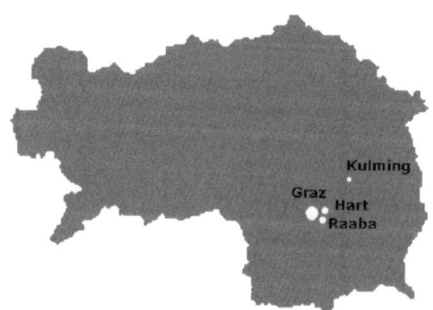

Franz Prischings Wohnorte in der Steiermark

Wenn ich heute an meine Kindheit zurückdenke, schreibt Franz Prisching als Achtunddreißigjähriger,

> *so muss ich sagen, dass es mich nicht reut, Ungemach über Ungemach erfahren zu haben, denn nur wenn es einem miserabel schlecht geht, können die revolutionären Ideen wachsen und gedeihen. Wäre ich hingegen das Kind reicher Eltern gewesen, so wäre ich wohl zuvorkommend und liebenswürdig behandelt worden. Ich hätte vielleicht manches unnütze Zeug lernen müssen und wäre jedenfalls gar nicht dazu gekommen, aus der »alleinseeligmachenden« römisch-katholischen Kirche auszutreten, kurz und gut, ich würde vielleicht noch heute glauben, dass es in der »göttlichen Weltordnung« so sein müsse. Die schlechte Zeit meiner Jugend ist für mich eine Triebfeder zu gründlichem Nachdenken gewesen.*[4]

Über seine Kindheit und Jugend ist nur das Wenige bekannt, das Prisching seinen Freunden und Kampfgefährten erzählt.

> *Als Sohn eines armen Schuhmachers und Kräutersammlers wurde ich nach herkömmlicher Sitte und Gebrauch erzogen, d.h., man versuchte mich nach den bekannten Dogmen dahin zu bringen, das eigene Denken zu unterlassen, um destomehr an die Unfehlbarkeit anderer zu glauben. Leider hatte ich aber schon als Kind herausgefunden, daß in der göttlichen Weltordnung manches nicht so ist, wie es sein sollte. Wenn ich als ein gerader Michl, der ich von jeher war, diese meine Wahrnehmungen und Bedenken laut werden ließ, so war das Resultat davon gewöhnlich ein »strenger Verweis«, mitunter setzte es auch Hiebe; dies hätte mich dahinbringen können, mit den Wölfen zu heulen. Aber trotzdem ich es auch versuchte, es ist mir immer mißlungen, ich hatte für einen Schauspieler gar kein Talent.*[5]

> *Als ich noch ein ganz kleiner Junge war, ist es mir schon so vorgekommen, als ob es auch anders und nicht gerade so sein müsse, wie es war. Besonders wollte mir durchaus nicht in den Kopf, warum gerade ich als Kind mit 4–5 Jahren im Sommer schon um 2 oder 3 Uhr früh aus dem Stroh heraus musste. Ja, aber das lag wohl in der »göttlichen Weltordnung«, dass ich meinen Eltern als 4–5jähriger Junge bei ihrem Erwerbe helfen musste. Kinder reicher Leute konnten sich zu einer Zeit, wo ich schon 3–4 Stunden tüchtig marschiert war, noch in den Federn gütlich tun. Ich muss gestehen, dass ich damals noch nicht den Einblick in die »göttliche Weltordnung« hatte wie heute und*

infolgedessen glaubte, dass ich nur ein solcher »Pechvogel« sei, welcher es in der Wahl der Eltern schlecht getroffen habe. [...]

In der Schule (d.h., dieselbe konnte ich ohnehin nur im Winter, wenn ich zufällig Schuhe hatte, besuchen) lernte ich wieder ein Stück von der »göttlichen Weltordnung« kennen. Die Kinder wohlhabender Leute konnten mich wegen meinen geflickten Hosen verhöhnen soviel sie wollten, und wenn ich mich beklagte, fand ich nirgends Gehör, ja, sie trieben es dann um so ärger mit mir. Was tun? Ich wollte mir schliesslich selbst Gerechtigkeit verschaffen. Da ich sehr flink und nicht feige war, verhaute ich manchmal 2–3 Stück auf einmal. Aber ach! Da kam ich schön an: Die Verhauenen verklagten mich beim Pfarrer in der Religionsstunde, und dieser allerchristlichste Seelenhirt hatte dann nichts Eiligeres zu tun, als mich ganz unchristlich mit dem Ellenmass (damals gab es in Oesterreich noch kein Metermass) durchzuprügeln. Ich war mir keiner Schuld bewusst, protestierte deshalb tapfer gegen das Prügeln. Dies hatte aber nur den Erfolg, dass der Pfaffe umsomehr auf mich losschlug. Was blieb mir übrig? Länger prügeln lassen wollte ich mich nicht. Auch in mir erwachte die Empörung. Ich kratzte, schlug mit Händen und Füssen, biss und spie den Lehrer an. Der Erfolg war ein ganz radikaler. Der Pfaffe warf mich hinter den Ofen, und der Ofen brach zusammen. Da lag ich mit dem Gesichte auf Asche und Russ. Während der »fromme Priester« am Katheder von der »christlichen Liebe« deklamierte, lugte ich dann mit meinem verweinten Gesicht, welches voll von Asche und Russ war, hinterm Ofen hervor, ob denn die Religionsstunde noch nicht bald zu Ende sei. Das rief natürlich eine ungeheure Lachsalve hervor, wodurch der Pfaffe neuerdings in grenzenlose Wut geriet. Er zerrte mich hinterm Ofen hervor, warf mich zur Türe hinaus und gebot mir, dass ich mich nie mehr in seiner Religionsstunde in der Schule blicken lasse. Dass ich mir dies nicht zweimal sagen liess, darauf kann man Gift nehmen. Ich hatte es dann immer gut. Wenn die Religionsstunde herannahte, sagte der Lehrer: Prisching, packe zusammen, es kommt der Katechist. Hei, wie schnell war ich da zum Tempel hinaus.[6]

Allzu lange können die Qualen in der Dressur- und Drillanstalt, wie Prisching die Schule später zu nennen pflegt, nicht gewährt haben, denn er bemerkt: *Nachdem ich in vier verschiedenen Orten die*

Volksschule besucht hatte, was alles in allem kaum 14 Monate aus-
machte, hatte ich kaum so viel gelernt, um meinen Namen schrei-
ben zu können.[7] Allerdings macht der rebellische Franzl, wie er auch
später noch von seinen Freunden gerufen wird, den Eltern manches
Kopfzerbrechen.

Da meine Eltern religiöse Leute waren, so verdross sie das. Sie pfleg-
ten dann immer zu sagen: Du musst dem lieben Herrgott und uns
danken, dass du deine geraden Glieder hast. Alle Leute können es auf
der Welt nicht gut haben, es muss Arme und Reiche geben, das ist halt
schon so eingerichtet in der »göttlichen Weltordnung«. Es hatte für
mich damals auch den Anschein, als wenn es wirklich so sein müss-
te, da ich den Zusammenhang der Dinge auch nicht richtig erfassen
konnte. Aber der Mensch ist und bleibt ein Egoist; ich wünschte des-
halb die »göttliche Weltordnung« schon damals zum Teufel und dach-
te, wenn es schon Arme und Reiche geben müsse, so hätten meine
Eltern doch auch reiche Leute sein können. Kurz und gut, ich machte
meinen Eltern viel mit Fragen zu schaffen, welche sie mir unmöglich
in zufriedenstellender Weise beantworten konnten.[8]

Was auch immer an Selbststilisierung in Prischings Erinnerungen
eingeflossen sein mag, einige Schlüsse lassen sich unzweifelhaft ziehen. Er stammt aus ärmsten Verhältnissen und muss schon als Kind,
noch nicht einmal schulreif, den Eltern beim Broterwerb helfen. Er
scheint bereits in jungen Jahren ein Einzelgänger zu sein, gezeichnet
vom Stigma der Armut, ein Kind, dem die armutsbedingten häufi-
gen Wohnortswechsel seiner Eltern länger dauernde Freundschaften
verwehren. Auffällig ist, dass Prisching seine frühe Rebellion gegen Autoritäten betont, insbesondere kirchliche, wobei er sich, genau
besehen, gegen Ungerechtigkeit und Scheinheiligkeit empört. Nicht
minder interessant ist, wovon Prisching nicht schreibt: In seiner doch
umfangreichen schriftlichen Hinterlassenschaft findet sich kein böses, kein abwertendes Wort über seine Eltern. Im Gegenteil, nach
dem frühen Tod seiner Mutter kümmert er sich offensichtlich für-
sorglich um den schwer kranken Vater.

Wanderjahre, Elend und Alkohol. 1877 bis 1891

Das Jahr 1877 stellt für den damals dreizehnjährigen Franz Prisching
einen entscheidenden Lebenseinschnitt dar. Kindheit und Schulzeit

sind vorüber, und mit dem frühen Tod seiner Mutter verliert er nicht nur ein Stück Geborgenheit, er muss jetzt außerdem alleinige Verantwortung übernehmen.

Von jetzt an begann nun erst recht der Kampf ums Dasein, da ich meine Mutter schon verloren hatte, als ich 13 Jahre alt war. Da der Vater durch Jahre hindurch an der Proletarierkrankheit (Lungenschwindsucht) litt und nichts verdienen konnte, so konnte ich nicht daran denken, ein Handwerk zu erlernen, sondern ich mußte mich in meiner frühesten Jugend als Taglöhner verdingen, um für mich und den Vater den Lebensunterhalt zu verdienen. Nachdem dann nach jahrelangem Leiden mein Vater das nicht gute Diesseits mit dem unbekannten besseren Jenseits vertauschte, hatte ich nur mehr für mich allein zu sorgen. Ich machte es dann so, wie es eben viele Tausende machen, d.h., ich suchte meine Zuflucht im Alkohol.[9]

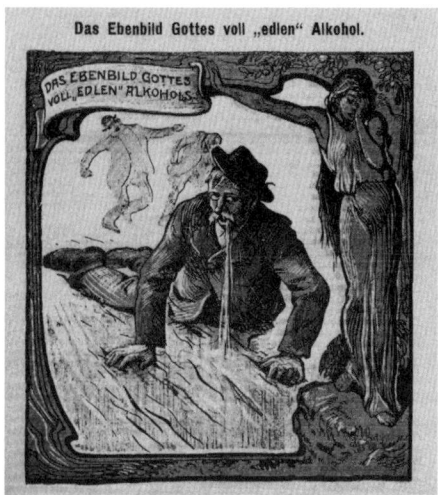

Grafik von Robert Wosak (1876–1944) Aus: »Der g'rode Michl« (Graz), 4. Jg., Nr. 3 (März 1910), S. 17

Auch über die Wanderjahre Franz Prischings, 1877 bis 1885, wissen wir wenig. Sicher ist nur, dass er auf Suche nach Arbeit mehrfach seinen Wohnort wechseln muss. Lediglich im niederösterreichischen Viehofen (1922 nach Sankt Pölten eingemeindet) dürfte er länger verweilt haben, denn hierhin ist er bis 1901 politisch zuständig, das heißt, dieser Ort galt amtlich als seine Heimatgemeinde. Dazwischen kehrt der wandernde Taglöhner regelmäßig nach Hart zurück, um seinen schwer an Tuberkulose erkrankten und mittlerweile arbeitsunfähigen Vater zu versorgen.

Der Tod des Vaters, wohl 1885, hat neuerlich grundlegende Veränderungen in Franz Prischings Leben zur Folge. Er lässt sich in diesem Jahr in Graz nieder und hat jetzt nur mehr für sich zu sorgen. Trotz seiner Sesshaftigkeit scheint, wie Prisching wiederholt andeutet, seine Entwurzelung eine neue Dimension erreicht zu haben: Der nunmehr Einundzwanzigjährige spricht kräftig, ja in Unmaßen dem Alkohol zu. Alles in allem führt Prisching bis etwa 1892 ein wenig auffälliges Leben als Taglöhner, dem jede Bildung vorenthalten bleibt, eine Existenz, die in ihrer Trostlosigkeit und Entrechtung, in ihrer Ausbeutung und Knechtung für große Teile der Bevölkerung damals typisch ist. Dann aber beschließt Prisching, sein Leben grundlegend zu ändern.

Ich hatte bisher Noth, Elend, Kummer in allen Variationen praktisch und theoretisch kennen gelernt. Der Jammer anderer brachte mich zum Nachdenken. Ich dachte, muß es denn so sein? Wozu leben wir eigentlich? Es war daher durchaus kein Wunder, daß ich auf eigene Faust mich mit Philosophie zu befassen anfieng. Wenn sich andere einen sogenannten guten Tag verschafften, indem sie ihr schwer verdientes Geld vertranken, kaufte ich mir verschiedene Bücher, und der Wald war dann meine Studierstube. Die Masse, die viel zu vielen, nahmen mir dies selbstverständlich übel, sie betrachteten mich als Sonderling und sagten nun, der »Bücherwurm« wird wohl gar noch ein Professor werden.[10]

Was Prisching in diesen Jahren liest, lässt sich ansatzweise erschließen. In seinen Texten zitiert er später regelmäßig, teils mit, teils ohne Nennung der Autoren, Johann Wilhelm Ludwig Gleim (1719–1803), Johann Wolfgang von Goethe (1749–1832), Heinrich Heine (1797–1856), Gotthold Ephraim Lessing (1729–1781), Friedrich von Schiller (1759–1805), Ludwig Uhland (1787–1862), Alphonse de Lamartine (1790–1869), und er nennt wiederholt Romane von Émile Zola (1840–1902). Man kann mit gutem Grund annehmen, dass diese Klassiker der deutschen und französischen Literatur am Anfang von Prischings Lektüre stehen. Wahrscheinlich ist auch, dass er bereits in frühen Lesejahren Werke über die Philosophie der griechischen Antike sowie Schriften des deutschen Philosophen Friedrich Schleiermacher (1768–1834) und des Mystikers Thomas von Kempen (d.i. Thomas Hemerken; 1379/80–1471) kennen lernt, vor allem aber Friedrich Nietzsche (1844–1900) liest, der später zu Prischings häufigst zitiertem und genanntem Autor wird. Zur politischen und anarchistischen Literatur scheint der Taglöhner erst Mitte der 1890er-Jahre vorgestoßen zu sein. Fest steht, dass sein Leseeifer sich bald zur Lesewut steigert, meist nachts, beim schlechten Licht einer Kerze oder Petroleumlampe, so dass er 1901 wegen einer Augenentzündung das Lesen vorübergehend aufgeben muss. Doch Prisching, der Findige, entdeckt bald ein billiges Mittel, seine alte Sehkraft wieder zu erlangen, eine Art Wasserkur, über die er später in einer Broschüre ausführlich berichtet. [11]

Was der Alkohol spricht.

Wollt Ihr Wunder und Zeichen schauen,
Kommt zu mir, Ihr Männer und Frauen!
Laßt mich nach meinem Willen nur handeln,
So kann ich die ganze Welt Euch verwandeln.
Arm mach ich die Reichen — krank die Gesunden,
Aus Arbeitern schaff' ich Euch — Vagabunden,
Aus Frommen Spötter, aus Waisen Verwirrte,
Aus Fleißigen Faule, aus Guten Verkirrte,
Aus züchtigen Jungfrauen schamlose Weiber,
Aus tüchtigen Männern Diebe und Räuber,
Aus häuslichem Glück Elend und Not,
Aus Nahrung Gift, aus Leben Tod.
Wie ich das kann?
Folgt mir heran!
Das Naß
Im Faß
Tut das
Ins Glas,
Dann an die Lippen
Zum Kosten und Nippen
Dann nur munter
Hinunter!
Nur mehr!
Und wieder
Hernieder!
So nähr' ich das Feuer, Ihr trinkt und trinkt,
Bis Euch der Abgrund der Hölle verschlingt!

Gedicht von Anton Uhlschmidt (1883–?) Aus: »Der g'rode Michl« (Graz), 1. Jg., Nr. 2 (Oktober 1903), S. 4

Eintritt in die Arbeiterbewegung. 1891 bis 1897

Vermutlich 1891 schließt sich Franz Prisching der sozialistischen Arbeiterbewegung an, ein Schritt, der offensichtlich auch seine berufliche Laufbahn verändert. 1893 beginnt er, was ihm die Fürsorge für seinen Vater einst verwehrte: eine Handwerkerlehre, die er 1895 abschließt.

Dann ging ich mit 29 Jahren in die Lehre und lernte das Maurerhandwerk, welches ich bis zu meinem 39. Lebensjahre ausübte [...]. Das Maurerhandwerk lernte ich lediglich nur zu dem Zwecke, um mich nach Feierabenden mit Lesen und Artikelschreiben befassen zu können, da dies als Taglöhner nicht leicht zu bewerkstelligen war, erstens verdiente ich als Taglöhner nicht so viel, um mir die nötigen Bücher

verschaffen zu können, dann zweitens war ich physisch zu viel abge-
rackert, um mich mit verschiedenen Problemen befassen zu können.
Mittlerweile hatte ich Gelegenheit gefunden, mit den Ideen des Sozi-
alismus und Anarchismus vertraut zu werden.[12]

Wie Prisching selbst mehrmals betont, sympathisiert er zunächst mit
der Sozialdemokratie, allerdings nur für kurze Zeit. Dann wendet er
sich den Anarchisten zu, die sich in Österreich damals »Unabhängige
Socialisten« nennen.[13] Diese sind in Graz in dem am 8. August 1892
gegründeten »Steiermärkischen Arbeiterbund«[14] organisiert, der bei
seiner Konstituierung 68 Mitglieder zählt[15] und dem Prisching noch
im Gründungsjahr beitritt.[16] Dies ist der älteste Hinweis auf Franz
Prisching und die sozialistische Arbeiterbewegung.

Die österreichische Arbeiterbewegung der frühen 1890er-Jahre
weist drei wesentliche Merkmale auf. Da ist zunächst der zahlenmä-
ßige Siegeszug der auf dem Kongress von Hainfeld zur Jahreswende
1888/89 geeinten »Sozialdemokratischen Arbeiterpartei Deutschösterreichs«, wobei diese »Einigung« auch durch den Ausschluss der
Anarchisten gekennzeichnet wird. Damit einher geht das enorme An-
wachsen der sozialdemokratischen Gewerkschaften, bestimmt durch
die Bildung beruflicher Zentralgewerkschaften und einer zentralis-
tischen Gesamtorganisation. Und schließlich treten die Negativer-
scheinungen parteimäßiger Organisation und des damit verbundenen
Funktionärstums krass ans Tageslicht: Veruntreuung wie Missbrauch
von Partei- und Gewerkschaftsgeldern, zunehmender Personenkult
und erstarkendes Bonzentum. Vor allem in Wien und Graz schließen sich Arbeiter, deren Vertrauen in die eben erst wiederbegründete
sozialdemokratische Partei erschüttert ist, mit den alten Anarchisten
– sie nennen sich zunächst »Autonomisten« – zusammen und bilden
seit 1892 die Bewegung der »Unabhängigen Socialisten«. Ihr Ziel
sind herrschaftsfreie Gemeinschaften auf Basis kommunistischer
Produktions- und Konsumgenossenschaften, die dezentral, also föderalistisch miteinander verbunden sind. Die Teilnahme an solchen
Gemeinschaften sowie die Beziehungen der Gemeinschaften untereinander sollen ausschließlich durch freiwillige Verträge geregelt
werden. Als bedingende Werte gelten die Freiheit des Individuums
gegenüber der Gemeinschaft, das Prinzip der gegenseitigen Hilfe und
die Ablehnung von jeglicher Form der Herrschaft von Menschen über

andere Menschen. Die »Unabhängigen Socialisten« bekennen sich zum Klassenkampf der Arbeiter und Arbeiterinnen, lehnen aber den Weg des politischen Kampfs ab. Anders als die Sozialdemokraten wollen sie nicht über Wahlen die Mehrheit in einem Parlament erreichen, um auf diese Weise eine Reform der Gesellschaft zu erwirken. Sie warnen davor, dass Partei und Funktionärstum rasch zum Selbstzweck würden, dass der revolutionäre Elan erlahme und dass Partei- wie Eigeninteressen ihrer Funktionäre nur zum Austausch der herrschenden Personen, nicht jedoch zur Änderung der Gesellschaft und schon aus immanenten Gründen nicht zur Abschaffung des Prinzips Herrschaft führten. »Verwahrlosung des revolutionär-sozialistischen Prinzips« lautet einer der Hauptvorwürfe »Unabhängiger Socialisten« gegen die Sozialdemokratie. Die »Unabhängigen Socialisten« wollen nicht den politischen, sondern den sozialen Kampf, die unmittelbare Änderung der wirtschaftlichen Verhältnisse. Ihr Klassenkampf zielt auf die soziale Revolution, welche auf dem Weg der Überzeugungsarbeit, also der Agitation in Wort und Schrift, sowie durch beispielstiftende Selbstorganisation in Genossen- und Gewerkschaften erzielt werden soll. Dabei setzten sie auf kleine, föderalistisch miteinander verbundene Gewerkschaften und lehnen jede Zentralisierung wegen der daraus resultierenden Unkontrollierbarkeit und des damit einhergehenden unproduktiven Funktionärstums ab. In Hinblick auf die spätere Entwicklung Franz Prischings sei noch hervorgehoben, dass die »Unabhängigen Socialisten« jede Form individueller Gewalt, also vor allem Terrorismus, ablehnen, dass sie aber kollektive Gewalt im Zug einer Revolte als eine vorübergehende Erscheinungsform der sozialen Revolution nicht verwerfen. Das schärfste Kampfmittel, das sie propagieren, ist der Streik.

Dies ist kurz und ohne Rücksichtnahme auf gerade anarchistische Bewegungen kennzeichnende Sonderentwicklungen die weltanschauliche Grundlage der »Unabhängigen Socialisten«, durch die Franz Prisching seine politische Sozialisation erfährt. Es gibt noch eine weitere Dimension der Arbeiterbewegung, und zwar in Österreich ausschließlich der anarchistischen, die für Prischings weltanschauliche Entwicklung von Bedeutung ist. Die einst mächtige, teils radikale, teils sozialrevolutionäre, teils anarchistische Arbeiterbewegung Österreichs[17] ist seit 1884 einer massiven Verfolgung durch die staatlichen Behörden ausgesetzt. Die Attentate zweier Sozialrevolutionäre führen im Jänner 1884 zur Verhängung des Ausnahmezustands über Wien sowie die Gerichtsbezirke Wiener Neustadt und Korneuburg. Dies bedingt einerseits, dass Graz – bis in die 1930er-Jahre – zum zweiten und im Verhältnis zur Einwohnerzahl sogar wichtigsten Zentrum der anarchistischen Bewegung Österreichs wird. Andererseits beginnt damals die rigorose Hetzjagd auf Anarchisten und solche, welche die Behörden dafür halten. Als erstes europäisches Land führt Österreich 1886 ein eigenes Anarchistengesetz ein. Es gehört damit zu den wenigen Staaten Europas, die ein solches Gesetz erlassen. Fast jeder, der sich öffentlich positiv über Anarchismus äußert, ist von langjähriger Kerkerhaft, Ausweisung und Exil betroffen. Die treibenden Kräfte der anarchistischen Bewegung Österreichs müssen im Ausland Zuflucht suchen, vor allem in England, der Schweiz und den Vereinigten Staaten von Amerika; selbst in dem politisch sicherlich nicht sehr fortschrittlichen Preußen haben Anarchisten noch immer bessere Wirkungsmöglichkeiten als in Österreich.

Diese Zeitung ist Prischings erste regelmäßige anarchistische Lektüre
Die Zukunft (Wien), 27. August 1892 bis 1. Mai 1896

Aus der behördlichen Verfolgung der anarchistischen Bewegung schlagen seit dem Einigungsparteitag von Hainfeld 1888/89 auch noch Sozialdemokraten Kapital. Die »Sozialdemokratische Arbeiterpartei Deutschösterreichs« versucht sich als gemäßigte und staatstragende Partei zu etablieren, welche die Gleichsetzung von Anarchisten mit Terroristen nicht nur mitträgt, sondern noch verstärkt. Durch Verleumdung einzelner Anarchisten und gezielte Falschinterpretation ihrer Ideen versucht sie, an die radikal-sozialrevolutionär-anarchistische Bewegung verlorenes Terrain wieder zu gewinnen und zur einzigen und alles beherrschenden Kraft der österreichischen Arbeiterbewegung zu werden.

In dieser für die österreichische Sozialdemokratie sicherlich nicht sehr ruhmreichen Epoche wagt gerade in Graz ein Handwerker den folgenreichen Versuch, die um 1889 fast vollständig beseitigte anarchistische Bewegung in Österreich wieder zu beleben: der Schneidergehilfe Johann Rismann (1864–1936), der übrigens gleich alt ist wie Franz Prisching. Im Jänner 1889 verlässt Rismann, der als einziger auf dem Hainfelder Parteitag die Interessen der Anarchisten zu wahren suchte, Graz, um sich als Anarchist weiterzubilden. Er ist von April bis August 1889 in Köln, dann kurze Zeit in Aachen, seit November für einige Monate in Elberfeld, von Oktober 1890 bis April 1891 in Düsseldorf, von April 1891 bis Februar 1892 in Berlin, dazwischen jedoch in Bern und London.[18] In all diesen Städten besucht er Anarchisten, versucht internationale Kontakte herzustellen und erweitert seine anarchistische Weltanschauung. Am 24. Februar 1892 kehrt er nach Graz zurück, also zu jener Zeit, in der sich Franz Prisching der anarchistischen Arbeiterbewegung zuwendet. Rismann ist die treibende Kraft für die Gründung des schon erwähnten »Steiermärkischen Arbeiterbundes« im August 1892, dem ersten Verein, dem Franz Prisching nachweislich beitritt. Und im November 1892 kommt auf Einladung Rismanns der seit drei Jahren im US-amerikanischen Exil lebende böhmische Bäckergehilfe August Krčal (1860–1894), damals weithin bekannter Vertreter der ehemaligen Radikalen, nach Graz.

August Krčal (1860–1894) um 1893

Unter dem Einfluss Rismanns und Krčals, die Franz Prisching wohl persönlich kennen lernt, gewinnen die »Unabhängigen Socialisten« rasch Anhänger, auch in anderen Teilen Österreichs, insbesondere in Wien, Linz, Klagenfurt und Villach. Sie veröffentlichen 1893 in Graz die von Rismann mitverfasste, aber nur unter dem Namen Krčals erschienene »Geschichte der Arbeiter-Bewegung Österreichs 1867–1892«, das wohl wichtigste Druckwerk der und zur anarchistischen Bewegung Österreichs im 19. Jahrhundert.[19] Die in ihrer gesamten Auflage von 5.000 Stück beschlagnahmte Broschüre liefert den Anlass zu einem groß angelegten Hochverratsprozess gegen Rismann, Krčal und den steirischen Schriftsetzer Ferdinand Bart (1862–?).[20] Zwar endet der am 1. und 2. Dezember 1893 vor dem Oberlandesgericht in Graz verhandelte Prozess mit einem Freispruch für alle Angeklagten, doch Ferdinand Bart wird aus Graz ausgewiesen und verlässt die Steiermark Richtung Wien, Johann Rismann zieht sich aus der Bewegung überhaupt zurück, und August Krčal stirbt am 16. August 1894 an Tuberkulose, welche während der sechsmonatigen Untersuchungshaft akut geworden war.[21] Es besteht kein Zweifel, dass Franz Prisching diese Ereignisse, die Tragödie für die ungerechtfertigt Verfolgten wie für die gerade wiedererstehende anarchistische Bewegung, hautnah miterlebt.

Titelblatt der vollständig beschlagnahmten Ausgabe Graz 1893

Mit Johann Rismann und August Krčal schalten die Behörden zwei rührige Organisatoren und fähige Agitatoren der steirischen Anarchisten (»Unabhängige Socialisten«) aus, doch gelingt es Mitgliedern des »Steiermärkischen Arbeiterbundes« zuvor noch, eine zweite, vorwiegend jugendlichen Arbeitern vorbehaltene Organisation zu schaffen, den »Arbeiter-Bildungs- und Unterstützungs-Verein«.[22] Mit diesem Verein, dessen Statuten mit Erlass der Statthalterei Steiermark (eine Art Landesregierung) vom 8. Juli 1893 nicht untersagt werden, geben sich die steirischen Anarchisten eine organisatorische Plattform, die zwar erst nach dem ersten Weltkrieg eine gewisse Bedeutung erlangt,[23] die bis dahin aber immer wieder als Ausgangsbasis für anarchistische Organisations- und Reorganisationsversuche dient. Auch mit dieser neuen Organisation stößt man von Anfang an auf erhebliche Schwierigkeiten. Ein Gründungsmitglied, der Schneidermeister Mathias Pestiček (1864–1943), Alters- und Kampfgefährte Franz Prischings, erinnert sich:

Einerseits setzten die Behörden der Monarchie mit den infamsten Schikanen ein, andererseits litt der Verein unter dem wüst-fanatischen Treiben der Sozialdemokratie, die durch gewaltsame Störung der vom Verein einberufenen Versammlungen, durch Lokalabtreibungen und sonstige Unwürdigkeiten die Aktivität des Vereines zu unterbinden trachtete.[24]

Stempel des »Arbeiter-Bildungs- und Unterstützungs-Vereins« (1893–1934)

Doch weniger die oft auch handgreiflichen Aktivitäten von Sozialdemokraten verurteilen die steirischen »Unabhängigen Socialisten« zur sozialpolitischen Randexistenz, vielmehr ist es die systematische Verfolgung durch die Behörden, welche allerdings von den Sozialdemokraten hingenommen, vielfach bejubelt und bisweilen sogar unter deren politischer Schirmherrschaft durchgeführt wird. Das wohl bekannteste »Opfer« dieser behördlichen Hetzjagd in der Steiermark ist der langjährige anarchistische Agitator und Bäckergehilfe Vinzenz Muchitsch (1873–1942); nach einem Anarchisten-Prozess beugt er sich dem Druck und wechselt ins Lager der Sozialdemokratie, wo er später als Bürgermeister von Graz Karriere macht.[25] Eindringlich hat Verfolgung und Leid eines steirischen Anarchisten der Fabriksarbeiter Ferdinand Piantschitsch (1862–1932) beschrieben.[26] Unter den unzähligen Grazer Opfern polizeilicher Verfolgung und behördlicher Willkür seien nur einige wenige genannt, mit denen Franz Prisching wohl Kontakt hatte: der ehemalige Handlungsgehilfe und nunmehrige Redakteur Samuel David Friedländer (1865–?), die Bäckergehilfen Anton Schantl (1867–?), Josef Schmied (1870–?) und Anton Notzar (1850–?), die Schuhmachergehilfen Johann Hospodsky (d.i. Jan Hospodský; 1863–?) und Franz Göpfhart sowie der Tischlergehilfe Cajetan Valenci (1854–?). Es wundert wohl nicht, dass die Polizei über die anarchistische Bewegung in der Steiermark 1899 beruhigt feststellen kann:

> *Die bis zum Jahre 1896 im steten Steigen begriffene Bewegung, welche besonders durch den »Steiermärkischen Arbeiterbund«, mit Johann Rismann, Ferdinand Barth [recte Bart; R.M.], August Krcal [recte Krčal; R.M.] und später Josef Schmidt [recte Schmied; R.M.] an der Spitze genährt und geleitet wurde, hat allerdings seither abgenommen und findet gegenwärtig in der Thätigkeit des seit 1893 bestehenden »Arbeiter-Bildungs- und Unterstützungsvereines« einen mäßigen Ausdruck. Rismann und Barth sind unter die Socialdemokraten gegangen, Schmidt flüchtete anlässlich eines drohenden Strafprocesses nach Amerika, und sein Genosse Johann Hospodsky ging in die Schweiz. August Krcal ist vor einigen Jahren gestorben.*[27]

Es ist schwer vorstellbar, dass Franz Prisching von diesen Ereignissen unbeeindruckt bleibt. Sein Kampf, seine Ablehnung, ja bisweilen Hass gegen die Sozialdemokratie ist zweifellos in diesen Jahren entstanden. Auch Prischings Standhaftigkeit, die bisweilen an Sturheit grenzt, hat wohl in diesen Jahren der behördlichen Hetz- und Treibjagden auf Anarchisten ihre Wurzeln. Dabei muss man bedenken, dass die Verfolgten keine Terroristen oder Attentäter sind, mit denen man gemeinhin Anarchisten verwechselt. Ihre »Verbrechen« bestehen darin, andere in Wort und Schrift, durch uns heute harmlos erscheinende Reden und Artikel für ihre Idee einer herrschaftsfreien Gemeinschaft zu gewinnen. Prisching sind sicherlich das Elend des Kerkers und die Not des Exils aus seinem engsten Umfeld vertraut. Er lernt die Opferbereitschaft und den Opfermut jener schätzen, die, als Anarchisten verfolgt und mit ihren Familien in die Armut gestürzt, ihren Überzeugungen treu bleiben. Diese Grundhaltung, für seine Ideale trotz aller Willfährigkeiten einzustehen, wird auch Prisching bis zu seinem Tod auszeichnen. Ebenso dürfte sein Bestreben, einen neuen Weg zur Verwirklichung einer anarchistischen Gemeinschaft zu suchen und zu versuchen, in diesen Jahren ihren Ursprung haben. Er erlebt unmittelbar, wie die Anarchisten von ihren Widersachern, den Sozialdemokraten, aus der Arbeiterbewegung gedrängt werden und wie der damals auch von Anarchisten geführte Klassenkampf in den Händen der Sozialdemokratie zur politischen Parole verkommt. Prisching muss mit ansehen, wie der Klassenkampf zum Aufstieg einer neuen Kaste führt, deren Mitglieder sich höchstens graduell von ihren Vorgängern unterscheiden. Dieser Enttäuschung dürfte wohl Prischings später zentrale Idee der Selbstreform entstammen, der Besserung des Menschen, des Individuums, des Einzelnen durch Selbsterziehung und eigenständige Charakterbildung, unabhängig von aller Partei- und Konfessions-, Nations- und Klassenzugehörigkeit.

Konfessionslos und freireligiös. 1897

Wie die meisten »Unabhängigen Socialisten« wird auch Franz Prisching konfessionslos: Am 18. März 1897 zeigt er dem Stadtrat Graz seinen Austritt aus der römisch-katholischen Kirche an.[28] Das heißt aber nicht, dass er ein Gegner der Religiosität ist. Prisching wird später alle Konfessionen und in Kirchen institutionalisierten Religionen ablehnen, Glauben und Religiosität aber zu einem wichtigen Bestandteil seines Weltbildes machen. In Jesus (d.i. Jeschua; 7/4 v.Chr.–30/33 n.Chr.) wird er den geradezu idealtypischen Sozialrevolutionär sehen, der zu leben versuchte, was er predigte, und er wird ihn als den Künder jener beiden Gebote bewundern, auf denen Prischings Ethik ruht: »Du sollst nicht töten« und »Liebe Deinen Nächsten wie Dich selbst«.

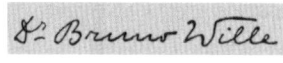

Bruno Wille (1860–1928)

Knapp vier Monate nach Franz Prischings Austritt aus der Kirche, am 2. Juli 1897, findet in den Annensälen[29] in Eggenberg (heute zu Graz) ein Vortragsabend des »Vereins der Confessionslosen« statt, der über die lokale Presse hinaus Schlagzeilen macht. An diesem Abend spricht der Anarchist, Schriftsteller und Prediger der »Freireligiösen Gemeinde in Berlin«, Bruno Wille (1860–1928), vor etwa vierhundert Personen zum Thema »Die Religion der Freude«. Die Veranstaltung wird während des Vortrags behördlich aufgelöst,[30] der »Verein der Confessionslosen« verboten,[31] Bruno Wille wegen Verbrechens der Religionsstörung sowie Vergehens gegen die öffentliche Ruhe und Ordnung angeklagt und am 4. Jänner 1898 vom Landesgericht in Graz wegen letztgenannten Delikts zu einer Woche Arrest verurteilt, welche er in Wildon (Steiermark) absitzt.[32] Die ganze Affäre hat sicher eine außerordentliche Wirkung auf die Freidenkerbewegung in der Steiermark, beschäftigt sich doch auch die Tagespresse über ein halbes Jahr mit diesen Ereignissen. Dass Franz Prisching davon nicht berührt worden wäre, ist unvorstellbar, zumal es eine traditionell enge Verknüpfung zwischen Anarchisten und Freidenkern gibt und Bruno Wille jenen Typ des Anarchisten repräsentiert, der Anarchismus und Religiosität zu einen sucht.[33]

Anarchistischer Aktivist. 1897 bis 1901

1897 ist jenes Jahr, in welchem Franz Prisching vom teilnehmenden Beobachter der Arbeiterbewegung zum Aktivisten wird. Er tritt nicht nur aus der Kirche aus, er betätigt sich nun auch propagandistisch in der anarchistischen Bewegung, oder dem, was in der Steiermark davon noch übrig ist.

Für 1897 lässt sich erstmals eine derartige Tätigkeit Prischings für den Anarchismus nachweisen. Dass dies bereits früher der Fall gewesen wäre, ist wenig wahrscheinlich. Aufgrund der fast lückenlosen polizeilichen Überwachung der Anarchisten beziehungsweise der einer anarchistischen Weltanschauung Verdächtigten hätte Prischings Name in den umfangreichen Überwachungsberichten sowie in den Versammlungs- und Vereinsmitteilungen der Behörden früher aufscheinen müssen. Selbst im Zusammenhang mit einer von Grazer »Unabhängigen Socialisten« 1894 herausgegebenen Zeitung taucht Prischings Name nicht auf.[34]

Einen ersten Hinweis auf den agitations- und publikationswilligen Anarchisten Prisching gibt es am 11. September 1897 in der Berliner anarchistischen Zeitschrift »Neues Leben«, wo es in der Rubrik

Der Kampf um Licht und Freiheit!

Grafik von Robert Wosak
(1876–1944)
Aus: »Der g'rode Michl«
(Graz), 2. Jg., Nr. 2
(Februar 1904), S. 10

»Briefkasten der Redaktion« heißt:
Franz P. Graz. Diesmal nicht druckreif, Muth nicht verlieren. Besten Gruss.[35] Die Polizei als eifrige Leserin anarchistischer Zeitungen und Zeitschriften bemerkt diese kurze Mitteilung sofort, verstärkt die Fahndung nach dem Druckwerk, und am 16. September 1897 meldet der Polizeidirektor in Graz dem Statthalterei-Präsidium als oberster Instanz der Steiermark:

Unter Adresse des Anton Schantl und Franz Prisching gelangten an das hiesige k[aiserlich] k[önigliche] Hauptpostamt 7 Exemplare der in Berlin erscheinenden Zeitschrift »Neues Leben« anarchistisch-sozialistische Wochenschrift No. 15 dto 11ten September 1897. Die Sendung wurde seitens der hies[igen] Polizei-Direktion sowohl wegen der versuchten unbefugten Verbreitung nach §23 Press-Gesetz, als auch inhaltlich [...] nach §305 St[raf] G[esetz] mit Beschlag belegt.[36]

In dieser Angelegenheit wird Prisching am 16. November 1898 wegen Übertretung des Paragrafen 23 Pressegesetz vom Bezirksgericht Graz zu vierzehn Tagen Arrest verurteilt.[37] Es ist der erste nachweisbare Konflikt Prischings mit den Behörden und seine Initiierung als verfolgter Anarchist:

Die anarchistische Taufe erhalten.

Graz. Am 16. November fand die Verhandlung gegen unsere Genossen Fraby [recte Trabi; R.M.], Geigl und Prisching statt. Die Anklage lautete bei allen Angeklagten auf §23 des Pressgesetzes, Fraby soll Worte eines »Rebellen« verbreitet haben, die Anklage-Akten waren sehr umfangreich. Prisching war angeklagt wegen 60 Stück »Flugschriften des Individualistischen Anarchismus,« 20 Stck. »Ohne Staat« und 20 Stck. Pressprozessbroschüren. Traby und Geigl vertheidigten sich sehr gut.

Als belastend wurde die religiöse und politische Gesinnung angesehen. Zu Prisching sagte der Richter: »Entweder Sie lügen den Richter an, oder haben Sie den Untersuchungsrichter angelogen.« Prisching verantwortete sich dahin, dass er um Postporto zu ersparen, besagte Literatur auf seinen Namen bezog, jedoch sei ihm von Personen, die er wohl persönlich, aber nicht dem Namen nach kannte, das Geld schon im Voraus bezahlt worden, so dass er sich keiner Schuld bewusst ist, er habe nicht die Abonnenten gesammelt, er that dieses nur aus Gefälligkeit. Nach dem Beweisverfahren führte der Staatsanwalt an, dass sich die Angeklagten nach eigenen Geständnissen als Anarchisten bekannt haben, daher der Paragraph 23 zur Geltung kommen muss, folgedessen beantrage er die Verurtheilung der beiden Angeklagten. Prisching führte aus, der §23 des Pr[ess] Ges[etzes], könne nicht in Anwendung gebracht werden, da es ihm durch Zeugen nachgewiesen werden müsste, besagte Literatur verbreitet zu haben, was aber keinesfalls geschehen sei. Auch sei es nicht strafbar, wenn man sich als Anarchist bekennt, sondern eine strafbare Handlung muss erst einem Angeklagten nachgewiesen werden. Ob man Anarchist sei oder nicht, deshalb kann der §23 nicht zur Anwendung kommen, sondern es muss den Angeklagten eine strafbare Handlung nachgewiesen werden, und das ist nicht geschehen, er erwarte also den Freispruch.

Nachdem der Staatsanwalt seine Rede gehalten, wurden Traby und Geigl gefragt, ob sie etwas zu sagen hätten.

Da beide rhetorisch nicht geschult sind, wollten sie zu ihrer Vertheidigung etwas Ähnliches, was sie schon mal gesagt hatten, mit anderen Worten vorbringen, es wurde ihnen bedeutet, sitzen zu bleiben; da Prisching nicht gefragt wurde, so sah er sich veranlasst um das Wort zu ersuchen, um den Ausführungen des Staatsanwalts entgegenzutreten, er hatte aber vergessen aufzustehen und wurde deshalb vom Richter darauf aufmerksam gemacht, dass es das Erste sei, sich zu erheben.

Da die drei Angeklagten aus prinzipiellen Gründen auf einen soge-
nannten Rechtsfreund oder einen Selbstbezahlten verzichteten, so
fand Prisching Gelegenheit, seine Vertheidigung selbst zu führen.

Auf die Vertheidigung Prisching's sind weder der Richter noch der
Staatsanwalt eingegangen. Das Resümee lautete, dass beide, Pri-
sching und Traby höchst gefährliche Individuen seien, aus deren
religiöser und politischer Gesinnung hervorgehe, besonders durch
ihre Propaganda, dass sie zu Allem fähig seien. Bei Traby wurde als
mildernd hervorgehoben, dass er schon eine fünfwöchentliche Unter-
suchungshaft verbüsste, ebenso die bisherige Unbescholtenheit. Als
belastend hingegen die Aussagen vor dem Untersuchungsrichter, die
mit der heutigen Verhandlung in diametralem Widerspruch stehen.
Ebenso ist dies bei Prisching der Fall. Als belastend für Prisching
wurde jedenfalls seine Rede in Algersdorf [heute zu Graz; R.M.],
wo er sich offen als Anarchist bekannte, aufgefasst, ebenso, dass er
im Jahre 1892 dem Anarchisten-Verein »Steiermärkischer Arbeiter-
bund« angehörte, worauf Prisching erwiderte, dass besagter Verein
ein politischer, aber kein Anarchisten-Verein war.

Nun erfolgte das furchtbare Urtheil, welches bei Geigl auf Frei-
spruch lautete, bei Fraby auf fünftägiger Arreststrafe, bei Prisching,
der Begabteste von seinen Mitangeklagten, auf 14 Tage Arreststrafe.
Prisching erklärte, von keinem Rechtsmittel Gebrauch zu machen,
nur ersuchte er um Strafaufschub, da er erst seit einigen Tagen Arbeit
habe. Auf die Frage, wann er seine Strafe antreten wolle, erklärte er,
dass in kurzem für ihn die Hungersaison beginnt, und er deshalb die
Strafe zu Weihnachten antreten möchte. Ähnlich sprach sich Traby
aus. Es wurde den Angeklagten bedeutet, dass ihnen binnen 3 Tagen
das Urtheil zugestellt wird; wo sie dann um einen Strafaufschub zu
bitten hätten?

Wenn die Gerechtigkeit nicht leerer Schall wäre, müssten Prisching
und Traby ausgewiesen werden, weil sie gemeingefährliche Individu-
en sind. Aber sei es wie es wolle, es sind ja nur Proletarier, die kann
man ungestraft beleidigen.

Es ist dies ein zweifacher Sieg, ein Sieg der Gewalt über einzelne
Personen, aber auch ein Sieg über die Erbärmlichkeit dieser Welt.[38]
Im »Neuen Leben«, das zwischen 1897 und 1903 erscheint und unter
Leitung des Schlossers Paul Pawlowitsch bald zu einem führenden

Organ des deutschsprachigen Anarchismus wird (bis 1933 unter dem Titel »Der Freie Arbeiter« fortgesetzt), veröffentlicht Prisching im Juli 1898 seinen ersten Artikel, der bereits gedanklich wie stilistisch die Eigenheiten Franz Prischings erkennen lässt:

Zeitgemäße Betrachtungen über Anarchismus.

Hier möchte ich in kurzen Worten meine Meinung über Anarchismus zum Ausdruck bringen. Unbekümmert darum, ob eine grosse oder kleine Zahl, oder auch niemand damit einverstanden ist. Für mich kommt nur das eine in Betracht: inwieweit können Anarchisten in den Hauptgrundsätzen, in der Bekämpfung der heutigen Gesellschaftsordnung einig sein, ohne dabei ihre Individualität einer notwendigen Einmütigkeit opfern zu müssen. Nun sehen wir zu, wie weit dies heute möglich erscheint.

Jeder, der dem Anarchismus nur ein wenig Sympathie entgegenbringt, muss sich darüber klar sein, dass alles, was geeignet ist, den Anarchismus aus der Theorie der Verwirklichung näher zu bringen, eine gewisse Bewegung, eine Thätigkeit erfordert, und dass er dann alle Handlungen im Sinne des Anarchismus unterstützt und eventuell auch dafür eintritt. Aber nicht, weil er irgendwie dazu verpflichtet wäre, sondern die Solidarität der individuellen Regungen und die Gemeinsamkeit der Empfindungen, verkörpert in der persönlichen Individualität, sind es, welche ihn zu solcher Unterstützung veranlassen, – eine Solidarität, die sich durch Auferlegung einer Pflicht dem Individuum gar nicht beibringen lässt. Hier sind aber nur dem Anarchismus Nahestehende in Betracht gezogen; den überzeugten Gesinnungsgenossen sollte aber der Wert der Gemeinsamkeit der Interessen in noch ganz anderem Lichte erscheinen. Indess, der Anarchismus wird meistens beiseite gestellt, wenn es gilt, gegenseitige Meinungsverschiedenheiten zum Austrag zu bringen; – wer wollte leugnen, dass er nicht selbst schon in einem strittigen Punkte fanatisch verfahren wäre?

Kopf der Zeitung mit dem
ersten gedruckten Artikel
Franz Prischings

Haben beispielsweise die Kommunisten ein Interesse, wenn sie die Individualisten deswegen bekämpfen, weil die letzteren ihr Hauptaugenmerk auf die Erziehung von Individualitäten richten. (Das ist ein Irrtum. Die Red[aktion].) Und umgekehrt, welches Interesse haben die Individualisten, die Kommunisten zu bekämpfen, weil sie noch grosses Vertrauen in die Masse setzen? Beide Richtungen geben vor, Anarchisten zu sein, aber wie gesagt, vergessen sie nur zu oft, was sie eint, nämlich das Endziel: die Errichtung eines herrschaftslosen Zustandes, – des Anarchismus. Eine bestimmte Taktik in der Propaganda als die einzig richtige zu sanktionieren, erscheint mir dem Anarchismus genau so zuwiderlaufend, als zu verlangen, dass sich meiner Anschauung, die ich für die beste halte, alle Anderen unterzuordnen hätten. Im Gegenteil werde ich meine Ansicht stets von Irrtümern zu befreien suchen, und keinen Moment zögern, davon abzulassen, sobald Zeit oder Umstände oder andere stichhaltige Gründe es für berechtigt erscheinen lassen. Das ist aber nur möglich, wenn ich meine Selbständigkeit im Denken und meine volle Freiheit in geistiger Beziehung erlangt habe, das heisst, dass ich keinem fremden Einfluss das Recht zuspreche, mich zu leiten, andererseits aber auch die Möglichkeit ausgeschlossen ist, dass ich der Sklave meiner eigenen Meinung werden könnte. Für mich ist die Idee der Freiheit insbesondere auch ein Mittel zu dem Zweck, meine Individualität gegenüber anderen Individualitäten geltend machen zu können. Es kommt aber hierbei noch in Frage, ob man die Freiheitsidee oder das persönliche Ich in den Vordergrund stellt. Erstere Anschauung kommt im Befreiungskampfe kaum in Betracht. Denn Ideen werden nur realisiert, wenn die Träger derselben auch die geistige und physische Kraft in sich fühlen, ihre individuelle Harmonie und persönliche Freiheit allem feindlichen Gegenüber zu behaupten. Was würde eine Masse nützen, die nach Millionen zählt, aber gewohnt ist, die Bestandtheile des Begriffs der Freiheit ausserhalb ihrer Persönlichkeit zu suchen, während man Anhänger braucht, die durch Selbständigkeit, Energie, starken Willen und inneres Bewusstsein zu erkennen geben, dass sie von der Güte der Idee vollkommen überzeugt sind. Kann denn von der Hoheit einer Idee die Rede sein gegenüber einer Masse, die da wartet, bis sie eines Tages zu ihr heruntersteigt und sich ihr hingiebt, gleich einer Prostituirten? Sollte man es für möglich halten, dass sich

heute noch Leute solchen Hirngespinsten hingeben, denen alle Be-
helfe der Wissenschaft zur Verfügung stehen, Leute, die sich von dem
Glauben an ein mystisches Wesen emanzipiert haben, um einen neuen
märchenhaften Glauben zu propagieren. –

Mir liegt es fern, Jemand seine Meinung zu glossieren oder gar rau-
ben zu wollen, aber das eine Recht werde ich mir jederzeit nehmen,
meine Meinung Anderen gegenüber zu verteidigen; damit will ich sa-
gen, dass ich weder an Sozialismus, Kommunismus, Altruismus oder
ähnliche Begriffe glaube, die das Ich negieren, beziehungsweise wo
das Ich in der Gesamtheit verloren ginge. Die Idee des Anarchismus
ist nur dann realisierbar, wenn sie voll und ganz von der Persönlich-
keit getragen ist. Die Persönlichkeit ist die fortbewegende Kraft jeden
Fortschritts und aller Kultur der Menschheit und sie wird auch in
der zukünftigen von uns erstrebten herrschaftslosen Gesellschaft das
gesicherte Fundament des allgemeinen Wohlstandes sein. Deshalb
bedarf der Anarchismus zu seiner einstigen Etablierung der Persön-
lichkeiten, der freien Individualitäten, oder – er wird überhaupt nicht
sein!

Lassen wir daher die verschiednen Meinungsverschiedenheiten ru-
hig bestehen, aber seien wir tolerant gegen einander. Und weil ich
der Ansicht bin, dass der Anarchismus nur die Uebergangsstufe zu
einer höheren geistigen Kultur in der Civilisation des Menschenge-
schlechts bildet, beansprucht das Betreten dieses Weges auch eine
gewisse individuelle Verfassung. Und weil der Anarchismus gegen-
wärtig die fortgeschrittenste Weltanschauung repräsentiert, nenne
ich mich Anarchist; weil er andererseits Raum hat, für jede freie Ge-
dankenrichtung, ist die Toleranz auch ein notwendiger Bestandteil
seiner Zusammensetzung. Jene Vornehmheit der Gesinnung adelt und
kennzeichnet den wahren Anarchisten, deshalb ist zu empfehlen, dass
sie sich Jeder zum Eigentum macht. P.F., Graz.[39]

Seit September 1898 arbeitet er mehr oder weniger regelmäßig, teils
auch unter dem Pseudonym »Mars«, an dieser Zeitschrift mit.[40] Es
sind dies kleine Artikel, die sich mit dem seit 1898 wieder etwas
aktiver gestaltenden Vereinsleben der Grazer Anarchisten befassen.
Das Berliner Blatt, so die Einschätzung der österreichischen Polizei,
bildete, in Ermangelung eines eigenen, sozusagen das »Leiborgan«

der Grazer Genossen; nur dadurch lässt sich erklären, dass in der Nummer 29 desselben eine von den Grazer Anarchisten veranstaltete Bergpartie auf den Schöckel bei Graz mit der Aufforderung zu reger Betheiligung angekündigt war.[41]

Für dieses Erwachen der Anarchisten in Graz spricht auch, dass Franz Prisching und Mathias Trabi im Jahr 1899 zwei hektographierte Zeitschriften herausgeben, von denen allerdings nur je eine Nummer, ohne Orts- und Datumsangabe, erscheint. Auch wenn die Polizei berichtet, dass diese Zeitungen bis nach Amerika gelangt seien,[42] so ist heute kein Exemplar dieser Druckwerke bekannt: »Junge Freiheit. Internationales Organ der Anarchisten deutscher Zunge« (Graz 1899), vier Seiten, und »Der freie Gedanke. Organ zur Verbreitung freiheitlicher Ideen« (Graz 1899), acht Seiten. Diese Zeitschriften sind gewichtiges Indiz für Prischings Ziel, eine eigene Anarchistenzeitschrift zu gründen. Daneben versucht er, eine Broschürenpropaganda zu starten. Im Zuge einer weiter unten erwähnten Hausdurchsuchung (10. Februar 1901) wird auch ein 1900 datiertes Manuskript (12 halbe Bogen) für eine Broschüre beschlagnahmt, deren Autor unverkennbar Franz Prisching ist. Leider sind nur der Titel und der Schluss des Textes erhalten:

Durch Kampf zum Sieg!
Eine Agitationsschrift für Parteilose.
Volksaufklärung.
Verfasst und herausgegeben
*von * * *.*
1900.
Preis 12ʰ.

[...] Nachdem ich mich bemüht habe, hier etwas zu schaffen, wodurch der Arbeiter Stoff zum Nachdenken bekommen sollte, so sehe ich schon im vorhinein, dass diese Zeilen einen Sturm der Entrüstung von mehreren Seiten hervorrufen werden, so tröste ich mich mit der Hoffnung, dass es doch hie und da einzelne geben dürfte, die im Stillen darüber nachdenken werden und nach gewonnener Überzeugung dann ihre Wege sich selbst vorzeichnen werden, und dies ist eben einstweilen genug, denn besser einen kleinen Anstoß geben, als sich von anderen stoßen lassen. Für diejenigen aber, welche dieser

Broschüre ein Interesse abgewonnen haben und sich über Anarchismus näher informiren wollen, denen sei unser Organ, Neues Leben, anarchistisch-socialistische Wochenschrift, empfohlen. Zu beziehen durch die Geschäftsstelle, Berlin S. Dresdenerstr. 49. II.[43]

Ende 1900 unternimmt Franz Prisching in Sachen Anarchismus eine – wie sich ein Jahr später zeigt, durchaus erfolgreiche – Agitationsreise nach Mähren und Böhmen, zunächst nach Brünn (heute Brno, Tschechische Republik), wo er den bekannten Anarchisten Jan Opletal (1857–1933) besucht. In Bruch (heute Lom) wird Prisching jedoch von der Polizei angehalten und aus Böhmen ausgewiesen, woraufhin er nach Graz zurückkehrt.[44] Jedenfalls meint die Polizei, Prisching sei im Jahr 1900 *der beiweitem thätigste unter den Grazer Parteigenossen.*[45]

Franz Prischings Bemühungen erleiden einen schweren Rückschlag, als am 10. Februar 1901 beim gelernten Steindrucker und nunmehr als Maschinenmeister tätigen Johann Gruber (1874–?) eine Hausdurchsuchung vorgenommen wird; dabei taucht unter anderem ein mit »F.P.« gezeichneter Brief auf, der offensichtlich vom Taglöhner Friedrich Preschern an einen Grazer Genossen gerichtet ist und auch Franz Prisching betrifft.[46]

Lieber Freund!

Beantworte dir beide Schreiben und sage meinen innigsten Dank für deine großen Bemühungen, welche du mir stets an den Tag legst, und sage allen Genossen meinen herzlichsten Dank für die Unterstützung, dass ich wieder nicht brauche mir immer und immer die verschiedenen Vorwürfe gefallen zu lassen. Ich sage allen offen, lieber wäre mir gewesen 5 J[ahre] Zuchthaus als so was!?

Muß mir hier verschiedenes gefallen lassen und noch was für eine Worte! Es ist eine kleine Besserung eingetreten Bezug auf meine Weltanschauung? Jetzt fangen schon andere Personen, natürlich nur Bauern, auch zu sprechen mit mir, da machen sie so eine »collosale« Vorstellung über Anarchie, dass ich gar nicht verstehen kann, dass in diesem Jahrhundert noch solche »Renotz Ross« gibt, ist möglich, mir etwas zur »ag: 2« zu liefern? Wäre ich gern bereit, auf »den« höchsten Gebirg zu gehen, um die Bauern, bevor sie schlafen gehen, zu wecken?.... Besonders bitte ich Pr. ich weiß nicht, wie ich thun sollte, mit Pr. einen Tag Converenz zu halten! oder irgend mit einem

Dämon Alkohol.

Grafik von Robert Wosak
(1876–1944)
Aus: »Der g'rode Michl«
(Graz), 2. Jg., Nr. 6 (Juni
1904), S. 45

*»Geno:« wenn mir die
elende unverschämte
»garde« nicht in eine*
Stadt hineinlassen will, will ich hier in kurzer Zeit eine Geschäfts-
reise machen! – Natürlich brauchte ich vorhinein einen guten Compagnon, kannst du das veranlassen?, ich gebe mir der Hoffnung hin,
nicht ohne Erfolg zu sein, und weißt L.F. wenn ~~mir~~ stets so ein Ge-
schäftsfreund ist, dass es nicht möglich ist, ohne Geschäft zu sein.
Ich befürchte, mir der heiligen »Concorenz« nicht?!! Jeder Anfang
ist schwer, besonders hier am Lande? – – –. Gerade hier kann
nicht gut gehen? denn unsere Ware ist doch die beste auf der ganzen »Condument«? – Bitte, sei du so freundlich, frage du Pr., ob
er mit einverstanden ist, mir geschäftlich zu unterstützen od? als
Compagnon einzutreten oder bleibt dir soviel Zeit übrig L.F. dass
du übernehmen kannst? Natürlich ist erstens dringend nothwendig
persönlich zu sprechen. Ich bitte dir inständigst, sei du so freundlich,
berichte mir alles, was ich dir schreibe und auch das, ob du die Situ:
– meiner Person nach Klg. berichtet hast, wenn nicht, schreibe mir,
damit ich alles hinausschreibe, es scheint ein Schreiben ist in Flam-
men gegangen?–. und bitte dir, schreibe ob »Scha:« 2 noch den Franz
2 betreff meiner geschrieben hat du hast gar nichts erwähnt!
   Du fragst mir, wie es mit mir steht, je tiefer der Winter, je trauriger
die Situation, das Geld habe ich sofort deponirt für Kost und wo soll
ich jetzt hin. Ich muß doch Januar abwarten, dann werde ich erst gehen! Du schreibst betreff Reininghaus bitte in jeder Stunde wäre ich
froh, wenn ich anfangen könnte, nur in Farbenfabrik nicht. Ich bin
schon auf und schaue dir miserabel aus. Ich glaube, das macht auch

die Kränkung viel! Ich bitte um dein weiteres Wohlwollen. Grüße alle
Genossen und bitte eingehend zu berichten

Dein Freund

F.P.[47]

Der Brief belegt, dass Prisching bereits größere Differenzen mit seinen anarchistischen Gesinnungsfreunden hinter sich hat. Diese Vermutung wird auch durch die Tatsache verstärkt, dass er am neuerlichen Versuch, eine deutschsprachige anarchistische Zeitschrift in
Österreich herauszugeben, nicht mehr beteiligt ist. »Der Freie Socialist« erscheint am 8. November 1901 in Brüx (heute Most, Tschechische Republik), wird jedoch seit der zweiten Nummer (vom 2. Jänner
1902) in Graz vom Hilfsarbeiter Johann Pischetz (1872–?) und dem
Tischlergehilfen Georg Kreiner (1877–?) herausgegeben.[48] Redakteur
ist der schon erwähnte Johann Gruber, welcher unter dem Pseudonym
»Nero« auch im Berliner »Neuen Leben« publiziert. Prisching scheint
sich jedenfalls von seinen Grazer Gesinnungsgenossen zurückgezogen zu haben, und die Polizei bestätigt, dass Gruber die treibende
Kraft hinter den Plänen für die Herausgabe einer anarchistischen
Zeitschrift in Graz gewesen sei.[49] Neben den Querelen mit seinen
einstigen Mitstreitern, über deren Inhalt nichts Genaues bekannt ist,
könnte der Rückzug Prischings aus der anarchistischen Bewegung
Anfang 1901 einen weiteren Grund haben: Franz Prisching, der bislang in Viehofen (Niederösterreich) heimatberechtigt war, wird am
27. September 1901 Bürger der Stadt Graz, in welcher er bereits seit
1885 lebt.[50] Jedenfalls ist für die Polizei im Jahr 1901 Johann Gruber
das Haupt der Grazer Anarchisten.[51]

Entdeckung der Theosophie. 1901 bis 1903

Statt in Anarchistenkreisen beobachtet die Grazer Polizei den nunmehr siebenunddreißigjährigen Franz Prisching als eifrigen Besu-
cher der Vortragsabende des »Theosophischen Vereines in Graz«.[52]
Theosophie ist eine universale, Religion, Philosophie, Wissenschaft
und Kunst einbeziehende Weltanschauung, welche auf fünf so genannten Weltgesetzen beruht: dem Weltgesetz der Einheit, der Kau-
salität, der periodischen Wiederkehr, der Entwicklung und der Iden-
tität aller Seelen mit dem höchsten Göttlichen. Die Theosophie weckt
nicht nur Prischings Interesse an asiatischen Weltanschauungen, sie

hinterlässt auch tiefe Spuren in seinem Denken. Er kombiniert jetzt Grundwerte des Anarchismus, insbesondere die herrschaftsfreie Gemeinschaft, die Freiheit des Individuums gegenüber der Gesellschaft und die Selbstverantwortlichkeit des Einzelnen, mit den neu erworbenen Ideen. Prisching spricht seither von der Einheit alles Seienden, besonders von der zur erstrebenden Einheit von Mensch und Natur. Er schreibt von der Ursächlichkeit aller Phänomene, vom alles bestimmenden Zusammenhang von Ursache und Wirkung. Und er fordert, dass der Mensch eine höhere Stufe der Entwicklung erreichen, dass er ein »Gottmensch« werden müsse, wobei er in diesem neuen Menschen auch Parallelen zum »Übermenschen« von Friedrich Nietzsche (1844–1900) feststellt. Schließlich gelangt Prisching über seine Auseinandersetzung mit theosophischem Gedankengut zu jener Überzeugung, die sein Verständnis von Anarchismus fortan kennzeichnen wird: Nicht die Gesellschaft müsse ge- und verbessert werden, der Mensch selbst müsse sich bessern, um eine bessere Gemeinschaft zu erreichen. 1903 formuliert er dies als s e i n Motto, welches

er auch seiner Zeitung »Der g'rode Michl« voranstellt: »*Nur wer sich selbst beherrschen kann, braucht nicht beherrscht zu werden«*, später noch kürzer »*Ohne Herrschaft – Selbstbeherrschung«*.

Helena Petrovna Blavatsky (geb. Hahn von Rottenstern; 1831–1891) und Henry Steel Olcott (1832–1902)
Begründer der westlichen Theosophie

Franz Prisching ist auch bereit, mit dieser Reform bei sich selbst, mit seiner eigenen Selbstreform zu beginnen, und er setzt damit einen ersten Schritt ins Lager der gerade aufblühenden Lebensreformbewegung.

Schon als Kind fühlte ich es als ein Unrecht, Fleisch zu essen, doch da eben unter Arbeitern das Kind sich größtenteils selbst überlassen ist und dank der übrigen Umgebung wurde durch das böse Beispiel der Erwachsenen mein Gefühl glücklich abgestumpft; was ich damals als Kind instinktiv gefühlt hatte, ist mir erst mit 38 Jahren bewußt geworden. Im Jänner 1902 hatte ich mich entschlossen, nichts mehr zu genießen, was von einer Leiche herrührt, dabei hatte ich keineswegs die Absicht, dem Alkohol zu entsagen, doch in einiger Zeit machte ich die Wahrnehmung, daß ich kein Bedürfnis nach demselben mehr hatte; nur dachte ich, im Sommer, wo ich bei meiner Arbeit als Maurer oft den ganzen Tag der Sonne und Hitze ausgesetzt bin, da wird sich der Durst schon einstellen. Thatsächlich wurde ich manchmal auch durstig, aber gar nicht in dem Maße wie früher. Wenn ich viel getrunken habe, so war dies den ganzen Tag hindurch höchstens 1 Liter Wasser. Nach Alkohol war absolut kein Bedürfnis vorhanden.[53]

Sollen wir uns von Früchten oder von Tierleichen ernähren?

Grafik von Robert Wosak (1876–1944)
Aus: »Der g'rode Michl« (Graz), 2. Jg., Nr. 12 (Dezember 1904), S. 95

Mit dieser Neuorientierung seines Lebens hängt wohl auch eine Reise Prischings zusammen, die er im Lauf des Jahres 1902 unternimmt. Er begibt sich nach Böhmen, damals Zentrum der österreichischen Lebensreformbewegung. In Warnsdorf (heute Varnsdorf, Tschechische Republik) trifft er neben den dortigen Anarchisten auch den Fabrikanten Moriz Schnitzer (1861–1939), einen der Wortführer der österreichischen Lebensreformer.[54] Bemerkenswert an dieser Reise

Prischings ist auch, dass sie der Polizei verborgen bleibt, etwas, das in Zukunft nicht mehr passieren wird.

Schriftsteller und Verleger

Im Jänner 1903 legt Franz Prisching seine neuen Ideen in einer ersten Broschüre vor: »Das höchste Ziel des Kulturmenschen, gewidmet der Menschheit von einem Arbeiter«.[55] Damit tritt er erstmals als Buchautor an die Öffentlichkeit und begründet zugleich seinen Verlag, zunächst ein klassischer, polizeilich angemeldeter Selbstverlag, der seit August 1903 den Namen »Verlag von Franz Prisching« trägt.[56] So ungewöhnlich wie die Person Prisching ist auch sein erster »Rezensent«, der Regierungsrat und Polizeidirektor von Graz Josef Hölzl (seit 1867: Ritter von Zellheim), welcher dem Statthalterei-Präsidium berichtet:

Auf Franz Prisching dürften die theosophischen Vorträge ganz besonderen Eindruck gemacht haben. Derselbe gab nämlich vor kurzem eine 22 Oktav Seiten umfassende Broschüre: »Das höchste Ziel des Kulturmenschen, gewidmet der Menschheit von einem Arbeiter« heraus und verlegt dieselbe seit 1. Jänner 1903 im Eigenverlage in seiner Wohnung in Graz, Petersgasse No 17. Gedruckt wurde die Broschüre von Max Großmann in Seifhennersdorf in Sachsen, kostet 10 Pfennige oder 12 Heller und soll, wie am Titelblatte angegeben ist, ein Teil des Reinertrages dem Warnsdorfer Arbeiter-Rekonvaleszentenheim zufließen. In dieser Broschüre tritt Prisching für die Lehren des Pantheismus ein und spricht sich für ein naturgemäßes Leben dahin aus, daß man kein Lebewesen morden dürfe, um dessen Leichentheile zu verzehren, denn wenn der Mensch einmal geistig so hoch stehe, daß er

Graz 1903

kein Tier mehr töte noch töten lasse, umso weniger werde er dann einen Menschen töten oder töten lassen. Im Nachwort dieser Broschüre endlich erklärt Prisching, daß er seit Jänner 1902 Vegetarier und seit Frühjahr 1902 auch Antialkoholist sei.[57]

Diese sehr allgemein gehaltenen Vorstellungen versucht Prisching kurz darauf in einer zweiten Broschüre im Kontext der Arbeiterbewegung zu konkretisieren: »Sozialpolitische Gedanken eines Arbeiters«.[58] Nochmals sei der Grazer Polizeidirektor als Rezensent bemüht:

Unter Bezugnahme auf den Erlaß vom 21. Jänner 1903 Z[ahl] 200 präs[idiale] betreffend die Tätigkeit der Grazer unabhängigen Socialisten (theoretischen Anarchisten) beehre ich mich zu berichten, daß der unabhängige Socialist (theoretische Anarchist) Franz Prisching abermals eine Broschüre im Selbstverlage in Graz, Petersgasse No. 17 herausgegeben hat. Diese Broschüre hat die Aufschrift: »Socialpolitische Gedanken eines Arbeiters« und wurde in Graz, Volksgartenstraße 12, bei Heinrich Stiasny gedruckt. Diese 23 Oktav-Seiten umfassende Broschüre ist mit einem Vorworte des Verfassers und Herausgebers versehen, welches folgenden Inhalt hat: »Da sich in jüngster Zeit ein Teil der österreichischen Arbeiterschaft aufrafft und gesonnen ist, sich seine Selbständigkeit im Denken und Handeln zurückzuerobern, so scheint jetzt nach Jahren eine Epoche anzubrechen, wo die geistige Finsternis zu schwinden beginnt, in der die Arbeiter von den roten Pfaffen niedergehalten wurden. Diesen Moment benützend, glaube ich den Arbeitern einen Gefallen zu erweisen, wenn ich diese Broschüre als anregendes Beispiel für viele herausgebe. Möge es den nachfolgenden Zeilen beschieden sein, alle nach Wahrheit und Freiheit strebenden Menschen sich geistig näher zu bringen. Mit freisozialistischem Gruße! Der Herausgeber. Graz im Jänner 1903.« Der Inhalt dieser zehn Abschnitte umfassenden Broschüre entspricht aber keineswegs dem im Vorworte Angekündigten, sondern ist eine harmlose, vielfach unzusammenhängende Plauderei über die Gleichheit aller Menschen auf theosophischer Basis. Mit dem Momente, wo es keine Stände und Klassenunterschiede mehr gebe, würde auch die Ausbeutung des Menschen durch den Menschen [...] aufhören. Als bestes Mittel zur Erreichung der Gleichheit aller Menschen erklärt schließlich der Verfasser die Rückkehr der Menschen zur natürli-

chen Lebensweise, welche in der Enthaltung vom Fleischgenusse bestehe, und schließt mit den Worten: »*Die Zeit des Barbarismus ist seinem Ende nahe, ein neues Menschengeschlecht von Brüdern und*

Schwestern wird entstehen, denn durch diese innere Macht des freien Denkens und Forschens wird jede äußere Macht im Nichts versinken, die Zukunft gehört dem Sozialismus, der war, ist und sein wird.« *Von dem beabsichtigten Verschleiße der vorbezeichneten Broschüre in seiner Wohnung, hat Franz Prisching die Anzeige gemäß §3 Pr[eß] G[esetz] am 17. März 1903 unter Z. 2736 hieramts erstattet.*[59]

Graz 1903

In dieser laut Polizeidirektor harmlosen Plauderei äußert Franz Prisching erstmals, wenngleich mitunter nur ansatzweise, seine eigene Form eines christlichen selbst- und lebensreformerischen Anarchismus. Die christliche Basis bildet das biblische Gebot »Du sollst nicht töten«, welches nach Prisching zu einem »Ich will nicht töten« weiterentwickelt werden soll. Dieses scheint ihm nur außerhalb von Kirchen und Konfessionen möglich, jedoch innerhalb aller auf Tötungsverbot und Nächstenliebe beruhenden Religionen, also auf Grundlage »reiner« Religiosität. Das zweite Moment seiner Weltanschauung sind die Ideen so genannter Lebensreformbewegungen: Vegetarismus und Abstinenzlertum, Tierschutz und Antivivisektionismus (Bewegung gegen wissenschaftliche Experimente an lebenden Tieren), Naturheilkunde und alternative Medizin, Bodenreform und Siedlungsbewegung, natürliche Lebensweise, vor allem aber Gewaltlosigkeit und Pazifismus. Diese lebensreformerischen Ideen sollen nach Prisching auf dem Weg der Selbstreform verwirklicht werden. Das heißt, es scheint ihm wenig sinnvoll, derartige Ideen bloß zu propagieren und zu verbreiten, da sie dann rasch zu hohlen Dogmen verkämen. Vielmehr müsse man diese im eigenen alltäglichen Leben verwirklichen, in beispielhafter Weise selbst vor- und ausleben. Nur wer sich selbst zum Nicht-Tötenwollen und zu einer natürlichen Lebensweise erziehe und weiterbilde, werde – unabhängig von Rassen-, Nations-, Klassen- und Konfessionszugehörigkeit – frei werden, werde Teil einer herrschaftsfreien Gemeinschaft, gemäß Prischings Lebensmotto, das wegen seiner Bedeutung hier nochmals wiederholt werden soll: »Nur wer sich selbst beherrschen kann, braucht nicht beherrscht zu werden«.

Zum Verlag von Franz Prisching, der im Kapitel III ausführlich behandelt wird, sei hier nur bemerkt, dass dieser in erster Linie Prischings eigene Schriften verlegt. Allerdings erscheinen 1903 und 1905 auch zwei Broschüren seines Freundes und Mitkämpfers, des »Unabhängigen Socialisten« und Bauschreiners Josef Harrich (1872–?), der in Steyr (Oberösterreich) geboren und 1898 aus der Schweiz wegen anarchistischer Umtriebe ausgewiesen wurde, nach Sankt Peter bei Klagenfurt (Kärnten) übersiedelte und zuletzt in Graz wohnte. Andere Autoren des Verlags von Franz Prisching sind der deutsche Antivivisektionist Hermann Stenz (1904) aus Dresden sowie der Schriftsteller und Theosoph Ernst Kitzing (1904) aus Eisenach. 1904 und 1905 veröffentlicht Prisching auch zwei Zeichnungen seines Freundes Robert Wosak (d.i. R. Wozak; 1876–1944), Maler und Grafiker aus Schwechat bei Wien, der sich 1910 mit seiner Familie in Kritzendorf (heute zu Klosterneuburg, Niederösterreich) niederlässt.

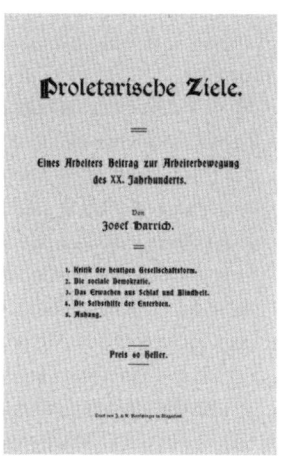

Graz 1903

Erster Versuch mit den »Frei-Sozialisten«. 1902 bis 1903

Wie bereits der *frei-sozialistische Gruß* im Vorwort zu Franz Prischings »Sozialpolitischen Gedanken eines Arbeiters« zeigt, hat er sich neben der anarchistischen und der theosophischen eine weitere

Plattform gesucht und gefunden: die steirischen »Frei-Sozialisten«. Diese Bewegung wird vom ehemaligen Schlossergehilfen und späteren Privatbeamten der »Allgemeinen Arbeiter-Kranken- und Unterstützungs-Casse« Carl Martschetz (1867–?) ins Leben gerufen, der 1902 wegen Differenzen mit dem Führer der steirischen Sozialdemokraten, Johann Resel (1861–1928), sowie mit dem Redakteur des steirischen Parteiorgans der Sozialdemokratie »Der Arbeiterwille« (Graz), Michael Schacherl (1869–1939), entlassen wird. Daraufhin gründet Martschetz im September 1902 eine eigene Zeitung: »Der Volksanwalt«.[60]

Um diese Zeitung versucht Carl Martschetz alle mit der Führung der »Sozialdemokratischen Arbeiterpartei Deutschösterreichs« Unzufriedenen zu sammeln, welche sich dann in dem am 11. Jänner 1903 konstituierten Verein »Volksanwalt«[61] organisieren. Auffallend ist dabei das starke Interesse Grazer Anarchisten: an der Spitze Franz Prisching. Er ist bereits bei der §2-Versammlung, also der auf geladene Gäste beschränkten Versammlung, vom 6. Jänner 1903 im Redaktionslokal des »Volksanwalts« dabei, welche den Vorbereitungen der Vereinsgründung dient.[62] Der Bericht des Polizeidirektors streicht die Rolle der Anarchisten bei der konstituierenden Versammlung heraus:

Von den hier als Anhängern der anarchistischen Lehren in polizeilicher Überwachung stehenden Personen wurden in den Ausschuß des Vereines »Volksanwalt« gewählt: Franz Prisching (als II. Obmann) und Vitus Käfer, in die Controle des Vereines: der Tischlergehilfe Josef Loibl, der Schuhmachergehilfe Josef Bruha, welcher zum Vereinsausschußmitgliede vorgeschlagen war, jedoch wegen seiner Abwesenheit nicht gewählt wurde, ist wegen anarchistischer Umtriebe im Jahre 1893 aus Niederoesterreich und im Jahre 1901 aus Rumänien ausgewiesen worden. Als Mitglied gehört ferner dem Verein an der Anarchist Philipp Labrugger. Dagegen war der Führer der hießigen unabhängigen Socialisten Johann Gruber zwar bei der constituierenden Versammlung des Vereines anwesend, ist jedoch demselben nicht beigetreten. Mit Rücksicht auf die immerhin nennenswerte Beteiligung des anarchistischen Elementes an dem neuen Verein wird die Tätigkeit desselben einer besonders genauen Überwachung unterzogen werden.[63]

Zu den hier genannten Anarchisten kommt noch der Tischlergehilfe Johann Kropf,[64] so dass insgesamt sechs (teils ehemalige) »Unabhängige Socialisten« in die Gründung des Vereins »Volksanwalt« involviert sind. Gewicht erhält dieser Umstand angesichts der Tatsache, dass die Polizei die Gesamtzahl der Anarchisten in Graz 1903 auf *8 oder 10 Mann* schätzt.[65] In diesem Zusammenhang zeigt auch die ablehnende Haltung Johann Grubers klare Differenzen zwischen ihm und Prisching sowie den anderen Anarchisten. Doch Gruber, der noch immer Obmann des »Arbeiter-Bildungs- und Unterstützungs-Vereines« ist, verlässt am 1. Oktober 1903 zusammen mit drei anderen anarchistischen Genossen Graz Richtung Genua; von dort wollen sie nach Brasilien reisen, um sich in der Kolonie »Cosmos« anzusiedeln.[66] Damit gibt es – zumindest für die Polizei – in der Steiermark nur mehr zwei wichtige Anarchisten:

Das neue geistige Haupt der freien Sozialisten ist Nikolaus Pelikan, Algersdorf [heute zu Graz; R.M.] bei Graz. Von ihm stammt der Gedanke, in Graz einen Verein der Confessionslosen und Freidenker zu gründen, dessen noch in Vorbereitung befindliche Statuten dem Vernehmen nach etwas »schärfer« gefaßt sein sollen als jene des Salzburger »Vereines der Confessionslosen«. Bisher sollen in ganz Steiermark etwa 50 Personen dem Nikolaus Pelikan ihre Bereitwilligkeit zum Beitritte bekanntgegeben haben. Eine zweite Persönlichkeit, die unter den hießigen Anarchisten einigen Einfluß besitzt, ist der [...] zweite Obmann des politischen Vereines »Volksanwalt« Franz Prisching. Als eifriger Anhänger theosophischer Lehren hat derselbe in letzter Zeit zwei Broschüren herausgegeben, in welchen er auf theosophischen Grundlagen für das Humanitätsideal eintritt.[67]

Franz Prisching engagiert sich zunächst sowohl im Verein als auch bei der Zeitung »Der Volksanwalt«. In dieser veröffentlicht er seit Dezember 1902 einige Artikel,[68] wobei auffällt, dass sich seine anarchistischen Gesinnungsgenossen bis auf den bereits erwähnten Josef Harrich von einer schriftlichen Mitarbeit fern halten. Tatsächlich endet – angeblich wegen eines Zerwürfnisses mit Carl Martschetz – Prischings Mitarbeit an der Zeitung nach kaum einem halben Jahr. Über diese Affäre berichtet er neun Monate später:

Fangen wir gleich mit Graz an. Hier gibt es einige, die mit der sozialdemokratischen Partei nicht zufrieden sind und sich freie Sozialisten

nennen, nach meinem Dafürhalten aber kaum das sozialdemokrati-
sche Parteiprogramm erfaßt haben, also kaum überzeugte Sozialde-
mokraten waren, daher von freiheitlichem Sozialismus so viel verste-
hen als ich von der chinesischen Sprache.[69]

Im übrigen üben sich diese Leute im Antisemitismus, daher haben
sich die ehemaligen Unabhängigen von dieser Bewegung auch fern
gehalten. Nur ich habe geglaubt, daß an dieser Bewegung etwas Ge-
sundes sei, habe aber später eingesehen, daß man Leuten, die freie
Sozialisten sein möchten, dabei Antisemitismus betreiben, mit Ver-
nunftgründen nicht beikommen kann. Da ferner eine aufklärende,
bildende und volksveredelnde Schreibweise in ihrem Organ ausge-
schlossen war, da sie ihren einzigen Zweck darin erblickten, die sozi-
aldemokratischen Führer zu bekämpfen, so habe ich mich von diesen
»freien Sozialisten« gänzlich zurückgezogen [...].[70]

Tatsächlich sind die Missstimmigkeiten vor allem in Prischings fort-
gesetzten anarchistischen Aktivitäten begründet, wobei die Nennung
der Redaktionsadresse des »Volksanwalts« in Anarchistenzeitungen
als Prischings eigene Kontaktadresse bei Carl Martschetz nicht gerade auf Gegenliebe gestoßen sein dürfte. Sicher ist nur, dass Prisching
seit Februar 1903 keine Artikel im »Volksanwalt« veröffentlicht und
an den Versammlungen des Vereins auch nicht mehr teilnimmt. Allerdings ist anzunehmen, dass Franz Prisching am 19. April 1903
eine Versammlung des Vereins »Volksanwalt« in Graz besucht: Im
Restaurant »Zum Königstiger« will ein alter Bekannter Prischings,
der schon erwähnte Lebensreformer Moriz Schnitzer aus Warnsdorf,
einen Vortrag halten, doch Sozialdemokraten werfen faule Äpfel und
Eier auf den Vortragenden und Carl Martschetz, es kommt zu einer
Balgerei unter den etwa zwei- bis dreihundert Gästen, und der an-
wesende Behördenvertreter löst schließlich die Veranstaltung auf.[71]
Ansonsten taucht Prischings Name lediglich im Polizeibericht über
die erste Jahresversammlung des Vereins im August 1903 noch einmal auf:

Um ca. 10 Uhr Abend erschien in der Versammlung der Anarchist Pri-
sching, Obmann-Stellvertreter des Vereines, betheiligte sich aber gar
nicht an der Debatte. Außer diesem und [...] Filipp Labrugger nah-
men keine der bekannten Anarchisten an der Versammlung theil.[72]

»Der Radikale«. 1903

Im April 1903 veröffentlicht Prisching in der Berliner Anarchisten-
zeitung »Neues Leben« einen Aufruf zur Gründung einer deutschsprachigen, anarchistischen Zeitschrift in Österreich.[73] Da das erhoff-
te Echo ausbleibt, bringt er im Juni 1903 einen anderen Vorschlag in
den Berliner Zeitungen »Neues Leben« und »Der Anarchist«:

An die Genossen in Oesterreich-Ungarn!

*Vor einiger Zeit habe ich im »Neuen Leben« angeregt, in Oester-
reich ein Blatt herauszugeben. Nach den eingegangenen Nachrich-
ten habe ich jedoch die Ueberzeugung gewonnen, dass dies vorläufig
nicht möglich ist. Es mag auch der Umstand viel beitragen, dass von
den österreichischen Genossen nur wenige »Neues Leben« halten,
daher auch von meiner Anregung nur wenige etwas erfahren haben.
Um nun aber für die nächste Zeit wenigstens Vorarbeiten treffen zu
können, möchte ich folgenden Vorschlag machen. Wenn es nicht möglich ist, momentan ein Blatt zu gründen, so wäre es aber möglich,
von Zeit zu Zeit eine billige Broschüre (10–20 Heller) herauszugeben.
Dabei kommt in Betracht, dass unter 3 bis 4 Monaten jeder Genosse genug Zeit und Gelegenheit hat, einige Broschüren abzusetzen. In
der Broschüre könnte man darauf hinweisen, dass es für Oesterreich
höchst notwendig ist, ein Blatt zu gründen. Besonders für Steiermark,
Kärnten u. Nordböhmen, wo durch die Misswirtschaft der Sozialdemokratie die Arbeiterschaft von dieser Partei bis über den Hals genug
hat. Mögen daher die wenigen österreichischen Genossen, die von
dieser neuerlichen Anregung Kenntnis erhalten, daran gehen, einen
Fonds für eine Broschürenherausgabe zu sammeln. – Ich ersuche
daher, mir spätestens innerhalb 6–8 Wochen mitzuteilen, wer damit
einverstanden ist, dass vorläufig von Zeit zu Zeit eine Broschüre erscheinen soll, und wieviel Geld man für Druckkosten u.s.w. beitragen
kann. In einiger Zeit werde ich durch den »Anarchist« bekannt geben,
wann die erste Broschüre erscheint.*

*Des weiteren wäre es notwendig, dass die österreichischen Genos-
sen ihre Meinung kund geben würden, wie sie sich zur Frage der Ab-
haltung einer Konferenz stellen. Wenn wir praktisch und mit Erfolg
arbeiten wollen, so ist es nötig, dass wir über Verschiedenes beraten,
in erster Linie über Presse, Agitation und Organisation. Ort und Tag
der Konferenz würden brieflich jedem Genossen bekannt gegeben*

werden. *Ich bin entschieden der Ansicht, dass, wenn wir wieder Leben in die Bewegung bringen wollen, wir in die Oeffentlichkeit treten müssen. Ich möchte daher die Genossen, die sich in der Lage befinden und so viel Opfermut besitzen, dass sie die Fahrt zur Beratung aus eigenen Mitteln bestreiten können oder das Geld hierfür sonst wie aufzubringen vermögen, und die einsehen, dass es notwendig ist, eine Konferenz abzuhalten, bitten, mir ihre diesbezügliche Meinung mitzuteilen oder eventuell im »Anarchist« etwas Besseres in Anregung bringen. Also frisch ans Werk! Mit Brudergruss*
Franz Prisching, Maurer. Graz, St. Petersgasse 17.[74]

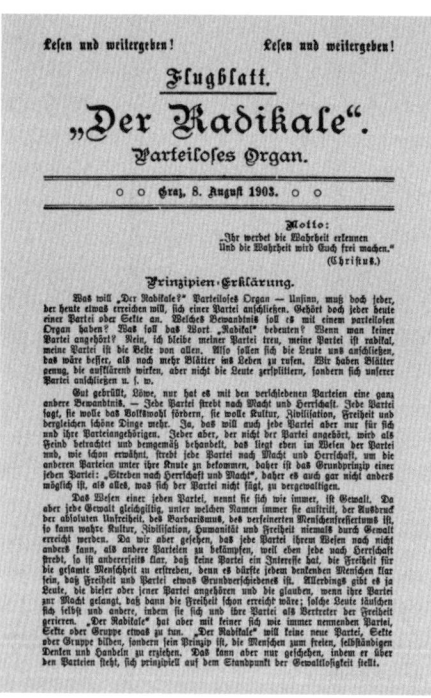

Graz 1903

Tatsächlich versammeln sich nach einem Spitzelbericht die Grazer Anarchisten am 4. Juli 1903 im Gasthaus »Zum Auge Gottes«, wo sie von neun Uhr abends bis eine halbe Stunde nach Mitternacht unter dem Vorsitz eines ehemaligen Radikalen und nunmehrigen »Unabhängigen Socialisten«, des Bäckergehilfen Anton Notzar (1850–?), über die Errichtung einer geheimen Druckerei in Graz beraten.[75] Wer fehlt, ist Franz Prisching. Er scheint sich mit den Grazer Anarchisten so zerstritten zu haben, dass es selbst der Polizei zu Ohren kommt. Der Polizeidirektor berichtet *nach einer mir neulich zugekommenen konfidentiellen Mitteilung* über Differenzen unter den »Unabhängigen Socialisten«: *An diesen Uneinigkeiten soll sehr viel die Haltung des Franz Prisching schuld sein, der sich die Gegnerschaft einer beträchtlichen Anzahl von Parteigängern in und außer Graz zugezogen habe.*[76] Im Mittelpunkt des Konflikts mit den anderen Anarchisten scheint Prischings Ablehnung aller geheimen Agitation zu stehen.

Anfang August 1903 gibt Franz Prisching im Alleingang das Flugblatt »Der Radikale« in Form einer Zeitschriftenprobenummer heraus.[77] Bemerkenswerterweise richtet er seine Ankündigung einer Zeitschrift nicht an die Genossen, sondern *an alle Freunde der Gewaltlosigkeit, der Freiheit,* und er legt mit der ihm eigenen Ausdrucksweise eine »Prinzipien-Erklärung« vor:

Was will »Der Radikale?« Parteiloses Organ – Unsinn, muß doch jeder, der heute etwas erreichen will, sich einer Partei anschließen. Gehört doch jeder heute einer Partei oder Sekte an. Welche Bewandtnis soll es mit einem parteilosen Organ haben? Was soll das Wort »Radikal« bedeuten? Wenn man keiner Partei angehört? Nein, ich bleibe meiner Partei treu, meine Partei ist radikal, meine Partei ist die beste von allen. Also sollen sich die Leute uns anschließen, das wäre besser, als noch mehr Blätter ins Leben zu rufen. Wir haben Blätter genug, die aufklärend wirken, aber nicht die Leute zersplittern, sondern sich unserer Partei anschließen u.s.w.

Gut gebrüllt, Löwe, nur hat es mit den verschiedenen Parteien eine ganz andere Bewandtnis. – Jede Partei strebt nach Macht und Herrschaft. Jede Partei sagt, sie wolle das Volkswohl fördern, sie wolle Kultur, Zivilisation, Freiheit und dergleichen schöne Dinge mehr. Ja, das will auch jede Partei, aber nur für sich und ihre Parteiangehörigen. Jeder aber, der nicht der Partei angehört, wird als Feind betrachtet und demgemäß behandelt, das liegt eben im Wesen der Partei, und, wie schon erwähnt, strebt jede Partei nach Macht und Herrschaft, um die anderen Parteien unter ihre Knute zu bekommen, daher ist das Grundprinzip einer jeden Partei: »Streben nach Herrschaft und Macht«, daher es auch gar nicht anders möglich ist, als alles, was sich der Partei nicht fügt, zu vergewaltigen.

Das Wesen einer jeden Partei, nennt sie sich wie immer, ist Gewalt. Da aber jede Gewalt, gleichgiltig, unter welchem Namen immer sie auftritt, der Ausdruck der absoluten Unfreiheit, des Barbarismus, des verfeinerten Menschenfressertums ist, so können wahre Kultur, Zivilisation, Humanität und Freiheit niemals durch Gewalt erreicht werden. Da wir aber gesehen, daß jede Partei ihrem Wesen nach nicht anders kann als andere Parteien zu bekämpfen, weil eben jede nach Herrschaft strebt, so ist andererseits klar, daß keine Partei ein Interesse hat, die Freiheit für die gesamte Menschheit zu erstreben, denn es dürfte jedem denkenden Menschen klar sein, daß Freiheit und Partei etwas Grundverschiedenes sind. Allerdings gibt es ja Leute, die dieser oder jener Partei angehören und die glauben, wenn ihre Partei zur Macht gelangt, daß dann die Freiheit schon erreicht wäre; solche Leute täuschen sich selbst und andere, indem sie sich und ihre Partei als Vertreter der Freiheit gerieren. »Der Radikale« hat aber mit keiner sich wie immer nennenden Partei, Sekte oder Gruppe etwas zu tun. »Der Radikale« will keine neue Partei, Sekte oder Gruppe bilden, sondern sein Prinzip ist, die Menschen zum freien, selbständigen Denken und Handeln zu erziehen. Das kann aber nur geschehen, indem er über den Parteien steht, sich prinzipiell auf den Standpunkte der Gewaltlosigkeit stellt.

Da naturgesetzmäßig Gewalt immer wieder Gewalt erzeugt, so kann die Menschheit nie zur Freiheit gelangen, so lange sich die Menschen in verschiedenen Parteien, Sekten oder Gruppen zersplittern; die Freiheit wird nur errungen, wenn die Erkenntnis, Vernunft und Liebe über die Gewalt den Sieg erringen. Dies ist aber niemals durch Gewalt möglich, denn Erkenntnis, Vernunft und Liebe entspringen aus der Freiheit selbst. Hingegen aber Gewalt, Herrschsucht und Dummheit ihren Ursprung in der Leidenschaft haben, die Leidenschaft aber nur zerstörend und nicht aufbauend wirken kann. – Die Menschen haben aber das Bedürfnis, die Errungenschaften von Jahrtausenden zu erhalten, die Verhältnisse derart zu ändern, daß alle Errungenschaften des Menschengeistes auch allen zugute kommen. Der »Radikale« wird daher niemals für einen Stand, eine Klasse, Konfession, Rasse oder Nation Partei ergreifen, sondern seine Aufgabe ist, alle nach Wahrheit und Freiheit strebenden Menschen, ohne Unterschied von Stand, Klasse, Konfession, Rasse oder Nation, geistig einander näher zu bringen, die Klüfte, die künstlich erzeugt, um im Parteiinteresse im Trüben fischen zu können, die müssen überbrückt werden, die Menschen müssen sich gegenseitig verstehen lernen.

Wir sind heute auf einem Punkt angelangt, wo jeder Vernünftige ein-
sieht, daß es so nicht weiter gehen kann. Aber jeder denkt, nach mir
die Sündflut. Also mehr Geistesleben, höhere Ideale sind notwendig,
um die Menschen für eine neue höhere Kultur vorzubereiten. Wer da-
her seine Menschenwürde noch nicht ganz in der heute herrschen-
den materiellen Genußsucht erstickt hat, wer einsieht, daß wir bald
dahin gelangen, worüber Griechenland und Rom ihr Ende fanden,
der arbeite mit, über den Parteien stehend, erhaben über alle Klei-
nigkeitskrämerei, an der geistigen Vereinigung aller Menschen, zum
eigenen wie zum Wohle aller, damit wäre die Prinzipienerklärung in
gedrängter Kürze gegeben.[78]

»Der g'rode Michl«. 1903 bis 1914

Am 31. August 1903 erfolgt die pressepolizeiliche Registrierung einer Zeitschrift unter der Nummer 217, Zahl 7618:

Titel:	*»Der grode [!] Michl.«*
Programm:	*Besprechung von philosophischen Systemen und modernen Geistes-Strömungen, wirtschaft-lichen und sozialen Problemen der Gegenwart, geschichtliche Betrachtungen über Kultur und Rassenfragen, Aufschlüße über Bank- und Bör-sen-Wesen, Verschuldungs- und Bodenfrage, Monographien, Schule, Kirche, Justiz, Kunst, Wissenschaft, Literatur, Theater, ethische Be-strebungen – Inserate.*
Zeitabschnitt ihres Erscheinens:	*Am 15. eines jeden Monats 8^h morgens; fällt auf den 15. ein Sonn- oder Feiertag so erscheint es am vorhergehenden Tage.*
verantwortlicher Redakteur:	*Franz Prisching St. Petersgasse N. 17*
Drucker:	*August Wagner Annenstraße 19*
Herausgeber:	*Franz Prisching*[79]

Das Programm der Zeitschrift wird nach Franz Prischings Eingabe vom 25. Februar 1904 noch dahingehend erweitert, dass in dieser *von Fall zu Fall auch Illustrationen* erscheinen dürfen.[80] Warum er die Genehmigung für den »G'roden Michl« erhält, zeigt ein anlässlich der Zeitungsanmeldung und dem Ersuchen um eine Lizenz für dessen Vertrieb verfasster Polizeibericht, gleichsam das amtliche Resümee von Prischings bisherigem Leben:

Unter Aktenrückschluß beehre ich mich [...] zu berichten, daß der in der Petersgasse No. 17 wohnhafte Herausgeber der Monatsschrift »Der g'rode Michl«, Franz Prisching, 1864 zu Hart in Steiermark geboren, nach St. Pölten in Nieder-Oesterreich zuständig, konfessionslos, ledig, Maurer, mit Urteil des k.k. Bezirksgerichtes Graz vom 16. November 1898 U I 916-38/98 wegen Übertretung des §23 P[reß] G[esetz] mit 14 Tagen Arrest abgestraft erscheint. Franz Prisching gehört der hiesigen Anarchisten-Gruppe an und ist eines der tätigsten Mitglieder derselben. Seine anarchistischen Anschauungen haben sich allerdings zum sogenannten »Edel-Anarchismus« abgeschliffen; es fragt sich jedoch, ob es angezeigt wäre, ihm die erbetene Zeitungs-Verschleiß-Lizenz zu verleihen, da dieselbe voraussichtlich als Deckmantel zur Verbreitung anarchistischer Druckschriften dienen wird.[81]

Erstes Heft des »G'roden Michl«

Franz Prisching (1864–1919)
aufgenommen im September
1904

*Da es für gewöhnlich Usus ist, daß alle großen Männer in Holz,
Stein oder Erz ausgehauen werden, ein Verdienst für Bildhauer und
Modelleure, ich aber gar kein Bedürfnis habe, mich »aushauen« zu
lassen, andererseits ich aber unstreitbar auch zu den großen Männern gehöre (ich bin nämlich 171 cm groß), so habe ich aus Erspa-
rungsrücksichten die Druckerschwärze gewählt, um die staunende
Mit- und Nachwelt von meinem Dasein zu überzeugen.*

[Franz Prisching]: Kurz gefasste Lebensgeschichte des
Herausgebers, in: »Der g'rode Michl« . Parteilose Monats-
schrift für allseitige Reform (Graz), 2. Jg., Nr. 10
(Oktober 1904), S. 79.

Vermutlich Franz Prisching in den 1890er-Jahren

Johanna Struckl, seit 1913 verh. Prisching (1886–1965), um 1905

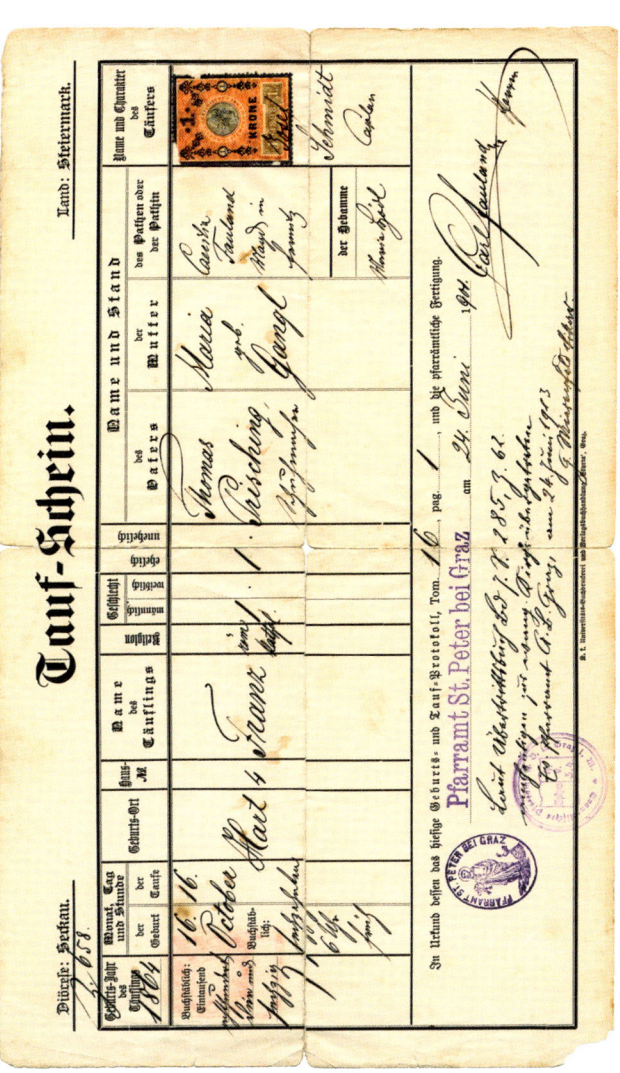

Taufschein von Franz Prisching

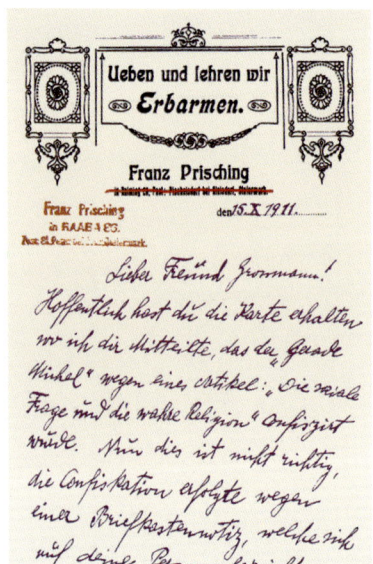

Ueben und lehren wir **Erbarmen.**

Franz Prisching

den 15.X.1911.

Lieber Freund Grossmann!

Brief von Franz Prisching an
Pierre Ramus. Raaba,
15. Oktober 1911

Aus dem Internationaal Instituut
voor Sociale Geschiedenis (IISG),
Amsterdam

Haus in Kulming 28
Quelle: Adolf Hausbauer, Kulm bei Weiz

Haus in Hart 76 (heute Holzerhofstraße 117)

Johanna Prisching mit ihren Söhnen Friedrich (1911–1944),
Franz (1908–1978) und Paul (1909–1982)

„Der g'rode Michl".

Parteilose Monatsschrift.

Motto: Nur wer sich selbst beherrschen kann,
braucht nicht beherrscht zu werden.
(F. P.)

Schriftleitung, Verwaltung und Versendung St. Petersgasse 17 in Graz. Manuskripte werden nicht zurückgestellt. Inserate werden billigst berechnet.	Nachdruck nur mit genauer Quellenangabe gestattet. **Graz, Oktober 1903.** Jahrg. I. — Folge 2.	Erscheint monatlich und kostet jährlich 1 Krone, für Deutschland 1 Mark. Einzelne Nummer 8 Heller

Leo Tolstoi.

1834

Beistehend bringen wir unseren Lesern ein Bild des berühmten russischen Schriftstellers Grafen Leo Tolstoi, der am 9. September sein 75. Lebensjahr vollendete. Geboren im Gouvernement Tula am 9. September 1828, bezog er nach einer gründlichen häuslichen Erziehung 1843 die Universität Kasan, studierte ein Jahr orientalische

🤚 Jubiläums-Nummer. 🤚

XI. Jahrg. Hart, August—September 1913. Nr. 8—9.

Der gerade Michel

Parteilose Monatschrift für allseitige Reform
Ohne Herrschaft   Selbstbeherrschung

Herausgeber: **Franz Prisching** in **Hart 76, Post St. Peter** bei **Graz (Steiermark).**

═══════ Erscheint am 15. jeden Monates. ═══════

Bezugsbedingung: Jeder zahlt soviel ihm das Blatt wert erscheint, mindestens jedoch jährlich **2 Kronen = 2 Mark = 3 Franks** etc.

Einzelne Nummern 16 Heller.

Insertionstarif: Ganze Seite 16 K, halbe Seite 8 K, Viertel-Seite 4 K, Achtel-Seite 2 K. (Nachdruck von Originalartikeln nur mit Quellenangabe gestattet.)

1903—1913.

Wenn ich gestorben werde sein,
Dann wird man mich in Liebe nennen,
Und manche sagen Gut's von mir,
Die mich im Leben arg verkennen;

Und mancher, der den Stein erhob,
Um seinen Wurf nach mir zu richten,
Lobt mich, wenn sie den letzten Stein
Auf meinem kleinen Grabmal richten.

Und viele, die mein g'ring' Talent
Bezeichnen schmähend als verdorben,
Die schenken mir Unsterblichkeit,
Wenn ich nur einmal bin gestorben.

Zehn Jahre sind am 15. September 1913 verflossen, seit der »Gerade Michel« das Dunkel der Druckerschwärze erblickte. Verhältnismäßig zur Ewigkeit ein sehr kurzer, kaum in Betracht kommender Zeitraum. Aber wenn man die Schwierigkeiten und Hindernisse, welche demselben von allen Seiten in den Weg gelegt wurden, betrachtet, so wiegen die zehn Jahre eine halbe Ewigkeit auf.

Es ist zwar keine Kunst, ein Blatt herauszugeben, besonders wenn der nötige »Mammon« reichlich vorhanden ist und wenn das Blatt die Tendenz verfolgt, die gottgewollte Ordnung immer noch fester zu kitten.

Anders aber gestaltet sich die Sache, wenn der Herausgeber ein armer Teufel ist, der sein Geisteskind mit 20 Kronen Betriebskapital über Wasser zu halten und hochzubringen versuchen mußte. Na ja, daß das nicht leicht war, ist und sein

wird, dürfte auch den Berufsredakteuren und sonstigen Zeitungsmenschen einleuchten. Dabei kommt noch weiter in Betracht, daß sich mir in diesem Leben noch nie die geringste Gelegenheit geboten hatte, ein Loblied auf die sogenannte göttliche Weltordnung anzustimmen. Wenn man für die Menschen das Beste will, dann muß man die Wahrheit sagen und schreiben, und das allein genügt schon, um sich bei den »Guten und Frommen« tüchtig »einzubrennen«.

Wenn man obendrein noch der anarchistischen Weltauffassung huldigt und nicht feig genug ist, zu widerrufen, wo es keine Silbe zu widerrufen gibt, dann wird man begreifen, daß das Sammeln von Lesern und Abonnenten nicht so flott von statten gehen kann, als bei irgend einem Tagesquatschblatt. Es ist schwer, neue Leser und Abonnenten zu gewinnen, da ja der Großteil derselben zu den Enterbten dieser Welt gehört, das Blatt mit den geringen Mitteln, wenn auch mit öfteren Unterbrechungen, aber doch noch am Leben zu erhalten.

Es gibt ja hie und da einige mit Glücksgütern gesegnete Menschen, welche auch den »Geraden Michel« lesen, aber die werden denselben in alle Ewigkeit nicht begreifen. So schrieb mir beispielsweise eine Dame, die es nach ihrer Weise um das Wohl der Menschheit gut meint: »Sie sagen den Leuten die größten Grobheiten, die sie für Wahrheiten halten; auf solche Weise werden Sie nicht vor-

Johanna Prisching (1886–1965)
mit den Kindern
Paul (1909–1982) und
Franz (1908–1978)

Um 1920

Postkarte mit einem Gedicht von Johanna Prisching,
in welchem sie um Unterstützung bittet

Hart 1919

Franz Prisching
Maurer und Herausgeber des
„Der gerade Michl"
geb. am 16. Okt. 1864,
gest. am 11. Juli 1919.
Hinterläßt eine Witwe mit vier unmündige Knaben im Alter von 6, 8,
10 und 12 Jahren.

Eine Bitte.

Prischings Familie ohne Vater und Geld,
Vier unmündige Knaben ohne Mehl und Brot
O Herr, in der Höhe! Groß ist die Not,
Laß geben uns etwas zum leben,
Sonst ist für uns das Leben vergeben.

Darum wende ich mich bittend zu Euch:
Ihr seid gewiß die richtigen Helfer,
Die in meiner so großen Not
Eine Hilfe wohl gewähren.
Mag sein die Gabe noch so klein,
Dankbar werde ich immer sein.

Am 15. September 1903 erscheint die erste Nummer der *Parteilosen Monatsschrift* »Der g'rode Michl«, die im Kapitel II näher dargestellt wird. Mit nur zwanzig Kronen Betriebskapital beginnt der immerhin schon neununddreißigjährige Franz Prisching sein neues Projekt, tauscht die Maurerkelle mit der Feder, gibt also seinen Beruf als Maurergehilfe auf, um als Herausgeber einer Zeitschrift seine Existenz zu bestreiten. Neben viel Energie und Zeit investiert er fast seine gesamten finanziellen Mittel in dieses Unternehmen, dessen regelmäßiges Defizit er bald durch alljährliche »Arbeitsferien«, sprich Maurerarbeit in den Sommermonaten, ausgleichen muss.

Ein Redakteur, und wenn er auch der idealste Mensch der Welt, aber dabei ein armer Teufel ist, wird sehr bald die Erfahrung machen, daß Theorie und Praxis verschiedene Dinge sind. Er wird ferner erfahren, daß er seine »Ideale« an den Nagel hängen muß und sich irgend einer Partei, Sekte oder Gruppe von Leuten unterordnen muß, die über den so notwendigen »Mammon« verfügen. Tut er dies nicht und will er seine Nackensteife behaupten, nun, dann wird er bald zur Erkenntnis kommen, daß er seinen Beruf total verfehlt hat. Allerdings steht es ihm dann frei, von der Freiheit des freiwilligen Verhungerns Gebrauch zu machen. Aufklärung, Bildung, Veredlung des Volkes auf jedem Gebiete sind Dinge, die heute ganz außer Mode gekommen sind, und wehe dem Redakteur, der sich beikommen läßt, für »Ideale« seine Kraft zu widmen, er wird von den Herdentieren zu Boden getrampelt. Doch solange die Welt steht, hat es von jeher Leute gegeben, die immer das Verkehrte taten und heute noch tun. Und so gibt es auch einige solche Raritäten von Redakteuren, die um Geld nicht zu haben sind, die im allerungünstigsten Falle eher Steine klopfen oder vom freiwilligen Verhungern Gebrauch machen, bevor sie ihre Gesinnung prostituieren. [...] Wenn daher ein Redakteur seine Lebensaufgabe darinnen erblicken würde, für das Wohl der Menschheit zu wirken, statt seine Kräfte und Fähigkeiten einzelnen Mammonssklaven zu verkaufen, dann würden sich schon immer mehr finden, die von diesem Beispiele angezogen würden. Die Presse hat im heutigen Leben eine ungeheure Macht, nur sollte diese Macht zum Gedeihen des Gesamtwohls verwendet werden. Wie eben überall, so werden auch hier wieder Einzelne vorangehen müssen, und einmal muß ein Anfang gemacht werden. Daher ladet »Der g'rode Michl« alle jene ein, die die

Wahrheit ohne Beschwerden vertragen können, sich in die Armee der
Wahrheitsfreunde selbst einzureihen, um als Vorposten den Anfang
zu beginnen.[82]

Zunächst hat Franz Prisching einen engen Mitarbeiter: den Grazer
»Unabhängigen Socialisten«, Vegetarier und Tolstoj-Anhänger Rudolf Rotter (1878–?).[83] Dieser liest wohl Prischings wie auch Texte
anderer Korrektur, doch spätestens seit Rotters Übersiedlung nach
Zürich Anfang 1905 ist Prisching nicht bloß Herausgeber und verantwortlicher Schriftleiter des
»G'roden Michl«, er ist auch
alleiniger Lektor und Admi-
nistrator der Zeitschrift.

Visitenkarte von Franz
Prisching aus dem Jahr 1903

Gewaltfreier Anarchist

Im weiter oben genannten Polizeibericht wird Franz Prisching als
»Edel-Anarchist« bezeichnet, ein Etikett, das ihm in den nächsten
Jahren wiederholt angeheftet wird, auch wenn er selbst vom Edel-
Anarchismus wenig hält:

Wer sich scheut, sich als Anarchist zu bekennen, weil einzelne
Anarchisten, getrieben von der Verzweiflung über die herrschenden
Zustände und erfüllt von selbstverleugnender Begeisterung und Frei-
heitsliebe, Gewalttaten vollbrachten, – weil einige Anarchisten, und
gewiss nicht die schlechtesten, von der meiner Meinung nach irrigen
Ansicht ausgehend, dass auf dem Wege des Attentats oder anderer
an sich wohl nicht prinzipiell anarchistischer Gewalttaten, das Elend
der Menschheit zu vernichten sei, heldenhaft unter Aufopferung ihrer
Person, ihre Ansichten konsequent durchführend und ihre glühende
Menschenliebe betätigen; – wer sich solcher Helden schämt, wer
deswegen nicht Anarchist sein will, obgleich er sich im geheimen zu
anarchistischen Prinzipien bekennt, der verliert jeden Anspruch da-
rauf, Mitkämpfer und Genosse zu sein. Wir können auf solche Leute
füglich verzichten. Mit dem sogenannten »Edelanarchismus« schafft
man keine neue Zeit.[84]

»Edel-Anarchist« ist eine Spottbezeichnung, basierend auf der irrigen Annahme, dass Anarchismus Gewalt bedeuten müsse. Wie viele andere Anarchisten und Anarchistinnen auch verweist Franz Prisching immer wieder auf diese falsche Ansicht, die durch den Blick in ein Lexikon jedermann und jedefrau leicht korrigieren könnte. Wichtiger als die Diskussion um den »edlen« Anarchisten ist die Tatsache, dass Franz Prisching seinen Anarchismus nunmehr auf eine eindeutige und bis zuletzt beibehaltene Grundlage stellt: Wohl aufgrund seiner theosophischen Studien fügt er dem anarchistischen Prinzip der Herrschaftslosigkeit jenes der Gewaltlosigkeit als gleichwertiges hinzu.

Anarchie heisst auch nicht »ohne Gewalt«, sondern wörtlich übersetzt An = gegen, Archie = Herrschaft, also gegen Herrschaft. Es ist allerdings ganz logisch, dass ich, wenn ich ein Gegner der Herrschaft bin, auch ein Gegner der Gewalt sein muss, denn ohne eine Gewalt wäre ja jede Herrschaft unmöglich. Man mag die Sache drehen wie man will, daran lässt sich nun einmal nichts ändern: Jeder, der Gewalt ausübt, verstösst gegen die Prinzipien der Herrschaftslosigkeit. Als Anarchist darf ich nicht herrschen, sobald ich aber Gewalt ausübe, übe ich Herrschaft aus. Wenn der andere nicht tut, was ich will, so darf ich als Anarchist ihn dazu nicht zwingen. Sobald ich irgend welchen Zwang ausübe, gebe ich das anarchistische Prinzip auf und werde, wenn auch nur für Augenblicke, zum Herrscher. Dann muss ich mir aber auch gefallen lassen, dass andere mich beherrschen. Letzteres kann ich zwar auch versuchen, ohne dass ich an der Gewalt-Herrschaft teilnehme, aber ich habe in diesem Falle mein Prinzip nicht aufgegeben. Auch ist kein Mensch im Stande, mich zu irgend einer Handlung zu zwingen, wenn ich nicht selbst will.[85]

Der entscheidende Ideengeber dürfte wohl der russische Schriftsteller Lev Nikolaevič Graf Tolstoj (1828–1910) gewesen sein, der als Begründer des gewaltfreien Anarchismus auf christlicher Grundlage gilt. Schon in der zweiten Nummer des »G'roden Michl« widmet Prisching seinem neuen Ideal einen Artikel: *seine Liebe zu seinen Mitmenschen, seine Energie für das Gute, seine unbeugsame Individualität ist der leuchtende Morgenstern für den erwachenden Edelmenschen.*[86] Immer wieder wird Prisching auf Tolstoj hinweisen und dessen Texte im »G'roden Michl« publizieren.[87] Allerdings will er nicht als Tolstojaner gesehen werden: *Kurz und gut, ich mag von Personenkul-*

tus nichts wissen, Dogmen sind immer gefährlich. Suche doch jeder Gott in sich, wähle sich jeder die Vernunft und das Gewissen zu Führern, dann braucht man für die gute Sache kein Aushängeschild, sondern siegt durch sich selbst.[88]

Lev Nikolaevič Graf
Tolstoj (1828–1910)

Spätestens seit 1903 ist Franz Prisching ein radikaler Pazifist, ein Friedenskämpfer, der selbst noch gegen Ende seines Lebens, mitten im ersten Weltkrieg, wegen seiner antimilitaristischen und pazifistischen Weltanschauung mit den Behörden in Konflikt gerät.

Seine Hinwendung zum radikal gewaltfreien Anarchismus lässt Prisching neue Freunde und Mitkämpfer in der Friedensbewegung suchen. Es zeugt von seinem Engagement wie Selbstbewusstsein, dass er auch mit der Galionsfigur des internationalen wie österreichischen Pazifismus Kontakt aufnimmt: mit der durch ihren Roman »Die Waffen nieder! Eine Lebensgeschichte« (Dresden 1889) berühmt gewordenen Bertha Freifrau von Suttner (1843–1914), von der er *mit gütiger Erlaubnis* 1903 und 1904 zwei Texte abdruckt.[89] Suttner, der 1905 der Friedensnobelpreis zugesprochen wird, ist auch später wiederholt Thema im »G'roden Michl«. 1903 ist Franz Prisching mit seinem radikal gewaltfreien, selbst- und lebensreformerischen Anarchismus eine in Österreich singuläre Erscheinung und bleibt dies auch bis Ende 1907. Bei seinen Grazer Genossen stößt er mit diesen Ideen auf wenig Gegenliebe, was selbst die Polizei bestätigt:

Franz Prisching steht mit den hiesigen sogenannten unabhängigen Sozialisten (oder theoretischen Anarchisten) seit dem Erscheinen seines Blattes »Der g'rode Michl« in geringem Verkehre, da die in seinem sehr vorsichtig und in geradezu harmloser Weise geschriebenen Blatte von ihm vertretenen Ideen, den Anarchismus oder die Herrschaftslosigkeit durch Selbstveredlung, Vegetarismus und Antialkoholismus bei Vermeidung jedweden Terrorismus zu erreichen, bei diesen keinen Anklang zu finden scheinen.[90]

Bertha Freifrau von Suttner
(geb. Gräfin Kinsky;
1843–1914) im Jahr 1886

Neuerlicher Versuch mit den »Freien Sozialisten«. 1903 bis 1905

Noch hat Franz Prisching die Idee nicht aufgegeben, mit seinen Vorstellungen in der Arbeiterbewegung Fuß zu fassen. Kurz nach der Jahrhundertwende entstehen in Österreich Gruppierungen, die sich »Frei-Sozialisten« (auch »Freisozialisten«) beziehungsweise »Freie Sozialisten« nennen. Diese lose miteinander in Verbindung stehenden Vereinigungen haben als entscheidenden gemeinsamen Nenner ihre oppositionelle Haltung zur Sozialdemokratie. Zentrum ist Westböhmen, wo der ehemalige Bergarbeiter und jetzige Redakteur der

Zeitung »Freie Worte« in Falkenau (heute Sokolov, Tschechische Republik) Simon Starck (1865–1939) die »Freisozialisten« anführt. In Graz sammeln sich »Freie Sozialisten« in dem schon erwähnten, 1903 gegründeten Verein »Volksanwalt«, der allerdings bereits 1904 seine Tätigkeit einstellt. Eine ähnliche Gruppe »Freier Sozialisten« schart sich in Wien und Floridsdorf (heute zu Wien) um die Zeitung »Die Wahrheit«.[91] Einer, der zu all diesen »Freien Sozialisten« und »Frei-Sozialisten« Kontakt sucht, ist Franz Prisching, welcher allerdings ein recht eigenwilliges Verständnis vom Freisozialismus hat; er meint,

daß alle Menschen, ob arm oder reich, soferne sie für die Leiden der Menschheit ein warmfühlendes Herz haben, sich notgedrungen vereinigen müßten, die Uebelstände, wo immer es nur geht, abschaffen zu helfen; was aber nur dadurch möglich ist, daß man die Volksmassen aufklärt und zu Menschen erzieht, in jedem Einzelnen nur den Menschen sieht, sich nicht scheut, mit jedem zu verkehren und, soferne er sich belehren läßt, ihm behilflich ist; daß man sich von verschiedenen Leidenschaften befreit; sich selbst beherrschen lernt und darnach strebt, daß nicht nur eine Klasse, sondern alle Menschen befreit werden. Sozial-Vereinigen; nun wohlan! Vereinigen, versöhnen wir die ganze Menschheit, damit sie befähigt wird, ein höheres Kulturideal auch zu verwirklichen.

Das wäre eine frei-sozialistische Bewegung, an der die Besten teilnehmen sollten.[92]

Neujahrsgrußkarte mit Gedicht von Franz Prisching Dezember 1903

Dieses auf Selbstreform abzielende Programm steht in krassem Gegensatz zu jenem der »Freien Sozialisten« und »Frei-Sozialisten«, welche sich in der Tradition der klassischen Arbeiterbewegung und des Klassenkampfs verstehen. Dennoch wird Prischings »G'roder

Michl« im Dezember 1903 den Lesern der damals freisozialistischen »Wahrheit« empfohlen:

Ein Arbeiter, ein schlichter Maurer versucht es, in dieser Schrift seine Gedanken zum Ausdruck zu bringen. Wir können diese vorzüglich redigierte Monatsschrift jedem intelligenten und freiheitlich denkenden Menschen zum Abonnement nur wärmstens empfehlen.[93]

Im Gegenzug schreibt Prisching über die »Freien Worte« und »Die Wahrheit«: *Wenn ich in Manchem auch anders denke, so kann ich aber trotzdem jedem nach Befreiung ringenden Arbeiter beide Blätter empfehlen.*[94] Man sieht, dass Prisching dem Freisozialismus durchaus ambivalent gegenübersteht. In seiner launigen Art meint er einmal:

Sie behaupten, erfahren zu haben, dass der freiheitliche Sozialismus in China an Ausbreitung gewinnt. Bei uns trifft das Gegenteil zu, d.h., hier macht die Chineserei unter einem Teil der sich freiheitlich nennenden Sozialisten große Fortschritte.[95]

Prisching hat sich, wie im Kapitel »Erster Versuch mit den ›Frei-Sozialisten‹« gezeigt, rasch von diesen Sozialisten um die Zeitung »Der Volksanwalt« (Graz) getrennt. Positiver sieht er 1904 die »Freien Sozialisten« in Wien und Floridsdorf:

Obwohl diese Bewegung ebenfalls ein Kind der sozialdemokratischen Opposition war, so steckt darinnen ein gesunder Keim. Ihr Organ, »Die Wahrheit«, [...] trägt allerdings noch den Stempel einer sozialdemokratischen Oppositionspresse, aber es ist die Hoffnung vorhanden, daß das Persönliche bald verschwinden wird und ein prinzipieller Kampf, ob demokratischer oder freiheitlicher Sozialismus, sich entspinnt.[96]

Und über die böhmischen »Freisozialisten«, von denen er einige auf seinen Agitationstouren 1900 und 1902 persönlich kennen gelernt hatte, meint er:

auch in Falkenau a[n der] E[ger] in Böhmen erscheint ein Blatt, »Freie Worte«, Redakteur ist Simon Stark [recte Starck; R.M.], ein ehemaliger tüchtiger sozialdemokratischer Agitator; auch dieses Blatt verdient in die weitesten Kreise zu dringen. Es ist zwar ganz natürlich, wenn man jahrelang Sozialdemokrat war, daß dann die alten Erinnerungen nicht so schnell ausgelöscht werden können. Das Blatt hat ja noch manches, was an die Sozialdemokratie erinnert, das scha-

det aber auch gar nicht. Was mir an den »Freien Worten« und dessen Leuten am besten gefällt, ist, daß diese Leute praktische Arbeit leisten.[97]

Die Wahrheit (Floridsdorf / Wien), 10. Mai 1903 bis 1. Juni 1904

Prisching, in Graz weitgehend isoliert, bemüht sich nun verstärkt um Kontakte zur Arbeiterbewegung außerhalb der Steiermark. Zwischen dem 19. und 28. Dezember 1903 unternimmt er einen ersten Anlauf. Er selbst gibt vor, nach Deutschland zu reisen, während die Polizei eine Fahrt nach Klagenfurt vermutet.[98] Tatsächlich begibt er sich nach Floridsdorf, wo »Unabhängige Socialisten« im engsten Kreis über den Fortbestand der Zeitung »Die Wahrheit« beraten.[99] Bei der Umwandlung des einst oppositionell-sozialdemokratischen Organs in ein anarchistisches scheint Franz Prisching eine nicht unbedeutende Rolle gespielt zu haben. Jedenfalls übernimmt nun der »Unabhängige Socialist« und Schriftsteller Franz Heinl (?–1906) »Die Wahrheit«, allerdings *nur in dem Sinne, dass es finanziell mit der Gebarung des alten Blattes n i c h t s mehr zu tun hatte. Mit Heindl [recte Heinl; R.M.] wurde das Blatt anarchistisch.*[100] Prisching hält noch am 20. Dezember 1903 in Floridsdorf ein Referat über »Die Situation der gegenwärtigen Arbeiterbewegung«, sein erster öffentlicher Vortrag, der belegt werden kann.[101]

Nur kurz dauert Prischings Interesse am Freisozialismus. Zwar unterhält er weiterhin engen Kontakt zu den böhmischen »Freisozialisten« um Simon Starck und den zum Anarchismus tendierenden Wiener »Freien Sozialisten«, doch bezeichnet er sich selbst nicht länger als *Sozialist* beziehungsweise *Freier Sozialist*, sondern beansprucht für sich seit Sommer 1904 wieder ausschließlich das Etikett *Anarchist*, vor allem *gewaltloser Anarchist*,[102] wobei er jedoch betont:

Daß ich auch in Bezug auf Sozialismus und Anarchismus kein Fanatiker geblieben bin, erachte ich heute selbst als ein Glück, denn ich kann mit ruhigem Gewissen sagen, obwohl die Schreibweise des

»g'roden Michl« eine mangelhafte und mitunter sehr derbe ist, so hat dieselbe in allen Gesellschaftskreisen mehr Gutes gewirkt, als alle Artikel, die ich durch Jahre hindurch in anarchistischen und sozialistischen Blättern veröffentlichte.[103]

Bruch mit der organisierten Arbeiterbewegung. 1905

Zu Pfingsten 1905, am 11. und 12. Juni, findet in Wien die Erste Konferenz der »Freien Sozialisten« statt, die einzige Konferenz, an der Franz Prisching nachweislich teilnimmt, ja, die er sogar führend mitorganisiert.[104] Dieses Ereignis markiert auch Prischings Bruch mit der organisierten Arbeiterbewegung.

Die »Frei-Sozialisten« und »Freien Sozialisten«, die sich seit 1902 als eigener Flügel innerhalb der österreichischen Arbeiterbewegung zu etablieren suchen, gehen 1904 mit Teilen der anarchistischen Bewegung Österreichs ein Bündnis ein, um gemeinsam Front gegen die Sozialdemokratie zu machen. Noch 1904 erleidet dieses Experiment erste Rückschläge: mit 1. Juni stellt deren Organ »Die Wahrheit« (Floridsdorf–Wien) sein Erscheinen ein, mit 9. Juli der »Volksanwalt« (Graz). Als altes Sprachrohr verbleibt nur mehr die Zeitung »Freie Worte« in Falkenau, als Neugründung kommt im Jänner 1905 die Wiener Zeitschrift »Sozialdemokratischer Arbeiterbund in Österreich« hinzu, welche seit Juli 1905 den Titel »Freisozialistischer Arbeiterbund in Österreich« führt.[105] Franz Prisching, der im Februar 1903 mit den Grazer »Frei-Sozialisten« um den »Volksanwalt« und im Jänner 1904 mit den »Freien Sozialisten« und Anarchisten um die Wien–Floridsdorfer »Wahrheit« gebrochen hat, versucht im Februar 1905 neuerlich ein Zusammengehen mit den »Freien Sozialisten«:

Freie Sozialisten von Böhmen. Wenn ihr eine Konferenz einberuft, so wäre Ostern oder Pfingsten die günstigste Zeit; der passende Ort, glaube ich, dürfte sich in Nieder-Österreich befinden. Wenn die Sache zustande kommt, so werde ich mich gerne einfinden, also laßt nicht mehr los, einmal muß doch der »rote Götze« ins Wackeln geraten.[106]

Seit März 1905 organisieren die Gruppierungen um die »Freien Worte« und den »Sozialdemokratischen Arbeiterbund in Österreich« sowie Franz Prisching mit seinem »G'roden Michl« diesen Kongress. Die programmatische Grundlage liefern die »Freien Worte«: *Vor allem müssen wir uns darüber klar werden, dass freie Sozialisten nur jene sind, die sich als theoretische Anhänger Henry Georges, Oppenheimers, Hertzkas, Flürscheims, Benedikt Friedländers und des richtig verstandenen Max Stirner bekennen.*[107] Was unter dem »richtig verstandenen« Max Stirner gemeint ist, wird nicht näher erläutert, dafür aber klargestellt: *Der freie Sozialismus ist keineswegs identisch mit kommunistischem Anarchismus Krapotkinscher Färbung.*[108] Beigefügt wird auch eine »Prinzipienerklärung«:

1. Das Endziel des freien Sozialismus. – Die genossenschaftlich-sozialistische Wirtschaftsordnung auf Basis der Bodenreform. 2. Die während des hierzu erforderlichen Übergangsstadiums zu leistenden Arbeiten. – Wirtschaftliche Organisation von neutralen Gewerkschaften in Verbindung mit Konsumgenossenschaften, Ankauf von Grund und Boden zum Zwecke der Errichtung von Siedlungsgenossenschaften nach Oppenheimer. [...] 3. Die wirtschaftliche Organisation aller geistig und physisch Arbeitenden, wobei Hauptgewicht auf die Agitation im Handwerker- und im Bauernstande im Sinne des Genossenschaftssozialismus zu legen ist. 4. Klare und unzweideutige Stellungnahme zur Nationalitätenfrage, und zwar: a) In bezug auf die nationale Autonomie in Österreich und in Ungarn; b) in bezug auf die Judenfrage, Anerkennung der Juden als selbständiger, gleichberechtigter Nationalität; c) die entschiedene Bekämpfung der chauvinistischen Gruppen in Zis- und Transleithanien sowie Ablehnung jeder Politik, welche auf dem Utopismus des baldigen Zerfalles Österreichs basiert.[109]

Auch Franz Prisching stellt einige grundlegende Überlegungen an:

Die Konferenz wird das eine Gute haben, zu zeigen, ob die freien Sozialisten auch freie Menschen sind. Wenn es sich aber nur wieder um Machtfragen handeln sollte, nämlich, ob diese oder jene Partei, Sozialdemokraten oder freie Sozialisten, die Herrschaft ausüben sollten, nun dann kann es sich verdammt gleichgiltig bleiben, ob der Parteipapst Viktor oder sonst wie heißt. Freie Sozialisten werden sich überhaupt nie unter irgend eine Parteischablone beugen, sie können nur aus freier eigener Initiative für das Wohl der Gesamtheit sorgen. Der Sozialismus hat nicht die Aufgabe, eine Klassenherrschaft zu stürzen, um eine andere zu errichten, sondern die Macht der sozialistischen Idee liegt darinnen, daß sie die Menschen, wohlverstanden die ganze Menschheit (nicht nur die Arbeiter), von der Sklaverei be-

freit. Denn der Sozialismus will die Menschheit befreien, und sobald er dies ernstlich will, muß er unbekümmert um momentane Vorteile die Konsequenzen ziehen, d.h., die Menschen müssen zum selbständig Denken und Handeln, zur Freiheit, Herrschaftslosigkeit erzogen werden, dies ist aber nur möglich, wenn sich jeder die Selbstbeherrschung und Veredelung angelegen sein läßt [...;] man kann sich freier Sozialist oder Anarchist nennen und dabei doch noch recht reaktionären Dogmen huldigen. Vorausgesetzt, daß die Konferenz nicht die Anarchisten und parteilosen Sozialisten im vorhinein ausschließt, so ist es ganz gut, wenn sich recht viele an der Konferenz beteiligen.[110]

Am Sonntag, dem 11. Juni 1905, versammeln sich einundvierzig Anarchisten, »Freie Sozialisten« und »Freisozialisten« zur Konferenz in Seifert's Gasthaus in Wien 7., Bernardgasse 37.[111] Offizielle Einberufer des Kongresses sind der Redakteur Simon Starck von den »Freien Worten«, der ehemalige Gewerbeinspektor Josef Malek vom »Sozialdemokratischen Arbeiterbund in Österreich« und Franz Prisching vom »G'roden Michl«, Vorsitzender der Konferenz ist der Stuckateurgehilfe Heinrich Gatti. Die Tagesordnung umfasst fünf Punkte: 1. Beratung und Prinzipienerklärung, 2. Organisation, 3. Presse, 4. Generalstreik und 5. Parlamentarismus. Franz Prisching gibt lediglich zum zweiten Tagesordnungspunkt eine längere Stellungnahme ab, wobei er gleich etwas über die Entstehungsgeschichte seines »G'roden Michl« erzählt:

Habe mich als freier Sozialist erklärt und beharre dabei. Daher stelle ich betreffs meines Blattes an die Konferenz nicht die mindeste Anforderung. Der Ursprung meines Blattes war der: Vor einigen Jahren haben sich mehrere Genossen geäußert, in Österreich sei ein freisozialistisches Organ notwendig. Daraufhin habe [ich] im heutigen »Freien Arbeiter« dies angeregt. Die Genossen sprachen sich alle mit Feuereifer dafür aus. Ich weigerte mich anfangs, den Herausgeber zu machen, gab aber dann ihrem Drängen nach. Doch schon nach der ersten Nummer habe ich die Erfahrung gemacht, daß sich die Leute theoretisch sehr leicht begeistern, praktisch aber nichts leisten wollen. Da sah ich ein, etwas ist besser als nichts und setzte mich mit verschiedenen Leuten ins Einvernehmen, Vegetariern, Antialkoholikern und dergleichen. Denn ich bin der Meinung, wenn das Proletariat mehr vegetarisch lebe, den Alkohol mehr meide, würde es auch wirt-

schaftlich viel besser gehen und auch zum geistigen Kampfe fähiger sein. Ich werde alles bekämpfen, was ich als falsch oder schädlich erkenne, auch wenn der Betreffende ein Anarchist sein sollte.[112]

Im Vergleich mit den Hoffnungen, die viele in diese Konferenz setzten, fallen die Beschlüsse recht vage aus.

[1.] Die freien Sozialisten Österreichs wollen eine genossenschaftlich-sozialistische Wirtschaftsordnung, in der jeder Arbeiter in freien Assoziationen (Vereinigungen), im Besitze der Arbeitsmittel, die Früchte seines Fleißes genießen kann. Als Mittel zu diesem Zwecke betrachten die freien Sozialisten die wirtschaftliche Organisation. Eine zweckmäßige Verbindung neutraler Gewerkschaften und Konsumgenossenschaften, Ausgestaltung der gewerblichen und landwirtschaftlichen Betriebe durch Assoziation, wachsende, rationelle Besteuerung des arbeitslosen Einkommens, bilden die Brücke zur genossenschaftlich-sozialistischen Wirtschaftsordnung. Die freien Sozialisten verwerfen in der Gegenwart alles, was von diesem Ziele abzulenken geeignet wäre, woraus sich auch ihre Stellung zu dem im Gesamtreiche dies- und jenseits der Leitha herrschenden Streitfragen ergibt. Die Taktik des wirtschaftlichen Kampfes wird dem Ermessen der einzelnen Länder überlassen. [...]

[2.] Die freien Sozialisten treten, fußend auf dem Programme der nationalen Gleichberechtigung, für alle Nationalitäten Österreichs ein, unbeschadet ihres entschiedensten Kampfes gegen Ausbeutung und sozialdemokratischen Parteidespotismus. [...]

[3.] Die freien Sozialisten Österreichs treten für die weitestgehende Freiheit des Individuums ein, bekämpfen daher jede Unterjochung. [...]

[4.] Es ist ein Vertrauensmännerkollegium zur gemeinsamen Arbeit an den Blättern im Einverständnis mit den Redaktionen zu wählen. Als Vertrauensmänner werden gewählt: Kozab, [Josef] Kulle, [Lorenz] Groß, Kasparek, [Franz] Kitzler, [Simon] Stark [recte Starck; R.M.], [Franz] Malek, [Anton] Tettinek, [Franz] Prisching und [Wenzel] Neuwirth. Ferner wird es den Grazer Genossen anheimgestellt, einen Vertrauensmann zu nominieren, nachdem ihnen Deleg[ierter Lorenz] Groß Bericht erstattet. [...]

[5.] Der »Wirtschaftsbund« in Wien hat mit den bestehenden freiso-

zialistischen und neutralen Genossenschaften zwecks Förderung der
Organisationen und Bildung von Revisionsverbänden in Fühlung zu
treten. Die Wiener Genossen werden beauftragt, eine Rechtsauskunft-
stelle und geeignete Organisationen bekannt zu geben. (Gen[osse]
Dr. [Severin] Landesberger erklärt sich zur Rechtsauskunft bereit.)
Es sind den örtlichen Bedürfnissen nach Organisationen zu gründen,
die untereinander in Fühlung zu treten haben. [...]
[7]. Die Festsetzung der Zeit für die nächste Konferenz ist den Ver-
trauensmännern zu überlassen.[113]

Ausgelassen ist hier der als Punkt 6 gefasste Beschluss, der das
Scheitern dieser Konferenz verdeutlicht. In der Diskussion über den
Parlamentarismus bezieht zunächst der »Freisozialist« Simon Starck
Stellung: *Die Arbeiter bei uns stehen nicht auf dem Standpunkte, die*
Vertretung im Parlament den Gegnern zu überlassen. Denn dann
müsste uns jede Unterdrückung recht sein. Wir können daher den
Parlamentarismus nicht völlig negieren. [...] Wir würden den Par-
lamentarismus nur als Mittel zum Zwecke sehen.[114] Dem treten die
Anarchisten entschieden entgegen, und Lorenz Groß (Klagenfurt)
stellt als Delegierter der Alpenländer den Antrag: *Die heute an der*
freisozialistischen Konferenz anwesenden Anarchisten verwerfen
jeden parlamentarischen Kampf auf das entschiedenste.[115] Der Hof-
und Gerichtsadvokat Severin Landesberger (Wien) bringt daraufhin
einen Gegenantrag ein: *Die freisozialistische Konferenz enthält sich*
jeder Stellungnahme zum Parlamentarismus und erklärt die Teilnah-
me am parlamentarischen Kampfe als taktische Frage, welche dem
Ermessen der einzelnen Länder zu überlassen ist.[116] Damit sind die
Beratungen an jenem Punkt angelangt, an welchem die Anarchisten
nicht mehr mithalten wollen und können, wie die abschließende Stellungnahme von Groß zeigt: *Wie wir sehen, können wir uns in dem*
Punkte nicht einigen. Wir Anarchisten können uns keinem Beschlus-
se unterwerfen, der uns hinderlich ist. Ich stelle daher den Antrag:
»Dieser Punkt und alle übrigen der Tagesordnung [unter anderem
die Generalstreikfrage; R.M.] sind fallen zu lassen und der näch-
ten Konferenz zuzuweisen.«[117] Dieser Antrag wird einstimmig angenommen und damit die Lösung des zentralen Konflikts zwischen den
»Freien Sozialisten« und »Freisozialisten« sowie den Anarchisten auf

die lange Bank geschoben. Enttäuschung prägt auch Franz Prischings Einschätzung dieser Konferenz:

> *Die Konferenz sollte nach meinem Eindruck den Zweck haben, eine neue sogenannte freisozialistische Partei mit anderen Parteihäupt-lingen, wo natürlich auch die Juden und Akademiker nicht fehlten,*[118] *zu gründen. Das Prinzip, die Weltauffassung dieser Leute [nämlich* »*Frei-Sozialisten*« *und* »*Freie Sozialisten*«*; R.M.], aber ist, mit Aus-nahme einiger modernisierter Phrasen, der gleiche sozialdemokrati-sche Klimbim, nämlich das Wahlrecht, der Parlamentarismus, denn diese freien Sozialisten möchten doch um alle Welt die politische Drahtzieherei nicht entbehren, auch sie wollen als Abgeordnete im Parlament einziehen. [...] Doch bei alldem bin ich kein derartiger Pessimist, so daß ich sagen würde, die ganze Konferenzlerei hätte gar keinen Wert gehabt. Vor allem muß ich hier betonen, daß die Konfe-renz den einen Wert hatte, daß die Geister ganz gewaltig aneinan-der prallten. Wenn auch die Anarchisten nicht auf der Höhe der Zeit standen, wenn sie in punkto Selbstbeherrschung und verschiedenem anderen manches zu wünschen übrig ließen, wenn sie auch noch nicht begreifen, daß ein Anarchist, nämlich wie ich mir den Anarchisten denke, aufbauend, veredelnd, kulturfördernd wirken sollte und muß, so kann ich aber, ohne den Anarchisten etwa schmeicheln zu wollen (denn ich tue das niemandem gegenüber), sagen, daß sie in jeder Be-ziehung die freisozialistische Clique turmhoch überragen. [...] Die Anarchisten waren auf der Konferenz in erdrückender Majorität: Be-weis dessen, daß das Wahlrecht und der Parlamentarismus von der Tagesordnung fallen gelassen wurden, ja die Anarchisten hätten es in der Hand gehabt, die Konferenz zu zwingen, nämlich durch Ma-joritätsbeschluß, alles das anzunehmen, was ihnen in den Kram ge-paßt hätte; doch sie haben davon Abstand genommen, indem sie das Selbstbestimmungsrecht des Einzelnen respektierten, also dies bedeu-tet freiwillige Verzichtleistung auf die Majoritätsherrschaft.*[119]

Diese Konferenz stellt einen Wendepunkt im Leben des jetzt ein-undvierzigjährigen Franz Prisching dar. Er bricht endgültig mit der organisierten Arbeiterbewegung, was aber nicht heißt, dass er jeden Kontakt mit deren Vertretern aufgegeben hätte. Er unterhält weiter-hin teils enge Beziehungen zu Freunden und Kampfgefährten aus der anarchistischen Arbeiterbewegung, auch wenn es nur mehr wenige sind. Und er versucht weiterhin, Arbeiter und Arbeiterinnen für seine Ideen zu gewinnen, allerdings bemüht er sich nicht länger um deren Verankerung innerhalb der Arbeiterbewegung.

Schwere Zeiten, Liebesglück und Vaterfreuden. 1905 bis 1906
Im Anschluss an die Konferenz der »Freien Sozialisten« will Franz Prisching eine Wanderung durch die steirischen Alpen unternehmen.

Nachdem ich jetzt schon beinahe drei Jahre mit nur ganz wenigen Ausnahmen an die Stube gefesselt war, allerdings freiwillig, jedoch aber als Kind schon an den Bergen und Wäldern mit ganzer Seele gehangen habe, ist jetzt wieder der Drang in mir mächtig geworden, um auf einige Zeit der Natur näher zu kommen. Deshalb nehme ich mir auf unbestimmte Zeit Urlaub, und zwar nicht, um etwa ein Seebad oder eine Naturheilanstalt aufzusuchen, was mir zwar nicht schaden könnte, jedoch der Mensch denkt und der Mammon lenkt![120]

Dieses Vorhaben zeigt auch, wie der mächtige Polizeiapparat auf derlei reagiert. Im Polizeibericht vom 16. Juli 1905 heißt es:

Unter Bezugnahme auf die Erlässe [...] wird berichtet, daß der in Graz wohnende Anarchist Franz Prisching Ende Juli l[aufenden] J[ahres] eine ungefähr 4 Wochen dauernde Fußtour durch die Alpen Steiermarks zu unternehmen beabsichtigt. Diese Fußtour will Franz Prisching dazu benützen, um in den Orten, in welche er kommt, neue Abonnenten für seine Monatschrift »Der g'rode Michl« zu gewinnen und sich mit Gesinnungsfreunden mündlich auszusprechen. Bruck a[n der] / M[ur], Thörl und Mürzzuschlag, wo Franz Prisching Abonnenten besitzt, dürfte er jedenfalls besuchen.[121]

Und in einer Aktennotiz vom 20. Juli 1905: *Eine Überwachung Prisching's während seiner Fußtour dürfte nicht nur schwer durchführbar, sondern auch – in Anbetracht der stets anständigen und in jeder Hinsicht harmlosen Haltung dieses sogenannten »Anarchisten« – unnötig sein.*[122] Am 11. August 1905 meldet der Polizeidirektor in Graz, *daß Franz Prisching diese Fußtour, welche er Ende Juli l.J. anzutreten beabsichtigte und welche ungefähr 4 Wochen dauern sollte, bisher noch nicht angetreten hat und wahrscheinlich auch nicht mehr antreten dürfte, da ihm die zu dieser Tour nötigen Geldmittel zu fehlen scheinen.*[123] Und am 16. August 1905 berichtet der Polizeidirektor, *daß Franz Prisching diese Fußtour Ende dieser Woche antreten wird. Er will von Graz nach Neuberg, T[h]örl, Maria-Zell und über Gstatterboden nach [Bad] Aussee gehen. Franz Prisching will 3 bis 4 Wochen für diese Fußtour verwenden und beabsichtigt, wenn es die Zeit erlaubt, von Aussee nach Salzburg und Hallein zu gehen und dann über Ober-Österreich nach Steiermark zurückzukehren.*[124] Wie man sieht, führt Franz Prisching ein staatlich wohlbehütetes Dasein. Diese kurze Berichtsequenz ist nur ein kleiner Auszug aus der umfangreichen Überwachungs- und Berichtstätigkeit staatlicher Behörden über Prisching.

König Mammon, der Weltbeherrscher.

Dabei findet diese Wanderung nicht einmal statt; im September meint Prisching nur: *Ja, es wär' zu schön gewesen, es hat nicht sollen sein; ohne Geld ist das Walzen (Reisen) eine Pein.*[125]

Grafik von Robert Wosak (1876–1944)
Aus: »Der g'rode Michl« (Graz), 3. Jg., Nr. 6 (Juni 1905), S. 49

Das Scheitern der Fußreise Franz Prischings hat wohl auch seine Ursache in der beginnenden Lebensgemeinschaft mit der um zweiundzwanzig Jahre jüngeren Wirtschafterin Johanna Struckl, welche am 21. Mai 1886 in Hochtregist (heute zu Bärnbach) im Bezirk Voitsberg (Steiermark) als Tochter des Taglöhners Andreas Struckl und der Inwohnerin (eine Art Mieterin) Maria Jud (vulgo Klein Glanzer) zur Welt kam.[126] Am 1. August 1886 heiraten ihre Eltern, und Andreas Struckl erklärt sich zugleich als Vater des Kindes, wodurch aus Johanna Jud eine Johanna Struckl wird.[127] Als Zeuge dieser Vaterschaftsanerkennung fungiert übrigens ein ehemaliger Mitkämpfer Franz Prischings, der »Unabhängige Socialist« Johann Gruber, der zwar in Graz geboren, aber in Hochtregist heimatberechtigt ist. Durch Gruber hat Prisching seine spätere Frau vermutlich kennen gelernt.

Mit dieser Lebensgemeinschaft wird auch die ohnedies chronisch gewordene Geldverlegenheit Prischings drängender denn je. Selbst sein Liebkind, der »G'rode Michl«, ist erstmals davon berührt. Im Mai 1906 kündigt er seinen Lesern die vorübergehende Einstellung der Zeitschrift an:

> *Die Gründe hiefür sind folgende: 1. Ist kein Geld vorhanden. 2. Bin ich seit längerer Zeit kränklich (herzleidend); ich möchte deshalb eine Fußreise unternehmen, um, wenn noch möglich, neue Kräfte zu sammeln. Da hiezu aber doch immerhin etwas Geld notwendig wäre, so wird dies wohl nur ein frommer Wunsch bleiben. Viel wahrscheinlicher wird es sein, daß ich für einige Monate werde arbeiten gehen müssen, d.h., wenn ich es aushalten kann; halte ich es nicht aus, dann kann ich auch nichts machen, ewig lebt in dieser Form ja niemand. Im großen und ganzen weiß ich selbst nicht, wie es kommt, jedenfalls werde ich in der Nummer 6 (Juni) wenigstens vierseitig alle Freunde davon in Kenntnis setzen, was weiter geschehen soll.*[128]

Im Juni gibt Prisching dann den Lesern des »G'roden Michl« seine Pläne preis:

> *Seit langer Zeit schon ist es mein sehnlichster Wunsch, am Lande zu wohnen; dort könnte ich viel leichter meinen angegriffenen Gesundheitszustand wieder ins Gleichgewicht bringen, d.h., ich könnte das Nützliche mit dem Angenehmen verbinden; dazu wäre weiters gar nichts nötig als ein ganz kleines Häuschen mit etwas Gartengrund und einigen Obstbäumen, da könnte ich dann gleich vom Schreibtisch weg zur körperlichen Arbeit (die beste und nützlichste Gymnastik, die es gibt) laufen. Ich würde mir so eine Art Miniaturkolonie herrichten, wo ich dann auch praktische Erfahrungen sammeln würde, die wieder dem ganzen Leserkreis zugute kommen würden.*[129]

Tatsächlich dürften dahinter jedoch die nicht verwirklichten Reisepläne Prischings gestanden haben. Jedenfalls heißt es in einem Überwachungsbericht, welcher anlässlich einer Reise des österreichischen Kaisers zu den Manövern in Mährisch-Ostrau (heute Ostrava, Tschechische Republik) verfasst wird:

Die in Graz lebenden Anarchisten, deren strenge Überwachung ich angeordnet habe, tragen sich bis auf Franz Prisching dermalen nicht mit der Absicht, Graz zu verlassen. Franz Prisching, Maurer und Herausgeber der Monatsschrift »Der g'rode Michl«, hat sich heute hieramts unter No. 752 einen Reisepaß für Deutschland und die Schweiz auf die Dauer von 3 Jahren ausstellen lassen. Er will angeblich im Laufe dieses Sommers einmal eine Reise nach Deutschland oder in die Schweiz unternehmen, um seine zerrüttete Gesundheit wieder herzustellen. Franz Prisching ist nach seinen Publikationen »Edelanarchist«, der jede Gewalttat verwirft.[130]

Der »G'rode Michl« erscheint erst wieder im September 1906, weil Prisching während der Sommermonate als Maurer Geld verdienen muss, nicht zuletzt, weil die Geburt seines ersten Kindes unmittelbar bevorsteht: Am 6. November 1906 wird seine Tochter Johanna Struckl (1906–1908) in Graz geboren.[131]

Paul Frauböse und »Der Revolutionär«. 1905 bis 1908

Franz Prisching, der Hin- und Hergerissene und dennoch Standhafte, sucht unter Lebensreformern wie Anarchisten Anhänger und Anhängerinnen für seinen selbstreformerischen und gewaltfreien Anarchismus zu finden. 1905 veröffentlicht er seine Broschüre »Sozialist und Vegetarier. Ein Zwiegespräch«,[132] ein Jahr später unternimmt er sogar einen Ausflug in die Naturheilkunde. Genauer, er bietet seinen,

Graz 1905

wie er sie von nun an titulieren wird, »Gesinnungsfreunden und -Freundinnen« eine probate, auf Selbsterfahrung im Jahr 1901 beruhende Hilfe für Augenleiden an: »Ein billiges Mittel, um seine Sehkraft zu erhalten beziehungsweise um diese wieder zu erlangen«.[133]

Nach der Misere mit den »Frei-Sozialisten« und »Freien Sozialisten«, welche 1907 Simon Starck als Abgeordneten in den österreichischen Reichsrat bringen, sucht Franz Prisching nach neuen Wegen, Anarchisten und Anarchistinnen außerhalb des Abonnentenkreises seines »G'roden Michl« zu erreichen. Er nimmt Kontakt mit der im Juni 1905 gegründeten Wochenzeitung »Der Revolutionär« (Berlin) auf, welche bis 1907 das »Organ der anarchistischen Föderation Deutschlands« ist. Bereits im September 1905 veröffentlicht er hier seinen ersten Artikel.[134] Prischings im »Revolutionär« publizierte Beiträge bilden teils die Grundlage für sein geplantes, jedoch nie erschienenes großes Werk über seine Weltanschauung und Lebenssichten, teils sind es wohl schon Vorabdrucke (siehe Kapitel III: »Der Verlag von Franz Prisching«). Die bis September 1908 erschienenen einundzwanzig Beiträge Prischings – in keiner anderen Zeitung außer dem »G'roden Michl« hat er so viele veröffentlicht – kann man tatsächlich wie eine Enzyklopädie seiner Auffassungen vom Anarchismus lesen.

Der Herausgeber und zeitweilige Redakteur des »Revolutionär« Paul Frauböse (1869–?), ein gelernter Tuchmacher, gehört zu den wenigen Anarchisten des Auslands, die Franz Prisching persönlich kennen lernt. Frauböse unternimmt zwischen dem 15. und 29. Oktober 1905 eine Agitationsreise durch Österreich.[135] Stationen sind das böhmische Falkenau (heute Sokolov), dann Wien (wo er zwei öffentliche Vorträge und einen geheimen hält), die Kärntner Städte Klagenfurt und Sankt Veit an der Glan sowie die steirischen Städte Marburg (heute Maribor, Slowenien) und Graz. Hier referiert er über »Die moderne Arbeiterbewegung« und tritt auch mit Franz Prisching in Kontakt, welcher über die Begegnung mit ironischen Zwischentönen berichtet:

Seine Ausführungen haben allseitigen Beifall gefunden. Mein Eindruck war ein ganz anderer als ich erwartete. Statt einen blutdürstigen Unhold

Graz 1906

habe ich einen Menschen mit idealen Grundsätzen gefunden, wel-
cher ebenfalls aus der anarchistischen Weltauffassung die Kon-
sequenzen gezogen hat. Nämlich, daß das anarchistische Ideal die
Gewaltlosigkeit ist. Der Referent steht ebenfalls auf dem Stand-
punkt, daß niemand ein natürliches Recht hat, einen anderen
zu vergewaltigen, wenn es ihm nicht passieren sollte, die Folgen
des Gesetzes von Ursache und Wirkung zu tragen. Kurz, daß der
Anarchismus die Menschen veredeln, aufklären und bilden muß, um
zu seinem Ziele, der Verwirklichung der Herrschafts- und Gewalt-
losigkeit, zu gelangen. Also hat es mich nicht gereut, einmal einen
Anarchisten gesehen und gehört zu haben. Nachdem es in Öster-
reich, wie die sozialdemokratischen und bürgerlichen Blätter be-
haupten (und die müssen es doch wissen!), keine Anarchisten gibt, so
konnte ich mir eine so seltene Gelegenheit nicht entgehen lassen.[136]
Zu weiteren Besuchen Frauböses bei Prisching kommt es nicht mehr.
Im Sommer 1908 will Frauböse einen Genossen in Brüx (heute Most,
Tschechische Republik) besuchen, wird aber bereits am 17. August
auf dem Bahnhof in Weipert (heute Vejprty) verhaftet, der Verbreitung in Österreich verbotener Literatur und Zugehörigkeit zu einer
geheimen, verbotenen Verbindung beschuldigt, nach dreieinhalbwö-
chiger Untersuchungshaft am 9. September 1908 wegen Pressever-
gehens zu zwei Tagen Arrest verurteilt und anschließend aus ganz
Österreich für immer ausgewiesen.[137]

Friedenskämpfer und Anarchistenquerelen. 1907
Im Februar 1907 hält Franz Prisching einen Vortrag über »Die ös-
terreichische Arbeiterbewegung« im »Arbeiter-Bildungs-Verein von
Marburg« im damals steirischen Marburg.

Nachdem die Herren Arbeiterführer die Arbeiterbewegung von jeher
als ein gutes Geschäft betrachteten, so muß dahin gewirkt werden,
daß die Arbeiter zur Einsicht kommen und niemand, wie nur sie
selbst, ihre Interessen am besten vertreten können, daß man mit all
und jedem Führertum aufräumen muß. Vor allem ist es nötig, daß
die Arbeiterschaft mit allen ethischen Bestrebungen Bekanntschaft
macht, und da bisher, soweit von Aufklärung überhaupt geredet wer-
den darf, dieselbe eine höchst einseitige auf materiellem Gebiete war,
deren Erfolg aber gleich Null ist. Da die geistige Ausbildung der Ar-

beiterschaft total vernachlässigt wurde, ist es Pflicht jedes ehrlich denkenden Menschen, dafür zu sorgen, daß der gänzlich abhanden gekommene Idealismus und Kampfesmut in die Reihen der Arbeiterschaft getragen werde.[138]

Graz 1907

Dieser kurze Ausflug Prischings in die öffentliche Rednertätigkeit ist Episode geblieben. Ob er ein schlechter Vortragender war, oder ob seine geringe Vortragstätigkeit eine andere Ursache hat, wissen wir nicht. Vermutlich ist ein Grund darin zu sehen, dass er auch in anarchistischen Kreisen auf immer vehementere Ablehnung, sogar Verhöhnung stößt. Dies zeigt sich in dem für die anarchistischen Bewegungen wichtigen Jahr 1907, in welchem zwei bedeutende Kongresse stattfinden, beide in Amsterdam: der Internationale Anarchistische Kongress vom 24. bis 31. August 1907 und der Internationale Antimilitaristische Kongress am 30. August 1907. Anlässlich des Antimilitaristischen Kongresses veröffentlicht Franz Prisching eine Broschüre unter dem Titel »Aufruf gegen Militärismus und Krieg«,[139] welche er übrigens entgegen seinen Gewohnheiten im »G'roden Michl« mit keinem Wort erwähnt. Er propagiert darin, ganz im Sinn Lev N. Tolstojs, die Eidverweigerung unter Berufung auf die Bibel: Stellungspflichtige sollen die Vereidigung als Soldaten verweigern. Dies war damals eine Möglichkeit, sich der Militärgerichtsbarkeit zu entziehen, wenngleich man dadurch vor der zivilen strafrechtlichen Verfolgung nicht geschützt war. Neben Prisching propagiert diese Möglichkeit zu dieser Zeit in Österreich vor allem der slowakische Schriftsteller und Übersetzer Albert Škarvan (1869–1926), ein ehemaliger Militärarzt und später reger Anhänger Tolstojs, dessen Tolstoj-Übersetzungen Prisching in seinem »G'roden Michl« veröffentlicht.[140]

69

Die Amsterdamer Kongresse nehmen Anarchisten um die Berliner Zeitschrift »Die direkte Aktion« zum Anlass, Franz Prisching, aber auch andere, dem konsequenten Antimilitarismus und radikalen Pazifismus verpflichtete und in der Lebensreform engagierte Gesinnungsfreunde zu verspotten:

Nasenstüber und Rippenstöße.

Zum Internationalen anarch[istischen] Kongreß in Amsterdam
Die letzte Nummer (3) des »Bulletin« der zu schaffenden Anarchistischen Internationale enthält einen Vorschlag, der für das Proletariat von unermeßlicher Bedeutung ist und auf dem Internationalen anarchistischen Kongreß diskutiert werden soll. Es ist der Vorschlag der Gruppe »Freie Generation« über »Moderne Literatur und der Anarchismus«.

Nummer 4 des »Bulletin«, das in den nächsten Tagen erscheint, soll nun – wie versichert wird – von folgenden Genossen weitere Vorschläge für die Tagesordnung enthalten:

1. Genosse Dr. R. Friedeberg, Mitglied des internationalen Bureaus zur Tuberkulosebekämpfung, Mitglied und Mitarbeiter einer Reihe wissenschaftlicher Körperschaften und Zeitschriften, ehemaliges Mitglied der Berliner Stadtverordneten-Versammlung und Krankenkassen-Deputation, Spezialarzt für Lungenkrankheiten etc. etc. über »Befreiung des Proletariats durch den historischen Psychismus«.

2. Genosse Pierre Ramus, Philosoph, Begründer des echt deutschen wissenschaftlichen Anarchismus (Vor Nachahmung wird gewarnt) – »Über den Aggregatsbegriff der Idiosynkrasie des esomerischen Syndiasmus bei den antiken Persern und seine empirische Relation zur transzendentalen Akratie«.

3. Genosse Schriftsteller Dr. Senna Hoy: »Über Größenwahn und Reklame in der anarchistischen Bewegung«.

4. Genosse Drewes: »Der Anarchismus erreicht durch Grasfressen«.

5. Genosse Franz Prisching, Redakteur und Maurergehilfe: »Über Abschaffung der Vivisektion und Anwendung der Naturheilkunde auf die Anarchisten«.

Wie man sieht, wird das Proletariat mit seiner endgültigen Befreiung nicht mehr zu zögern brauchen, wenn diese Fragen auf dem Kongreß erledigt werden.[141]

Die Reihe der Anarchisten, in die Prisching hier gestellt wird, zeigt doch seinen Bekanntheitsgrad innerhalb der deutschsprachigen anarchistischen Bewegung: der Arzt und Publizist Raphael Friedeberg (1863–1940) in Berlin, der Schriftsteller und Pazifist Pierre Ramus (das ist Rudolf Großmann; 1882–1942) in Wien und zugleich Initiator der hier genannten Gruppe »Die Freie Generation« um die gleichnamige Zeitschrift, der Berliner Schriftsteller Senna Hoy (das ist Johannes Holzmann; 1882–1914), der damals gerade aus seinem schweizerischen Exil nach Russland reist, sowie der Buchdrucker Heinrich Drewes in Hannover. Dies ist der letzte Angriff auf Prisching in der anarchistischen Presse, den er noch kommentiert. Die früheren Ausfälle waren allerdings ungleich weniger polemisch: Zunächst hat der im US-amerikanischen Exil lebende deutsche Anarchist John Most (d.i. Johann Most; 1846–1906) in seiner Zeitung »Freiheit« (New York) recht herablassend über den »G'roden Michl« geurteilt,[142] und später ist es der Berliner Anarchist Berthold Cahn (1871–1944), der über Prisching als »Edelanarchisten« witzelt.[143] Franz Prisching hat jetzt die Nase voll von reichsdeutschen Anarchisten:

Ich ging immer von der Voraussetzung aus, daß zur Errichtung einer herrschaftslosen, zwanglosen Gesellschaftsordnung bessere Menschen (nicht Knechtseelen) notwendig seien. Nach eurer Meinung soll aber gerade das Gegenteil der Fall sein. Ja, ihr geratet sogar in Wut, wenn jemand anders denkt und schreibt wie ihr es wollt, und wenn ihr dann seht, daß doch nicht alle nur euch glauben und auch andere »Blättchen« lesen sowie nicht auf euren Kladderadatsch warten, sondern wo es nur irgend angeht, sich diejenigen Reformbestrebungen zunutze machen, wovon sie schon in der heutigen Gesellschaft etwas haben. Nun, dann hängt ihr euren Anarchismus sofort an den Nagel und schimpft nach sozialdemokratischem Muster auf die »Quatschköpfe«, statt, wie es anarchistisch wäre, jedem Einzelnen es selbst zu überlassen, sich sein eigenes Urteil zu bilden, wo er dann schon ganz von selbst, ohne anarchistische Päpste, das Richtige finden würde. Also gerade deswegen, weil in der deutsch-anarchistischen Bewegung sich ein Pfaffentum herausgebildet hat, das ebenso wie in der sozialdemokratischen Partei alles niederknüppeln und niederkonkurrieren möchte, welches nicht von einigen autoritätslosen Autoritäten Gnade findet. Deshalb bin ich kein »Anarchist mehr«. Ich bin zwar noch lange kein freier Mensch, werde es vielleicht auch nie ganz werden, aber ich strebe danach, und eben weil ich danach strebe, ein freier Mensch werden zu wollen, deshalb lasse ich mich auch von anarchistischen Autoritäten nicht beherrschen.[144]

Arbeiterkolonie- und Siedlungspläne. 1907 bis 1908

Franz Prischings Hauptinteresse gilt nunmehr der Siedlungsfrage, welche seit Jahresbeginn 1907 im »G'roden Michl« ausführlich erörtert wird. Im April veröffentlicht er einen Aufruf zur Gründung einer Kolonie der »Ersten europäischen Arbeiter-Siedelungs-Bewegung«:

Ich erlaube mir deshalb in kurzen Umrissen allen Genossen eine Organisationsform vorzuschlagen, die meines Erachtens gut funktionieren würde. Selbstverständlich können die Genossen dieselbe noch verbessern oder auch eine andere, ihnen besser entsprechende wählen. Alle jene Genossen, welche im Prinzipe mit der »Ersten europäischen Arbeiter-Siedelungs-Bewegung« einverstanden sind, gründen in den verschiedenen Ländern und Orten Gruppen, jede Gruppe bestimmt einen Vertrauensmann, der die einzuzahlenden Beiträge entgegennimmt und dieselben gewinnbringend zu verwalten hat. [...] Die Genossen haben aber gleich anfangs darüber schlüssig zu werden, ob sie sich in Europa oder Amerika ansiedeln wollen, denn ich muß hier bemerken, daß eine Anzahl nicht für das Auswandern ist. [...] Die Gruppen bleiben aber eine von der anderen frei und unabhängig, sollen jedoch untereinander in Verbindung sein, um eine Übersicht zu haben, welche Fortschritte die Bewegung macht. Um auch die gemachten Erfahrungen anderen mitteilen zu können, kann ein Blatt herausgegeben werden, eventuell wählt man ein schon bestehendes, wo man glaubt, daß es der Bewegung nützlich sein könnte. Auf jeden Fall ist eine solche Organisation für die Arbeiter immer von Vorteil. Nehmen wir den Fall an, in einer Gruppe entstehen Streitigkeiten, so daß alle auseinander laufen, nun, das berührt die übrigen Gruppen gar nicht, die arbeiten in ihrer Weise fort. Die Genossen von einer aufgelösten Gruppe haben absolut gar keinen Schaden, im Gegenteil, sie verfügen, wenn auch nicht über viel, so doch über etwas Geld, auch können sie sich einer anderen Gruppe anschließen oder eine neue bilden. Hier ist also sowohl der Gesamtheit als auch dem Ein-

zelnen Rechnung getragen. [...] Also da gibt es keine Führer, jeder führt sich selbst, wenn er sich organisiert, so weiß er warum, damit er selbst einen Nutzen davon hat und umso früher sein Ziel erreicht.[145]

Aus: »Der g'rode Michl«
(Graz), 4. Jg., Nr. 12
(Dezember 1906), S. 85

Diese Ideen Prischings finden in der von dem deutschen Anarchisten und Schneidermeister Johann Schmidt im September 1907 ge-gründeten »Freien Sie-delungs-Gesellschaft« (F.S.G.) in Mainz ihre teilweise Verwirkli-chung. Prisching, der von Anfang an dabei ist,[146] schreibt, die Mit-glieder der F.S.G. seien mehrmals an ihn herangetreten, Schriftleiter ihrer nur im Jahr 1908 erschienenen Zeitschrift »Der Siedler. Organ der Freien Siedelungs-Gesellschaft (Organisation) und aller auf ge-nossenschaftlicher Grundlage beruhender Siedelungs-Bestrebungen« (Mainz) zu werden, doch habe er zugunsten Schmidts verzichtet.[147] Stattdessen baut Prisching seinen »G'roden Michl« zu einem zwei-ten Verbindungs- und Verständigungsmittel der über die verschie-denen Länder Europas und teilweise auch Nord- und Südamerikas verstreuten Siedler aus;[148] unter seinen in Südamerika agierenden Siedlungsfreunden sind besonders der aus dem schweizerischen Neuchâtel stammende Johann Gartlgruber, der böhmische Schnei-der Jakub Švanda, der aus dem damaligen Ungarn (heute Rumänien) stammende Vegetarier und Schriftsteller Wilhelm Warschatka und der ehemalige Lehrer Johann Welsch hervorzuheben, welche alle in Brasilien aktiv sind. Schon im Jänner 1907 betont Prisching, dass der »G'rode Michl« unabhängig von all seinen eigenen Auswanderungs-plänen weiterhin erscheinen werde; *es bleibt sich ja egal, ob »Der g'rode Michl« in Graz oder irgendwo in Südamerika oder Afrika erscheinen würde.*[149] Vom 18. bis 28. November 1907 unternimmt

Prisching in Sachen Kolonie-Gründung sogar eine Reise ins ostpreußische Königsberg (heute Kaliningrad, Russland),[150] von wo er mit konkreten Siedlungsplänen zurückkehrt: Im Februar 1908 soll es nach Südamerika gehen.[151] Dies ist wohl nur als eine Träumerei Franz Prischings zu sehen, denn am 2. Jänner 1908 wird sein Sohn Franz Struckl geboren (1908–1978). Damit wird die finanzielle Situation wieder drückender, und Prischings Siedlungspläne ändern sich. Im Juni 1908 schreibt er an die Siedlungsgenossen des In- und Auslands:

Nun ja, die Siedelungsfrage soll nicht weggelegt werden, im Gegenteil, ich bemühe mich, eine Siedelung in Steiermark ins Leben zu rufen. Aber gutes Ding muß Weile haben, besonders, wenn man noch gar nicht weiß, ob die Münzen schon geprägt wurden, mit welchen man zahlen sollte.[152]

Tierschutz und Antivivisektionismus. 1908

Rasch nimmt Franz Prisching ein neues Projekt in Angriff. Ab 15. August 1908 soll eine zweite, von ihm herausgegebene und geleitete

Zeitschrift erscheinen: das »Volksblatt für Tierschutz und gegen die Vivisektion«.[153]

Der »Gerade Michel« wird also in Hinkunft speziell die volkswirtschaftlichen Fragen behandeln, während das »Volksblatt für Tierschutz und gegen die Vivisektion« ausschließlich dem gesamten Tierschutz gute Dienste leisten soll; ich betone nochmals, daß das neue Blatt einen scharfen Kampf gegen die Vivisektion führen wird; überhaupt soll das Blatt erzieherisch, veredelnd und bildend wirken, da es ja nie zuviel gute Menschen gibt, soll es Aufgabe des Blattes sein, die Menschen zu bessern.[154]

Aber schon im August 1908 teilt Prisching seinen Lesern mit:

Liebe Freunde und Freundinnen! Es tut mir wohl am meisten leid, daß ich euch statt dem neuen Blatte, welches einer guten und edlen Sache dienen sollte, nämlich in jeder Weise unter dem Volke aufklärend,

bildend und erzieherisch zu wirken bestimmt war, nur dessen Entwurf
bringen kann. Das Blatt, wovon ihr dessen Kopf hier abgebildet seht,
wird überhaupt nicht das Licht der Welt erblicken. Es ist traurig, dies
sagen zu müssen, aber leider kam nicht soviel Geld zusammen, um die
erste Nummer herausgeben zu können.[155]

Franz Prisching hat sich seit Beginn seines »G'roden Michl« für den
Tierschutz eingesetzt, ebenso für den Antivivisektionismus, das heißt,
gegen wissenschaftliche Experimente an lebenden Tieren; der Name
leitet sich von der Vivisektion her, der Sezierung lebender Tiere, welche zum Inbegriff der Tierquälerei wurde. Der Plan Prischings, im
August 1908 ein Organ für Tierschutz herauszugeben, besitzt für den
Vegetarier Prisching – für ihn waren Fleischesser *Aasfresser* und
Konsumenten einer *Leichenbrühe*[156] – auch eine gewisse Ironie, denn
gerade zu diesem Zeitpunkt muss er gestehen:

Um aber allen Irrtümern im vorhinein zu begegnen, sei gleich gesagt,
daß ich nach beinahe sechsjähriger Dauer den Vegetarismus, die
Abstinenz, alle mystischen Schwärmereien an den Nagel gehängt
habe. Ich bin nicht aus Bedürfnis nach Fleisch zur alten Lebensweise
oder, wie die Vegetarier sagen werden, zum Kannibalismus zurück-
gekehrt, sondern weil in der göttlichen Weltordnung die Verhältnis-
se für einen armen Teufel so liegen, daß er nicht leben kann, wie er
möchte, sondern so leben muß, wie er am billigsten und leichtesten
durchkommt. Es wird
mir nie einfallen, zu
leugnen, daß der Ve-
getarismus in jeder
Beziehung höher an-
zuschlagen ist als die
Fleischesserei, die al-
les eher wie appetit-
lich ist. Aber diese

Der vernünftige und der unvernünftige (rohe) Kutscher.

DER ROHE KUTSCHER !!!

Grafik von Robert Wosak
(1876–1944)
Aus: »Der g'rode Michl«
(Graz), 3. Jg., Nr. 2
(Februar 1905), S. 11

Erkenntnis nützt dem Proletarier gar nichts, denn heute ist der Vege-
tarismus nur ein Sport, aber keine Volksbewegung, und einen Sport
können sich nur die erlauben, die Geld haben. Ich hoffe auch, daß
mir diejenigen Vegetarier, welche keine Fanatiker sind und die aus ei-
gener Erfahrung wissen, was es heißt, ums Dasein zu kämpfen, mein
Geständnis nicht übelnehmen.[157]

Dies ist das erste Mal, dass Prisching ein Bruch mit seinen Idealen nach-
zuweisen ist, dass er mit seiner Selbstreform zumindest auf dem Gebiet
des Vegetarismus an den ökonomischen Zwängen der Gesellschaft
scheitert. Im Sommer 1908 erhält Prisching zwar das Angebot, ein
alkoholfreies Wirtshaus aufzumachen, doch lehnt er aus Mangel an
Erfolgsaussichten ab[158] und tritt stattdessen seinen schon zur Gewohn-
heit gewordenen »Arbeitsurlaub« als Maurer an.[159]

Pierre Ramus, Verirrung »Balder« und Tod der Tochter. 1908

Am 15. August 1908 hält der Wiener Anarchist Pierre Ramus (das ist
Rudolf Großmann; 1882–1942) seinen ersten Vortrag in Graz: unter
den Zuhörern Franz Prisching. Die Distanz zu dem damals bereits
international bekannten anarchistischen Mitkämpfer ist umso be-
merkenswerter, als Ramus wie Prisching einen radikalen Pazifismus
vertritt, allerdings eine Mischung aus Anarchosyndikalismus und
kommunistischem Anarchismus propagiert. Während Prisching über
diese Begegnung schweigt, berichtet Ramus, der übrigens selbst Vegetarier ist, über seinen Graz-Aufenthalt:

Alte Geistesbekannte lernte ich nun persönlich kennen, wie z.B.
Prisching in Graz, der sich gerade, wie zur Feier meiner Ankunft,
definitiv von der Propaganda für den Vegetarismus abgewendet und
der rührigen Arbeit für das Großprinzip vollständiger sozialer Be-
freiung wieder zugewendet hatte. Es waren sehr fröhliche Stunden,
die ich mit der ziemlich starken Grazer Gruppe in ihrem traulichen
Vereinslokal verlebte, dessen stattliche, gut ausgewählte Bibliothek
einen achtungsgebietenden Eindruck ausübt, der bei mir noch be-
sonders ein freundschaftlich-liebevolles Gedenken auslöste, als mir
mitgeteilt wurde, dass viele dieser Bücher einst Eigentum unseres [...]
gegenwärtig in New-York wirkenden, braven Kameraden Hippolyt
Havel waren, der sie der Gruppe zuwendete, als er Graz verlassen
musste.[160]

Pierre Ramus, d.i. Rudolf Großmann
(1882–1942)

Nach dem Scheitern des »Volksblatts
für Tierschutz und gegen die Vivisektion« – mit einer gelegentlichen
»Kindernummer«[161] – nehmen Prischings Zeitungspläne zum Jahres-
ende wieder konkrete Gestalt an. Als
Beilage zum »G'roden Michl« vom
Dezember 1908 erscheint eine Vorausnummer der Zeitschrift »Balder«, ab Jänner 1909 als ständige
Beilage geplant, wobei außerdem der »G'rode Michl« nicht mehr
monatlich, sondern sogar vierzehntägig erscheinen soll. *Kurz und
gut, der »Gerade Michel« hängt jetzt den Pessimismus an den Nagel und wird die Fahne des Idealismus hochhalten, da eben nur der
Idealismus frucht- und lebenspendend zu wirken vermag und dies
eben in der deutschen Art liegt.*[162] Die Art jenes Mitarbeiters, der
ihn zum Experiment »Balder« angeregt hat (wir kennen von ihm nur
das Kürzel »Fr.W.H.«), ist Prisching jedoch ein wenig zu »teutsch«,
so dass er sich von diesem noch im Jänner 1909 trennt. Der Ausflug
des »Balder«-Autors in die germanische Götterwelt, gemischt mit pe-
netranter Deutschtumsbewunderung, wird Prisching zum mahnen-
den Beispiel, und es bleibt seine einzige Entgleisung dieser Art: Der
»G'rode Michl« erscheint weiterhin monatlich, und zwar ohne die angekündigte Beilage.[163] Hier sei festgehalten, dass sich Prisching zwar
des Öfteren als Deutscher bezeichnet, was angesichts der Herkunft
seines Vaters nahe liegend ist, doch wie aller Nationalismus ist ihm
auch der Deutschnationalismus fremd:

> *An dem deutschen Wesen wird demnächst die Welt genesen. Ja, sie
> wird es, aber vielleicht auch nicht, denn dies ist doch weiter nichts
> als ein Glaube oder eine Einbildung; wer Augen hat, um zu sehen,
> der wird nicht behaupten, daß wir Deutsche weniger degeneriert
> wären als irgend eine andere Nation. Die alten Deutschen tranken
> immer noch »eins«; nun, die Jungen würden vom Trinken gar nicht*

mehr aufhören, wenn das Geld dazu auslangen würde. Wer vielleicht glaubt, dass ich etwas übertreibe, der möge an Sonnabenden, Sonn- und Montagen nur einen Blick in die Wirtshäuser tun; ja, nicht einmal dies ist notwendig, sondern man sieht das Volk der Denker schon auf der Gasse betrunken herumtaumeln. Also, was Kraft, Gesundheit und Selbstbeherrschung anbelangt, sind wir anderen Völkern nicht über- legen. Ja, wir haben eine gute Literatur und gewaltige Geistesfürsten aufzuweisen, gewiß! Aber bitte, fragen wir einmal so im untersten Volke herum, wer Schiller, Goethe, Wagner u.a.m. waren? Nun, da werden wir das Volk der Denker erst kennen lernen! Gewiß dürfte es bei anderen Nationen auch nicht viel besser stehen, aber weshalb bilden wir uns denn ein, daß gerade wir Deutschen besser als alle übrigen Völker wären! Sind wir denn wirklich solche Geistesriesen? Aussprüche wie: »*Gefangene werden nicht gemacht, Pardon wird nicht gegeben*« *zeigen doch, daß wir noch lange keine Übermenschen sind. Ja, wenn wir nur erst Menschen wären, das Deutschtum kann uns ohnehin nicht gestohlen werden, es wird uns bleiben, dessen sind wir sicher.*[164]

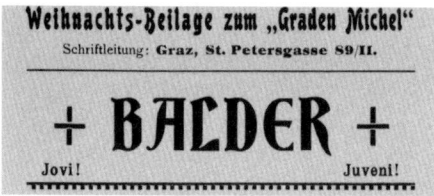

Titelkopf der einzigen Ausgabe der Zeitschrift Balder (Graz), Dezember 1908

Vermutlich hat Franz Prisching zu diesem Zeitpunkt andere Sorgen als das Erscheinen einer neuen Zeitschrift und das Problem eines deutschnationalen Mitarbeiters. Am 29. Dezember 1908 stirbt seine Tochter Johanna Struckl an Scharlach,[165] was ihn in einen *Zustande seelischer Depression* stürzt.[166]

Kulming: Aufs Land hinaus! 1909 bis 1911

Am 16. Juni 1909 tritt Franz Prischings Lebensgefährtin Johanna Struckl aus der römisch-katholischen Kirche aus und am 24. Juni in die evangelische (Augsburger Bekenntnis) ein.[167] Vermutlich stehen hinter diesem Schritt die besseren Sozialhilfen der Evangelischen Kirche, denn kurz danach, am 12. September 1909, wird der Sohn

Aus: Der gerade Michel
(Graz), 7. Jg., Nr. 1
(Jänner 1909), S. 8

Vom tiefsten Schmerze ergriffen geben wir allen teilnehmenden
Freunden und Bekannten die traurige Nachricht, daß unser innigst-
geliebtes, unvergeßliches Töchterlein

Johanna

nach dem ewigen Gesetze vom Entstehen und Vergehen am 29. Dezember 1908 um 1 Uhr mittags nach langem schmerzvollen Leiden ihren
Körper im zarten Alter von 784 Tagen abgelegt hat.

Was uns nach diesem schweren Verluste einigermaßen zu trösten
vermag, ist der Gedanke, daß wir früher oder später uns alle von der
Form werden trennen müssen, wenn wir zum wahren Leben erwachen wollen.

Für die uns von vielen Seiten zugekommenen Beileidskundgebungen sei hiermit allen Freunden und Bekannten der herzlichste
Dank ausgesprochen.

Graz, den 15. Jänner 1909.

Die tieftrauernden Eltern:

Johanna Struckl,
Franz Prisching.

Paul Struckl (1909–
1982) in Graz gebo-
ren. Die Not im Haus
Prisching-Struckl ist
groß; längst hat Franz
Prisching *die Feder
mit Hammer und Kelle vertauscht*[168] und den »G'roden Michl« für
fünf Monate stillgelegt. In der letzten Nummer vor dieser – übrigens
einzigen – vorübergehenden Einstellung der Zeitschrift veröffentlicht
er noch einen Aufruf: »Aufs Land hinaus!«

*Der Ruf: »Aufs Land hinaus!« soll für uns das Signal zur Besinnung
sein; jeder, der nicht direkt durch seinen Erwerb an die Stadt gebunden ist, soll damit ernst machen; ist es doch weit idealer, seine Nahrungsmittel selbst zu produzieren und zu bereiten, als in der Stadt gar
häufig unnütze und sogar schädliche Arbeit zu verrichten. Ja, jeder,
dem es nur irgendwie möglich ist, soll sich mit Landarbeit befassen;
besonders für jene, welche für die Siedelungsbewegung Interesse haben, dürfte es von Vorteil sein, wenn sie pachtweise in ihrer Nähe nur
einen kleinen Garten bearbeiten können.*[169]

Das Haus von Franz
Prisching und Johanna
Struckl in Kulming 28
weitgehend im Zustand
von 1909
Quelle: Adolf Hausbauer,
Kulm bei Weiz

Anfang November 1909 übersiedelt die nunmehr vierköpfige Familie Prisching-Struckl tatsächlich aufs Land, nach Kulming (heute zur Gemeinde Kulm bei Weiz, Steiermark), Haus Nummer 28,[170] mit 12.071 Quadratmetern Grund, einem kleinen Wald und etwa achtzig Obstbäumen.[171]

Obzwar ich sonst immer ein Pechvogel war, so war ich diesmal wirklich ein Glücksvogel; es gelang mir nämlich mit Hilfe einiger Gesinnungsfreunde und -Freundinnen die Summe für die Anzahlung aufzubringen. Ich habe also ein kleines Häuschen mit etwas Grund und schönen Obstbäumen auf Ratenzahlung gekauft, die jährliche Ratenzahlung beträgt 300 Kronen, was mancher Arbeiter in der Stadt und noch mehr für die bloße Miete zu bezahlen hat. [...] Ich möchte daher alle in- und auch ausländischen Abonnenten, welche nach Graz kommen, freundlichst einladen, mich in meinem kleinen eigenen Heim aufzusuchen, um zu sehen, daß es ganz gut geht, zeitweise in der Schreibstube und dann wieder im Wald, Feld und Acker zu arbeiten. Eine so kleine Reise von Graz bis Gleisdorf per Eisenbahn und von Gleisdorf bis zu mir 3½ Stunden Fußwanderung wird jedem Naturfreund eine Freude bereiten, zumal er dann gleichzeitig den Kulmberg (an dessen Fuße sich mein Häuschen befindet) und der von Touristen sehr häufig wegen seiner herrlichen Fernsicht aufgesucht wird, besuchen kann.[172]

Eine kleine Wirtschaft
geeignet als Sommeraufenthalt.

Verkaufe mein Häuschen in Kulming 28. Eine Stunde zur projektierten Bahnstation Pischelsdorf in Steiermark. Gemauertes, ziegelgedecktes Haus mit 2 Zimmern, 1 Küche, Hausflur, schönen Keller, Stall, Presse, Tenne, gemauert, mit Schindel gedeckt, 3356 Quadrat-Klafter gesamtes Grundstück, davon 1961 Quadrat-Klafter Wald, das übrige Äcker und Wiesen; zirka 80 Obstbäume. Schöne Fernsicht nach Osten, Süden und Westen, da am Fuße des Kulm gelegen. Ruhige, idyllische Umgebung, besonders für Kranken als Sommeraufenthalt geeignet. Gute Ernte in Aussicht. Preis, alles wie es ist, 8600 Kronen. Anfragen sind zu richten an **Franz Prisching in Kulming 28, Post Pischelsdorf (Steiermark).**

Franz Prischings Inserat zum Verkauf des Hauses in Kulming
Aus: Der gerade Michel (Kulming), 8. Jg., Nr. 5 (Mai 1910), S. 40

Damit ist der sichtlich rege und eifrige Franz Prisching zum Haus-, Wald- und Grundbesitzer geworden. Wohl nur wenige Maurergehilfen brachten es damals zu solchem Besitz und konnten sich daneben noch den Luxus einer Monatsschrift leisten. Es zeugt auch von Prischings wirtschaftlichem Mut und allgemeiner Abenteuerlust, trotz aller ökonomischen Widrigkeiten diesen Kauf auf Kredit einzugehen: jährlich 300 Kronen auf zehn Jahre.[173] Doch mit diesem Kauf legt er den Grundstein für sein späteres Haus in Hart bei Graz. Der mittlerweile fünfundvierzigjährige Maurergehilfe, Redakteur und Herausgeber Franz Prisching wird nun noch Landwirt, ein einschneidendes Ereignis in seinem Leben:

Tagsüber repariere ich an dem Häuschen herum, trage mir das Holz vom Walde mittelst einer Kraxe nach Hause, habe die Obstbäume zu putzen, muß den Dünger auf Feld und Wiese führen und abends geht's dann in der Schreibstube los, nämlich die Korrespondenzen erledigen, Adressen schreiben, Kuverts fabrizieren usw. Zur Abwechslung muß ich wohl auch zeitweise ein Kindsmädchen machen.[174]

Briefkopf 1909

Hilfsstation für Tiere. 1910 bis 1911

In Kulming beginnt Franz Prisching im Herbst 1910 eine Kampagne zur Errichtung einer »Hilfsstation für Tiere«.

Ich werde an einer verkehrsreichen Reichs- oder Landstraße ein Häuschen oder ein Grundstück erwerben, um dort ein Häuschen zu bauen [...]. Natürlich muß das Häuschen knapp an der Straße liegen und womöglich mit einem selbstfließenden Brunnen versehen sein. An dem Brunnen kann dann eine Tafel angebracht werden, welche die Fuhrleute und Viehtreiber daran erinnert, daß den Tieren in der heißen Jahreszeit öfters eine Ruhepause und ein Labetrunk zu gönnen sei. Selbstverständlich werden auch für die im Zuge befindlichen Tiere Trinkgeschirre beigestellt, für wunde oder kranke Tiere soll auch ein Stall in Bereitschaft gehalten werden, wo sie solange ausruhen können, bis sie wieder transportfähig sind.[175]

Einen Monat später richtet er einen Fonds zur Errichtung dieser »Hilfsstation für Tiere in Steiermark« ein und versucht sich sogar im Glücksspiel:

Liebwerte Gesinnungsfreunde und -Freundinnen! Ich wollte euch allen eine Freude bereiten, mir einen schönen Bauplatz kaufen und gleich zum Bauen beginnen. Zu diesem Vorhaben kaufte ich mir um 4 Kronen ein Staatslos; der Haupttreffer wären 200.000 K[ronen] gewesen, aber leider habe ich ihn nicht gemacht, überhaupt keinen Heller gewonnen.[176]

Auch einen Standort hat Prisching bereits ins Auge gefasst: entweder *an der Wien–Triester Reichsstraße oder an der Straße, welche von St. Peter nach Schemerl führt.*[177] Hinter den Hilfsstationsplänen wird auch Prischings Wunsch deutlich, das Land wieder gegen die Stadt zu tauschen, denn der eine Standort wäre im Vorortsgebiet, der andere im Einzugsgebiet von Graz gelegen. Prisching erläutert seinen Anhängern auch die Gründe für seinen Gesinnungswandel:

Hier, wo ich von jedem Verkehr weit abseits bin, nützt einem die schönste, romantischeste Gegend, wenn sie gleich dem Paradiese ähnlich ist, nichts, wenn eben die Menschen für ein Paradiesesdasein nicht passen. Ich strebe eben darnach, soweit dies im Bereiche der Möglichkeit liegt, ein freier Mensch, zumindestens in geistiger Beziehung, werden zu wollen. Nun mögen sich die geehrten Gesinnungsfreunde und -Freundinnen in meine Lage versetzt fühlen. Mitten unter einer von den Klerikalen stark beeinflußten Bevölkerung zu leben mag für einen freidenkenden Großgrundbesitzer nichts Angenehmes sein, viel weniger für einen armen Kleinhäus-

Hilfsstation für Tiere.

Grafik von Robert Wosak (1876–1944)
Aus: Der gerade Michel (Kulming), 8. Jg., Nr. 3 (März 1910), S. 17

*ler, der sich nicht sein eigenes Fuhrwerk u[nd] d[er]gl[eichen] halten
kann.*[178]

    *Ich habe schon Sehnsucht nach Menschen, mit welchen man auch
noch über etwas anders als über das Wetter, die Arbeit, das Kirchen-
gehen sprechen kann.*[179]

Franz Prisching, der fast fünfundzwanzig Jahre in der Stadt Graz lebte, hat einen Aspekt des Landlebens fatalerweise übersehen: *besonders hier in der Oststeiermark ist nur der Klerikalismus Trumpf und
die »Schwarzen« beherrschen am Lande sicher noch 97 Prozent.*[180]
Jedenfalls steht für Prisching nach kaum einem Jahr Landleben fest:

    *Es mag also kommen wie es will, hier in Kulming werde ich auf keinen
Fall für die Dauer bleiben; denn, wie gesagt, hier bin ich von der Au-
ßenwelt von jedem Verkehr weit abseits. Um von der Landwirtschaft
allein leben zu können, ist der Grund für eine vierköpfige Familie
zu klein. Da muß man einen Nebenverdienst, ein Nebeneinkommen
haben.*[181]

Grafik von Robert Wosak
(1876–1944)
Aus: Der gerade Michel
(Kulming), 8. Jg., Nr. 3
(März 1910), S. 19

Im April 1911 verkündet Prisching das Ende des Unternehmens
»Hilfsstation für Tiere«:

    *Der Appell in voriger Nummer ist verklungen, ohne daß sich bis zur
Stunde ein Tierschutzverein oder eine Privatperson gemeldet hätten,
welche bei der Errichtung der »Hilfsstation für Tiere« behilflich sein
möchten. Da ich im April oder in der ersten Hälfte des Monates Mai
von hier weg in die Nähe der Stadt Graz ziehe, um mir dort in den
Sommermonaten neben der Herausgabe des Blattes als Maurer einen
Nebenverdienst zu schaffen. Ich muß daher vom Kaufen eines Bau-
platzes Abstand nehmen, da ich es ja voraussichtlich nicht erleben
werde, um durch die Beiträge und durch das, was ich eventuell ersparen würde, die »Hilfsstation für Tiere« errichten zu können.*[182]

Schon am 16. Mai 1910 findet Prisching einen Käufer für sein Haus, doch zerschlägt sich dieses Geschäft im letzten Moment.[183] Erst knapp ein Jahr später, am 13. März 1911, kann er sein Haus endlich verkaufen, ohne dabei finanziell Schaden zu nehmen.[184]

Gückloses Zwischenspiel in Raaba. 1911 bis 1912

Ich habe mir in der Nähe von Graz ein kleines Haus mit etwas Grund gepachtet und werde in der Zeit vom 18. bis 20. April [1911] übersiedeln. Meine neue Adresse lautet ab 20. April: Franz Prisching in Raaba Nr. 86, Post St. Peter bei Graz (Steiermark).[185]

Gesinnungsfreunde, welche mich in meinem neuen Heim besuchen wollen, gehen von der Bahnstation Messendorf bis zur neuen Kirche daselbst, dann die Straße links bergan, bei den Ziegelöfen vorüber bis in die Nähe des Bahnwächterhäuschens.[186]

Der Umzug ins neue Haus (heute Raaba, Autaler Straße 81) wird durch die Erkrankung der gesamten Familie Prisching-Struckl erschwert.[187] Franz Prisching schreibt, dass er *ein heftiges Stechen in der linken Seite bekommen habe.*[188] Und es stellt sich neuerlich Nachwuchs im Hause Prisching ein: Am 7. Juli 1911 wird sein Sohn »Fritz« beziehungsweise »Friedl« Friedrich Struckl (1911–1944) in Raaba geboren.

Das Haus von Franz Prisching und Johanna Struckl in Raaba 86
Quelle: Rosa und Norbert Plank, Raaba

Drei Monate später trifft Franz Prisching ein unliebsames Ereignis: Die Doppelnummer des »G'roden Michl« vom September / Oktober 1911 wird beschlagnahmt, die erste Konfiskation des »G'roden Michl« überhaupt. Dieser Umstand ist zweifelsohne bemerkenswert, denn kein anderes anarchistisches Organ Österreichs ist während der Monarchie ohne ständige Konfiskationen erschienen. Anlass der nunmehrigen Beschlagnahme ist eine Briefkastennotiz Prischings an den schon erwähnten Anarchisten Pierre Ramus (d.i. Rudolf Großmann), der mittlerweile in Klosterneuburg lebt.[189]

Den Hintergrund dieser Beschlagnahme bildet ein Ereignis, das damals über Österreich hinaus Aufsehen erregt.[190] Pierre Ramus wird wegen eines am 13. März 1910 im Grazer »Freidenker Verein« gehaltenen Vortrags über den international bekannten spanischen anarchistischen Pädagogen Francisco Ferrer y Guardia (1859–1909) am 8. April 1911 vom Landes- als Strafgericht in Graz nach Paragraf 305 Strafgesetz (Aufreizung zu ungesetzlichen Handlungen) und wegen fünf Delikten nach Paragrafen 23 und 14 Pressegesetz angeklagt und zu 300 Kronen Geldstrafe, eventuell dreißig Tagen Arrest, verurteilt.[191] Dass man über ein derartiges Gesinnungsurteil, welches selbst außerhalb anarchistischer Kreise Empörung und Protest erregt, in der Doppelmonarchie Österreich-Ungarn seine Meinung nicht öffentlich äußern darf, scheint Prisching überrascht zu haben, denn er berichtet seinem Freund Ramus-Großmann:

Raaba den 15.X.1911

Lieber Freund Großmann!

Hoffentlich hast du die Karte erhalten, wo ich dir mitteilte, dass der »Gerade Michel« wegen eines Artikels: »Die soziale Frage und die wahre Religion« confiszirt wurde. Nun, dies ist nicht richtig, die Confiskation erfolgte wegen einer Briefkastennotiz, welche sich auf deine Person bezieht. Ich werde es dir hier wort- und buchstabengetreu wiedergeben: Briefkasten.

Zensurierte Stelle aus:
Der gerade Michel
(Raaba), 9. Jg., Nr. 9–10
(September–Oktober
1911), S. 59–60

Seite 59.

Briefkasten.

P. Ramus, Klosterneuburg. Da unsere Moralbegriffe einmal schon verkehrte sind, so kann ich Dich anstatt bemitleiden zu deiner Verurteilung nur beglückwünschen. Noch einige solche Prozesse und die Sache der Freiheit

Seite 60.

wird auch in Österreich marschieren. Wenn du wieder einmal nach Graz kommst, besuche mich oder teile mir mit, wo wir uns treffen können. Gruß!

»P. Ramus, Klosterneuburg. Da unsere Moralbegriffe einmal schon verkehrte sind, so kann ich Dich anstatt bemitleiden zu deiner Verurteilung nur beglückwünschen. Noch einige solche Prozesse und die Sache der Freiheit wird auch in Österreich marschieren. Wenn du wieder einmal nach Graz kommst, besuche mich oder teile mir mit, wo wir uns treffen können. Gruss!«

Also diese Briefkastennotiz ist seiner Gänze nach confiszirt, Grund soll Paragraf 305 sein, noch ist mir das Erkenntniss nicht zugestellt.

Ich hatte Pech gehabt, ich erhielt die Auflage in der Druckerei und fuhr mit der Tramway bis St. Peter, es wurde aber von der Staatsanwaltschaft nach Messendorf zur Gendarmerie telephonirt, und so war die ganze Auflage bis auf ein Stück pfutsch.

Ja, wer sollte denn eine Ahnung haben, dass so etwas confiszirt werden würde.

Na, ich will mich trösten! Wenn du etwas Raum in der nächsten Nummer frei hast, so schreibe einige Zeilen über die Confiskation vom »Geraden Michel«

Freiheitsgruss!

Franz Prisching.[192]

Der durch die Beschlagnahme wegen Vergehens nach Paragraf 305 Strafgesetz *(Der Inhalt des obbezeichneten Aufsatzes ist geeignet, als eine Anpreisung vom Strafgesetze verbotener Handlungen gehalten zu werden*[193]) notwendig gewordene Neudruck der gesamten Auflage ohne die inkriminierte Stelle verschlingt das Geld für die geplante November-Nummer des »G'roden Michl« und spitzt die ohnedies ständigen Finanzprobleme Prischings erneut zu. Doch damit nicht genug: Ein halbes Jahr später, am 15. April 1912, wird das von Prisching in Raaba gepachtete Haus verkauft, so dass die nunmehr fünfköpfige Familie Prisching-Struckl erneut auf Wanderschaft gehen muss.[194]

Zurück in Hart bei Graz. 1912 bis 1919

Am 31. Mai 1912 kauft Franz Prisching, mittlerweile achtundvierzig Jahre alt, von Juliana Reiter eine Hütte samt Grund in Hart bei Sankt Peter (heute Hart bei Graz, Steiermark),[195] also in seinem Geburtsort, wo er die letzten Lebensjahre verbringt: Haberbach 76 vulgo Weberfranzl (heute Holzerhofstraße 117).[196]

So habe ich mir eine Hütte gekauft, denn Haus kann man es nicht nennen; es ist ein alter, morscher, baufälliger Holzbau, wo zum Dache die Sonne hereinscheint, aber immerhin ist es da noch weit gesünder zu wohnen, als in den sogenannten Souterrainwohnungen, zu deutsch Kellerlöcher genannt, wo die Schimmelpilze wachsen und wahre Brutstätten für die Tuberkulose sind. Ich bin also nominell jetzt Haus-, oder besser gesagt, Hüttenbesitzer, und wenn man auch nahezu den ganzen Krempel auf Schulden gekauft, so zahlt man an Steuern und Zinsen doch immerhin noch nie soviel, wie man an Miete für ein Zimmer und Küche bezahlen muß.[197]

Gesinnungsfreunde, welche mich in meinem neuen Heim besuchen wollen, gehen von Graz über Waltendorf, Lustbühel, Gut Hohenrain, zum Weberwirt, von wo sie an mich gewiesen werden, oder aber man fährt mit der Staatsbahn bis zur Haltestelle Autal, wo sie dortselbst ebenfalls auf der Haltestelle oder im Gasthaus Simonitsch an meine Adresse gewiesen werden.[198]

Recht den Rechtlosen (Hart), Februar bis Juni / Juli 1913

Jahre der Hoffnung und der Not. 1912 bis 1914

Es ist kein guter Start in der neuen alten Heimat. Zu den Umzugs- und Instandsetzungsmühen kommt eine am 17. Juni 1912 einsetzende schwere Erkrankung seiner Lebensgefährtin Johanna Struckl, und im August 1912 vernichtet ein Hagel die ohnedies kleine Ernte.[199] Franz Prisching wird nun sozusagen Nebenerwerbsbauer, muss aber immer öfter auch als Maurergehilfe tätig werden, um seinen »G'roden Michl« am Leben zu erhalten.

Da ich das Blatt nur an Sonn- oder Feiertagen und in der Nacht herstellen kann, tagsüber jedoch für meine und meiner Familie Existenz zu sorgen habe, so werden es mir die Gesinnungsfreunde nicht übelnehmen, wenn ich Briefe nur sehr kurz beantworten kann. [...]

Wenn man den ganzen Tag über schwer körperlich arbeitet, ist es kein Vergnügen, noch die halbe Nacht am Schreibtisch zu arbeiten, und zum Schluß kann man die Nummer wegen Mangel an Geld erst nicht herausgeben, wenn sie fertiggestellt ist.[200]

Trotz dieser niederschmetternden Redaktionsbedingungen sowie der finanziellen und nun auch fortwährenden gesundheitlichen Schwierigkeiten[201] gelingt es Prisching, das bereits für August 1908 geplante Tierschutzorgan seit dem 15. Februar 1913 als Beilage zum »G'roden Michl« herauszugeben, nunmehr unter dem Titel »Recht den Rechtlosen. Organ für den gesamten Tierschutz«; der Titel der Zeitung stammt vom gleichnamigen Buch der aus Kopenhagen gebürtigen Grazer Schriftstellerin und Tierschützerin Olga Freiin von Werther (verheiratete Gräfin Arco-Zinneberg; 1853–1937). Mit der Beilage Nummer 6/7 vom 15. Juli 1913 muss diese Zeitschrift jedoch eingestellt werden: Der chronische Geldmangel hat wieder ein Opfer gefordert.

Eine letzte frohgestimmte Schilderung Franz Prischings gibt es vom Mai 1913:

Am 1. Mai hatte ich Besuch von Grazer Sozialisten-Anarchisten. Da zufällig am 1. Mai auch ein katholischer Feiertag war, war es der Nachbarschaft ganz unfaßbar, wieso gerade die

Hilf, was helfen kann.

In die Redaktion des ›Geraden Michel‹ regnet's zum Dach herein; ich könnte mir als Maurer die Hütte wohl selbst neu bedachen, aber dazu ist Material notwendig und das würde Geld kosten. Deshalb möchte ich an die Freunde, Leser und Abonnenten die Frage stellen, ob nicht welche mit Glücksgütern gesegnete darunter sind, welche mir gegen Sicherstellung eine Summe gegen mäßige Zinsen leihen würden?

Man sollte meinen, das sei möglich sein könnte. Wenn zum Beispiel irgendwo eine neue Kirche gebaut wird, wo ohnehin die alten fast leer stehen, also gar kein Bedürfnis darnach vorhanden ist, da werden Sammlungen veranstaltet und in kurzer Zeit ist eine Menge Geld beisammen. Und der ›Gerade Michel‹, der doch das Reich Gottes hier auf Erden miterrichten helfen will, der soll nicht einmal ein Dach haben? Nun ja, kein Wunder ist's gerade nicht, der Herr und Meister wußte ja auch nicht, wo er sein Haupt hinlegen konnte, und seine Diener fahren in goldenen Karossen.

(Blätter freiheitlicher Tendenz werden um Abdruck gebeten)

Aus: Der gerade Michel (Hart), 11. Jg., Nr. 8–9 (August–September 1913), S. 29

*Hütte des »Geraden Michel« von so vielen Leuten besucht wurde und
der »Gerade Michel« ohne Fuß- und Kopfbedeckung den Kellermeis-
ter machte. Es freut mich, daß sich die Gesinnungsfreunde gut unter-
hielten; hoffentlich werden mich im Laufe des Sommers noch manche
öfters besuchen.*[202]

Alles in allem aber scheint im Haus Prisching-Struckl Katastrophen-
stimmung zu herrschen. Am 24. Juni 1913 tritt Franz Prisching in die
Evangelische Kirche (Augsburger Bekenntnis) ein[203] und lässt sich
am 3. Juli mit seiner bisherigen Lebensgefährtin Johanna Struckl
kirchlich trauen.[204] Noch im August 1911 hat Prisching geschrieben:

*Eine Ehe sind wir ja schon längst eingegangen, allerdings eine freie
Ehe, die weder von der Kirche noch vom Staate sanktioniert ist, aber
nichtsdestoweniger leben wir, von kleinen Unannehmlichkeiten abgesehen, glücklich. Es ist mir daher ganz unbegreiflich, wieso man von
uns verlangt, wir sollten heiraten.*[205]

Kircheneintritt und kirchliche Trauung dürften auch nicht aus einer
entsprechenden Überzeugung erfolgt sein. Diese Schritte ermöglichen
vielmehr eine bessere materielle Unterstützung durch die Kirche, um
die sich besonders seine Ehefrau Johanna bemüht.[206] Wie einst mit
dem Vegetarismus stößt Franz Prisching nun neuerlich an die gesellschaftlichen Grenzen seiner Selbstreform. In einer Gesellschaft, die
ihren Mitgliedern nicht einmal das bloße Überleben sichern kann
und gemeinschaftliche Hilfe unterentwickelt lässt, gerät Prisching in
eine solche Notlage, dass er im August 1913 einen Hilferuf – *Hilf,
was helfen kann* – an die *Freunde, Leser und Abonnenten* sowie an
die *Blätter freiheitlicher Tendenz* richtet, mit der Bitte um materielle
Unterstützung.[207] Im selben Monat, am 16. August 1913, wird sein
Sohn »Xandl« Alexander Prisching (1913–1960) in Hart geboren.

Neue Freunde: Die Neu-Jesu-Bewegung. 1913 bis 1914

Im September 1913 berichtet Franz Prisching über die mittlerweile zehnjährige Geschichte des »G'roden Michl«,[208] und sein eifriger
Mitarbeiter Ernst Böttner widmet dem Zehnjährigen ein Gedicht.[209]
Einen Monat später teilt Prisching seinen Lesern und Leserinnen
mit:

Folgen wir als Proletarier den Lichtweg, den uns der Sozialismus zeigt; kämpfen wir unermüdlich für die grosse Idee; der Triumph der Helden der Arbeit wird der Zukunftsmenschen Freiheit sein.

Zur Erinnerung an die Abschiedsfeier von unserem treuen Genossen
KARL DOPF
Arbeiterheim Papier-Fabrik
Steyermühl, 5. Januar 1913.

Carl Dopf (1883–1968)
im Jahr 1913

Ich wollte mit dieser Nummer das Erscheinen einstellen, da aber einige energische Gesinnungsfreunde das Weitererscheinen wünschen und ihr möglichstes für den Fortbestand des Blattes zu tun versprechen, so sei es denn, schon deshalb, damit die Gesinnungsfreunde sehen, daß ich durchaus nicht kampfesmüde bin, im Gegenteil, daß ich den »Geraden Michel« hochzuhalten verspreche, solange es nur irgend möglich ist.[210]

Diese »energischen Gesinnungsfreunde« sind die Anhänger der von Wilhelm Klein aus Köln-Klettenberg ins Leben gerufenen »Neu-Jesu-Bewegung«, eine antikonfessionelle, pazifistische Bewegung, welche das von Christus verkündete Himmelreich auf dieser Erde verwirklichen will. Zwei Anhänger bemühen sich besonders um den »G'roden Michl«: der Kontaktmann für Österreich, Max Walther in Oberweiden (zu Weiden an der March, Niederösterreich), und der später überaus rege, aus Oberösterreich stammende Anarchist Carl Dopf (1883–1968) in Hamburg-Hammerbrook, der auch die Frage aufwirft:

Ist der »Gerade Michel« für die Neu-Jesu-Bewegung da?

Diese Frage werden sich wohl in letzter Zeit viele Freunde des »Geraden Michels« unwillig gestellt haben, und gewiß sind nicht alle Leser dieser Zeitschrift damit einverstanden, daß sich diese Bewegung in seinen Spalten breit macht. [...] Der »Gerade Michel« ist wohl unter den vielen Blättern, die sich der Menschenvervollkommnung widmen, in erster Linie zu nennen. Er darf nicht zu den Blättern gezählt werden, die durch albernen Tratsch die Menschen von ihren höchsten Zielen ablenken, die es sich zur Hauptaufgabe machen, das Volk über die grausame Not des Lebens hinwegzutäuschen. Er ist ein Blatt für die Suchenden unserer Zeit. Diesen will er neue Wege weisen, um sie bei ihren Kämpfen und Ringen zu unterstützen und sie dem Ziele der höchsten Lebensentfaltung näher zu bringen. Das wird mir jeder

Freund des »Geraden Michel« zugeben. Nun wird aber auch jeder begreifen, daß die Neu-Jesu-Bewegung nur zu einem solchen Blatte Vertrauen haben konnte und es deshalb unser sehnlichster Wunsch war, zu allererst jene edle Gemeinde von idealen Menschen, die sich um den »Geraden Michel« schart, mit unseren Ideen bekannt zu machen. Wenn wir dies getan haben und uns Herr Prisching als Herausgeber des »Geraden Michel« mit seinem Blatte entgegenkam, so wollten wir nur das Beste und hatten keineswegs die Absicht, die Zeitschrift zu einem Tendenzblatte zu stempeln, das in Zukunft nur einseitigen Interessen dienen soll. Im Gegenteil, uns wäre es sehr lieb, könnten wir eine separate Beilage zu dieser Zeitschrift schaffen, die unabhängig vom Blatte selbst unsere Anschauungen seinen Lesern übermittelt.[211]

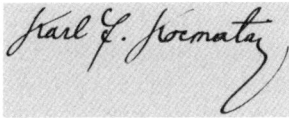

Karl Franz Kocmata (1890–1941)
im Jahr 1919

Auch wenn er den »G'roden Michl«
der »Neu-Jesu-Bewegung« öffnet,
bleibt Franz Prisching seinen anar-
chistischen Überzeugungen treu. Mittlerweile hat er selbst unter österreichischen Anarchisten Anhänger gefunden, die ihrerseits propagandistisch tätig werden. Einer von ihnen ist der Journalist und
Schriftsteller Karl Franz Kocmata (1890–1941), eine rührige Persönlichkeit des Anarchismus in Österreich besonders vor, während und
nach dem ersten Weltkrieg. Teils geprägt durch seinen Mentor Pierre
Ramus, propagiert er 1912 einen Anarchismus, der auch Ideen Franz
Prischings deutlich erkennen lässt:

> Befreie dich von deinen Befreiern! Wir sind nicht frei, wenn
> wir den großen Maulhelden der verschiedenen Fraktionen folgen
> und in Herden die Straßen der Meinungen umherziehen. Selbstbe-

herrschung, Erziehung zur Selbstbeherrschung sei die Losung aller Freien![212]

Das Ende des »G'roden Michl«. 1914

Das Kriegsjahr 1914 beginnt für Prisching mit einer unliebsamen Überraschung:

Vor Monaten wurden mir aus Deutschland verschiedene Flugblätter, je ein Exemplar, zugesendet. Diese Flugblätter führten eine ziemlich scharfe Sprache, auf denselben waren kein Verfasser, kein Verlag und auch keine Druckereifirma ersichtlich, dafür hatten aber die Leute die Briefverschlußmarken vom »Geraden Michel« auf die Blätter geklebt. Da die genannten Blätter in Berlin beanständet worden sind, wurden dieselben von der Berliner Staatsanwaltschaft nach Graz gesendet, da sie glaubte, dieselben müßten von Österreich nach Deutschland gekommen sein, da eben die Verschlußmarken des »Geraden Michel« daraufgeklebt waren. Und wahrscheinlich auf Antrag der Berliner Staatsanwaltschaft fand am 28. Jänner 1914 in der Redaktion des »Geraden Michel« eine Hausdurchsuchung statt. Gefunden wurden natürlich nur die Exemplare, welche ich vor Monaten zugesendet erhielt. Es ist wohl ganz logisch, da die Flugblätter mit meinen Briefverschlußmarken beklebt waren, daß man da annahm, ich müßte von der Sache wissen. [...] Beschlagnahmt wurden unter anderem auch das anarchistische Manifest und mehrere Briefe, das erstere dürfte mir wahrscheinlich zur Rezension zugesendet worden sein.[213]

Konfiszierter Text des Gedichtes von Ernst Böttner. Aus: Der gerade Michel (Hart), 12. Jg., Nr. 2 (Februar 1914), S. 9

Ein tiefes Geheimnis umgibt unsre Erde,
Umhüllt unsern Geist mit dem Schleier der Nacht.
Kein Forscher ergründet das göttliche Werde,
Ergründet die lenkende, treibende Macht.

Es haben die Menschen seit uralten Zeiten
Ein Sinnbild der Gottheit zu schaffen gewagt,

Doch weder den Christen, noch Juden und Heiden
Hat einmal die Zeit der Erkenntnis getagt.

Die schufen sich Götzen, sie bauten Altäre,
Sie träumten von einem allmächtigen Gott,
Und immer noch lastet mit bleierner Schwere
Die nimmer zu stillende Sehnsucht und Not.

Doch es soll noch schlimmer kommen: Die Nummer zwei des zwölften Jahrgangs vom »G'roden Michl« wird beschlagnahmt, aber nicht wegen des darin enthaltenen Berichts über die Polizeiaktion vom Jänner, sondern wegen einiger als religionsstörend eingeschätzter Passagen in einem Gedicht von Ernst Böttner. Am 21. Februar 1914 meldet die Polizeidirektion Graz dem Steiermärkischen Statthalterei-Präsidium:

Mit Beschlag wurde die periodische Druckschrift »Der gerade Michel« Nr. 2 vom Februar 1914 wegen des Gedichtes »Welträtsel« Seite 1 u[nd] zw[ar] der Stelle beginnend mit »Ein tiefes Geheimnis« bis »Sehnsucht und Not« (Spalte 1 und 2) wegen Verbrechens der Religionsstörung nach §122 St[raf] G[esetz]. Die Auflage war auf 1000 Exemplare berechnet, von denen in der Druckerei A. Wagner, Annenstrasse 19, nur mehr 1 Exemplar vorgefunden wurde, da die übrigen schon vor Durchführung der Beschlagnahme von Franz Prisching abgeholt und in seine Wohnung in Hart Nr. 76, Post St. Peter bei Graz, gebracht wurden. Das k.k. Gendarmerie-Postenkommando in Waltendorf wurde daher sofort telephonisch um Durchführung der Beschlagnahme dortselbst ersucht, und die k.k. Bezirkshauptmannschaft in Graz verständigt.[214]

Und zwei Tage später berichtet dieselbe Behörde:

Im Nachhange zum hierämtlichen Berichte vom 21. Februar 1914 [...] beehre ich mich unter Vorlage eines Exemplares der konfiscierten Druckschrift zu berichten, dass die gesamte Auflage von 1000 Exemplaren über hierämtliche Requisition von der k.k. Gendarmerie in Waltendorf in der Wohnung des Franz Prisching in Hart Nr. 76 mit Beschlag belegt und anher gesendet wurde.[215]

Franz Sekanek (1871–1947)
im Jahr 1904
Enger Freund und Mitkämpfer
Franz Prischings

Die finanzielle Erschöpung des »G'roden Michl« und der schlechte Gesundheitszustand Prischings, nicht zuletzt aber die behördliche Verfolgung, haben damit der Zeitschrift unwiderruflich ein Ende bereitet. Prisching hätte nun eigentlich jene Parte, jene Todesanzeige, veröffentlichen können, die bereits für den sechsten Jahrgang der Zeitschrift gedacht war.[216]

Aus: Der gerade Michel (Graz), 6. Jg., Nr. 5 (Mai 1908), S. 33

Allen unseren lieben Gesinnungs-Verwandten, Freunden, Bekannten, Abonnenten, Lesern und Leserinnen geben wir die tieftraurige Nachricht von dem Hinscheiden unseres allerliebsten Herzens- und Schmerzenskindes, des

„Der gerade Michel"

welcher nach jahrelangem, schweren Leiden und Kämpfen in seinem VI. Jahrgang nach gänzlicher Ausleerung seines Portemonnais in ein zwar unbekanntes, aber doch besseres Jenseits hinüber gewackelt ist.

Die diversen Trauer-Salamanders werden überall dort gerieben, wo leidtragende Genossen vorhanden sind.

Es wird gebeten, die letzten Wünsche des teuren Verblichenen zu respektieren, wonach Kranzspenden, Seelenmessen usw· dankend abgelehnt werden, dafür finden aber auf Wunsch des teuren Toten Agitationssammlungen zur Herausgabe Prischingscher Flugblätter statt, wozu alle Leidtragenden eingeladen sind, sich stramm daran zu beteiligen.

G r a z, anno domini.

Ehre	Verfolgung	Kampf
Ruhm	Ärger	Freiheit
Reichtum	Elend	Wahrheit
Wohlstand	Not	Gerechtigkeit
Zufriedenheit	Tod	Menschenglück
als unbekannte Verwandte.	als Eltern und Blutsverwandte.	als Kinder- und Universalerben.

Separate Parte werden nicht ausgegeben.

Verzweifelt, verdächtigt und vergessen. 1914 bis 1919

Nun wird es still um Franz Prisching. Wenige Wochen nach Kriegsbeginn, am 16. Oktober 1914, feiert er seinen fünfzigsten Geburtstag, und kurz darauf, am 20. November 1914, wird seine Tochter Johanna Elisa Prisching in Hart geboren, die aber schon am 20. Februar 1915 an Masern und Darmkatarrh stirbt. Bedrückt von persönlichem Unglück und wohl erschüttert vom Beginn des Krieges scheinen die Aktivitäten Franz Prischings erlahmt zu sein. Ihm ergeht es damit wie der gesamten anarchistischen Bewegung in Österreich, obwohl gerade Anarchisten als einzige sozialpolitische Gruppierung von Anbeginn gegen den ersten Weltkrieg zu opponieren suchen. Die allgemeine Kriegseuphorie und behördliche Verfolgung alles Pazifistischem haben auch in der Steiermark die Anarchisten mundtot gemacht, so dass die Polizei berichten kann,

dass in Graz zwei Vereine mit anarchistischer Tendenz bestehen, nämlich der politische Verein »Volkswille« und der nicht politische Verein »Arbeiter-Bildungs- und Unterstützungsverein Graz«. Beide Vereine haben seit Anfang August 1914 keinerlei Tätigkeit mehr entwickelt und haben die bei diesen Vereinen vorgenommenen Hausdurchsuchungen nicht das geringste Bedenkliche ergeben. Es liegt daher keinerlei Anlaß vor, dermalen einen Antrag auf behördliche Auflösung dieser Vereine zu stellen.[217]

Es muss hier jedoch festgehalten werden, dass die Tätigkeiten dieser Vereine bereits Jahre vor dem Krieg zum Erliegen kamen. So heißt es in einem Polizeibericht aus dem Jahr 1911:

Vereine mit ausgesprochen antimilitaristischer Tendenz sind jene Vereine, die auf anarchistischer Basis stehen. Von diesen Vereinen gibt es zwei in Graz, nämlich den Verein »Freie Denker« und den »Arbeiter-Bildungs- und Unterstützungsverein«. Diese Vereine führen aber nur ein Scheindasein, da sie nur wenige Mitglieder zählen und infolge ihrer Gegnerschaft zur sozialdemokratischen Partei von dieser auf das Heftigste verfolgt werden, so dass sie keinerlei bemerkenswerte Tätigkeit entfalten können. Die führenden Personen dieser Vereine, meist ältere Leute, stehen bereits hieramts in Evidenz und Ueberwachung.[218]

Über Franz Prischings Leben in den Kriegsjahren ist nur wenig bekannt. Eine Ansichtskarte vom Februar 1915 bezeugt jedoch, dass er sich weiterhin mit Anarchisten, nämlich radikal pazifistischen, trifft: getarnt als vaterländische Abend-Runde. Diese Karte trägt unter anderem die Unterschriften des Graz-Waltendorfer Pazifisten Louis Gräml, der Ehefrau von Karl F. Kocmata Leopoldine Kocmata

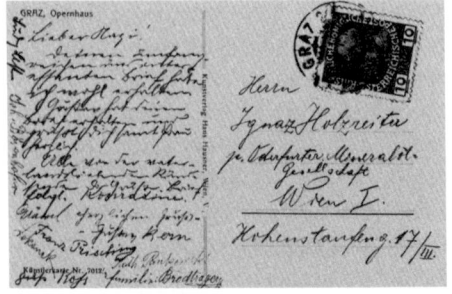

(geborene Schadeck), des Maurergehilfen Gustav Kern (1883–1945), Pierre Ramus' Vertrauensmann in Graz, des Trödlers Simon Kohs (1865–?), Grazer Anarchist und Pazifist, Ludwig Lists, ein engagierter Konfessionsloser in Graz, und des Tolstoj-Anhängers Franz Sekanek (1871–1947), ein lebensreformerischer und pazifistischer Mitkämpfer und enger Freund Prischings, der später den Grazer »Tolstoi-Bund« und die Heilanstalt »Bad-Gesundbrunnen« gründen wird. Gerichtet ist die Karte an den späteren Arzt und regen pazifistischen Anarchisten »Nazi« Ignaz Holzreiter (1894–195?), besser bekannt unter seinen Pseudonymen »I. Heinrich Holz-Reyther« und »Ernst Muthmann«.

Lieber Nazi! Deinen umfangreichen und interessanten Brief habe ich wohl erhalten. Gustav [Kern] hat deinen Brief erhalten und grüßt dich samt Frau herzlich. Alle von der Vaterlandsabenden Runde senden dir Grüße. Brief folgt. Kocmadine [d.i. Leopoldine Kocmata].
[Louis] Gräml / Herzlichen Gruß Gustav Kern / Franz Prisching / [Franz] Sekanek / Math[ias] Pankoński / [Lorenz] Groß / [Simon] Kohs / Famile Brodtrager / Ludwig List / Joh[ann] Bösenhofer[219].

Im März 1916 machen die Behörden noch einmal Aufhebens um Franz Prisching. Sie verdächtigen ihn der illegalen Friedenspropaganda, begangen durch die Verbreitung einer Flugschrift mit einem antimilitaristischen Lied:

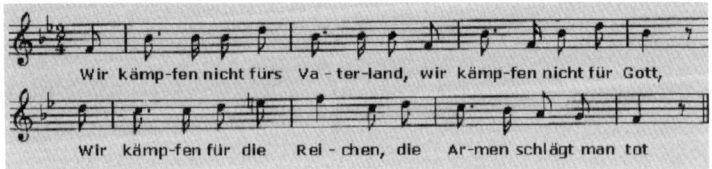

Wir kämp-fen nicht fürs Va-ter-land, wir kämp-fen nicht für Gott,

Wir kämp-fen für die Rei-chen, die Ar-men schlägt man tot.

Am 22.II.1916 wurden in Graz von einer unbekannten Frauensperson mit Bleistift geschriebene Flugschriften verbreitet, welche folgenden Inhalt hatten: »*Wir kämpfen nicht fürs Vaterland, wir kämpfen nicht für Gott, wir kämpfen für die Reichen, die Armen schlägt man tot.*« *Im Zuge der bezüglichen Erhebungen wurde in Erfahrung gebracht, daß auch in Gleisdorf ungefähr 3 oder 4 Tage vorher und in Feldbach ungefähr 14 Tage vorher Flugschriften gleichen oder ähnlichen Inhaltes verbreitet beziehungsweise angeschlagen worden sein sollen. [...] Durch die Einvernahme des Landsturmmannes Ivo Haas des k[aiserlich] u[nd] k[öniglichen] Infanterie-Regimentes Nr. 27 durch die k.u.k. Generalstabsabteilung des k.u.k. Militärkommandos wurde in Erfahrung gebracht, daß derartige Flugblätter Ende Dezember vorigen Jahres auch in München zur Verbreitung gelangten. Es ist daher anzunehmen, daß dieselben aus Deutschland nach Wien und von dort nach Graz eingeführt wurden. Laut Zuschrift des k.u.k. 10. Armeekommandos, Kundschaftsstelle Feld-Post 606 vom 6. März 1916, K. Nr. 345/2³, erscheint es nach dortamtlicher Anschauung nicht ausgeschlossen, daß die in Rede stehende Agitation von einem gewissen Franz Prisching aus Graz ausgeht. Franz Prisching, Maurergehilfe, 1864 in St. Peter [recte Hart; R.M.] bei Graz geboren, nach Graz zuständig, steht hieramts als Anarchist in Vormerkung. Derselbe war seinerzeit Herausgeber der periodischen Druckschrift* »*Der g'rode Michl*«*. Die bezüglichen hieramtlichen Erhebungen ergaben jedoch, daß Franz Prisching derzeit in Hart bei St. Peter wohnhaft ist und dort eine kleine Wirtschaft besitzt. Er befindet sich in schlechten Vermögensverhältnissen und ist seit längerer Zeit politisch vollkommen untätig. In den Umgebungsgemeinden Hart, St. Peter, Waltersdorf [recte Waltendorf; R.M.], Messendorf u.s.w. ergaben die Erhebungen nach einer eventuellen Verbreitung derartiger Flugschriften kein Resultat und dürfte nach hierämtlicher Ansicht Prisching dieser Agitation ferne stehen.*[220]

Die polizeilichen Erhebungen gegen Franz Prisching bleiben ohne konkretes Ergebnis. Wie Prisching die letzten Jahre des Krieges und das Kriegsende er- und verlebt hat, wissen wir nicht. Auffällig ist, dass er im ersten Organ, das Grazer Anarchisten nach dem ersten Weltkrieg im Jänner 1919 veröffentlichen, weder als Mitarbeiter noch sonst wie namentlich vertreten ist.[221] Die nächste Nachricht über Prisching stammt aus dem Jahr 1919, aus der Zeit der großen Hungersnot: Am 21. Mai 1919 wird seine Tochter Johanna Cecilie Prisching in Hart geboren, verstirbt aber schon am 30. Juni 1919; Todesursache: Pocken. Auch Franz und Johanna Prisching sowie ihr Sohn Alexander waren von der damals epidemisch auftretenden Krankheit befallen. Anlässlich der heftig geführten Diskussion um die Einführung eines Impfzwangs in Österreich hat Prisching 1907 geschrieben:

Wie steht es daher mit der Impfung? Nun, da schmiert man dem Kinde die Lymphe (ein grausliches Zeug Eiter) in den Körper; dieser Dr... – denn nichts anders ist es – soll die Wirkung haben, uns gegen die Pocken zu schützen. In einem Rechtsstaate sollte aber jeder Bürger ein gewisses Maß von individueller Freiheit genießen.[222]

Knapp zwei Wochen nach dem Tod seines Kindes, am Freitag, dem 11. Juli 1919, stirbt auch der aus Hart ins Landeskrankenhaus Graz eingelieferte Franz Prisching um 12 Uhr 30 mittags im fünfundfünfzigsten Lebensjahr. Als Todesursache werden »Blattern« (Pocken) angegeben. Der bezüglich Wohlhabenheit in die niedrigste, nämlich IV. Kategorie eingestufte Franz Prisching wird am nächsten Tag, dem 12. Juli, auf dem Evangelischen St. Peter-Friedhof (Abteilung des St. Peter-Stadtfriedhofs) in Graz beigesetzt; das Grab ist mittlerweile aufgelassen.[223]

Prisching hat sich selbst einmal eine Grabrede gehalten:

Teure Freunde! Liebwerte Mitbrüder und -kämpfer! Wenn ich heute das Wort ergreife, so geschieht es, Euch allen für Euer freundliches Entgegenkommen auf das allerherzlichste zu danken.

Es tut mir herzlich leid, nicht länger in Eurer sehr ehrenwerten Mitte verweilen zu dürfen, da es die Götter eben anders beschlossen haben.

Liebwerte Mitkämpfer! Da der Kampf zu Ende geht, so bitte ich Euch, verzeiht mir alle Untugenden, wie auch ich Euch nochmals für Eure Freundlichkeit, mir in jeder Weise treu zur Seite gestanden zu haben, danke.

Ich war nicht nur ein »G'roder Michl«, sondern manchmal auch ein »grober Michl«. Ich sehe es ein, ich war sozusagen ein literarischer Zigeuner, ich konnte nie an Euren Grundsätzen und Moralkodexen Gefallen finden, ich habe Euch oft bitteres Herzeleid bereitet. [...]

Ja, ich sehe ein, alles, alles ist auf dieser materiellen Erde nur Geschäft.

Ich habe den Kürzeren gezogen, denn ich Esel, der ich war, bin und sein werde, warum glaubte ich an Ideale, an Wahrheit, da dies alles nur in Gedanken, nicht aber in Wirklichkeit existiert. [...]

Platonische Beileidskundgebungen, Kranzspenden, sind höflich aber entschieden verbeten, separate Parte werden nicht ausgegeben.[224]

Inserat von Johanna Struckl in: Tagespost. Morgenblatt (Graz), 65. Jg., Nr. 335 (5. Dezember 1920), S. 6

Was blieb

Zurück bleibt die Witwe Johanna Prisching mit vier Söhnen und einem zwar schuldenfreien, aber dringend reparaturbedürftigen Haus.[225] Das Dach kann im Sommer 1921 dank der finanziellen Unterstützung niederländischer Kampfgefährten Franz Prischings und eines erfolgreichen Spendenaufrufs in einer Grazer Tageszeitung gerichtet werden, doch Not und Armut machen sich an allen Ecken und Enden bemerkbar. Zumindest Alexander Prisching wird, wie viele andere Kinder während der Hungersjahre in Österreich nach dem ersten Weltkrieg, zur Linderung der Unterernährung nach Rotterdam geschickt.[226] In ihrem Kampf ums Überleben ist Johanna Prisching auch auf die Mildtätigkeit anderer angewiesen, wobei sie sich nicht scheut, zunächst ehemalige Leser und Leserinnen des »G'roden Michl« um Hilfe zu bitten.[227] Franz Prischings Kinder, die ihren Vater in jungen Jahren verloren haben, werden zwar alle Maurergehilfen, doch treten sie weltanschaulich nicht in dessen Fußstapfen: Franz Struckl (seit 1913: Prisching) stirbt am 6. April 1978 in Graz, Paul Struckl (seit 1913: Prisching) am 3. Mai 1982 ebenfalls in Graz, Friedrich Struckl (seit 1913: Prisching) wird seit dem 2. Juni 1944 nahe dem damals polnischen Minsk (heute Weißrussland) vermisst, und der letzte Sohn, Alexander Prisching, stirbt am 24. August 1960 in Hart bei Graz. Allerdings scheint eine außereheliche Tochter von Paul Prisching, Helga Agnes Kowalyschyn (seit 1955: H.A. Hauck), verheiratete Gössler (*Hart bei Graz 7. Jänner 1949), auf den Spuren ihres Großvaters zu wandeln: Die engagierte Tierschützerin ist als Igel-Mutter weit über ihren Wohnort Vasoldsberg (Steiermark), selbst über die Grenzen Österreichs hinaus bekannt und hat in den letzten dreizehn Jahren etwa 1.400 verletzte Igel und allein gelassene Igeljunge betreut.

Johanna Prisching geht wenige Jahre nach dem Tod Franz Prischings eine neue Lebensgemeinschaft ein, nämlich mit dem in unmittelbarer Nachbarschaft lebenden Taglöhner Peter Pernitsch (*Hart bei Graz 18. Juni 1889, †Graz 3. Oktober 1948). Aus dieser Beziehung stammen fünf Kinder: Peter Struckl (*Hart bei Graz 15. Juni 1924, †Graz 21. Oktober 1978), der später ebenfalls Maurergehilfe wird, die am 27. März 1926 in Hart bei Graz geborenen und drei Stunden nach der Geburt verstorbenen Zwillinge, dann »Gretl« Margarete Struckl, später verheiratete Rührlechner (*Hart bei Graz 29. Juni 1928, †Graz 15. Dezember 1983), die Herrenschneiderin wird, und eine Totgeburt am 11. Februar 1930. Johanna Prisching, die Mutter von also insgesamt zwölf Kindern, ist in den 1930er-Jahren noch auf die Hilfe der Gemeinde Hart und des Grazer »Evangelischen Armen-Unterstützungsvereins« angewiesen, wird später jedoch von ihren Kindern finanziell unterstützt. Hauptsächlich aber bringt sie sich und ihre Kinder als Selbstversorgerin durchs Leben: Es werden ein paar Ziegen gehalten, und auf dem zum Haus gehörenden Grundstück, an einem steilen Abhang gelegen, wird Ackerbau in kleinstem Rahmen betrieben. Einiges scheint Johanna Prisching von der Weltanschauung ihres Mannes übernommen zu haben, anderes nicht: So ist sie etwa eine passionierte Raucherin und betätigt sich zumindest im Freundeskreis als Kartenlegerin. Mit ihrem selbstbewussten Auftreten, ihrer gepflegten Sprache und ihrer tiefen Stimme ist sie eine auffällige Erscheinung in dem von Obrigkeitsdenken und Katholizismus geprägten Dorf. Ihr Haus ist zumindest bis 1938 Treffpunkt der ohnedies nur wenigen Sozialdemokraten und Freidenker Harts, die es nicht einmal zur Gründung einer Ortsgruppe bringt. Ohne jemals Mitglied der »Sozialdemokratischen Arbeiterpartei Deutschösterreichs« gewesen zu sein, agitiert sie bis 1934 im vertrauten Personenkreis für die Sozialdemokratie, mit der auch ihre älteren Söhne sympathisieren. Bis wenige Jahre vor ihrem Tod in dem von Franz Prisching gekauften Haus in Hart lebend, stirbt Johanna Prisching am 5. Dezember 1965 in einem Altersheim in Graz.[228] Im Jahr 1978 wird das bereits 1967 baulich stark veränderte Haus in Hart bei Graz, Holzerhofstraße 117, entrümpelt, dabei Prischings gesamter Nachlass bis auf wenige Erinnerungsstücke vernichtet, 1993 wird es schließlich zum größten Teil abgerissen und an dessen Stelle ein neues erbaut.[229]

Johanna Prisching mit ihrem Lebensgefährten Peter Pernitsch (1889–1948) und deren Kindern Margarete Struckl (1928–1983) sowie Peter Struckl (1924–1978) vor dem Haus in Hart. 1930er-Jahre

Geblieben ist die Erinnerung an Franz Prisching und den »G'roden Michl«, das Andenken an eine bemerkenswerte Persönlichkeit. Als Taglöhner, Maurergehilfe und selbstversorgender Landwirt schuf er eine der interessantesten Zeitschriften der deutschsprachigen alternativen Bewegungen, als Anarchist und Pazifist versuchte er, Menschen zu einem besseren Leben zu führen und zu einer glücklicheren Gemeinschaft. Betrachten wir unsere gegenwärtige Gesellschaft, scheint wenig von seinen Ideen geblieben zu sein, doch niemand von uns kann sagen, wie die Welt heute aussähe, hätte es nicht solche Menschen gegeben wie Franz Prisching.

Meldeübersicht[230]

Geboren am 16. Oktober 1864 in Hart Nr. 4

1864– ?	Hart bei Graz, Hart 4 (heute Graz, Waltendorfer Hauptstraße 101)
? –1885	unbekannt
1885–2. Mai 1892	Graz, Schmiedgasse 16
5. Mai 1892–1895	Graz, Schönaugasse 35
5. Juli 1895– 5. Oktober 1896	Graz, Gleisdorfer Gasse 5
3. Oktober 1896– 19. September 1898	Graz, Jakominigasse 63
18. September 1898– 10. November 1902	Graz, St. Petersgasse 9 (heute Petersgasse 9)
10. November 1902– 31. August 1904	Graz, St. Petersgasse 17 (heute Petersgasse 17)
19. August 1904– 19. April 1905	Graz, Kastellfeldgasse 36
16. April 1905– 1. Mai 1906	Graz, St. Petersgasse 33 (heute Petersgasse 33)
2. April 1906– 15. Mai 1906	Graz, St. Petersgasse 32a (heute Petersgasse 32a)
15. Mai 1906– 1. Juni 1906	Graz, St. Petersgasse 33 (heute Petersgasse 33)
1. Juni 1906– 17. Juli 1906	Graz, Waltendorfer Gürtel 14
17. Juli 1906– 1906	Graz, Hafnerriegel 14
1. September 1906– 19. November 1909	Graz, St. Petersgasse 89 (heute Petersgasse 89)
3. November 1909– 7. April 1911	Kulm bei Weiz, Kulming 28
26. April 1911– 15. Mai 1912	Raaba, Raaba 86 (heute Autaler Straße 81)
Mai 1912– 11. Juli 1919	Hart bei Graz, Hart 76 (heute Holzerhofstraße 117)

Gestorben am 11. Juli 1919 im Landeskrankenhaus Graz.
Beigesetzt am 12. Juli 1919 auf dem Evangelischen St. Peter-Friedhof in Graz.

»Der g'rode Michl«

Da ich aber schon einmal ein Blatt herausgebe,
so soll es wenigstens originell sein.

Franz Prisching[231]

Einleitendes

Am 8. August 1903 erscheint in Graz das Flugblatt »Der Radikale«, in welchem Franz Prisching Prinzipien und Zweck jenes *parteilosen Blattes* erläutert,[232] welches er einen Monat später mit nur wenigen Gesinnungsfreunden und einem Startkapital von zwanzig Kronen[233] gründet: »Der g'rode Michl«. Bereits in der ersten Nummer veröffentlicht er ein »Programm«, welches jene Bahnen vorzeichnet, in denen sich die Monatsschrift während der zehneinhalb Jahre ihres Erscheinens bewegen wird.

Also doch ein Programm! Nun, daraus ersieht man ja schon in der ersten Nummer den Widerspruch, parteilos und doch ein Programm, so oder ähnlich werden alle Parteimenschen urteilen, die eben gewohnt sind, alles durch die Parteibrille zu sehen; von ihrem Standpunkte aus haben sie auch recht. Jede Partei hat ihr Programm und glaubt, daß Partei und Programm etwas ganz Unzertrennliches seien.

Lassen wir daher jedem seinen Glauben, der ja auch mehr oder weniger für die meisten Programm ist. Unter Programm versteht der heute übliche Parteiuntertanenverstand etwas sehr Nützliches, was darinnen bestehen soll, daß man mit Zähigkeit daran festhalten müs-

Pressepolizeiliche Anmeldung des »G'roden Michl«
Graz, am 31. August 1903

se, was einzelne Leute zum Wohle der Partei – mitunter auch zum eigenen – sich in den Kopf gesetzt haben.

Das Programm im Sinne irgendwelcher Partei sind Dogmen, Glaubensartikel an der Unfehlbarkeit der Partei respektive an deren Päpsten. Es wird aber kein vernünftiger Mensch behaupten wollen, daß nicht schon jede Partei Fehler gemacht hat, noch macht und machen wird. Das geben sogar Parteimenschen zu, aber sie meinen, das komme doch nur meistens in anderen Parteien vor, bei uns kommt das nie oder doch nur sehr selten vor, und im Parteiinteresse müsse man halt manchmal ein Auge zudrücken.*⁾

Es war notwendig, dies vorauszuschicken, damit wir einigermaßen unser Programm leichter klarlegen können, um nicht total mißverstanden zu werden. Unser Programm ist daher kurz folgendes:

Alles, was der gesamten Menschheit in geistiger und materieller Beziehung irgendwelchen Nutzen bringen kann, wollen wir nach Kräften fördern helfen. Um aber dazu ein wenig beitragen zu können, glauben wir, daß es notwendig ist, in erster Linie uns selbst von all dem frei zu machen, wovon wir andere befreien wollen, und zwar von der Wahnidee, daß die Menschheit durch Partei-, Nationalitäten-, Klassen-, Rassen- und konfessionelle Kämpfe zu einer höheren Kultur sich emporarbeiten könnte. Im Gegenteil, wir glauben, daß durch solche kleinlichen Dinge die Menschen sich selbst in einen Sumpf hineinarbeiten, wo ein großer Teil über kurz oder lang versinkt. [...]

Aufgabe aller edeldenkenden Menschen muß es sein, ihre Mitmenschen über ihre Gedankenlosigkeit aufzuklären, ethisch auf die Menschen einzuwirken, daß sie sich als Menschen und nicht als Sklaven fühlen, und es werden dadurch menschenwürdige Verhältnisse geschaffen werden. Schart euch daher um das Banner, das »Der g'rode Michl« entfaltet: Es ist das Banner der Wahrheit, Freiheit und Humanität. Das ist unser Programm.²³⁴

*⁾ *Manchmal auch beide. (Anm[erkung] d[er] Schriftl[eitung; d.i. Franz Prisching; R.M.].)*

Und Franz Prisching bestimmt auch gleich die nächsten Aufgaben, welche sich aus seinem Programm ergeben.

Wenn daher in unserem Programm gesagt ist, daß wir eine bessere, höhere Kultur durch Veredelung der Menschen anstreben, so soll aber kein Gesinnungsfreund und Leser glauben, daß dies mit der Druckerschwärze allein bewerkstelligt werden könnte, sondern jeder muß sich sagen, nachdem ich prinzipiell einverstanden bin, daß die Menschen sich bessern sollen, damit bessere, menschenwürdigere Verhältnisse platzgreifen können, so muß ich als einzelner bei mir selbst anfangen und nicht erst warten, bis sich mein Kollege bessert, und mein Kollege hingegen wieder auf mich wartet, bis ich mich bessere. Es wartet auf diese Weise einer auf den andern und zwar schon durch Jahrtausende, aber leider in Bezug auf Geistesbildung, Herzensveredelung sind wir nicht nur nicht vorwärts gekommen, sondern eher noch rückwärts gegangen.

Wie viele Männer kann die gegenwärtige Zeit aufweisen, die sich nur annähernd an Männer wie Buddha, Christus, Sokrates, Pythagoras, Diogenes, Giordano Bruno u.a.m. anreihen ließen? Ich meine nicht in Bezug des trockenen Wissens, der grauen Theorie, sondern in punkto Gefühl und Überzeugung; meines Wissens existiert heute nur einer, was auch die Gegner wohl oder übel zugeben müssen, und das ist Graf Leo Tolstoi.

Unsere nächste Aufgabe muß es daher sein, nicht mehr zu warten, bis die anderen besser werden, sondern, wenn jeder bei sich selbst anfängt, dann ist's schon besser. Die menschliche Gesellschaft besteht doch aus Einzelpersonen. Wie soll daher die Gesellschaft als Ganzes besser werden, wenn nicht der Einzelne anfängt? Um es aber allen jenen, die den Willen haben, sich zu bessern, zu ermöglichen, müssen die, die sich schon auf dem Wege der Besserung befinden, ihnen entgegenkommen, um es zu ermöglichen, daß schnellere Fortschritte erzielt werden können.

Da »Der g'rode Michl« prinzipiell auf dem Standpunkt der Gewaltlosigkeit steht, so ist es klar, daß er sich's zur Aufgabe machen wird, soweit dies nur immer möglich sein wird, alle Zeitfragen sowie alle ethischen Bestrebungen, kurz alles, was aufklärend, bildend, geist- und herzveredelnd auf das ganze Volk wirkt, zu besprechen. Es ist zwar voraussichtlich, daß er sich nur wenige Freunde erobern wird, da er keinem verspricht, daß ihm die gebratenen Tauben in den Mund fliegen werden, sondern jedem die Wahrheit sagen wird und gegen Vorurteile und falsche Leidenschaften energisch ankämpfen wird.[235]

Tatsächlich hat der »G'rode Michl« von Anfang an einen harten Stand. Bei den Bürgerlichen werden seine Ideen zwar eher als bei den Marxisten, aber doch nur in sehr begrenztem Ausmaß aufgenommen. In den Lagern der verschiedenen Lebensreformbewegungen stößt er wegen zu viel Anarchismus und Sozialismus auf teils erbitterten Widerstand. Und im Lager der Arbeiterbewegung selbst wird er kaum wahrgenommen, weil die übermächtige »Sozialdemokratische Arbeiterpartei Deutschösterreichs«, der eingeschworene Erzfeind des »G'roden Michl«, einen systematischen Boykott über die Zeitschrift verhängt.[236] Andererseits können auch viele Anarchisten und Anarchistinnen mit der Idee der Selbst- und Lebensreform wenig anfangen.[237] Das alles erklärt noch nicht – oder doch? – warum der »G'rode Michl« auch von der Wissenschaft weitgehend mit Ächtung oder Unkenntnis belegt wird.[238] Tatsache ist, dass der »G'rode Michl« zu den wichtigsten Organen der Selbst- und Lebensreformbewegung Österreichs zählt und das langlebigste anarchistische Organ deutscher Sprache während der österreichisch-ungarischen Monarchie darstellt.[239] Dennoch muss er das Schicksal so vieler im parteipolitischen Niemandsland erschienener Zeitschriften teilen: vergessen, verschwiegen oder missverstanden zu werden.[240]

Titel:	›Der g'rode Michl‹
	ab 1. Jg., Nr. 2 (Oktober 1903): »Der g'rode Michl«
	ab 6. Jg., Nr. 1 (Jänner 1908): Der gerade Michel
Untertitel:	Parteilose Monatsschrift
	ab 2. Jg., Nr. 2 (Februar 1904): Parteilose Monatsschrift für allseitige Reform
	ab 6. Jg., Nr. 1 (Jänner 1908): Parteilose Monatschrift für allseitige Reform
Erscheinungsort:	Graz
	ab 8. Jg., Nr. 1 (Jänner 1910): Kulming
	ab 9. Jg., Nr. 5–6 (Mai–Juni 1911): Raaba
	ab 10. Jg., Nr. 5–7 (Juli 1912): Hart

Herausgeber, Verleger und verantwortlicher Schriftleiter:	Franz Prisching
Erscheinungsweise:	monatlich
Erscheinungszeitraum:	September 1903 bis Februar 1914
Drucker:	August Wagner, Graz
Format:	8°
Konfiskationen:	9. Jg., Nr. 9–10 (September–Oktober 1911) 12. Jg., Nr. 2 (Februar 1914)
Umfang:	12 Jahrgänge mit 121 Nummern (unter Berücksichtigung von zehn Doppel-, zwei Dreifach- und einer Ersatznummer) in 105 Ausgaben mit zusammen 856 Seiten, dazu 52 Seiten Beilagen.

Zeitungsköpfe

II. Jahrg. Graz, Jänner 1904. Nr. 1.

„Der g'rode Michl".

Parteilose Monatsschrift.

Motto: Nur wer sich selbst beherrschen kann,
braucht nicht beherrscht zu werden. F. P.

II. Jahrg. Graz, Februar 1904. Nr. 2.

„Der g'rode Michl".

Parteilose Monatsschrift für allseitige Reform.

Motto: Nur wer sich selbst beherrschen kann,
braucht nicht beherrscht zu werden. F. P.

VI. Jahrg. Graz, Jänner 1908. Nr. 1.

Der gerade Michel

Parteilose Monatschrift für allseitige Reform

Ohne Herrschaft   Selbstbeherrschung

Beilagen:

1 [Anonym]: Gutachten von Sachverständigen gegen die Aufsatzzügel. Berlin: Berliner Tierschutz-Verein [1904] (= [Flugblätter des Berliner Tierschutz-Vereins.] 281.), 8 S., Beilage zu DgM, 2. Jg., Nr. 5 (Mai 1904).

2 [Hermann Stenz]: Volk, erwache und ermanne dich! Dresden: Herausgegeben vom Internationalen Verein zur Bekämpfung der wissenschaftlichen Tierfolter [1904] (= [Flugblätter des Internationalen Vereins zur Bekämpfung der wissenschaftlichen Tierfolter.] 244.), 8 S., Beilage zu DgM, 2. Jg., Nr. 7 (Juli 1904).

3 Ernst Kitzing: Der Krieg oder: »Ein Vorschlag in Güte«. Beilage zu Nr. 9 des »Der g'rode Michl«. September 1904. [Graz: Verlag von Franz Prisching] 1904, [2] S., Beilage zu DgM, 2. Jg., Nr. 9 (September 1904).

4 Hermann Stenz: Die Vivisektion und die Arbeiter. Berlin: Weltbund gegen die Vivisektion [1905], 16 S., Beilage zu DgM, 3. Jg., Nr. 12 (Dezember 1905).

5 Franz Prisching: Aufruf nicht an Germanen – nicht an Romanen – nicht an Christen – nicht an Buddhisten – nicht an irgendwelche Isten .... Nein! Sondern Aufruf nur an wahre Menschenfreunde! Beilage zu Nr. 6 des »Der gerade Michel«, Graz, Juni 1908. Graz: Verlag von Franz Prisching 1908, [2] S., Beilage zu DgM, 6. Jg., Nr. 6 (Juni 1908).

6 Fr. W.H. / Franz Prisching: Balder. Jovi! Juveni! Weihnachts-Beilage zum »Graden [!] Michel«. Schriftleitung: Graz, St. Petersgasse 89 / II. Graz: Verlag von Franz Prisching 1908, 6 S., Beilage zu DgM, 6. Jg., Nr. 12 (Juni 1908).

7 Recht den Rechtlosen. Organ für den gesamten Tierschutz. Beilage Nr. 1. Zu Nummer 2 des »Geraden Michel«, 15. Februar 1913 (Hart), [4] S., Beilage zu DgM, 11. Jg., Nr. 2 (Februar 1913). Beilage Nummer 2 ist nicht erschienen.

8   Recht den Rechtlosen. Organ für den gesamten Tierschutz. Beilage Nr. 3 und 4 des »Geraden Michel« vom 15. April 1913 (Hart), [2] S., Beilage zu DgM, 11. Jg., Nr. 3–4 (März–April 1913).

9   Recht den Rechtlosen. Organ für den gesamten Tierschutz. Beilage Nr. 6 und 7 des »Geraden Michel« vom 15. Juli 1913 (Hart), [4] S., Beilage zu DgM, 11. Jg., Nr. 6–7 (Juni–Juli 1913). Beilage Nummer 5 ist nicht erschienen.

Die Leserschaft des »G'roden Michl«

Als wichtiger Maßstab für die Bedeutung einer Zeitschrift gilt ihre Auflagenhöhe. Nach den pressepolizeilichen Meldungen hat der »G'rode Michl« zunächst eine Auflage von 1.500 Stück,[241] im zweiten Quartal 1904 von 1.000, im dritten Quartal 1904 von 1.200, um dann seit dem 4. Quartal 1904 bis zur Einstellung im Februar 1914 in einer Auflage von 1.000 Stück zu erscheinen. Dies deckt sich auch mit Prischings Aussage von einer *nicht hohen Auflage*.[242] Außerdem lässt sich aus zwei Kostenangaben im »G'roden Michl«[243] – unter Berücksichtigung einer zehnprozentigen Druckkostensteigerung im Jänner 1906[244] – für die Jahre 1903 bis 1907 eine durchschnittliche Auflage von 935 Stück je Nummer errechnen. Aus der Auflagenhöhe allein lassen sich jedoch keine zuverlässigen Rückschlüsse auf die tatsächliche Leserzahl ziehen. Die meisten Leser und Leserinnen des »G'roden Michl« gehören offensichtlich außerordentlich einkommensschwachen Schichten an, so dass eine überdurchschnittlich hohe Leserzahl je Exemplar angenommen werden kann: *nämlich unter Arbeitern wandert er von Hand zu Hand, bis davon nichts mehr übrig bleibt.*[245] Ein Indiz für die überwiegend mittellose Leserschaft des »G'roden Michl« ist auch der von Franz Prisching immer wieder betonte nicht-akademische Charakter seines Blattes.

Wenn Sie als Kind ein solches Nomaden-, besser gesagt, Zigeunerleben hätten führen müssen wie ich, so daß Sie kaum 14 Monate eine Schule hätten besuchen können, dann würden auch Sie mit dem Deutsch und der Orthographie auf ständigem Kriegsfuß stehen. Meine Arbeiten werde ich gerne korrigieren lassen, wenn ich einmal in der Lage sein werde, dafür etwas bezahlen zu können. Bis heute habe ich eben noch keinen solchen »Menschenfreund« gefunden, der es umsonst machen würde. Schließlich hat noch jeder verstanden, was ich sagen wollte. Jeder wahrhaft Gebildete wird sich an Formfehlern nicht stoßen. Die Hauptsache ist doch der Inhalt.[246]

Und daß ich neben der Herausgabe des Blattes auch schwer körperlich arbeiten muß, daher das Blatt nicht so redigieren kann wie ein akademisch gebildeter Berufsredakteur, werden mir die Gesinnungsfreunde nicht übelnehmen.[247]

Graz 1903

Dem entspricht auch Franz Prischings Aufforderung zur Mitarbeit an seiner Zeitschrift:

Es soll daher niemand sein Licht unter den Scheffel stellen; es handelt sich nicht darum, kunstvolle, mit Fremdwörtern gespickte Aufsätze zu schreiben, wo man beim Lesen ein Fremdwörterbuch zur Hand nehmen muß, nein, es handelt sich darum, daß der- oder diejenige, welche etwas zu sagen hat, was für die Gesamtheit von Nutzen ist, sei es dann, daß es etwas Heiteres ist, wodurch man seine Mitmenschen erfreut, oder sei es etwas Ernstes, woraus sich andere eine Lehre ziehen können, oder sei es auch scharfe, aber gerechte Kritik, wodurch manche gebessert werden können. Die Hauptsache ist, daß man schreibt wie man denkt und fühlt, also wahr.[248]

Es ist nämlich zu begrüßen, wenn Leute mit ganz minimaler Schulbil-
dung ihre Gedanken zu Papier bringen, so daß man zur Abwechslung
auch zeitweise unverkünstelte Gedanken zu lesen bekommt, während
hingegen die Berufsschriftsteller und -Journalisten um des lieben
Brotes Willen doch nie das schreiben, was sie fühlen und empfinden,
sondern nur das, was gut bezahlt wird.[249]

Ja, lieber Freund, als Freiheitsfreund will ich eben keine Meinung
unterdrückt wissen. Ob Christ oder Anarchist, ob Kanalräumer oder
Aristokrat, soferne es der betreffende mit der Menschheit ehrlich und
gut meint, wird der »G'rode Michl« für jeden seine Spalten offen hal-
ten.[250]

Franz Prisching setzt sich also selbst einen hohen Grad an Offen-
heit, was die Weltanschauungen der Mitarbeiter und Mitarbeiterinnen seines »G'roden Michl« sowie deren Schichten- beziehungsweise
Klassenzugehörigkeit anlangt. Es wird aber auch deutlich, dass er
die Mitarbeiter seiner Zeitschrift ganz allgemein unter seinen Lesern
und nicht etwa gezielt unter den Anhängern einer bestimmten sozialen oder politischen Bewegung sucht – ein Faktum, das angesichts
der wechselnden inhaltlichen Gewichtung der Zeitschrift nicht unwe-
sentlich ist.

Wir wissen wenig Konkretes über die Leserschaft des »G'roden
Michl«. Anzunehmen sind überwiegend städtische Leser, was sich
schon aus der streng antiklerikalen und antikonfessionellen Ausrich-
tung der Zeitschrift erklärt. Weiters kann man, wie die Erörterungen
der finanziellen Situation der Zeitschrift in beinahe allen Nummern
des »G'roden Michl« eindringlich vorführen, die Abonnenten überwiegend zu den Einkommensschwächsten der Gesellschaft zählen.
Wohl finden sich in der Zeitschrift wiederholt Angehörige der Aristokratie, die vor allem als finanzielle Unterstützer genannt werden;
diese sicherlich verschwindend kleine soziale Gruppe von Lesern,
meist Leserinnen, wird vorwiegend durch die verschiedenen Tier-
schutzprojekte angezogen,[251] welche teilweise sogar halböffentliche
und öffentliche Unterstützung erhalten.[252] Wenn nun Franz Prisching
stolz feststellt, *daß das kleine unscheinbare Blättchen in allen Krei-*
sen, vom Taglöhner an bis hinauf zur Aristokratie, Eingang gefun-
den hat,[253] so trifft dies wohl zu, verschweigt aber die nicht unwe-
sentliche schichtenspezifische Gewichtung der Leserschaft.

Die reichen Prasser und die armen Lazaruse.

Grafik von Robert Wosak
(1876–1944)
Aus: »Der g'rode Michl«
(Graz), 4. Jg., Nr. 11
(November 1906), S. 73

Eine besondere Schwierigkeit in der Auslotung der Leserschaft ergibt sich aus dem auch von Franz Prisching – allerdings aus finanztechnischen Gründen – beklagten raschen Wechsel der Abonnenten und Abonnentinnen.[254] Dieser ist unter anderem darauf zurückzuführen, dass der »G'rode Michl« während seines Bestehens thematisch sehr unterschiedliche Phasen aufweist. Die fast ausschließliche Konzentration auf jeweils einen Schwerpunkt prägt das Erscheinungsbild der Zeitschrift über Monate, bis ein neues Thema ins Zentrum rückt. Da wechseln, um nur einige Schwerpunkte zu nennen, Vegetarismus mit Theosophie, Tierschutz mit Tat-Christentum, Siedlerfragen mit Antiklerikalismus, Abstinenzlertum mit Anti-Impfungs-Kampagne, Lebensreform mit Neu-Jesu-Bewegung, Esperantismus mit Naturheilkunde; lediglich Anarchismus und Pazifismus bilden beständige Anliegen der Zeitschrift. Mit dem Wechsel der Themenschwerpunkte verändert sich auch eine beachtliche Zahl der Abonnenten. Andererseits erhält Prisching dadurch im Lauf der Jahre Leser aus unterschiedlichsten Bewegungen: *Theosophen, Vegetarier, Friedensfreunde, Antivivisektionisten, Tierschützer, Anhänger der Naturheilkunde, Sozialdemokraten, freie Sozialisten, Anarchisten, Materialisten, Spiritualisten, Atheisten, Christen usw.*[255] Einen guten Einblick in die Breite dieses Spektrums geben die im Anhang (siehe Seite 142–153) wiedergegebenen Zusammenstellungen der im »G'roden Michl« vorgestellten oder sich selbst präsentierenden Vereinigungen sowie der besprochenen, inserierten und teilweise durch ihn vertriebenen Zeitschriften und Zeitungen.

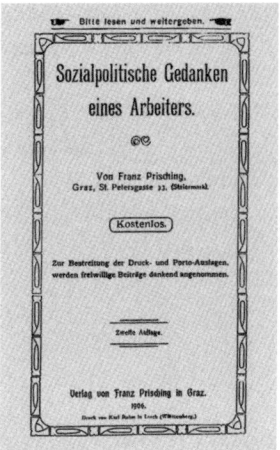

Graz 1906

Dass dieser angestrebten großen Leserschaft eine tatsächlich verhältnismäßig kleine gegenüber steht, ist sicherlich mit dem betont anarchistischen Charakter der Zeitschrift zu erklären. Franz Prisching bekennt selbst, dass es deshalb besonders schwierig sei, Leser und Abonnenten zu gewinnen, weil er *der anarchistischen Weltauffassung huldigt und nicht feig genug ist, zu widerrufen, wo es keine Silbe zu widerrufen gibt.*[256] Einen weiteren Grund für den kleinen Abonnentenkreis sieht Prisching in den Redaktionsbedingungen:

> *Es wird jedem klar sein, daß durch das Nomadenleben, welches der »Gerade Michel« zu führen gezwungen war, bei jedesmaligem Wohnungswechsel, und zwar seit zehn Jahren elfmal, einige Abonnenten verloren gingen. Von den Freunden und Lesern haben die allerwenigsten einen festen Wohnsitz, was daraus hervorgeht, daß bei jeder Nummer Postsendungen mit dem Vermerke »Abgereist«, »Verzogen«, »Neuer Aufenthalt unbekannt« zurückkommen. Und haben dann die Freunde wieder einen Ort gefunden, wo sie längere Zeit zu bleiben gedenken und schreiben mir, die Nummern dorthin zu senden, so war mittlerweile ich verzogen. Wenn sie dann nichts erhalten, so denken sie, daß der »Gerade Michel« doch das Zeitliche gesegnet hat.*[257]

So kann es nicht verwundern, wenn der »G'rode Michl« stets das geblieben ist, was Franz Prisching wohl mit dem Stolz der Verzweiflung herausstreicht: eine Zeitschrift für die Wenigen.

> *Der »Gerade Michel« ist ein internationales und interkonfessionelles Blatt; dasselbe hat sich zur Aufgabe gestellt, die Menschen zum Nachdenken, zum Selbstständigwerden anzuregen. Zu seinem Leserkreis gehören Aristokraten wie Anarchisten, Christen wie Atheisten*

und sonstige Konfessionen. Kurz, es ist ein Organ für die wenigen, welche über die Parteien, Sekten und Konfessionen hinaus sind.[258]

Mitarbeiter und Mitarbeiterinnen des »G'roden Michl«

Der ständige Wechsel inhaltlicher Schwerpunkte bedingt auch eine breite Palette von Beiträgern zum »G'roden Michl«, von denen 177 namentlich identifiziert werden können. Nur wenige von ihnen veröffentlichen in der Zeitschrift über einen längeren Zeitraum, können also als regelmäßige Mitarbeiter und Mitarbeiterinnen bezeichnet werden, und selbst diese publizieren kaum länger als zwei bis drei Jahre: der Lyriker Ernst Böttner, der aus Österreich ausgewanderte Fabriksarbeiter und Schriftsteller Hermann Döring in Castleton-on-Hudson (New York), der Landesrechnungsbeamte und Schriftsteller Richard Carl Gartner (1875–?) in Linz, der ehemalige preußische Leutnant und spätere Vegetarier, Kleidungsreformer und Pazifist Johannes Guttzeit (1853–1935) in Neuberun (heute Bieruń Nowy, Polen) beziehungsweise Wohlau (heute Wołów), der aus Deutschland stammende Schriftsteller und Anarchist Theo Heermann in Moskau und Kokand, der Schriftsteller und Anarchist Franz Heinl (?–1906) in Wien, der Prophet, Schriftsteller und spätere Anthroposoph Hermann Heisler in Wien beziehungsweise Pozzuoli, der Schriftsteller, Pazifist und Sozialreformer Leopold Katscher (1853–1939) in Budapest, der Schriftsteller und Theosoph Ernst Kitzing aus Eisenach, der Prediger und Begründer der »Jesu-Bewegung der Tat« beziehungsweise »Neu-Jesu-Bewegung« Wilhelm Klein in Köln, der böhmische Arbeiter Josef Klinger, der Tierschützer und Antivivisektionist Arthur Laab in Graz, der Lehrer für Handelswissenschaften und Schriftsteller Peter Christoph Martens (1848–192.?) in Hamburg beziehungsweise Berlin-Friedenau, der Jesus-Prediger G. Meding in Großzschocher (heute zu Leipzig), die Schriftstellerin, Komponistin und Musiklehrerin Clementine Odendahl (1857–?) in Grevenbroich, der Vegetarier und Tolstoj-Anhänger Rudolf Rotter (1878–?) in Graz, der Schriftsteller und Esoteriker Ewald Salvator, der Siedlungsaktivist Johann Schmidt in Mainz, der aus dem österreichischen Galizien stammende Schriftsteller Georg Stine in New York, der Tierschützer Georg Teschner in Nürnberg, der Aktivist der »Neu-Jesu-Bewegung« Max Walther in Oberweiden (zu Weiden an der March, Niederösterreich), der aus Temesvár (Timişoara, Rumänien) gebürtige, nach Brasilien ausgewanderte Schriftsteller, Vegetarier und Siedlungsaktivist Wilhelm Warschatka, der auch unter den Pseudonymen »Eli Schotua« und »Will Wahr« publizierte, der Lehrer und Siedlungsaktivist Johann Welsch (Pseudonym: John Wel) in São Francisco do Sul (Santa Catarina) sowie der Maler und Grafiker Robert Wosak (d.i. R. Wozak; 1876–1944) in Schwechat beziehungsweise Kritzendorf (zu Klosterneuburg, Niederösterreich). Auf-

fallend ist, dass von den bekannten Anarchisten nur wenige im »G'roden Michl« mit einem Beitrag vertreten sind: der Russe Vladimir Grigor'evič Čertkov (1854–1936), der Deutsche John Henry Mackay (1864–1933) und der Russe Lev Nikolaevič Graf Tolstoj (1828–1910). Ein Verzeichnis aller Beiträger und Beiträgerinnen des »G'roden Michl« findet sich im Anhang (siehe Seite 138–142).

Robert Wosak (1876–1944) im Jahr 1896

Die geografische Verbreitung des »G'roden Michl«

Bemerkenswert ist zweifelsohne die nationale wie internationale Verbreitung des »G'roden Michl«. Seine Leser und Leserinnen sind vor allem in Böhmen[259] und Deutschland[260] zu finden, also Gebiete mit einer starken Reformbewegung. Oft genug muss Franz Prisching darauf hinweisen, dass Graz nicht in Böhmen, dem Herzen der österreichischen Reformbewegung, sondern in der Steiermark liegt.[261] Der »G'rode Michl« verfügt aber auch in anderen Teilen der Doppelmonarchie Österreich-Ungarn über eine größere Leserschaft: in Niederösterreich, der Steiermark, Kärnten sowie im Küstenland. Erwähnenswert sind die kleinen, aber sehr regen Anhängerschaften in Russland[262] und Bulgarien.[263] Wenn Franz Prisching bereits 1904 betont, dass der »G'rode Michl« in allen europäischen Ländern Verbreitung finde,[264] so handelt es sich dabei außerhalb des deutschen

Sprachraums meist nur um einige wenige Personen in größeren Städten. Doch auch in Übersee wird die Zeitung gelesen: in den Vereinigten Staaten von Amerika vor allem in Chicago (Illinois),[265] in Südamerika von den europäischen Auswanderern in Argentinien und Brasilien.[266] Eher als Kuriosum ist die Verbreitung auf dem afrikanischen Kontinent zu sehen, wo der »G'rode Michl« Leser im ägyptischen Port Said und im Capland (heute Südafrika) in Wynberg und Kaapstad hat. In Asien gibt es mit Theo Heermann in Kokand (Usbekistan) 1911 einen ersten asiatischen Mitarbeiter, mit Heinrich Henke in Qīngdǎo (Provinz Shandong) sogar einen Leser in China,[267] und mit August Engelhardt und seinen im »Sonnen-Orden« versammelten Anhängern einer naturgemäßen Lebensweise auf der Insel Kabakon besitzt er sogar eine Leserschaft in Ozeanien.

Nimmt man an, dass die aktive Anhängerschaft des »G'roden Michl« wesentlich identisch ist mit jenen Personen, die als Mitarbeiter zeichnen, die im Ausweis des Pressefonds der Zeitschrift als Spender angeführt werden und mit denen Franz Prisching mittels der Rubrik »Briefkasten« korrespondiert, so ergibt sich über den gesamten Erscheinungszeitraum eine Gruppe von etwa sechshundert Personen. Für diese lässt sich eine geografische Verbreitung an 348 Orten – in den Grenzen der damaligen Zeit – bestimmen:[268]

Österreich-Ungarn

Böhmen (heute alle Tschechische Republik): Absroth (heute Opatov, zu Luby, okres Cheb), Aussig an der Elbe (heute Ústí nad Labem, okres Ústí nad Labem), Braunau (heute Boumov, okres Náchod), Bruch (heute Lom, okres Most), Brüx (heute Most, okres Most), Dobern über Leipa (heute Dobranov, zu Česká Lípa, okres Česká Lípa), Dönis (heute Donín, zu Hrádek nad Nisou, okres Liberec), Drachkau (heute Drahkov, okres Plzeňjih), Drakowa (heute Drahkov, zu Modlany, okres Teplice), Eger (heute Cheb, okres Cheb), Falkenau (heute Sokolov, okres Sokolov), Gablonz (heute Jablonec nad Nisou, okres Ústí nad Labem), Glasert (heute Trávník, zu Cvikov, okres Česká Lípa), Graslitz (heute Kraslice, okres Sokolov), Grottau (heute Hrádek nad Nisou, okres Liberec), Grulich (heute Králíky, okres Ústí nad Orlicí), Haida (heute Nový Bor, okres Česká Lípa), Hermsdorf (heute Heřmanice, okres Náchod), Höllegrund (heute Pekelský Důl, zu Česká Kamenice, okres Děčín), Klein-Wöhlen (heute Malá Veleň, okres Děčín), Kulm (heute Chlumec, okres Ústí nad Labem), Liebenau (heute Hodkovice nad Mohelkou, okres Liberec), Liesdorf (heute Liboňov, zu Telnice, okres Ústí nad Labem), Maffersdorf (heute Vratislavice nad Nisou, zu Liberec, okres Liberec), Markersdorf am Jeschken (heute Markvartice pod Ještědem, zu Jablonné v Podještědí, okres Česká Lípa), Neu-Donitz (heute Nové Tuhnice, zu Karlovy Vary, okres Karlovy Vary), Neudorf bei Bodenbach (heute Nová Ves, zu Děčín, okres Děčín), Neugeorgswalde (heute Nový Jiříkov, zu Jiříkov, okres Děčín), Niedergrund (heute Dolní Podluží, okres Děčín), Niemes (heute Mimoň, okres Česká Lípa), Obererlitz (heute Horní Orlice, zu Červená Voda, okres Ústí nad Orlicí), Oberleutensdorf (heute Litvínov, okres Most), Oberrochlitz (heute Horní Rokytnice, zu Rokytnice nad Jizerou, okres Semily), Petschau (heute Bečov nad Teplou, okres Karlovy Vary), Polepp (heute Polepy, okres Litoměřice), Proschwitz (heute Prosečné, okres Trutnov), Reichenberg (heute Liberec, okres Liberec), Rothfloß (heute Červený Potok, zu Králíky, okres Ústí nad Orlicí), Schönbach in Böhmen (heute Luby, okres Cheb), Schönpriesen (heute Krásné Březno, zu Ústí nad Labem, okres Ústí nad Labem), Schüttenitz (heute Žitenice, okres Litoměřice), Teplitz-Schönau (heute Teplice, okres Teplice), Trautenau (heute Trutnov, okres Trutnov), Turn (heute Trnovany, zu Teplice, okres Teplice), Warnsdorf (heute Varnsdorf, okres Děčín), Wlasenka (heute Vlásenka, zu Česká Metuje, okres Náchod), Zwodau (heute Svatava, okres Sokolov).

BOSNIEN-HERZEGOWINA (okkupiertes Gebiet): Sarajewo (heute Sarajevo / Сарајево).

DALMATIEN: Ragusa (heute Dubrovnik, Dubrovačko-neretvanska županija, Kroatien).

KÄRNTEN: Arriach, Döllach (heute zu Großkirchheim), Klagenfurt, Sankt Veit an der Glan, Spittal an der Drau, (Schloss) Stadlhof (zu Sankt Veit an der Glan), Tarvis (heute Tarvisio, Friuli-Venezia-Giulia, Italien), Villach.

KRAIN: Gottschee (heute Kočevje, Slowenien).

KÜSTENLAND (heute alle Italien): Görz (heute Gorizia, Friuli-Venezia-Giulia), Sankt Peter bei Görz (heute San Pier d'Isonzo, Friuli-Venezia-Giulia), Triest (heute Trieste, Friuli-Venezia-Giulia).

MÄHREN (heute alle Tschechische Republik): Brünn (heute Brno, okres Brno-město), Neutitschein (heute Nový Jičín, okres Nový Jičín), Nikolsburg (heute Mikulov, okres Břeclav), Rautenberg (heute Roudno, okres Bruntál), Schöllschitz (heute Želešice, okres Brno-venkov), Sternberg (heute Šternberk, okres Olomouc).

ÖSTERREICH OB DER ENNS (heute Oberösterreich): Linz an der Donau, Obertraun, Weyer.

ÖSTERREICH UNTER DER ENNS (heute Niederösterreich): Floridsdorf (heute zu Wien), Göblasbruck (heute zu Wilhelmsburg), Hainburg an der Donau, Klosterneuburg, Kritzendorf (heute zu Klosterneuburg), Lunz am See, Mühldorf, Neunkirchen, Oberweiden (heute zu Weiden an der March), Schwechat, Waidhofen an der Ybbs, Wien (heute eigenes Bundesland), Wiener Neustadt, Wolfsthal.

(ÖSTERREICHISCH) SCHLESIEN: Altbielitz (heute Stare Bielsko, zu Bielsko-Biała, województwo Śląskie, Polen), Bennisch (heute Horní Benešov, okres Bruntál, Tschechische Republik), Bielitz (heute Bielsko-Biała, województwo Śląskie, Polen), Hruschau (heute Hrušov, zu Ostrava, okres Ostrava, Tschechische Republik), Spachendorf (heute Leskovec nad Moravicí, okres Bruntál, Tschechische Republik).

SALZBURG: Gnigl (heute zu Salzburg), Itzling (heute zu Salzburg), Kleingmain (heute zu Salzburg), Salzburg, Unken.

STEIERMARK: Andritz (heute zu Graz), Bruck an der Mur, Eggenberg (heute zu

Graz), Frohnleiten, Gleisdorf, Graz, Grubthal (heute zu Gamlitz), Hart bei Sankt Peter (heute Hart bei Graz), Hartberg, Hochtregist (heute zu Bärnbach), Judendorf (heute zu Judendorf-Straßengel), Kaindorf, Knittelfeld, Köflach, Kowald (heute zu Voitsberg), Marburg an der Drau (heute Maribor, Slowenien), Maxau (heute Makole, Slowenien), Mürzzuschlag, Pischelsdorf in der Steiermark, Pobersch (heute Pobrežje, zu Maribor, Slowenien), Pöllau, Raaba, Sankt Peter bei Graz (heute zu Graz), Sankt Ruprecht an der Raab, Söding, Thörl.

Tirol: Bozen (heute Bolzano / Bozen, Trentino-Alto Adige, Italien), Innsbruck, Meran (heute Merano / Meran, Trentino-Alto Adige, Italien).

Ungarn: Budapest, Érsek-Ujvár / Neuhäusel (heute Nové Zamky, okres Nové Zamky, Slowakei), Parndorfalu / Parndorf (heute Parndorf, Burgenland, Österreich), Pécs / Fünfkirchen (heute Pécs, Baranya megye), Pozsony / Preßburg (heute Bratislava, Slowakei), Sásvár / Schoßberg (heute Šaštín, zu Šaštín-Stráže, okres Senica, Slowakei), Szent Gotthárd / Sankt Gotthard (heute Szentgotthárd, Vas megye), Szentfülöp / Filipsdorf (heute Bački Gračac / Бачки Грачац, Južno Bački okrug, Serbien), Temesvár / Temeschburg (heute Timişoara, judet Timiş, Rumänien).

Restliches Europa

Belgien: Brügge (Brugge / Bruges, West-Vlaanderen).

Bulgarien: Burgas / Бургас (oblast Burgaska), Sofija / София, Varna / Варна (oblast Varnenska), Zaribrod (heute Dimitrovgrad / Димитровград, Pirotski okrug, Serbien).

Dänemark: Kopenhagen (København).

Deutsches Reich (Deutschland): Altona (heute zu Hamburg, Hamburg), Arolsen (heute Bad Arolsen, Hessen), Baden-Baden (Baden-Württemberg), Badenweiler (Baden-Württemberg), Barmen (heute zu Wuppertal, Nordrhein-Westfalen), Bautzen (Sachsen), Berlin, Biebrich (heute zu Wiesbaden, Hessen), Bielefeld (Nordrhein-Westfalen), Bietigheim (heute Bietigheim-Bissingen, Baden-Württemberg), Bismarckhütte (heute Chorzów, województwo Śląskie, Polen), Blankenburg (heute Bad Blankenburg, Thüringen), Bonn (Nordrhein-Westfalen), Bromberg (heute Bydgoszcz, województwo Kujawsko-Pomorskie, Polen), Brühl (Rheinland) (Nordrhein-Westfalen), Buchholz (heute zu Berlin), Bühlau (heute zu Dresden, Sachsen), Burgkunstadt (Bayern), Büsbach (heute zu Stolberg (Rheinland), Nordrhein-Westfalen), Cannstatt (heute Bad Cannstatt, zu Stuttgart, Baden-Württemberg), Chemnitz (Sachsen), Degerloch (heute zu Stuttgart, Baden-Württemberg), Dresden (Sachsen), Düren (Nordrhein-Westfalen), Düsseldorf (Nordrhein-Westfalen), Ebingen (heute zu Albstadt, Baden-Württemberg), Einbeck (Niedersachsen), Eisenach (Thüringen), Elberfeld (heute zu Wuppertal, Nordrhein-Westfalen), Ellrich (Thüringen), Erfurt (Thüringen), Frankfurt am Main (Hessen), Frauendorf (heute Golęcino, zu Szczecin, województwo Zachodniopomorskie, Polen), Freiberg (Sachsen), Freiburg im Breisgau (Baden-Württemberg), Friedensau (Sachsen-Anhalt), Germau (heute Russkoje / Русское, oblast Kaliningrad, Russland), Görlitz (Sachsen), Görlitz (heute Zgorzelec, województwo Dolnośląskie, Polen), Grevenbroich (Nordrhein-Westfalen), Großzschocher (heute zu Leipzig, Sachsen), Hagen (Nordrhein-Westfalen), Hainhaus (heute zu Langenhagen, Niedersachsen), Halberstadt (Sachsen-Anhalt), Halensee (heute zu Berlin), Halle an der Saale (Sachsen-Anhalt), Hamburg (Hamburg), Hannover (Niedersachsen), Harburg an der Elbe (heute zu Hamburg, Hamburg), Heidelberg (Baden-Württemberg), Heiligenkirchen (heute zu Detmold, Nordrhein-Westfalen), Henkenhagen (heute Ustronie Morskie, województwo Zachodniopomorskie, Polen), Hirschberg (heute Jelenia Góra, województwo Dolnośląskie, Polen), Höhr (heute Höhr-Grenzhausen, Rheinland-Pfalz), Ilversgehofen (heute zu Erfurt, Thüringen), Kaiserslautern (Rheinland-Pfalz), Kalk (heute zu Köln, Nordrhein-Westfalen), Katscher (heute Kietrz, województwo Opolskie, Polen), Kattowitz (heute Katowice, województwo Śląskie, Polen), Kempten im Allgäu (Bayern), Kleinzschocher (heute zu Leipzig, Sachsen), Knauthain (heute zu Leipzig, Sachsen), Köln (Nordrhein-Westfalen), Königsberg (heute Kaliningrad / Калининград, oblast Kaliningrad, Russland), Konstanz (Baden-Württemberg), Krautheim an der Jagst (Baden-Württemberg), Krefeld (Nordrhein-Westfalen), Ladenburg (Baden-Württemberg), Leichlingen (Rheinland) (Nordrhein-Westfalen), Leipzig (Sachsen), Lichtental (heute zu Baden-Baden, Baden-Württemberg), Lippstadt (Nordrhein-Westfalen), Lorch (Baden-Württemberg), Lützen (Sachsen-Anhalt), Magdeburg (Sachsen-Anhalt), Mainz (Rheinland-Pfalz), Mannheim (Baden-Württemberg), Marburg (Hessen), Meißen (Sachsen), Mellenbach (heute Mellenbach-Glasbach, Thüringen), Mückenberg (heute zu Lauchhammer, Brandenburg), München (Bayern), Neuberun (heute Bieruń Nowy, województwo Śląskie, Polen), Neudorf (heute zu Strasbourg, Bas-Rhin, Frankreich), Neustadt in Holstein (Schleswig-Holstein), Neu-Ulm (Bayern), Nürnberg (Bayern), Oberullersdorf (heute Kopaczów, zu Bogatynia, województwo Dolnośląskie, Polen), Oberweiler (heute zu Simmersfeld, Baden-Württemberg), Oranienburg (Brandenburg), Ostritz (Sachsen), Pankow (heute zu Berlin), Petersdorf (heute Piechowice, województwo Dolnośląskie, Polen), Plauen im Vogtland (Sachsen), Plettenberg (Nordrhein-Westfalen), Proschwitz bei Meißen (heute zu Dommitzsch, Sachsen), Rastatt (Baden-Württemberg), Ratingen (Nordrhein-Westfalen), Raunheim (Hessen), Regensburg (Bayern), Remscheid (Nordrhein-Westfalen), Reutnitz (heute Ręczyn, zu Zgorzelec, województwo Dolnośląskie, Polen), Rochlitz (Sachsen), Roßlau (Elbe) (Sachsen-Anhalt), Roßwein (Sachsen), Rottweil (Baden-Württemberg), Schwarzenbek (Schleswig-Holstein), Schwicheldt (heute zu Peine, Niedersachsen), Stadtamhof (heute zu Regensburg, Bayern), Stettin (heute Szczecin, województwo Zachodniopomorskie, Polen), Stolberg (Rheinland) (Nordrhein-Westfalen), Stolp (heute Słupsk, województwo Pomorskie, Polen), Straßburg (heute Strasbourg, Bas-Rhin, Frankreich), Stuttgart (Baden-Württemberg), Südende (heute zu Berlin), Süpplingen (Niedersachsen), Tatern (heute zu Uelzen, Niedersachsen), Teltow (Brandenburg), Tolkewitz (heute zu Dresden, Sachsen), Tuntschendorf (heute Tłumaczów, województwo Dolnośląskie, Polen), Waidmannslust (heute zu Berlin), Weimar (Thüringen), Weinböhla (Sachsen), Wermelskirchen (Nordrhein-Westfalen), Wiehof (heute zu Stolzenau, Niedersachsen), Wiesbaden (Hessen), Wilhelmsburg (heute zu Hamburg, Hamburg), Windorf (heute zu Leipzig, Sachsen), Winnenden (Baden-Württemberg), Wohlau (heute Wołów, województwo Dolnośląskie, Polen), Wolfstal (heute zu Roßwein, Sachsen), Worms (Rheinland-Pfalz), Zehringen (heute zu Köthen (Anhalt), Sachsen-Anhalt), Zoppot (heute Sopot, województwo Pomorskie, Polen).

Frankreich: Cheffes-sur-Sarthe (Maine-et-Loire), Gassin (Var), Paris.

Grossbritannien: London.

Italien: Marchirolo (Lombardia), Ponte di Legno (Lombardia), Pozzuoli (Campania), Rom (Roma).

Luxemburg: Luxemburg (Luxembourg).

Russland: Jasnaja Poljana / Ясная Поляна (oblast Tula), Kokand / Коканд (heute Kokand / Qŭqon, Farg'ona viloyati, Usbekistan), Lowicz (heute Łowicz, województwo Łódzkie, Polen), Moskau / Москва, Sankt Petersburg / Санкт-Петербург (oblast Sankt Peterburg).

Schweden: Malmö (Malmöhus län).

Schweiz: Bern, Bülach (Zürich), Caslano / Gaslano (Tessin), Davos / Tavate / Tavau (Graubünden), Grand-Lancy (heute zu Genf / Genève, Genf), La Chaux-de-Fonds (Neuenburg), Lugano (Tessin), Neuchâtel / Neuenburg (Neuenburg), Neuhausen am Rheinfall (Schaffhausen), Oberegg (Appenzell Innerrhoden), Olten (Solothurn), Ponte Tresa (Tessin), Schaffhausen / Schaffhouse (Schaffhausen), Trimbach (Soloturn), Zürich.

Serbien: Belgrad / Београд, Čuprija / Чуприя (Pomoravski okrug), Salaš / Салаш (Borski okrug).

Übersee

Ägypten: Port Said / Būr Sa'īd (muhāfaza Būr Sa'īd)

Argentinien: Buenos Aires, Río Cuarto (Córdoba), Rosario (Santa Fé), Urdinarrain (Entre Ríos).

Bismarck-Archipel (deutsche Kolonie, heute zu Papua-Neuguinea): Kabakon.

Brasilien: Bauru (São Paulo), Calmon (Santa Catarina), Canoas (Rio Grande do Sul), Curityba (heute Curitiba, Paraná), Erichim (heute zu Nova Petrópolis, Rio Grande do Sul), Jaraguá do Sul (Santa Catarina), Joinville (Santa Catarina), Paranaguá (Paraná), Passo Fundo (Rio Grande do Sul), Pedras Grandes (Santa Catarina), Ponta Grossa (Paraná), Santa Terezinha de Itaipu (Paraná), São Francisco do Sul (Santa Catarina), São Manoel (Rio Grande do Norte), São Paulo (São Paulo), Teresópolis (Santa Catarina), Therezina (heute Teresina, Piauí).

Canada: North Vancouver (British Columbia), Vancouver (British Columbia).

Capland (heute zu Südafrika): Kraaifontain (heute zu Kaapstad / Cape Town, Western Cape), Wynberg (Western Cape).

Kiautschou (deutsche Kolonie, heute zu China): Tsingtau (heute Qīngdǎo / 青島, Shandong).

Nicaragua: Managua.

Paraguay: Encarnación (Itapúa).

Vereinigte Staaten von Amerika: Castleton-on-Hudson (New York), Chicago (Illinois), Cleveland (Ohio), Los Angeles (California), Milwaukee (Wisconsin), New York (New York), Omaha (Nebraska), Palm Beach (Florida), Peekskill (New York), Saint Petersburg (Florida), San Francisco (California), Tacoma (Washington).

Die Finanzen des »G'roden Michl«

Die weltweite Verbreitung stellt wegen der hohen Versandkosten eine außerordentliche Belastung für das ohnedies knappe Budget des »G'roden Michl« dar. Franz Prisching ist es oft nicht möglich, wenigstens die Herstellungskosten, über die wir genaue Angaben besitzen, zeitgerecht zu bezahlen.

Durchschnittlich kommt mich jede Nummer, welche aus der Druckerei kommt, auf 5 h[eller] zu stehen, dann eine 2 h Zeitungsmarke, macht 7 h. Wenn ich für die Kuverts und Adressenschreiben und sonstige Expeditionsarbeiten nur 1 h rechne, so macht dies 8 h, mehr kostet aber die Nummer überhaupt nicht. Ferner kommt noch eine Anzahl kostenlos versandte Agitationsnummern in Betracht.[269]

Seit dem Bestehen des Blattes, wurden an Druckerrechnungen bezahlt: 1903 K[ronen] 187.40, 1904 K 639.90, 1905 K 521.25, 1906 K 531.96 und 1907 K 688.60 zusammen K 2569.11. Da sind noch verschiedene Flugblätter, Broschüren usw. nicht gerechnet, sondern bloß die Rechnungen für das Blatt ohne Versendung. Wenn man ferner noch in Betracht zieht, daß zur Versendung zum weitaus größten Teil für die Einzelnummern 3 und 5 h an Porto hinzu kommt, da fast alles nach Deutschland und den Weltpostländern versandt wird, so ist es keine kleine Summe, was der »Gerade Michel« schon in einem Jahre kostet.[270]

Bei diesen Angaben ist eine Druckkostensteigerung von zehn Prozent im Jänner 1906 zu beachten,[271] eine weitere folgt im Jänner 1912,[272] eine letzte im Jänner 1914.[273] *Schließlich muß ich noch mitteilen*, schreibt Franz Prisching in der letzten Nummer des »G'roden Michl«, *daß die Druckkosten wieder enorm erhöht wurden und jede Nummer samt den Versandkosten nahezu auf 100 Kronen zu stehen kommt.*[274]

Angesichts des chronischen Geldmangels, unter dem Prischings »G'roder Michl« leidet, kann man annehmen, dass diese letzte, *enorme* Steigerung der Druckkosten die wesentliche Ursache für die Einstellung der Zeitschrift ist. Drohungen, dass dies das letzte Heft des »G'roden Michl« sein werde, finden sich schon in der zweiten Nummer[275] und setzen sich dann in beinahe allen Ausgaben fort. Das kann auch nicht verwundern, denn zusätzliche Geldquellen hat die Zeitschrift, für die Franz Prisching seit 1908 auch Erwerbssteuer zahlen muss,[276] kaum. Die Möglichkeit des Inserierens wird wenig genutzt, obwohl der Inseratentarif während aller zwölf Jahrgänge unverändert bleibt.[277] Auch der Wiederabdruck von Artikeln des »G'roden Michl« bringt keine zusätzlichen Gelder: Es ist nicht nur nicht verboten, sondern sogar erwünscht, Beiträge wieder abzudrucken, und dies – unter Angabe der Quelle – kostenlos.[278] Der Preis je Nummer wird zwar im Juli 1905 um fünfundzwanzig und im Jänner 1913 sogar um sechzig Prozent erhöht, doch das Jahresabonnement bleibt bis Jänner 1913 gleich; man kann sich also ausrechnen, dass der anfangs vielleicht kostendeckende Preis sehr bald unter den Herstellungskosten liegt. Gerade die jährlichen Bezugsbedingungen sind von entscheidender Bedeutung, denn das Abonnement ist die wichtigste Vertriebsform der Zeitschrift. Verschleiß-, also Verkaufsstellen, durchwegs von Anarchisten betrieben, gibt es nur wenige: Johann Otten in Hamburg,[279] Franz Szczodry (später Frank Shodry) in London[280] beziehungsweise in Chicago,[281] U. Eberle in Kempten[282] und Paul Frauböse in Berlin.[283] Mit anderen Mitteln des Vertriebs wie etwa Wiederverkäufern hat Franz Prisching stets Schwierigkeiten:

Ich ersuche alle jene Leser, welche bisher das Blatt durch Kolporteure bezogen haben, entweder dasselbe von mir selbst zu beziehen oder dafür sorgen zu wollen, daß die Kolporteure das Geld an mich gelangen lassen. Die Sache ist doch sehr einfach, indem man kleinere Beträge in Briefmarken einsendet. Ich bin eben kein Kapitalist, um borgen zu können. Diejenigen Kolporteure, die diesen Wink mit dem Zaunpfahle nicht verstehen wollen, können Gift darauf nehmen, daß sie die nächste Nummer nicht mehr erhalten, falls sie sich nicht rechtzeitig besinnen und den Mammon einsenden.[284]

Dies erklärt auch, warum Franz Prisching stets einen eindringlichen Werbefeldzug führt, in welchem er sogar auf das Leistungs- und Konkurrenzprinzip setzt.

Von nun ab gelangen alle Vierteljahr drei wertvolle Werke an diejenigen Abonnenten, Leser als Gratisprämie zur Versendung, welche innerhalb drei Monaten dem »g'roden Michl« die meisten Abonnenten zuführen, und zwar so, daß der- oder diejenige, welche die ersten meisten Abonnenten zuführt, das wertvollste Werk erhaltet; diejenigen, welche die zweit- und drittmeisten Abonnenten zuführen, ein minder wertvolles Werk erhalten.[285]

Wie andere Anarchisten auch hat Franz Prisching im Jänner 1905 einen Verlagsfonds eingerichtet, den er 1906 auf die Zeitschrift ausdehnt. Allerdings funktioniert dieser nur periodisch, was Prisching zu manch originellem Ausweis von Spenden veranlasst:

Für den Fortbestand des »G'roden Michl«:

»Die vereinigten menschenfreundlichen Milliardäre von Saturn« 1000 Goldstücke unbekannter Prägung (außer Kurs). »Bund der Lebensreformer von Atlantis« 1500 Silbermünzen (Herkunft total unbekannt), »Der Mann im Mond« ein goldenes Schwert (Ehrengeschenk). »Isis und Osiris« (ein Paket Insektenpulver zur Vertilgung der Blattläuse). »Nietzsches Geist« (ein Rezept, um das kälteste der kalten Ungeheuer milder zu stimmen) und endlich unser unvergeßlicher »Heinrich Heine« (ein Gedicht mit folgendem Wortlaut):

Hat man viel, so wird man bald noch viel dazu bekommen,
Wer nur wenig hat, dem wird auch das wenige genommen.
Wenn du aber gar nichts hast, dann lasse dich begraben!
Denn ein Recht zum Leben, Lump, haben nur die, die etwas haben.[286]

Hierher gehören die als ironisch wahrnehmbaren, aber wohl auch ernst gemeinten Werbevorschläge »Michl-Verein«[287] und »Gabensammlung«.

Wir bringen aber wieder die große Hilfe in Erinnerung, die dem »Geraden Michel« durch Stiftungen und sogenannte belastete Schenkungen gewährt wird. Möge man der großen Aufgabe des »Geraden Michel« bei der Abfassung von Testamenten gedenken! Das muß doch beim Abscheiden aus diesem Leben ein tröstender Gedanke sein, mitgeholfen zu haben beim Bau einer Freiheitsstätte, die sonst vielleicht erst nach Jahrzehnten und Jahrhunderten hätte errichtet werden können. Ist doch die Not an Heimstätten für die Freiheit so schrecklich groß![288]

Doch die Frage Franz Prischings, ob *es unter den Gesinnungsfreunden keine Millionäre oder unter den Millionären keine Gesinnungsfreunde gäbe,*[289] ist stets ohne Antwort und der »G'rode Michl« in den roten Zahlen geblieben.

Ihre Frage, weshalb ich den »Michel« herausgebe, wenn ich dabei Zubuße zu erleiden habe? Nun, erstens, weil ich trotz allem Pech Idealist bin und weiß, daß derselbe bei manchen doch schon Gutes ge-

stiftet hat, zumindest vielen über trübe Stunden hinweggeholfen hat.
Zweitens, weil sich die Vorwärtsstrebenden über sein Dasein freuen
und die Rückwärtsstrebenden sich darüber ärgern, denn die Wahr-
heit muß gesagt werden, wenn sie auch Ärgernis erregt. Auf Dank zu
rechnen könnte mir im Schlafe nicht einfallen, denn mir ist doch klar,
daß die Masse, die Herde, stets jene verfolgte, die ihr bestes wollten.
»Der gerade Michel« ist eben ein Verständigungsmittel jener stolzen
Freien, welche ohne autoritäre Krücken durchs Leben wandeln. Na,
und schließlich, ein anderer findet wieder eine andere Gelegenheit,
um seine paar Heller loszubringen, und so glaubt eben ein jeder, daß
gerade das, was er tue, das Wichtigste sei. Ob wichtig oder nicht ist
mir gleich, es macht mir eben Vergnügen.[290]

Trotz aller finanziellen und behördlichen Hürden hatte der »G'rode
Michl« ein für anarchistische Zeitschriften langes Leben, und erst
recht für eine in Österreich. In all diesen Jahren bleibt der »G'rode
Michl« Prischings Anspruch unbedingt gerecht: *Da ich aber schon*
einmal ein Blatt herausgebe, so soll es wenigstens originell sein.[291]

Der Verlag von Franz Prisching

[...] meine Schriften haben anstandslos die Zen-
sur passiert.

Franz Prisching[292]

Der Verlag

Du fragst, ob es mit den Staatsgesetzen kollidieren würde, wenn Du meine Schriften verbreiten würdest. Oh, Freund, nicht im geringsten; meine Schriften haben anstandslos die Zensur passiert; außerdem will ja jeder Staat seine Untertanen zu guten Menschen erziehen, welche Raub, Mord, Diebstahl und Betrug verabscheuen, also ist es nur im Interesse jeden Staates gelegen, wenn wir ihm bei der Erziehung wahrer und guter Menschen behilflich sind.[293]

So sieht Franz Prisching seinen Verlag, den er im Jänner 1903 als Selbstverlag gründet und der seit August dieses Jahres den Namen »Verlag von Franz Prisching« führt, zunächst mit Sitz in Graz, seit 1909 in Kulming, seit 1913 in Hart bei Graz. Damit ist Prisching nicht nur ein origineller Anarchist und langjähriger Herausgeber einer Zeitschrift, sondern auch Gründer und Inhaber des ersten und lange Zeit einzigen legalen anarchistischen Verlags deutscher Sprache in Österreich. Bis zur Einstellung des Unternehmens im Jahr 1913 erscheinen dreißig Publikationen, darunter alle Flugblätter, Zeitschriften und Broschüren Franz Prischings. Dazu kommen Veröffentlichungen des oberösterreichischen Bauschreiners und Anarchisten Josef Harrich (1872–?), des Schriftstellers und

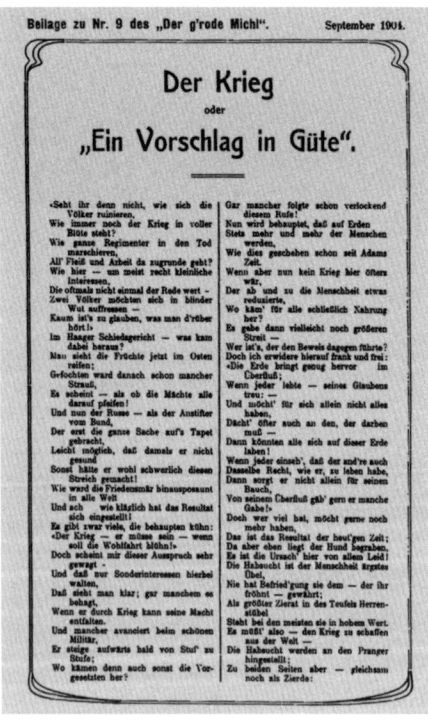

Flugblatt mit Text von Ernst Kitzing Graz 1904

Flugblatt von Franz
Prisching
Graz 1908

Theosophen Ernst Kitzing aus Eisenach, des Tierschützers und Antivivisektionisten Hermann Stenz, Geschäftsleiter des »Berliner Tierschutz-Vereines«, sowie des Malers und Grafikers Robert Wosak (d.i. R. Wozak; 1876–1944) aus Schwechat.

In Prischings Verlagsprogramm erscheint der Titel »Des Paradieses Gründung« von dem nach Brasilien ausgewanderten Lehrer und Siedlungsaktivisten Johann Welsch.[294] Es handelt sich dabei lediglich um eine Doppelnummer des »G'roden Michl« mit außerordentlichem Umfang (32 Seiten) und höherer Auflage.[295]

Freund Welsch hat zwar gewünscht, daß es als Buch erscheinen möge; aber ich glaube, daß er dagegen nichts einwenden wird, indem es im »G'roden Michl« geschah. Die Gründe dafür sind folgende: Erstens finden gute Bücher nur geringen Absatz, denn die Leute lesen am liebsten Schund- und Schauerromane, wo in jedem Kapitel wenigstens ein Dutzend erschlagen wird. Zweitens wäre ein Buch noch teurer zu stehen gekommen und, wie gesagt, hätte der Absatz gefehlt. So aber war dem Werke im vorhinein schon ein großer Absatz durch den Abonnenten- und Leserkreis des »G'roden Michl« gesichert. Ferner kommt in Betracht, daß die Mehrzahl der Leser des »G'roden

---

Bitte dieses Blatt in Ihren Bekanntenkreisen weiterzugeben!

Beilage zu Nr. 6 des „Der gerade Michel", Graz, Juni 1908.

Aufruf

nicht an Germanen – nicht an Romanen – nicht an Christen – nicht an Buddhisten – nicht an irgendwelche Isten .... Nein! Sondern

Aufruf nur an wahre Menschenfreunde!

Wollen Sie mithelfen, die Menschen zu wahrer Menschlichkeit zu erziehen? Dann bitte, lesen Sie Nachstehendes, urteilen Sie selbst, ob es gut, wahr und richtig ist, und dann werden Sie gewiß nicht ermangeln, auch Ihrerseits einen Baustein zu einem Gebäude wahrer Menschlichkeit beizutragen.

Euer Hochwohlgeboren!

Ich gefertigter Herausgeber der Monatsschrift „Der gerade Michel" beabsichtige, ab 15. August 1908 ein zweites Blatt, betitelt „Volksblatt für Tierschutz und gegen die Vivisektion" herauszugeben. Nach meinen mehr als fünfjährigen Erfahrungen als Herausgeber bin ich davon überzeugt, daß ein „Volksblatt", welches den gesamten Tierschutz vertritt und energisch mit der Vivisektion bekämpft, in puncto Veredelung der Volksseele sehr ersprießliches bewirken könnte. Das Blatt wird, da der Herausgeber von Profession Maurergehilfe ist, daher die Volksseele kennt, populär gehalten werden.
Nun wird man vielleicht sagen: Ja, es gibt doch schon genügend derartige Zeitschriften, so daß nach einer neuen kein Bedarf ist. Darauf möchte ich nur erwidern, daß dies nur teilweise richtig ist. Hier handelt es sich nicht darum, die bestehenden Blätter zu vermehren oder ihnen Konkurrenz zu machen. Nein! Bei einer guten Sache gibt es überhaupt keine Konkurrenz, sondern es handelt sich wie gesagt um ein Blatt für das Volk, welches in den weitesten Volks-

Michl« dem Werke das gebührende Verständnis entgegenbringt, was man aber bei einem Buche nicht immer behaupten kann. Weiters werden sich die Leser (doch ein großer Teil) für die Weiterverbreitung einsetzen. Und Drittens konnte eine viel größere Auflage gemacht werden.[296]

Neben der Produktion seines Verlags hat Franz Prisching bisweilen auch Werke anderer Verleger über die Redaktion des »G'roden Michl« vertrieben, beispielsweise Bücher von Karl Arnhold (Curitiba, Paraná), Ernst Heide (Bautzen) und Wilhelm Winsch (Berlin) sowie die Zeitschriften »Freie Worte« (Zwodau bei Falkenau) und »Die Wahrheit« (Floridsdorf), beides Organe der »Freien Sozialisten«.

In diesem Zusammenhang sei auch auf ein geplantes Buch von Franz Prisching hingewiesen, über das er im September 1906 berichtet:

Obwohl es zwar schon genug und mitunter sogar recht gute Schriftsteller gibt, die alle mehr oder weniger an dem Hungertuche nagen, sowohl es auch schon sehr viele Bücher gibt, freilich nicht viele, wovon man etwas lernen könnte, wenigstens fürs Leben nichts Gescheites, so habe ich mich daran gemacht, auch ein längeres Buch zu schreiben. Das Buch dürfte ungefähr 80 bis 100 Oktavseiten stark werden; dasselbe wird äußerlich schön ausgestattet. Bis jetzt habe ich neun Abhandlungen geschrieben, und zwar: 1. »Autobiographie«, 2. »Philosophie«, 3. »Gott«, 4. »Jenseits«, 5. »Der Mensch«, 6. »Seelentheorien«, 7. »Die soziale Frage«, 8. »Die Arbeiterbewegung«, 9. »Der Generalstreik«. Es sollen noch mehrere Abhandlungen, welche für jeden von Interesse sind, besprochen werden. Es wird jeder einsehen, daß ich mein Buch nicht selbst besprechen kann, da es nicht einmal noch im Manuskript fertig ist. Aber das eine kann ich heute schon sagen, daß es großen Absatz finden wird, da ich nur die wichtigsten Fragen behandle, welche für jeden von Interesse sind, gleichviel zu welcher Klasse, Stand, Nation und Konfession dann der Leser auch gehören mag. Das Buch wird schön gebunden etwa 2 Mark kosten. [...] Ich werde mich von keiner wie immer gearteten Rücksicht leiten lassen. Es soll kein Werk werden, um Anerkennung, Belobung oder Belohnung zu finden, sondern es soll darin mein Fühlen und Denken als Einzelner, als Individualist und Anarchist zum Ausdruck kommen. Die Wahrheit ist, war und wird zu jeder Zeit überall diesel-

be sein, und soweit ich dieselbe erkannt habe, soll sie in diesem Buche meinen Mitmenschen, gleichviel ob Monarchist oder Anarchist,
mitgeteilt werden. Und so will ich denn damit schließen: Nicht zum
Zerstören, sondern um aufzubauen sind wir da.[297]
Tatsächlich erscheint im »G'roden Michl« vom Oktober 1906 ein erster Ausweis von Spenden Für die Drucklegung beziehungsweise Be-
stellung meines Buches, dem weitere Ausweise bis zum Februar 1907
folgen. Im November 1906 heißt es aber bereits: Das Buch wird aller
Wahrscheinlichkeit nach erst im Frühjahr erscheinen können.[298] Im
Februar 1907 folgt die Mitteilung: Wenn mein Buch erscheinen wird,
werde ich euch die gewünschte Anzahl senden. Leider geht das nicht
so schnell, vor allem muß ich erst dazu das nötige Geld haben.[299]
Einen Monat später kommt die Absage:

Das in der Septembernummer vom vorigen Jahre angekündigte Buch,
wovon ich 11 Abhandlungen im Manuskripte fertig brachte, kann
nicht erscheinen. Ich ersuche daher alle jene Gesinnungsfreunde,
welche sich dieses Buch vorausbestellten, über ihr Geld zu verfügen.
Daß das Buch nicht erscheinen kann, tut wohl mir selbst am meisten
leid, denn dadurch hätte ich bestimmt einige hundert Mark Reinge-
winn für den Preßfond erzielen können. Aber da läßt sich eben nichts
machen, Wunder geschehen im 20. Jahrhundert nicht mehr.[300]

Wie der gesamte publizistische Nachlass Franz Prischings ist auch
dieses unveröffentlicht gebliebene Manuskript als verloren zu betrachten.

Veröffentlichungen des Verlags von Franz Prisching

1 Franz Prisching: Das höchste Ziel des Kulturmenschen, gewidmet der Menschheit von einem Arbeiter. 1. bis 3. Tausend. [Gezeichnet] Franz Prisching. Graz: Herausgeber und
Verleger: Franz Prisching [1903], 24 S. Druck: Max Großmann, Seifhennersdorf (Sachsen). Auflage: 3.000. Das Titelblatt trägt den Vermerk: Ein Teil des Reinertrages fließt dem
Warnsdorfer Arbeiter-Rekonvaleszentenheim zu. (Warnsdorf, Böhmen, heute Varnsdorf, Tschechische Republik.) Obwohl das Vorwort mit »Nebelmonat 1902«, also November
1902 gezeichnet ist, erschien die Broschüre erst im Jänner
1903.

2 Josef Harrich: Proletarische Ziele. Eines Arbeiters Beitrag zur Arbeiterbewegung des XX. Jahrhunderts. Von Josef Harrich. 1. Kritik der heutigen Gesellschaftsform. 2. Die sociale Demokratie. 3. Das Erwachen aus Schlaf und Blindheit. 4. Die Selbsthilfe der Enterbten. 5. Anhang. [Graz: Verlag von Franz Prisching 1903], 87 S. Druck: J. & R. Bertschinger, Klagenfurt.

3 Franz Prisching: Sozialpolitische Gedanken eines Arbeiters. Von Franz Prisching. 1. bis 3. Tausend. Graz: Herausgeber u. Verleger: Franz Prisching 1903, 23 S. Druck: Heinrich Stiasny, Graz. Auflage: 3.000. Zuerst anonym erschienen in: Der Volksanwalt. Organ des arbeitenden Volkes Steiermarks (Graz), 1. Jg., Nr. 11 (6. Dezember 1902), S. 4, Nr. 12 (13. Dezember 1902), S. 3, Nr. 13 (20. Dezember 1902), S. 3, Nr. 14 (24. Dezember 1902), S. 2–3, fortgesetzt in: Der Volksanwalt. Organ des arbeitenden Volkes! (Graz), 2. Jg., Nr. 1 (3. Jänner 1903), S. 4, Nr. 2 (10. Jänner 1903), S. 2. Zweite Auflage siehe Bibliografie Nr. 20.

4 Franz Prisching: »Der Radikale«. Parteiloses Organ. Flugblatt. Graz, 8. August 1903. Graz: Verlag von Franz Prisching 1903, unpaginiert (4 Seiten). Druck: August Wagner, Graz. Auflage: 1.000.

5 ›Der g'rode Michl‹. Parteilose Monatsschrift, seit 1. Jg., Nr. 2 (Oktober 1903): »Der g'rode Michl«. Parteilose Monatsschrift, seit 2. Jg., Nr. 2 (Februar 1904): »Der g'rode Michl«. Parteilose Monatsschrift für allseitige Reform, seit 6. Jg., Nr. 1 (Jänner 1908): Der gerade Michel. Parteilose Monatsschrift für allseitige Reform (Graz; seit 7. Jg., Nr. 1 (Jänner 1910): Kulming, seit 9. Jg., Nr. 5–6 (Mai–Juni 1911): Raaba, seit 10. Jg., Nr. 5–7 (Juli 1912): Hart), 1.–12. Jg. (September 1903–Februar 1914); insgesamt 121 Nummern in 105 Ausgaben mit zusammen 856 Seiten und 52 Seiten Beilagen; 1. Jg., Nr. 1 (September 1903), 9. Jg., Nr. 9–10 (September–Oktober 1911), und 12. Jg., Nr. 2 (Februar 1914), erschienen in zweiter Auflage, die beiden letztgenannten Nummern wegen vorangegangener Konfiskation. Druck: August Wagner, Graz. Auflage: 1.000 bis 1.500.

6   Franz Prisching: Vom Barbarismus zur Zivilisation. Ein Bei-
    trag zur Friedensbewegung. Von Franz Prisching. Graz: He-
    rausgeber und Verleger: Franz Prisching 1903, 24 S. Druck:
    Max Großmann, Seifhennersdorf (Sachsen). Zuerst erschie-
    nen mit den Initialen »F.P.« unter dem Titel »Vom Barbaris-
    mus zur Zivilisation! Ein Beitrag zur Friedensbewegung«
    in: Der Volksanwalt. Organ des arbeitenden Volkes! (Graz),
    2. Jg., Nr. 8 (21. Februar 1903), S. 3, Nr. 11 (14. März 1903),
    S. 5, Nr. 12 (21. März 1903), S. 2, Nr. 13 (28. März 1903),
    S. 3–4, Nr. 14 (4. April 1903), S. 5, Nr. 15 (11. April 1903),
    S. 4, Nr. 16 (18. April 1903), S. 2.

7   Franz Prisching: Herzlichen Glückwunsch zum neuen Jah-
    re! [Graz: Verlag von Franz Prisching 1903], 1 Postkarte mit
    einem Gedicht von Franz Prisching: Liebe Gesinnungsfreun-
    de! lasst euch sagen...

8   Hermann Stenz: Volk, erwache! Separat-Abdruck aus »Der
    g'rode Michl« Nr. 2 vom 15. Februar 1904. Graz: Heraus-
    geber, Verleger und verantwortlicher Schriftleiter Franz Pri-
    sching [1904], unpaginiert (2 Seiten). Druck: August Wag-
    ner, Graz. Auflage: 5.000. Zuerst erschienen mit den Initialen
    »H.St.« unter dem Titel »Volk, erwache und ermanne dich!«
    als Flugblatt Nummer 244 des »Internationalen Vereins zur
    Bekämpfung der wissenschaftlichen Tierfolter«, Dresden:
    Herausgegeben vom Internationalen Verein zur Bekämpfung
    der wissenschaftlichen Tierfolter [1904]. Franz Prisching hat
    dieses Flugblatt mit geringfügigen Änderungen und Weglas-
    sungen zuerst veröffentlicht in: »Der g'rode Michl« (Graz),
    2. Jg., Nr. 2 (Februar 1904), S. 17–18. Das originale Flugblatt
    ist außerdem als Beilage erschienen zu: »Der g'rode Michl«
    (Graz), 2. Jg., Nr. 7 (Juli 1904); vgl. die Ankündigung eben-
    da, S. 59–60.

9   Ernst Kitzing: Der Krieg oder: »Ein Vorschlag in Güte«. Bei-
    lage zu Nr. 9 des »Der g'rode Michl«. September 1904. [Ge-
    zeichnet] Ernst Kitzing. [Graz: Verlag von Franz Prisching]
    1904, unpaginiert (2 Seiten). Druck: [August Wagner, Graz].
    Auflage: 10.200.

10 Robert Wosak [d.i. R. Wozak] / Franz Prisching: Ein Bild
    für Vegetarier und Fleischesser. Graz: Herausgeber, Verleger
    und verantwortlicher Schriftleiter: Fr. Prisching [1904], un-
    paginiert (2 Seiten). Druck: W. Veith, Tuntschendorf (heute
    Tłumaczów, Polen). Die Grafik von Robert Wosak ist zuerst
    anonym erschienen in: »Der g'rode Michl« (Graz), 2. Jg.,
    Nr. 12 (Dezember 1904), S. 95. Auf der Rückseite des Flug-
    blatts findet sich anonym ein Text von Franz Prisching. Siehe
    auch Bibliografie Nr. 12.

11 Franz Prisching: Herzlichen Glückwunsch zum neuen Jahre!
    [Graz: Verlag von Franz Prisching 1904], 1 Postkarte mit ei-
    nem Gedicht von Franz Prisching. Kein Fundort bekannt.

12 Robert Wosak [d.i. R. Wozak]: Ein Bild für Vegetarier und
    Fleischesser. [Graz: Verlag von Franz Prisching 1905],
    Mehrfarbendruck im Format 37,00 X 32,00 cm. Siehe auch
    Bibliografie Nr. 10. Kein Fundort bekannt.

13 Josef Harrich: Der Weg zum Sozialismus! von Josef Harrich.
    1. Entwicklungsformen und deren Einwirkung auf das Volks-
    leben. 2. Der Sozialismus. 3. Wie kommt man am besten
    zum Sozialismus? Graz: Verlag: die Schriftleitung des »Der
    g'rode Michl« 1905, 56 S. Druck: W. Veith, Tuntschendorf
    (heute Tłumaczów, Polen).

14 Franz Prisching: Sozialist und Vegetarier. Ein Zwiegespräch.
    Von Franz Prisching, Maurer (Schriftleiter des »Der g'rode
    Michl«, Graz, Petersgasse 33, II. Stock.). Graz: Verlag von
    Franz Prisching 1905, 16 S. Druck: August Wagner, Graz.
    Auflage: 3.000. Zweite Auflage siehe Bibliografie Nr. 15.

15 Franz Prisching: Sozialist und Vegetarier. Ein Zwiegespräch.
    Von Franz Prisching, Maurer (Schriftleiter des »Der g'rode
    Michl«, Graz, Petersgasse 33, II. Stock.). Zweite vermehr-
    te Auflage. Graz: Verlag von Franz Prisching 1905, 16 S.
    Druck: Karl Rohm, Lorch (Württemberg). Auflage: 2.000.
    Erste Auflage siehe Bibliografie Nr. 14.

16 Robert Wosak [d.i. R. Wozak] / Franz Prisching: Schutz den
    Menschen und Tieren. Graz: Verlag von Franz Prisching
    1905, unpaginiert (4 Seiten). Kein Fundort bekannt.

17 Franz Prisching: Sozialdemokratie und Tyrannei. Graz: Verlag von Franz Prisching 1905, unpaginiert (4 Seiten). Der Text erschien zuerst in: »Der g'rode Michl« (Graz), 3. Jg., Nr. 9 (September 1905), S. 71–73. Auflage: 10.000. Kein Fundort bekannt.

18 Franz Prisching: Religion, Sozialdemokratie, Anarchismus. Graz: Verlag von Franz Prisching [1905], unpaginiert (4 Seiten). Druck: August Wagner, Graz. Auflage: 10.000. Zweite Auflage siehe Bibliografie Nr. 19.

19 Franz Prisching: Religion, Sozialdemokratie, Anarchismus. Zweite Auflage. Graz: Verlag von Franz Prisching [1906], unpaginiert (4 Seiten). Druck: Karl Rohm, Lorch (Württemberg). Erste Auflage siehe Bibliografie Nr. 18.

20 Franz Prisching: Sozialpolitische Gedanken eines Arbeiters. Von Franz Prisching, Graz, St. Petersgasse 33, (Steiermark). Zweite Auflage. Graz: Verlag von Franz Prisching 1906, 16 S. Druck: Karl Rohm, Lorch (Württemberg). Gegenüber der Erstauflage geringfügig verändert. Erste Auflage siehe Bibliografie Nr. 3.

21 Franz Prisching: Religion und Staat. [Gezeichnet] Franz Prisching. Graz: Herausgeber, Verleger und verantwortlicher Redakteur: Franz Prisching [1906], unpaginiert (2 Seiten). Druck: A. Donat, Berlin N (Brandenburg). Dieses Flugblatt ist von Tolstoj-Anhängern ins Russische übersetzt worden; vgl. »Der g'rode Michl« (Graz), 5. Jg., Nr. 7 (Juli–August 1907), S. 78.

22 Franz Prisching: Ein billiges Mittel um seine Sehkraft zu erhalten beziehungsweise um dieselbe wieder zu erlangen. Von Franz Prisching. Graz: Im Verlage von Franz Prisching 1906, 12 S. Druck: August Wagner, Graz.

23 Franz Prisching: Aufruf gegen Militärismus und Krieg. Franz Prisching Graz, St. Petersgasse 89. Graz: [Verlag von Franz Prisching] 1907, 8 S. Druck: Hermann Engelhardt, Großschönau (Sachsen). Enthält Franz Prisching: *Gegen Militärismus und Krieg*, S. 3–6; [anonym]: *Unter dem Kreuz*, S. 7–8 (Gedicht).

24 Franz Prisching: Aufruf nicht an Germanen – nicht an Romanen – nicht an Christen – nicht an Buddhisten – nicht an irgendwelche Isten .... Nein! Sondern Aufruf nur an wahre Menschenfreunde! Beilage zu Nr. 6 des »Der gerade Michel«, Graz, Juni 1908. [Gezeichnet] Franz Prisching. Graz: Verlag von Franz Prisching 1908, unpaginiert (2 Seiten). Druck: August Wagner, Graz. Aufruf zur Gründung einer zweiten Zeitschrift unter dem Titel »Volksblatt für Tierschutz und gegen die Vivisektion«.

25 Fr. W.H. / Franz Prisching: Balder. Jovi! Juveni! Weihnachts-Beilage zum »Graden [!] Michel«. Schriftleitung: Graz, St. Petersgasse 89 / II. Graz: Verlag von Franz Prisching 1908, 6 S. Druck: August Wagner, Graz. Vorausnummer einer für Jänner 1909 geplanten, dann jedoch nicht erschienenen Zeitschrift.

26 Franz Prisching: Was will der »Gerade Michel«? Prüft alles und behaltet das Beste! Lest den »Geraden Michel«. Graz: Verlag von Franz Prisching [1908], unpaginiert (2 Seiten). Druck: August Wagner, Graz.

27 Franz Prisching: Der »Gerade Michel« in Oststeiermark. Herausgeber: Franz Prisching in Kulming Nr. 28, Post Pischelsdorf bei Gleisdorf (Steiermark). Flugblatt. Kulming, 15. Dezember 1909. Kulming: Im Verlage von F. Prisching 1909, unpaginiert (4 Seiten). Druck: August Wagner, Graz.

28 Franz Prisching / Robert Wosak [d.i. R. Wozak]: Hilfsstation für Tiere. Separat-Abdruck aus der Nr. 3 des »Der gerade Michel« VIII. Jahrgang, März 1910. Herausgeber: Franz Prisching in Kulming 28, Post Pischelsdorf bei Gleisdorf (Steiermark). [Gezeichnet] Der Verfasser. Kulming: Im Verlage von F. Prisching 1910, unpaginiert (4 Seiten). Druck: August Wagner, Graz. Auflage: 24.000 (mehrfacher Nachdruck ohne Auszeichnung als Neuauflage). Das Flugblatt, das auch anonym drei Grafiken von Robert Wosak enthält, ist zuerst erschienen in: Der gerade Michel (Kulming), 8. Jg., Nr. 3 (März 1910), S. 17–19 (allerdings ohne den Werbetext von Franz Prisching, S. 3–4).

29 [Franz Prisching]: Ein »Herrenloser«. Separat-Abdruck aus dem »Geraden Michel« Nr. 1 des XI. Jahrganges vom 15. Jänner 1913. Herausgeber: Franz Prisching in Hart 76, Post St. Peter bei Graz (Steiermark). Hart: Verlag von Franz Prisching 1913, unpaginiert (2 Seiten). Druck: August Wagner, Graz. Zuerst erschienen in: Der gerade Michel (Hart), 11. Jg., Nr. 1 (Jänner 1913), S. 4–5.

30 Recht den Rechtlosen. Organ für den gesamten Tierschutz (Hart), Nr. 1–7 (15. Februar–Juni/Juli 1913), insgesamt 7 Nummern in drei Ausgaben mit zusammen 10 Seiten. Druck: August Wagner, Graz. Auflage: 1.000.

Haus in Hart 76 (heute Holzerhofstraße 117) um 1918
Johanna Prisching mit ihren Söhnen Paul (1909-1982), Franz (1908-1978) und Friedrich Prisching (1911-1944)

Anhang

Beiträger und Beiträgerinnen zum »G'roden Michl«[301]

A

AHASVER (d.i. Ignaz Pauer): 12/1/5; ANTON ALBERT: 8/9–10/69; LUDWIG ANKEN-BRAND: 10/1/7; KARL ARNHOLD (K.A.): 9/4/28–30; EDWIN ARNOLD (auch: E.A.; E. Arnhold): 3/11/87–88, 4/9/53–54, 8/5/33–34, 10/11/51–52; G. ATZENROTH (Gut Wolfstal bei Roßwein): 8/12/82–84; AURELIUS AUGUSTINUS: 11/3–4/13–14; AUS-GAR (Pseudonym): 8/11/77.

B

MAX BACHEM: Recht den Rechtlosen [1]/6–7/[3–4]; ALFRED BADER (A.B.): 7/2/11, 7/2/13, 7/3/22, 7/5/36, 7/6/42–43; WENZEL BARTA (d.i. Václav Bárta): 10/5–7/28; KARL BARTES: 4/1/5; HERIBERT BAU: siehe Heribert Rau; FRANZ BECKER: 9/7/45, 9/8/47, 9/9–10/54; MITA BEHRENS: Recht den Rechtlosen [1]/6–7/[3–4]; AN-DREI BEKETOFF (d.i. Andrej Nikolaevič Beketov): 3/2/19; GOTTFRIED BERNHARDT: 4/10/69–70; THEODOR BISCHER: 10/11/54; Prof. E. BLITZ (Paris): 6/6/41–42; SIEG-FRIED BLUM: 9/8/50; WILLI BOCK: 9/12/70–71, 10/2/9–11; FRIEDRICH MARTIN VON BODENSTEDT: 7/5/34; EMIL BOENISCH: 5/5/38; WOLFGANG BOHN: Recht den Recht-losen [1]/6–7/[3–4]; ERNST BÖTTNER: 11/10–12/33, 11/10–12/36–38, 12/1/2–4, 12/2/9–10, 12/2/11, 12/2/12; ADOLF BRAUN: 8/3/22; HEINRICH BREUNIG: 2/9/71, 2/9/75; FRANZ BRIXEL: siehe Armin Franke; AUGUST BRONOLD (hier: Veritas): 5/10/90–91; BRUTUS: siehe Johannes Guttzeit; GUSTAV VON BUNGE: 1/3/8.

C

VLADIMIR GRIGOR'EVIČ ČERTKOV (hier: Wladimir Tschertkoff): 5/6/42; JESUS CHRISTUS: siehe Jesus (von Nazareth); CLÉMENT (Curitiba): 8/6/44–45; MABEL COLLINS: 10/11/55.

D

EMILIA MARCHESA DEL BUFALO DELLA VALLE: 2/8/64, 2/9/74, 2/9/76; P. DOL-LINGER (Trimbach–Zürich; auch: P.D.): 5/9/88, 8/3/21–22; KARL DOPF (später Carl Dopf): 11/10–12/34–36, 11/10–12/38–40; HERMANN DÖRING: 6/1/6, 6/2/16, 6/11/64–65, 7/1/3, 8/8/58–59, (anonym) 9/9–10/58–59; FRIEDRICH DORSCHNER: 1/2/7; FRANZ DRESCHER: 5/12/117–118; ÉLIE DUCOMMUN: 1/1/3–4.

E

EGO (Pseudonym): 3/3/27; RALPH WALDO EMERSON: 4/4/30; JOSEF ENDRES: 8/6/42–44.

F

FAX (Pseudonym): 4/12/93–94; OTTO FEUERSTEIN: 10/1/2–4; FIGARO (Pseudonym; »Das freie Wort«, New York): 7/3/21–22; PAUL FÖRSTER: 2/10/84–85, 2/11/88–89; ARMIN FRANKE (d.i. Franz Brixel): 2/1/1–2; CHARLES-LOUIS DE SAULCES DE

Freycinet: 9/3/22–23; F. Friedlich: 10/3–4/18–20; E. Fritzsche (ein Arbeiter): 8/4/25–26.

G

Johann Gartlgruber: 5/10/97, 6/9–10/55–56; Richard Carl Gartner (auch: R.G.): 3/2/17, (K.G.) 3/2/19, 3/3/26, 3/4/38, 3/6/51, 3/6/52, 3/6/53, 3/9/70, 3/9/73, 3/9/74, 3/12/97; Karl Girgner: 5/2/15–16; Johann Wilhelm Ludwig Gleim: 10/5–7/32; Johann Wolfgang (seit 1782: von) Goethe: 8/11/77; Maksim Gor'kij (d.i. Aleksej Maksimovič Peškov; hier: Maxim Gorki): 3/12/99; J.L. Gould: 9/3/21–22; Achilles Graber: 2/7/56; k.u.k. Vizekonsul Dr. Gräf (New York): 4/9/61; Rudolf Greinz: 6/3/22–25; Johannes Guttzeit (auch: Brutus): 1/1/1, 1/3/3–4, 2/4/33–34, 2/7/56–57, 5/5/35–37, 5/6/41–42, 5/6/42, 6/2/11–12, 8/7/54–55.

H

Bruno Haase: 4/11/75–80, 4/12/87–91; Anton Haller (auch: H.): 8/9–10/65, 9/1/5; Ludo Moritz Hartmann (d.i. Ludwig Moritz Hartmann): 8/3/22; Bruno Haucks: 1/4/1, 7/1/3–4; Theo Heermann: 4/9/61, 4/10/70, 5/2/17–18, 5/4/30, 5/9/85, 5/10/95, 5/10/96, 5/12/112, 5/12/115, 6/1/4, 6/3/21, 9/2/10–11, 9/2/12, 9/2/14, 9/2/15, 9/7/43, 9/7/43–44, 9/7/45; Ernst Heide: 4/4/25–26, 6/3/21–22, (anonym) 9/9–10/58; Herman Heijermans: (Hermann Heyermanns jr.) 3/4/32–35; E. Heine (Canoas): 6/2/12; Heinrich Heine (d. i. Harry Heine): 8/3/23; Franz Heinl (auch: F.H.): 2/6/46, 3/1/5, 3/2/14–15, 3/2/19, 3/7–8/62, 3/10/81–82; Hermann Heisler: (anonym) 4/5/33–34, 4/5/38, 4/6/41, 4/6/43, 4/6/49; Heinrich Henke (hier: H.H.): 9/12/72; Johann Gottfried (seit 1802: von) Herder: Balder [1]/[1]/4–5; Hermann Heyermanns jr.: siehe Herman Heijermans; Paul (seit 1910: von) Heyse (hier: Paul.): 12/1/7; C. von Hofgaarden (Zehringen bei Köthen): 3/3/24–25; Franz Alfred Holland: 10/11/53–54; Wilhelm Hotz: 2/5/41–42.

I

Abraham Isaak: 7/1/5–6.

J

Nikolaus Jekel (auch J.): 7/7/47–48, Recht den Rechtlosen [1]/1/[4]; Jesus (von Nazareth; d.i. Jeschua): 10/8/38, 10/11/54, 11/6–7/22–23.

K

Dimităr Kacarov: 10/5–7/30; Leopold Katscher (auch: Ein Pessimist; Pessimist Katscher; Schwarzseher Katscher): 4/3/20–21, 10/1/4–5, 10/1/5–6, 10/8/36, 10/8/36–37, 10/10/46, 10/12/57–58, 11/1/3–4; E. Kerning (vermutlich J.B. Kering, d.i. Johann Baptist Krebs): 10/12/62; Anna Kingsford (geborene Annie Bonus): 3/11/90–91; Ernst Kitzing (auch: E.K.): 2/3/20, 2/4/29, 2/5/38, 2/7/55–56, 2/8/61, 2/9/73, 2/10/81, 2/11/89–90, 4/2/13, 6/6/40–41, 7/2/9–11, 8/12/78–79, 9/2/9, 9/4/30, 9/5–6/35–36, 9/12/69, 10/3–4/17, 11/5/17; Wilhelm Klein: 9/11/68, 10/9/40, 10/9/40–41, 11/5/19–20, 11/6–7/21–22, 11/8–9/29, 12/1/5–6; Josef

KLINGER (auch: J.K.): 7/4/25–26, 8/1/3–4, 8/11/75–76, 9/9–10/56–57, 10/1/1–2; FRIEDRICH GOTTLIEB KLOPSTOCK: Balder [1]/[1]/4–5; A. KOHLMANN (Mainz; auch: A.K.): 6/2/12, 6/5/36, 6/6/41; WILHELM KÖPPEN (hier: K.): 3/10/85; PAUL KRAIS (auch: P.K.): 9/3/19–20, 10/2/15; HEINRICH KRAMER: 2/10/83–84; KARL CHRISTIAN FRIEDRICH KRAUSE: 10/11/54; FRIDA VON KRONOFF (d.i. Frida Hummel): 8/7/52–53, 8/8/61–62.

L

ARTHUR LAAB: 1/3/4–5, 2/7/53–54; ALPHONSE DE LAMARTINE: 4/2/15; LAMPSON & MARTIN (Grafik; auch: L. & M.): 1/2/1, 1/3/1; KARL LANDSTEINER: 4/6/46–49, 4/9/56–58; HERMANN LANGE: 5/10/101; AUGUST LANGER: siehe Harald von der Nainen; EMILIE LEGENDECKER (auch: E.L.): 8/12/85–86, 9/3/22, Recht den Rechtlosen [1]/1/[3]; NIKOLAUS LENAU (d.i. Nikolaus Franz Niembsch, Edler von Strehlenau): Balder [1]/[1]/5; GOTTHOLD EPHRAIM LESSING: 10/8/37; HANS LIENBACH: 9/5–6/41–42; CARL VON LINNÉ (d.i. Carl Linnaeus): 10/8/38; JULIUS LOHMEYER (hier: J. Lobmeyer): 11/8–9/29; EDMUND BARON LÜDINGHAUSEN-WOLFF (d.i. Otto Freiherr von Lüdinghausen): 10/11/55.

M

JOHN HENRY MACKAY: 5/5/35; MAX MADER: 6/12/74; HENRYK MAI: 9/11/63–64; DUŠAN MAKOVICKÝ (hier: Tolstojs Arzt): 8/3/20–21; PETER CHRISTOPH MARTENS: 10/1/5, 10/2/13, 10/5–7/32–33, 11/8–9/29–30, 11/10–12/38, 12/1/5, Recht den Rechtlosen [1]/1/[4], Recht den Rechtlosen [1]/3–4/[2]; MARTIN: siehe Lampson & Martin; THEODOR MAUTHNER: 8/3/22; G. MEDING (Großzschocher; auch: G.M.): 5/2/14–15, 7/6/39–41, 8/1/1–2, 8/5/34–37, 9/4/31–33; OTTO MÜLLER: siehe Otto Sommerstorff; MULTATULI (d.i. Eduard Douwes Dekker): 8/2/10.

N

HARALD VON DER NAINEN (d.i. August Langer): 4/10/68–69; FRIEDRICH NIETZSCHE (auch: Nitzsche): 4/4/30, 5/1/3–4; JOHANNES NOHL (J.N.): 9/1/2–4; KARL NÖTZEL: 9/1/7.

O

CLEMENTINE ODENDAHL: 3/12/100–101, 4/9/59, (anonym) 4/10/68, 4/11/75, 7/3/17; GÉZA OSTERHUBER: 4/9/60–61.

P

MAX PACHEL (auch: M.P.): 10/5–7/29–30, 11/6–7/22; EMMA PANESCH: 5/1/1–2; WILHELM PAPPENHEIM: 8/3/22; IGNAZ PAUER: siehe Ahasver; PAUL.: siehe Paul von Heyse; IGNAZ PERNER: 9/11/67; (EIN) PESSIMIST (KATSCHER): siehe Leopold Katscher; A. PFANNE (Biebrich–Joinville): 6/3/21; LUDWIG PFAU: 6/9–10/57; HUBERT POLSTER: 6/7/44–46; PORPHYRIOS (d.i. Malchos): 4/2/15; LUDWIG PRAMAŠKÝ (auch: Pramarschký; L. Prannaschký; L.P.): 8/7/51, 8/9–10/67–68, 9/1/6–7, 10/2/11–13; RUDOLF PREISSECKER: 3/5/41–42; ALEXANDER PURICELLI (hier: Dr. P.): 8/4/26–27.

R

HERIBERT RAU (auch: H. Bau): 6/2/13, 11/6–7/23; RAYMUND VON BÉZIERS (d.i. Raymond de Béziers): 6/1/6; ADOLF REHSE: 1/2/2–3, 5/11/106; G. REICHENAU (Gottschee): 10/9–10/41–42; BERNHARD REINER (auch: B.R.): 9/2/9–10, 9/2/12–13; GEORG REINHARDT: 10/1/7; IGNAZ RETZER: 6/9–10/56–57; CHARLES RICHET: 11/1/9–10; ANTON RIEDEL (auch: A.R.): 10/12/58–59, 11/3–4/15–16; FRITZ RIEDERER: 4/9/58–59; FRIEDRICH ROOS-VOLLMER (d.i. Friedrich Roos): 8/7/49–50; JULIE ROOS-VOLLMER (geborene Vollmer): 9/1/5–6; RUDOLF S. ROTTER (auch: R.; R.S.R.): 1/3/8–9, 1/4/5–6, 1/4/7–8, 2/2/16–17, 2/5/42, 2/6/51–52, 2/10/85, 2/11/92–93, 2/12/104, 3/5/46, 10/10/43–46.

S

EWALD SALVATOR (auch: S.; E.S.): 3/1/5, 3/2/17–18, 3/4/31–32, 3/5/42–43, 3/5/43–44, 3/6/52–53, 8/5/39; MORITZ GOTTLIEB SAPHIR (d.i. Moses Saphir): 3/3/28–29; FRIEDRICH (SEIT 1802: VON) SCHILLER: 8/9–10/63, Balder [1]/[1]/4–6; JOSEF SCHILLER (genannt Schiller–Seff): 3/7–8/61–62; FRIEDRICH SCHLEIERMACHER: 6/2/11; JOHANN SCHMIDT (auch: S.): 5/2/9–13, 5/3/20–21, 5/9/86–87, 6/2/16, 7/3/19; KARL EUGEN SCHMIDT: 6/12/70–71; KURT SCHÖBEL: 10/8/37–38; FRIEDRICH PRINZ VON SCHÖNBURG-WALDENBURG: 4/9/59; ELI SCHOTUA: siehe Wilhelm Warschatka; RICHARD SCHÜLLER: 8/3/22; FRANZ SCHUMI: 5/5/38–39; JAKOB SCHWANDER: siehe Jakob Švanda; LEOPOLD SCHWARZ: 1/1/5–6; SCHWARZSEHER KATSCHER: siehe Leopold Katscher; VATER SIMONI (d.i. Georg Simoni): 2/8/65–66, 2/9/73–74; ALBERT ŠKARVAN (als Übersetzer von Lev Nikolaevič Grafen Tolstoj; auch: Škarwan): 8/2/11–14, 8/8/57–58, 8/9–10/67; OTTO SOMMERSTORFF (d.i. Otto Müller): 10/12/57; WILHELM OTTO SOUBRON: 10/5–7/32; HERMANN STENZ (hier anonym): 2/2/17–18; CARL STIEF (auch: St.): 5/11/103–104, 5/11/106–107; GEORG STINE: 5/1/4–5, 6/2/9–10, 6/4/28–29, 6/5/34–36, 7/3/18–19, 10/5–7/28–29, 10/5–7/30–31, 10/10/48–49; GUSTAV STOLL: 2/3/21; AUGUSTE STOPPENBACH: 10/1/2; JOHANNES STORCH: 7/4/28–30; OTTO SUCHSDORF: 10/2/14; BERTHA FREIFRAU VON SUTTNER (geborene Gräfin Kinsky): 1/3/2–3, 2/1/2–4; JAKOB ŠVANDA (d.i. Jakub Švanda; auch: Jakob Schwander): 9/9–10/54–56, 10/1/6–7; JULIUS SZALKAY (d.i. Gyula Szalkay): 8/9–10/68.

T

JOSEF TEPLÝ (d.i. Jaroslav Teplý): 3/10/78; GEORG TESCHNER (auch: G.T.): 5/9/88, 10/5–7/26–28, 10/11/51, 12/1/7; MAX THARANDT: 6/2/13; THOMAS VON KEMPEN (d.i. Thomas Hemerken): 10/8/38; LEV NIKOLAEVIČ GRAF TOLSTOJ (hier: Leo Tolstoi): 3/12/96–97, 4/9/61, 6/9–10/53–55, 8/2/11–14, 8/8/57–58, 8/9–10/67, 9/1/7–8, 9/4/33, 10/12/61; RALPH WALDO TRINE: 5/2/10–13; B. TRIPPMACHER (Ladenburg): 1/3/7; JOHANNES TROJAN: 10/2/11; TROPF: 8/11/77; WLADIMIR TSCHERTKOFF: siehe Vladimir Grigor'evič Čertkov.

U

LUDWIG UHLAND: 10/5–7/32; ANTON UHLSCHMIDT: 1/2/4.

V

WENZEL VEITH: 4/11/80; VERITAS: siehe August Bronold; JULIE VOLLMER: siehe Julie Roos-Vollmer.

W

ERNST WACHLER: 8/11/77–78; MAX WALTHER: 11/8–9/27–28, 11/8–9/30, 12/1/7; ANNA WARMUTH: 6/11/62–63; WILHELM WARSCHATKA (auch: –m –a., Eli Schotua, W.W., Will Wahr): 7/2/13, 7/3/20–21, 7/4/26–27, 7/5/35–36, 7/6/43, 8/1/4–6, 8/5/37, 8/6/42–44, 8/7/51–52; GEORG WEIDNER: 2/10/83; RUDOLF WEIL: 2/12/104; JOHANN WELSCH (auch: J.W.): 4/1/6, 4/12/85–87, (anonym) 5/1/2–3, 5/7–8/49–74, 6/1/1–2, 6/7/43, 6/7/44, 6/8/47–48, 6/9–10/59, 7/1/6–8, 7/2/15, 8/7/51–52, 8/9–10/63–64, 8/9–10/66–67, 8/11/74–75, 8/12/80–81, 9/9–10/56; WERNECKE (Lyrik): 2/3/24, 2/4/30; OLGA VON WERTHER (verheiratete Perlep): Recht den Rechtlosen [1]/6–7/[1–2]; FRANZ JOSEPH WIELAND (auch: F.J.W.): 4/2/10–11, 4/10/65–66; HEINRICH WIGGE: 2/9/76; BERNHARD WINKLER: 3/10/81–82; GOTTFRIED WORCH: 10/10/49; ROBERT WOSAK (d.i. R. Wozak; Grafiken, meist anonym): 2/2/10, 2/6/45, 2/12/95, 3/2/11, 3/6/49, 4/3/17, 4/11/73, 8/3/17, 8/3/18, 8/3/19; C. WULFES (Schwicheldt): 5/9/85.

Nicht identifizierte Kürzel

W.D. (Österreich): 8/2/9; Dr. –r. (»Beobachter«): 10/5–7/31–32; E.E. (Theosoph/in): 2/11/87, 2/12/97–98; P.E. (Hagen in Westfalen): 5/1/5; U.E. (Theokrat): 4/5/34–37, 4/6/43–46; F. (»The Public«, New York): 6/4/30; –Fr.–: 4/5/38; G.G. (Milwaukee): 10/3–4/17–18: H. (Pfarrer; Lyrik): 8/9–10/65; Fr.W.H.: 6/12/67–69, Balder [1]/[1]/1–4; M.K. (»Vegetarische Warte«): 9/3/20; O.K. (Beamter in Graz): 11/6–7/24; M–e (»Reformblatt für Gesundheitspflege«): 5/3/22–23; N.N. (Höhr): 6/4/30, 7/5/34–35, 8/1/6–7; E.H.v.O.: 12/2/12, 12/2/13; N.P. (Arbeiter aus Graz, dann Buenos Aires): 2/12/101–103, 3/1/5–6, 3/2/19–20, 3/3/26–27, 3/4/37–38, 3/5/45–46, 3/6/53–54, 3/7–8/65–67, 3/9/73–74, 3/10/83–85; S.P. (Arbeiter): 8/6/46–47; N.R. (Landwirt in Österreich): 9/3/17; F.S. (Arbeiterin und Tierschützerin in Graz): 9/2/13, 9/12/71–72; L.Sch. (Curitiba): 6/12/71–73; S.V. (Theosoph in Innsbruck): 3/3/28, 3/10/82–83; E.W. (»Zoophilist«): 1/2/5; R.W.: 10/8/35–36.

Im »G'roden Michl« besprochene und beworbene Autoren und Autorinnen[302]

A

S. ALLIST (d.i. vermutlich Rudolf S. Rotter): 11/8–9/32*; HEINZ ANDERS: 10/12/64*; STEPHEN PEARL ANDREWS: 2/12/103; KARL ARNHOLD: 4/11/82, 4/12/96*, 5/1/7, 5/2/18*, 5/5/40*, 6/1/8*; HANS ARNOLD: 10/10/50*, 10/12/64*; AUSUS (Pseudonym): 10/12/64*.

B

FRANZ BACHMANN: 5/6/47; MAGDALENA BACHMANN: 3/7–8/67; JOSEF BAITZ: 6/3/23–24; PETER BECKER: 9/12/73; ERNST BELOW: 7/4/32; FRITZ VOM BERG (d.i. Fritz Rücker): 9/2/15; MAX VON BERGFRIED: 2/2/16–17; EUGEN BILFINGER: 8/6/48; FRIEDRICH EDUARD BILZ: 3/6/55; MAX BIRCHER-BENNER: 3/12/101; FRANZ BIXEL: siehe Armin Franke; MAX BÖHM: 6/2/18; EDWIN BÖHME: 2/5/42; CARLOS BRAND: 8/5/39; PARSIVAL BRAUN: 4/9/62; GIORDANO BRUNO (d.i. Filippo Bruno): 2/12/103–104; GOTTFRIED BUCHNER: 5/1/6.

D

RUDOLF DAHLMANN: 8/1/7; AUGUSTE DEBAY: 10/12/64*; EDWARD HOOKER DEWEY: 5/3/23; O. DÖBBELIN: 10/12/64*; CARL DONATH: 10/12/64*; KARL DOPF (später Carl Dopf): 12/1/8*, 12/2/14*; HERMANN DÖRING: 4/4/30; FRIEDRICH DORSCHNER: 1/2/6–7; ELIZA BISBEE DUFFEY: 10/12/64*.

E

PAUL EICKEN: 4/4/31, 6/3/25, 7/4/30; AUGUST ENGELHARDT: 7/4/32*; FRANZ ERNST: 9/9–10/59.

F

JOHANNES FÄHRMANN (d.i. Hans Fändrich): 2/4/36, 2/7/58; CARL HEINRICH FEHL-AUER: 4/9/62; FRANZ FELLNER: 8/9–10/64–65; JOSEF FERK: 6/5/38; HERMANN FERNAU: 10/12/64*; OTTO FEUERSTEIN: 9/11/66, 10/1/4, 12/2/13; ARMIN FRANKE (d.i. Franz Bixel): 1/4/7; ERNST FRANKFURTH: 5/5/39; BRUNO FREYDANK: siehe Karl Bernhard Seidenstücker.

G

RICHARD CARL GARTNER: 4/1/7; DEMETER GEORGIEVITZ-WEITZER: siehe G.W. Surya; M.E. GERDING: 10/12/64*; REINHOLD GERLING: 2/6/51, 3/6/54–55; ERNST GERÖ (d.i. Ernő Gerő): 9/1/8, 10/3–4/23; ELISABETH GOTTHARDT: 4/2/15, 8/7/56; W. GOTTHARDT: 4/2/15, 8/7/56; ANDREAS GOTTSCHLING: 6/9–10/60; NORBERT GRABOWSKY: 10/12/64*; JOSÉ M. GREGER: 7/2/15, 12/1/7–8; VICTOR GRIFFUELHES (anonym: Antimilitarismus): 4/1/7; RUDOLF GROßMANN: siehe Pierre Ramus; HEINRICH GRUNWALD: 2/5/42, 3/12/102*, 4/1/8*, 4/9/62, 6/9–10/60; JOHANNES GUTTZEIT: 1/3/3, 5/6/47.

H

ALFRED HAFNER: 3/5/46; ALEXANDER HAIG: 4/11/81; OTOMAN ZAR-ADUSHT HA'NISH (d.i. Otto Hanisch): 8/5/39, 8/8/62*; ANTON HARTMANN: 2/7/58; FRANZ HARTMANN: 2/5/42; KARL HARZ: 6/11/65, 7/4/30; BRUNO HAUCKS: 8/1/8*; WIL-HELM HAUFF: 10/12/63*; ERNST HEIDE: 3/7–8/67, 4/12/95*, 5/1/7*, 5/7/78, 6/4/32*, 6/5/37*, 6/11/66*, 9/11/68*; HEINRICH HEINE (d.i. Harry Heine): 10/12/64*; KARL HEISE: 7/2/16; JULIUS HENSEL: 2/11/92–93; E. HERING: 2/10/85; HANS HERMANN: 2/6/50–51; GEORG HILLER: 2/2/17; PAUL VON HOENSBROECH: 3/2/21; GEORG HOFF-MANN: 10/3–4/23, 10/5–7/34*, 12/2/13; IDA HOFMANN-OEDENKOVEN (d.i. Ida Hof-mann): 8/1/8*; EMIL HUHLE: 3/5/46.

I

JOSEPH HOLT INGRAHAM: 10/12/63*.

J

NIKOLAUS JEKEL: 6/2/18; JOHANN HEINRICH JUNG-STILLING (d.i. J.H. Jung): 4/10/71; FR.J. JUSTUS: 10/12/64*.

K

FRIEDRICH KALLENBERG: 12/2/13–14; MINNA KANEWI (d.i. Mina Iwanek): 5/4/31; JOHN E. KEIDEL: 4/9/62, 8/1/7, 8/11/77; MELVILLE COX KEITH: 6/11/65, 7/6/44*; KARL KIENINGER: 6/5/38, 10/11/55; CHARLES KINGSLEY: 10/12/63*; ERNST KITZING: 2/10/85; J.M. KOCH: 4/9/62; KARL FRANZ KOCMATA: 8/9–10/69; GEORG KRAMER: 2/9/77; THEODOR KRAUSS: 8/7/55–56; PETR ALEKSEEVIČ FÜRST KROPOTKIN: 1/3/10, 2/4/35–36, 6/3/26; LUDWIG KUHLENBECK: 3/2/21; AUGUST KÜHNER: 2/6/52.

L

ARTHUR LAAB: 1/4/7; AUGUST LANGER: siehe Harald von der Nainen; KURT LAß-WITZ: 2/11/93; GUIDO LIST: 7/7/48, 8/11/77–78; ADOLF J. LUDWIG: 6/3/25.

M

PAUL MAASS (hier: Paul Sellin): 9/9–10/59; WILLI MAASDORFF: 3/1/7–8, 8/1/8*; MAX MAKOWSKI: 4/2/16, 4/5/40*; PETER CHRISTOPH MARTENS: 12/1/8; CESARE MATTEI: 8/6/48; PHILIP MAURO: 9/4/31–33; MAX MENDHEIM: 4/10/71; FRANCESCO SAVERIO MERLINO: 3/7–8/67; JACQUES MESNIL (d.i. Jean-Jacques Dwelshauvers): 2/12/103; PAUL MEYER: 3/1/7–8; HEINRICH MOLENAAR: 2/11/92; KLARA MUCHE: 2/10/85; GUSTAV FERDINAND MÜLLER: 1/4/7–8, 5/7/78, 5/12/118, 6/3/25, 6/5/38, 9/8/52; RICHARD MÜLLER: 2/4/36.

N

SIEGFRIED NACHT: siehe Arnold Roller; HARALD VON DER NAINEN (d.i. August Langer): 5/4/31; ERNST NEUMANN: 2/11/93; J. NIEDERHOFER: 10/12/64*; RICHARD NUSSBECK: 2/1/7.

O

CLEMENTINE ODENDAHL: 3/12/100–101, 4/2/15, 4/4/30, 5/7/78; FRITZ OERTER: 3/12/101; SEPP OERTER: 3/12/101; ALEXANDER ORTLEB: 3/5/46; GUSTAV ORTLEB: 3/5/46.

P

FRITZ PÁRIS: 8/3/23; IGNAZ PERNER: 9/11/67; MAX PFENNING: 4/5/40*, 4/6/52*; MAX PICHLER: 10/12/63; ISIDOR POECHE: 10/12/64*; RUDOLF PREISSECKER: 4/12/95.

R

PIERRE RAMUS (d.i. Rudolf Großmann): 9/9–10/55, 10/11/55; ÉLISÉE RECLUS: 3/12/101; OSKAR REGESAM: 5/3/23; ADOLF REHSE: 2/1/8*, 2/2/18, 3/1/7, 4/12/95, 6/9–10/60; LUISE REHSE: 1/2/7, 2/5/43, 3/11/93, 4/4/30, 4/4/32*, 4/5/39*, 4/6/51*, 4/9/64*, 4/10/72, 4/11/84*, 7/5/36, 10/10/50; PAUL ROBIN: 6/2/17, 6/3/26; ARNOLD ROLLER (d.i. Siegfried Nacht): 3/3/29, 5/12/118; JULIE ROOS-VOLLMER (geborene

Vollmer): 9/1/6; Walter Rose: 2/6/51; Hermann Rost: 5/1/6; Arthur Rothe: 9/4/33–34; Rudolf S. Rotter: 1/1/6, 1/2/7; Fritz Rücker: siehe Fritz vom Berg; Hermann Rudolph: 2/7/59.

S

Ewald Salvator: 3/3/29; E. Schaarschmiedt: 10/12/64*; Gustav Schlickeysen: 2/10/85; Ferdinand August Schmidt: 10/12/64*; Eugen Heinrich Schmitt: 2/4/35, 3/2/21; Franz Schönenberger: 2/12/104; Gustav Schüler: 3/2/21; Heinrich Schüler: 7/2/15; Franz Schumi: 6/2/17–18; Hugo Schüßler: 1/3/10*; Magnus Schwantje: 8/1/7; Leopold Schwarz: 1/1/5, 1/2/8; Karl Bernhard Seidenstücker (Pseudonym: Bruno Freydank): 2/4/35, 2/7/58, 2/11/92, 3/1/7; Margit Seifert: 8/7/56; Paul Sellin: siehe Paul Maas; Walter von Semetkowski: 8/8/61; Wilhelm Siegert: 2/12/104; Otto Siemens: 8/8/61; Henryk Sienkięwicz: 10/12/63*; Georg Simoni: 2/9/77; Dr. med. Sinapius (Arzt in Mülhausen im Elsass): 3/2/20–21, 4/2/15, 4/3/22, 5/3/24, 5/10/102, 7/5/38*; Otto Spielberg: 10/12/64*; Peter Spohr: 3/10/86, 10/10/49; Karl Steinbreiter: 9/8/52; H.C. Steinhagen: 2/5/43; Carl Stief: 5/7/80, 6/8/52, 6/9–10/60*, 6/11/66*, 7/4/31, 8/1/8*; G.W. Surya (d.i. Demeter Georgievitz-Weitzer): 1/4/7, 5/9/89; Bertha Freifrau von Suttner (geborene Gräfin Kinsky): 1/3/8.

T

Josef Teplý (d.i. Jaroslav Teplý): 3/10/78; F.A.W. TerMer: 10/12/64; Karl Teschner: 6/3/26; R. Thierfelder: 3/1/7; Maria von Thilo: 2/12/104; Henry H. Tilbe: 3/1/7; Lev Nikolaevič Graf Tolstoj: 1/3/8–9, 5/9/89, 6/12/74; Gustav Tschirn: 10/12/64*; Benjamin Ricketson Tucker: 4/5/38, 9/2/14.

V

Wenzel Veith: 9/8/52, 9/9–10/59; Robert Voigt: 10/3–4/23.

W

Berta Wachsmann: 2/10/85; Will Wahr: siehe Wilhelm Warschatka; Lew Wallace: 10/12/63; Wilhelm Warschatka (hier Pseudonym: Will Wahr): 7/4/32, 7/5/38, 7/6/43, 8/4/32*; Mrs. John Birch Webb (d.i. Annie Webb, später: Annie Webb-Peploe): 10/12/63*; Georg Wegener: 7/4/32*; Rudolf Weil: 2/6/51–52; Emil Weilshäuser: 2/10/85; Demeter Weitzer: siehe G.W. Surya; Johann Welsch: 9/9–10/56, 10/11/55, 10/11/56*; Adolf Werdisch: 2/7/59; Alwin von Werther: 4/3/22; Olga von Werther (verheiratete Perlep): 1/4/7, 4/3/22, 7/7/48, 8/1/7; Johann Baptist Wiedenmann: 3/11/93, 4/3/22, 7/7/48, 10/12/64*; Franz Joseph Wieland: 4/1/6–7, 8/5/39; Bruno Wille: 3/2/21; Wilhelm Winsch: 2/4/36, 2/5/42, 3/1/8, 3/6/56*, 3/11/93, 3/11/94*, 3/12/102*, 4/1/8*, 4/2/16*, 4/3/23*, 4/4/32*, 4/5/40*, 4/9/40*, 4/10/72*, 4/11/83*, 4/12/96*, 5/1/8*, 5/2/18*, 5/5/39, 7/3/20; Friedrich Wolf: 10/12/64*.

Y

Georges Yvetot (anonym: Antimilitarismus): 4/1/7.

Im »G'roden Michl« besprochene oder beworbene Periodika[303]

A

DIE ANTWORT AUF DIE GELD- UND LEBENSFRAGEN. Monatsschrift für eine sensationell bessere Lebensaussicht (Magdeburg), 1910–1911, Peter Becker: 9/12/73; DER ANWALT DER TIERE. Monatsschrift des Berliner Tierschutz-Vereins (Berlin), 1906–1914: 4/9/62, 5/5/37–38, 9/11/65–66; ARCHIV FÜR RATIONELLE THERAPIE, HAUPTSÄCHLICH HOMÖOPATHIE, PHYSIOLOGISCHE BIOCHEMIE, NATURHEILKUNDE, DIÄTETIK, HYGIENE, MAGNETISMUS UND PSYCHIATRIE (Lorch), 1906–1910, Max Ed.G. Gottlieb: 7/7/50*; DER ARME TEUFEL (Berlin-Friedrichshagen), 1903–1904, Albert Weidner, Erich Mühsam: 2/11/92; DER ATHEIST. Organ der Gemeinschaft Proletarischer Freidenker (Leipzig–Wien–Prag), 1905–1914, Konrad Beißwanger: 4/9/64*, 4/10/71, 4/11/83.

B

DAS BANNER DER FREIHEIT (Karlsruhe), 1903–1912, Gottfried Schwarz: 3/1/8, 10/11/55; LA BATTAGLIA. Periodico settimanale anarchico (San Paolo [São Paulo]), 1905–1912: 7/5/33–34; DER BUDDHIST. Deutsche Monatsschrift für Buddhismus (Leipzig), 1905–1913, Karl Bernhard Seidenstücker: 3/7–8/58–59.

C

CHICAGOER ARBEITER–ZEITUNG. Unabhängiges Organ für die Interessen des Volkes. Organ der internationalen Vereinigung des arbeitenden Volkes (Chicago, Ill.), 1903–1914, Max Baginski: 6/1/7.

D

DER DEUTSCHE ESPERANTIST; siehe: Germana Esperantisto; DIE DIREKTE AKTION. Organ für syndikalistischen Anarchismus. Beilage zum »Revolutionär« (Berlin), 1907: 5/6/45–46, 5/7/79–80, 5/12/117–118.

E

DIE EHERECHTSREFORM. Offizielles Organ des »Vereines katholisch geschiedener Eheleute« (Wien), 1905–1907, Fritz Riederer: 3/7–8/67, 4/9/58–59; DIE EINSICHT. Illustriertes Monatsheft für echte Menschenbildung, Menschenkenntnis, Gesundheits- und Geistes-Pflege (Tuntschendorf [Tłumaczów]), 1904–1905, Wenzel Veith: 2/12/106*, 3/1/10*; DIE ERKENNTNIS. Social-revolutionäres Kampforgan (Mannheim), 1907–1912, Otto Stegmann, Heinrich Mehler, Emil Lorenz: 5/6/47, 6/1/8; ETHISCHE KULTUR. Monatsblatt für ethisch-soziale Neugestaltung (Berlin), 1903–1914, Rudolph Penzig: 4/3/20–21; EVANGELIUM DER CHRISTLICH-HEIDNISCHEN RELIGION (Bautzen), 1907, Ernst Heide: 5/4/31, 5/7/78.

F

FLUGBLATT DES INTERNATIONALEN VEREINS ZUR BEKÄMPFUNG DER WISSENSCHAFTLICHEN T(H)IERFOLTER, herausgegeben vom Internationalen Verein zur Bekämpfung der wissenschaftlichen T(h)ierfolter (Dresden), 1889–1899: 3/7–8/63; FLUGBLATT FÜR WAHRHEITSFORSCHER (Castleton-on-Hudson, N.Y.), 1908–1909, Hermann Döring: 7/11/66*, 8/7/49; Freidenker. Organ der Freidenker der deutschen Schweiz, Organ des Deutsch-Schweizerischen Freidenkerbundes und der Freidenkervereine Zürich, Winterthur, Baden, Bern, Basel, Schaffhausen, St. Gallen, Arbon, Aarau, Genf (Zürich), 1908–1914: 6/1/8; Die Freie Generation. Dokumente der Weltanschauung des Anarchismus (London, Berlin), 1906–1908, Pierre Ramus (d.i. Rudolf Großmann): 4/9/63; Das freie Wort. Eine Monatsschrift (New York, N.Y.), 1907, Georg Stine, Abraham Isaak: 5/9/89; Freie Worte. Organ für Wahrheit und Recht. Zeitschrift (Falkenau [Sokolov]), 1903–1912, Simon Starck, Franz Heinl, Friedrich Dorschner: 1/3/8, 2/1/7, 2/2/18, 2/3/28, 2/4/36, 2/10/86*, 2/11/94*, 4/10/71; Freier Gedanke. Blätter für moderne Weltanschauung. Organ des Vereines »Freier Gedanke« (Wien), 1908, Anton Markreiter, Johann Schlor: 5/12/117, 6/9–10/60; Freiheit (Hamburg), 1904, Johann Otten: 2/3/28*, 2/5/43, 2/5/44*, 2/6/52*, 2/7/60*, 6/2/16; Freisozialistischer Arbeiterbund in Österreich. Organ für vereinte, freie und unabhängige Sozialisten (Wien), 1905, Josef Malek: 3/12/100, 4/2/12 (siehe auch: Sozialdemokratischer Arbeiterbund in Österreich); Für Sonne, Tropen und Kokosnuß! Zeitschrift für den Gottesdienst der Tat und für die Unsterblichkeit oder was dasselbe ist: für wahrhaft naturgemäße Lebensweise. Organ des Sonnen-Ordens, Äquatoriale Siedlungs-Gesellschaft auf Kabakon und des Internationalen Kokovoren-Bundes (Weinböhla), 1909–1914, August Engelhardt, Albin Schmieder: 7/3/23–24, 7/4/32*.

G

Generalstreik! Kampforgan des Proletariats (Bruch [Lom]), 1904–1905, Karel Vohryzek, Siegfried Nacht: 3/1/6–7; Germana Esperantisto. Oficiala organo de la Germana Esperantista Societa = Der deutsche Esperantist (Berlin), 1905–1914: 3/10/78–79; Gesundes Leben. Familienblatt für Gesundheitspflege und allseitige Lebensreform (Leipzig), 1904–1911, Wilhelm Hotz: 3/1/8, 4/3/19–20, 4/10/71, 4/11/83, 4/5/39*, 4/6/51*, 4/9/64*; Die Gesundheit. Zentralblatt für Gesundheitspflege und rationale Heilweise (Dresden), 1911: 9/3/23*; Gute Gesundheit. Zeitschrift für naturnahe und rauschgiftfreie Lebensgestaltung. Herausgeber Deutscher Verein für Gesundheitspflege (Hamburg), 1903–1914: 5/12/116.

H

Die Harfe. Poetische Zeitschrift (Köln), 1904–1913, Clementine Odendahl: 4/4/30–31, 4/9/62–63, 4/9/64*, 4/10/71, 4/11/83, 5/5/39, 7/2/16, 9/2/15; Harmony-Flugblätter (Lorch), 1909: 7/4/32*; Der Heide. Monatsschrift für Volkswohlfahrt, Lebenskunst und Aufklärung über Religion, Natur und Geist (Bautzen), 1911, Ernst Heide: 9/9–10/57–58; Hleb i Sloboda. List za slobodni i revolucionarni sozijalizam (Beograd), 1905: 3/10/86.

I

Der Impfgegner. Organ des Deutschen Impfgegnerbundes (Dresden), 1903–1914, Wilhelm Ressel: 4/2/15; Internationales Reisetaschenbuch für Alkoholgegner und Vegetarier (Freiburg–Leipzig), 1913: 9/5–6/42, 11/8–9/30–31.

J

JAHRBUCH DER FREIEN GENERATION. Volkskalender und Dokumente der Weltanschauung des Sozialismus-Anarchismus (Paris–Zürich–Brüssel), 1910–1914, Pierre Ramus (d.i. Rudolf Großmann): 8/7/56; JAHRBUCH I DER THEOSOPHISCHEN GESELLSCHAFT. Internationale theosophische Verbrüderung in Deutschland (Leipzig), 1902: 2/5/42; JAHRBUCH 1910, herausgegeben von der »Abstinenten Kameradschaft« (Freiburg–Leipzig), 1909, H. Köser: 8/3/23.

K

KAMPF. Zeitschrift für – gesunden Menschenverstand (Berlin), 1904–1905, Senna Hoy (d.i. Johannes Holzmann), Werner Daya (d.i. Werner Karfunkelstein): 2/5/43; DER KINDERARZT. Gratisbeilage zu »Gesundes Leben« (Leipzig), 1904–1911, Wilhelm Hotz: 4/5/39*, 4/6/51*, 4/9/64*; DER KNOTE. Unmodernes Überwitzblatt (Weimar), 1903–1914, Askan Schmitt: 6/8/52*.

L

DIE LEBENSKUNST. Zeitschrift für persönliche Kultur, Rundschau auf dem Gebiete moderner Reformarbeit, herausgegeben vom Verband Deutscher Vegetarier-Vereine e.V. (Leipzig–Dresden), 1906–1914, Karl Lentze: 4/1/7; LEBENSSPUREN. Zeitschrift für harmonische, geistige und materielle Lebensentfaltung (Lorch), 1901, Karl Rohm: 1/3/10, 4/10/71, 4/11/83; DIE LIEBE. Organ für christlich-religiöse Forschung (Altona), 1904–1908, Cecil Bägel, Franz Schumi: 3/1/9, 6/2/17–18; LINDWURM (Brünn [Brno]), 1907: 5/10/10; DIE LUFT. Die Hauptnahrung aller Lebewesen. Lose Blätter für Gesundheitspflege des Leibes und der Seele (Kulm [Chlumec]), 1914, Hans Sladek: 12/2/13.

M

MATICE SVOBODY. Časopis pro vědy socialistické (Brünn [Brno]), 1903–1914, Jan Opletal: 3/7–8/67; MÖLLERS ABREIß-KALENDER FÜR 1904 (BIS 1905) (Berlin), 1903–1904, Rudolf Weil: 2/12/104; MOTHER EARTH (New York, N.Y.), 1906–1914, Emma Goldman: 5/9/87–88.

N

DER NATUROPATH UND GESUNDHEITS-RATHGEBER / THE NATUROPATH AND HERALD OF HEALTH. Organ der Naturopathie. Die Lehre der körperlichen und geistigen Regeneration (New York, N.Y.), 1903–1907, Benedikt Lust: 3/5/46, 4/10/71; NEUE GEISTERKUNDE. Spiritualistische Monatsschrift für neue Forschung und Lehre über die Geisterwelt des Dies- und Jenseits (Bautzen), 1906, Ernst Heide: 4/9/64*, 4/10/71, 4/11/83; DER NEUE MENSCH (Neuberun [Bieruń Nowy]), 1903, Johannes Guttzeit: 1/1/1; DER NULL-ANERL. Monatsschrift zur Pflege steirischen Humors, steirischer Erzählungen, Sagen, Lieder u. dgl. (Graz), 1908–1914, Klaus Haim (d.i. Franz Scheucher): 6/5/38; NY TID. Organ for Socialistisk Ungdomsforbund i Danmark (København), 1904–1908: 3/7–8/67.

O

O Bauru (Bauru, São Paulo), 1906–1914, Domiciano Silva: 7/5/33–34; Okkul-
tistische Rundschau. Organ des »Deutschen Spiritualisten-Bundes« (Chemnitz), 1909–1914, Wilhelm Weege: 8/4/25–26, 10/3–4/18–20, 11/2/12*, Recht
den Rechtlosen [1]/6–7/[4]*, [1]/6–7/[4]*; Der Ortograf (Neustadt in Holstein),
1911, D. Mälis: 9/12/74*.

R

Reformblatt für Gesundheitspflege (Warnsdorf [Varnsdorf]), 1903–1914,
Moriz Schnitzer: 1/4/7, 2/5/43, 4/10/71, 4/11/83, 4/12/92–93, 5/10/95–96; Der
Reise-Onkel. Periodisch erscheinende Zeitschrift (Graz), 1906, Alois Tauber:
4/2/15; Der Revolutionär. Organ der anarchistischen Föderation Deutschlands
(Berlin), 1905–1910, Karl Sauter, Paul Frauböse: 3/7–8/67, 3/9/76*, 3/10/86*,
3/11/94*, 3/12/102*, 4/1/8*, 4/10/71, 4/11/83, 6/1/8, 8/2/16.

S

Sankt Bonifatius. Apologetische (seit 1907: Katholische) Monatsschrift, herausgegeben vom Aktionskomitee der Bonifatius-Vereine Österreichs (Prag–Wien–
Wiener Neustadt), 1903–1914: 4/11/80–81; Der Siedler. Organ der Freien Siede-
lungs-Gesellschaft (Organisation) und aller auf genossenschaftlicher Grundlage
beruhender Siedelungs-Bestrebungen (Mainz), 1908, Johann Schmidt: 5/9/86–
87, 6/9–10/60; Sonnenstrahlen. Monatsschrift für die Jugend (Berlin), 1906,
Paul Raatz: 4/4/32*, 4/5/40*, 4/6/52*; Sozialdemokratischer Arbeiterbund in
Österreich. Organ für vereinte, freie und unabhängige Sozialisten (Wien), 1905,
Josef Malek: 3/5/48* (siehe auch: Freisozialistischer Arbeiterbund in Österreich);
Soziale Vereinigung. Zeitschrift für Staatssozialismus. Organ der »Deutschen
sozialen Vereinigung« (Frankfurt am Main), 1906: 4/2/15; Der Sozialist. Organ
des Sozialistischen Bundes (Berlin), 1909–1914, Gustav Landauer, Margarete
Faas: 7/2/15–16, 8/2/11–14, 8/8/59–60; Der Strom. Ein Organ frei-sozialisti-
scher Richtung (New York, N.Y.), 1910–1912, Hans Koch-Riedel: 8/5/39; Süd-
Amerika. Blätter für Landes-, Siedlungs- und Wirtschaftskunde der Staaten von
Latein-Amerika, unter besonderer Berücksichtigung der Fragen der deutschen
Auswanderung und des Auslanddeutschtums herausgegeben vom Institut für
Auslandkunde und Auslanddeutschtum der Deutschen Kulturpolitischen Gesell-
schaft Leipzig-Gohlis (Leipzig–Berlin), 1903–1914, José M. Greger: 7/5/33–34.

T

Theosophischer Wegweiser. Monatsschrift zur Verbreitung einer höheren Weltanschauung. Organ für die deutschredenden Mitglieder der Allgemeinen Theosophischen Gesellschaft (Leipzig), 1903–1907, Arthur Weber: 4/10/71, 4/11/83;
Theosophisches Leben. Zeitschrift für Allgemeine Bruderschaft, Theosophie,
Okkultismus und Mystik (Berlin), 1903–1914, Paul Raatz: 4/4/32*, 4/5/40*,
4/6/52*; Der Tier- und Menschenfreund. Allgemeine Zeitschrift für Tierschutz,
herausgegeben vom »Internationalen Verein zur Bekämpfung der Wissenschaftlichen Tierfolter« (Dresden), 1903–1914, Paul Förster: 1/3/6, 4/10/71, 5/10/100–

101, 8/1/6, Recht den Rechtlosen [1]/6–7/[3]; TIERSCHUTZKALENDER FÜR 1904 (BIS 1915). Herausgegeben vom Berliner Tierschutzverein und vom Deutschen Lehrer-Tierschutzverein (Berlin), 1903–1914: 1/3/6, 3/11/92, 4/11/82, 6/11/65, 8/1/7, 8/11/77, 9/11/67; LE TRADUCTEUR. Journal bimensuel destiné à l'étude des langues allemande et française / Halbmonatsschrift zum Studium der französischen und deutschen Sprache (La Chaux-de-Fonds), 1903–1914: 5/2/18; THE TRANSLATOR. A semimonthly for the study of English and German / Halbmonatsschrift zum Studium der englischen und deutschen Sprache (La Chaux-de-Fonds), 1903–1914: 5/2/18.

U

DER UNABHÄNGIGE. Zeitschrift für soziale und geistige Selbständigkeit (Berlin-Friedrichshagen), 1907, Albert Weidner: 5/4/31.

V

VEGETARIER-KALENDER 1913 (Bautzen), 1912, Ernst Heide: 11/3–4/16; VEGETARISCHE WARTE. Monatsschrift für naturgemäße Lebensweise und Gesundheitspflege. Organ des Deutschen Vegetarier-Bundes (Baden-Baden), 1903–1914, Gustav Selss, Ludwig Fett: 4/2/15, 4/10/68–69, 4/10/71, 4/11/83, 9/3/20–21; VERITAS. Organ zur Feststellung der Wahrheit in den wichtigsten Fragen der Menschheit und zur Herstellung eines geistigen Kontaktes aller Denker (Trautenau [Trutnov]), 1904–1905, Robert Wihan: 2/12/105; DER VOLKSARZT FÜR LEIB UND SEELE. Eine Monatsschrift für gesunde Lebensanschauungen (Hirschberg [Jelenia Góra]), 1899, August Kruhl: 1/2/6; DER VORPOSTEN. Organ der Antimilitaristischen Liga Zürich (Zürich), 1906–1907, Fritz Brupbacher, Edy Meyer: 6/1/8; VORURTEILSLOSE FORSCHUNGEN ÜBER DEN INHALT ARCHAISCHER MANUSKRIPTE (Eger [Cheb]), 1905, Robert Wihan: 3/6/55, 3/9/75.

W

DIE WAHRE LEBENSWEISE. Zeitschrift für naturgemäße Lebensführung, Naturheilkunde, Vegetarismus, Alkohol- und Tabakbekämpfung sowie Geistesbildung (Mannheim), 1906, Carl Kogge: 4/11/82–83, 4/11/84*, 4/12/96*, 5/1/8*; DIE WAHRHEIT. Freies sozialistisches Organ (Wien–Floridsdorf [Wien]), 1903–1904, Ludwig Freund, Anton Stumpf, Franz Heinl, Johann Tomecek (d.i. Jan Tomeček): 1/3/8, 2/1/7, 2/2/18, 2/3/28, 2/4/36; DIE WAHRHEIT. Zeitschrift für Sozial- und Lebensreform (Heimgarten [zu Bülach]–Bülach), 1905: 3/5/46; DER WAHRHEITSFORSCHER. Gedankenaustausch von Wahrheitsforschern zwecks Begründung des Wesens und der Bestimmung des Lebens auf spiritualistischer Grundlage. Organ des Antimaterialisten-Bundes (Berlin), 1903–1906, Gustav Ferdinand Müller: 1/2/7, 1/4/7–8, 4/2/15; DER WECKRUF (Genf–Zürich), 1903–1907, Siegfried Nacht, Max Nacht, Senna Hoy (d.i. Johannes Holzmann): 3/7–8/67; WESTBÖHMISCHER VOLKS-KALENDER FÜR JEDERMANN (Falkenau [Sokolov]), 1905: 3/1/8; DIE WOHLFAHRT. Zeitschrift für volksthümliche Heilweise und sociale Gesundheitspflege (Reichenberg [Liberec]), 1903–1904, Josef Beranek: 1/3/10*, 1/4/8*; WOHLSTAND

FÜR ALLE. Ohne Herrschaft (Klosterneuburg bei Wien–Zürich), 1907–1914, Pierre Ramus (d.i. Rudolf Großmann): 6/1/7–8.

Z

ZEITSCHRIFT FÜR DEN INDIVIDUALISTISCHEN ANARCHISMUS (Hamburg-Barmbeck), 1903–1904, Johann Otten: 1/2/6; ZEUGE DER UNSTERBLICHKEIT (Bautzen), 1906, Ernst Heide: 4/4/25–26; ZÜRCHER BLÄTTER FÜR TIERSCHUTZ. Offizielles Organ des Kantonalen Zürcher Tierschutzvereins (Zürich), 1903–1914: 9/1/7.

Im »G'roden Michl« besprochene und sich selbst vorstellende Vereine[304]

A

ABWEHRSTELLE IMPFGEGNERISCHER VEREINE IN WIEN. Wien: 6/2/18, 6/3/25; AKTIONSKOMITEE IMPFGEGNERISCHER VEREINE. Wien, Wilhelm Mücke, August Bronold: 5/10/96–97; ARBEITER-BILDUNGS-VEREIN MARBURG. Marburg (Maribor): 5/3/21–22.

B

BERLINER TIERSCHUTZ-VEREIN. Berlin, Hermann Stenz: 3/7–8/63; BLAVATZKY-ABENDE FÜR ARCHAISCHE WISSENSCHAFT. Eger (Cheb), Robert Wihan: 3/6/55; BUND GEGEN DIE VIVISEKTION IN ÖSTERREICH. Graz, Heinrich Stiasny: 2/5/41, 8/6/45–46.

D

DEUTSCHER BUND DER IMPFGEGNER. Berlin, Paul Förster: 4/2/15, 4/4/30; DEUTSCHER SPIRITUALISTENBUND. Chemnitz, Bruno Lasch: 3/2/18–19; DEUTSCHER VEREIN DER NATURHEILKUNDIGEN. Berlin, Max Canitz: 4/10/71.

F

FACHSCHULE FÜR NATURHEILKUNDIGE DES DEUTSCHEN VEREINS DER NATURHEILKUNDIGEN. Berlin, Max Canitz: 4/10/71; FREIE SIEDELUNGS-GESELLSCHAFT. Mainz, Johann Schmidt: 5/9/86–87, 5/10/97–98, 8/1/5–6, 8/5/37, 8/6/42–44, 8/6/47; FREUNDE TOLSTOIS. Wien, Franz Tollich: 4/1/6.

G

GESUNDE MENSCHEN. Siedlung bei Graz, Max Mader: 6/11/64, 6/12/74; GRAZER SPIRITUALISTISCHER LESEZIRKEL. Graz, Matthias Urdl: 3/2/19; GRAZER TIERSCHUTZ- UND TIERASYLVEREIN. Graz: 5/10/98.

H

DER HUMANE WELTBUND – ZWEIG ÖSTERREICH. Wien, Hanns F. Schaffelhofer: Recht den Rechtlosen [1]/6–7/[4].

I

IMPFZWANGGEGNER-VEREIN. Hannover: 5/9/85–86; INTERNATIONALER VEREIN DER GESINNUNGSGENOSSEN DER FOTODOTERA. Berlin, H. Grubert: 6/2/19–20, 6/7/44–46; INTERNATIONALES FRIEDENSBUREAU. Bern, Élie Ducommun: 1/1/5–6.

J

JESU-GEMEINDE DER TAT. Köln-Klettenberg, Wilhelm Klein: 12/1/8; JESU-LOGOS-BUND ZUR ERRICHTUNG DES PARADIESES. Köln-Klettenberg, Wilhelm Klein: 7/3/22–23.

K

KOLONIEGEMEINDE ASGARDT. Encarnación, Paraguay, Hermann Rost: 8/2/16; KOMMUNISTISCHE KOLONIE BETHANIEN FÜR VERZWEIFELTE. Ponte Tresa, Julie Roos-Vollmer: 9/1/5–6; KURATORIUM DER ANTON-MENGER-BIBLIOTHEK. Wien: 8/3/22.

L

LIGA FÜR VIVISEKTIONSFREIE HEILKUNST UND BIOLOGIE. Frankfurt am Main: Recht den Rechtlosen [1]/6–7/[2–3].

N

NATURÄRZTLICHER DIAKONISSEN-VEREIN UND DIAKONISSEN-SCHULE FÜR NATUR-KUNDLICHE KRANKENPFLEGE. Bad Finkenmühle bei Mellenbach, Wilhelm Hotz: 2/5/41–42; NEU-JESU-BEWEGUNG. Köln-Klettenberg, Wilhelm Klein: 11/6–7/21–22, 11/8–9/29.

O

ÖFFENTLICHE VEGETARISCHE BIBLIOTHEK UND LESEHALLE. Berlin, Wilhelm Köppen: 3/9/74–75, 3/10/85, 4/1/6; ÖSTERREICHISCHE FRIEDENSGESELLSCHAFT. Wien, Bertha von Suttner, Alfred Hermann Fried: 1/1/5, 5/3/24; ÖSTERREICHISCHER BUND GE-GEN DIE VIVISEKTION. Graz: 1/3/4; ÖSTERREICHISCHER LEHRERVEREIN FÜR TIER- UND PFLANZENSCHUTZ. Wien, Hans Fraungruber: 3/12/100; ÖSTERREICHISCHES WERBE-BUREAU FÜR STENOTACHYGRAPHIE. Wien: 4/11/82.

P

PROPHYLAKTISCHE GESELLSCHAFT BETHANIEN. Ponte Tresa, Friedrich und Julie Roos-Vollmer: 8/7/49–50.

R

RAYMOND DUNCAN VEREINIGUNG. Berlin, H. Grubert: 6/2/19–20.

S

SIEDELUNGSVEREIN NATUR. Mainz, Zitsch: 5/7/80; SOZIALE VEREINIGUNG DEUTSCH-LANDS. Frankfurt am Main, Philipp Wilhelm Düssel: 1/3/10, 2/6/51; SOZIALISTI-SCHER BUND, GRUPPE WEYER. Weyer: 8/5/38–39; STÄNDIGE AUSSTELLUNG VOLKS-TÜMLICHER, SOZIAL-HYGIENISCHER REFORMLITERATUR. Hruschau (Hrušov), Anton F. Riedel: 11/8–9/31.

T

THEOSOPHISCHE GESELLSCHAFT. Graz: 2/12/105, 3/1/7, 3/2/21, 3/5/46, 3/6/54; THE-OSOPHISCHE GESELLSCHAFT. Gablonz (Jablonec nad Nisou): 3/4/36–37; THEOSOPHI-SCHE GESELLSCHAFT IN DEUTSCHLAND (INTERNATIONALE THEOSOPHISCHE VERBRÜDE-RUNG). Dresden, Leipzig: 2/5/41 2/6/49–50, 2/76/76–77.

V

W

Z

Bildnachweis

Sofern nicht anders angegeben, stammen alle Abbildungen aus dem Anarchiv Reinhard Müller (Graz); die Abbildungen Seite 93, 99, 101 und 137 sowie im Farbbildteil Seite 1 bis 3, 5 und 8 von Christa Struckl (Hart bei Graz), Seite 79 und Farbbildteil Seite 5 von Adolf Hausbauer (Kulm bei Graz), Seite 94 von Rosa und Norbert Plank (Raaba), Seite 34 von Josef Teichmeister (Graz), Seite 96 und Farbbildteil Seite 4 aus dem Internationaal Instituut voor sociale Geschiedenis (Amsterdam) und Seite 90 aus dem Archiv Soziale Bewegungen in Oberösterreich (Linz).

Anmerkungen

1 F[ranz] P[risching]: *An die Adresse des Reformblattes*, in: »Der g'rode Michl«. Parteilose Monatsschrift für allseitige Reform (Graz), 5. Jg., Nr. 10 (Oktober 1907), S. 95–96, hier S. 96. Die Zeitschrift »Der g'rode Michl« beziehungsweise »Der gerade Michel« wird in der Folge zitiert als DgM. Alle Zitate werden in der Originalschreibweise wiedergegeben, sinnentstellende Setz-, Rechtschreib- und Grammatikfehler wurden stillschweigend korrigiert.

2 Vgl. Tauf- und Geburtsbuch der Pfarre St. Peter, Graz, Band 16: 13. Oktober 1864 bis 31. Dezember 1873, S. 1, im Diözesanarchiv Graz-Seckau, Graz. Hier sei vermerkt, dass Franz Prisching mit einem gleichnamigen steirischen Zeitgenossen nicht verwandt ist, nämlich mit dem katholischen Dechanten, christlichsozialen Reichsratsabgeordneten und kurzzeitigen steirischen Landeshauptmann Franz Prisching (*Straden bei Gleichenberg 30. September 1866, †Krieglach 5. Juni 1935).

3 Zu den Eltern von Franz Prisching vgl. Abschrift des Trauungs-Buches der Pfarre St. Peter bei Graz für das Solar Jahr 1860, S. [6–7], Nr. 7, Diözesanarchiv Graz-Seckau, Graz.

4 Franz Prisching: *Die »göttliche Weltordnung«*, in: Der Revolutionär. Organ der anarchistischen Föderation Deutschlands (Berlin), 2. Jg., Nr. 29 (21. Juli 1906), S. 115.

5 [Franz Prisching]: *Kurz gefasste Lebensgeschichte des Herausgebers*, in: DgM, 2. Jg., Nr. 10 (Oktober 1904), S. 79–81, hier S. 79.

6 Franz Prisching: *Die »göttliche Weltordnung«*, in: Der Revolutionär. Organ der anarchistischen Föderation Deutschlands (Berlin), 2. Jg., Nr. 29 (21. Juli 1906), S. 115.

7 [Franz Prisching]: *Kurz gefasste Lebensgeschichte des Herausgebers*, in: DgM, 2. Jg., Nr. 10 (Oktober 1904), S. 79–81, hier S. 79.

8 [Franz Prisching: *Die »göttliche Weltordnung«*, in: Der Revolutionär. Organ der anarchistischen Föderation Deutschlands (Berlin), 2. Jg., Nr. 29 (21. Juli 1906), S. 115.

9 Franz Prisching]: *Kurz gefasste Lebensgeschichte des Herausgebers*, in: DgM, 2. Jg., Nr. 10 (Oktober 1904) S. 79–81, hier S. 79.

10 Ebenda, S. 80.

11 Vgl. Franz Prisching: *Ein billiges Mittel, um seine Sehkraft zu erhalten beziehungsweise um dieselbe wieder zu erlangen*. Graz: Im Verlage von Franz Prisching 1906, S. 5–7.

12 [Franz Prisching]: *Kurz gefasste Lebensgeschichte des Herausgebers*, in: DgM, 2. Jg., Nr. 10 (Oktober 1904), S. 79–81, hier S. 80.

13 Vgl. Reinhard Müller (1954–): *Manifest der Unabhängigen Socialisten (1892). Das erste anarchistische Manifest in Österreich.* Wien: Verlag Monte Verita 2002 (= Edition Wilde Mischung. 22.), 57 S.

14 Nach dem ersten, erfolglosen Versuch der Polizeidirektion Graz vom 29. August 1894 – vgl. Steiermärkisches Landesarchiv, Graz, 5 Ver-2728/1892, Akt Nr. 2792/1894 – am 12. September 1896 behördlich aufgelöst; zum Verein vgl. StLA, Statth. 53-14266/1892, Statth. Präs. 5 Ver-347/1892, Statth. Präs. 5 Ver-2728/1892 und Statth. Präs. 5 Ver-3480/1895. Das Steiermärkische Landesarchiv, Graz, wird in der Folge als StLA zitiert.

15 Vgl. die polizeiliche Versammlungsrelation (berichtliche Mitteilung), StLA, Statth. Präs. 5 Ver-2728/1892.

16 Vgl. [anonym]: *Die anarchistische Taufe erhalten*, in: Neues Leben. Anarchistisch-sozialistische Wochenschrift. Neue Folge (Berlin), 2. Jg., Nr. 21 (26. November 1898), S. 126.

17 Zur radikalen Arbeiterbewegung Österreichs vgl. Anna Staudacher (1946–): *Sozialrevolutionäre und Anarchisten. Ein Beitrag zur Geschichte der Radikalen Arbeiterpartei Österreichs (1880–1884). Dissertation zur Erlangung des Doktorgrades an der Geisteswissenschaftlichen Fakultät der Universität Wien.* Wien 1981, 679 Bl. (Maschinenschrift), und die veränderte gedruckte Version Anna Staudacher: *Sozialrevolutionäre und Anarchisten. Die andere Arbeiterbewegung vor Hainfeld. Radikale Arbeiter-Partei Österreichs (1880–1884).* Wien: Verlag für Gesellschaftskritik 1988 (= Österreichische Texte zur Gesellschaftskritik. Herausgegeben vom Verein Kritische Sozialwissenschaft und Politische Bildung. 39.), 377 S.

18 Vgl. Bericht an das Präsidium der steiermärkischen Statthalterei vom 13. Mai 1892, StLA, Statth. Präs. 9-478/1892, Akt Nr. 1717/1892; vgl. auch StLA, Statth. Präs. 9-240/1889, Akt Nr. 956/1889, und Statth. Präs. 8-2789/1898.

19 Vgl. August Krčal (1860–1894): *Zur Geschichte der Arbeiterbewegung Oesterreichs 1867–1892. Eine kritische Darlegung.* Graz: Selbstverlag des Verfassers 1893, 52 S. Die Broschüre erschien als Neudruck – *nebst Ergänzungen von X.Y.* [d.i. Josef Schmied (1870–?)] bis zum Jahr 1894 – Berlin: [Verlag »Der Sozialist«] 1894, 50 S., schließlich um eine Einführung ergänzt und unter geändertem Titel: *Blätter aus der Geschichte der Arbeiterbewegung Oesterreichs (1867–1894). Eine kritische Darlegung. Mit dem Bildnis des verstorbenen Verfassers.* Zürich: Verlag Kulturgemeinschaft Freie Generation (Rainer Trindler) 1913, XVI, 95 S.; letzt genannte Ausgabe wurde als Reprint neu aufgelegt: London: Carl Slienger 1977 (= Historical monographs series. 6.). Die Ausgabe Berlin 1894 wurde – als 2. Auflage ausgezeichnet – erweitert von Wiener Anarchisten neu herausgegeben: *Zur Geschichte der Arbeiter-Bewegung Oesterreichs 1867–1894. Eine kritische Darlegung von August Krcal [!]. Mit einem*

Bericht an den Amsterdamer Autonomenkongreß von 1907. Wien: Monte Verita 1984, 105 S.

Diese Broschüre wurde in Form von Artikeln bis 1921 ergänzt; vgl. Johann Poddany [d.i. Jan Poddaný] / Ferdinand Herzog / Moritz Lickier / Wenzel Welan [d.i. Václav Welan] / Josef Lehart / Havel Linz / Franz Zelinger / [Johann] Hajek [d.i. Jan Hájek] / Johann Tesar [d.i. Jan Tesár]: *Die anarchistische Bewegung in Wien. (Bericht an den Amsterdamer Kongress.)*, in: Die Freie Generation. Dokumente zur Weltanschauung des Anarchismus (Berlin), 2. Bd., H. 4 (Oktober 1907), S. 106–113, und [Pierre Ramus (d.i. Rudolf Großmann)]: *Kurzer Ueberblick über die anarchistische Bewegung Oesterreichs (1914–1921)*, in: Erkenntnis und Befreiung. Organ des herrschaftslosen Sozialismus (Wien), 4. Jg., Nr. 30 ([25. Juni– 1. Juli] 1922), S. 1–2, Nr. 31 ([2.–8. Juli] 1922), S. 3–4, und Nr. 35 ([30. Juli–5. August] 1922), S. 4. Hingewiesen sei auch auf [anonym]: *Anarchismus in Österreich – Von den Anfängen bis heute*, in: Liberté. Anarchistisches Magazin (Wien), [2. Jg.], Nr. 8 ([August] 1981), S. 3–4, und [anonym]: *Anarchistische Zeitschriften in Österreich,* in: trafik. journal zur kultur der anarchie (Mülheim), 1. Jg., Nr. 3 (November 1981), S. 42–43.

20 Vgl. StLA, Statth. Präs. 10-1966/1893, und Statth. Präs. 8-3746/1893. Hingewiesen sei auch auf das Typoskript für eine nicht verlegte Broschüre im Verein für Geschichte der Arbeiterbewegung (Wien), Kat. Nr. 95–6: *Hochverrath-Prozess gegen Johann Riessmann [!], Aug. Krcal [!] u. Ferdinand Barth [!] stattgefunden am 1-2 Dezember 1894 beim k.k. Oberlandes- als Pressgericht Graz. Nach dem Stenogramm bearbeitet.* Graz [1895], 104 S. (Maschinenschrift).

21 Dieses von den bisherigen Angaben abweichende Sterbedatum Krčals geht auf den Eintrag im Sterbeprotokoll 1894, Journal Nr. 2075, Archiv der Stadt Graz, Graz, zurück.

22 Seit 7. März 1899 »Arbeiter-Bildungs- und Unterstützungs-Verein in Graz«, behördlich aufgelöst am 20. Mai 1934. Zum Verein vgl. StLA, Statth. 53-13079/1893, Statth. Präs. 5 Ver-3126/1893, Statth. Präs. 5 Ver-806/1895 und 206 Bi-13/1934.

23 Vgl. Reinhard Müller: *Der aufrechte Gang am Rande der Geschichte. Anarchisten in der Steiermark zwischen 1918 und 1934*, in R[obert] Hinteregger / K[arl] Müller / E[duard] Staudinger (Hrsg.): Auf dem Weg in die Freiheit (Anstöße zu einer steirischen Zeitgeschichte). Graz: Kuratorium der Wanderausstellung »Für Freiheit, Arbeit und Recht« 1984, S. 163–195.

24 Mathias Pestischek [d.i. Mathias Pestiček] (1864–1943) / Gustav Kern (1883–1945): *Zur Erinnerung*, in: Erkenntnis und Befreiung. Organ des herrschaftslosen Sozialismus (Wien), 6. Jg., Nr. 18 (4. Mai 1924), S. 4.

25 Zum Prozess gegen Vinzenz Muchitsch, der am 10. Dezember 1895 zu vier Monaten schwerem Kerker verurteilt wird, vgl. Michael Schacherl

(1869–1939): *30 Jahre steirische Arbeiterbewegung. 1890 bis 1920*. Graz: Buchhandlung »Arbeiterwille« [1931], S. 61–62.

26 Vgl. F[erdinand] P[iantschitsch] (1862–1932): *Dem Andenken eines Freiheitskämpfers*, in: Erkenntnis und Befreiung. Organ des herrschaftslosen Sozialismus (Graz–Wien–Ludwigshafen), 14. Jg., Nr. 16 (17. April 1932), S. 4, und Nr. 17 (24. April 1932), S. 4.

27 [Polizeidirektion Wien]: *Die socialdemokratische und anarchistische Bewegung im Jahre 1899*. Wien: Druck der kaiserlich-königlichen Hof- und Staatsdruckerei 1900, S. 99. Diese für die Jahre 1882 bis 1918 erschienenen Berichte der Polizeidirektion Wien wurden zwar gedruckt, kamen jedoch nicht in den Buchhandel.

28 Vgl. Übertrittsbuch im Evangelischen Pfarramt Heilandskirche, Graz.

29 Die 1954 abgerissenen Annensäle, lange Zeit ein wichtiger Veranstaltungsort, befanden sich in der Annenstraße 74.

30 Vgl. StLA, 5 Ver-2165/1897, Akt 3410/1897.

31 Die Gründung des »Vereins der Confessionslosen«, nicht politischer Verein mit Sitz in Graz, wird mit Erlass der Statthalterei Steiermark vom 22. September 1896 nicht untersagt. Am 3. Juli 1897 wird er vom Polizeidirektor in Graz sistiert, also stillgelegt, schließlich mit Erlass der Statthalterei Steiermark vom 13. September 1897 behördlich aufgelöst; vgl. StLA, 5 Ver-2165/1897.

32 Vgl. StLA, 5 Ver-2165/1897, vor allem Akt 3410/1897 und 2914/1897.

33 Einflüsse Bruno Willes lassen sich vereinzelt auch in den Veröffentlichungen Franz Prischings finden, ohne dass er jedoch auf Wille hinweist. Lediglich über die Schriftenreihe des 1900 von Bruno Wille gegründeten »Giordano-Bruno-Bundes« äußert sich Prisching, und dies überaus lobend; vgl. [Franz Prisching]: *Bücherschau / Flugschriften des Giordano-Bruno-Bundes*, in: DgM, 3. Jg., Nr. 2 (Februar 1905), S. 21.

34 Vgl. *Die Freiheit. Socialistisches Organ* (Graz; Nr. 2: Wien), 1. Jg. (5. April–6. Mai 1894), 2 Nummern, danach behördlich verboten; vgl. StLA, Statth. Präs. 9-1130/1894.

35 [Carl Burger]: *Briefkasten der Redaktion*, in: Neues Leben. Anarchistisch-sozialistische Wochenschrift. Neue Folge (Berlin), 1. Jg., Nr. 15 (11. September 1897), S. 88.

36 Bericht des Polizeidirektors in Graz vom 16. September 1897, StLA, Statth. Präs. 10-2906/1897, Akt Nr. 3012/1897.

37 Vgl. Bericht des Polizeidirektors in Graz vom 7. Dezember 1903, StLA, Statth. Präs. 9-124/1901, Akt Nr. 3707/1903.

38 [Anonym]: *Die anarchistische Taufe erhalten*, in: Neues Leben. Anarchistisch-sozialistische Wochenschrift. Neue Folge (Berlin), 2. Jg., Nr. 21 (26. November 1898), S. 126. – Zu den beschlagnahmten Druckwerken: Bis dahin war nur das erste von vier Heften der genannten Flugschriftenreihe erschienen, nämlich ein Artikel des US-amerikanischen Anarchisten Benjamin R[icketson] Tucker (1854–1939): *Staatssozialismus und Anar-*

chismus: Inwieweit sie übereinstimmen und worin sie sich unterscheiden. Ins Deutsche übertragen von Georg Schumm. Mit einem Anhang: Die Literatur des individualistischen Anarchismus. Berlin: Bernhard Zack 1895 (= Flugschriften für den individualistischen Anarchismus. 1.), 16 S.; Original: State socialism and anarchism: how far they agree, and wherein they differ, in: Liberty (Boston) vom 10. März 1888. Das zweite beschlagnahmte Druckwerk war die vom ungarischen Anarchisten Eugen Heinrich Schmitt (d.i. Jenő Henrik Schmitt; 1851–1916) herausgegebene Zeitschrift: *Ohne Staat. Organ der idealistischen Anarchisten* (Budapest), 1.–3. Jg. (1897–1899). Von diesem stammt auch das dritte beanstandete Druckwerk; vgl. [Eugen Heinrich Schmitt]: *Pressprozess von Dr. Eugen Heinrich Schmitt. Der Staat vor dem Richterstuhle der Wahrheit. Herausgegeben von der Budapester Anarchistengruppe.* Budapest: S. Robicsek 1897, 45 S.

39 F[ranz] P[risching]: *Zeitgemässe Betrachtungen über Anarchismus*, in: Neues Leben. Anarchistisch-sozialistische Wochenschrift. Neue Folge (Berlin), 2. Jg., Nr. 4 (30. Juli 1898), S. 20–21.

40 Vgl. [Polizeidirektion Wien]: *Die socialdemokratische und anarchistische Bewegung im Jahre 1900.* Wien: Druck der kaiserlich-königlichen Hof- und Staatsdruckerei 1901, S. 215, und Gerfried Brandstetter (1949–): *Anarchismus und Arbeiterbewegung in Österreich 1889–1914. Dissertation zur Erlangung des Doktorgrades an der Geisteswissenschaftlichen Fakultät der Universität Salzburg.* Salzburg 1977, S. 64 (Maschinenschrift). Zur Zeitschrift »Neues Leben« und deren organisatorischer wie weltanschaulicher Bedeutung vgl. Ulrich Linse (1939–): *Organisierter Anarchismus im Deutschen Kaiserreich von 1871.* Berlin: Duncker & Humblot 1969 (= Beiträge zu einer historischen Strukturanalyse Bayerns im Industriezeitalter. 3.), S. 163–182.

41 [Polizeidirektion Wien]: *Die socialdemokratische und anarchistische Bewegung im Jahre 1900.* Wien: Druck der kaiserlich-königlichen Hof- und Staatsdruckerei 1901, S. 215. – Der Schöckl (1445 Meter hoch): nördlich der Stadt gelegener Grazer Hausberg.

42 Vgl. ebenda.

43 Polizeiliche Abschrift des Manuskripts, StLA, Statth. Präs. 8-42/1901, Akt Nr. 660/1901. Neben dem Stil deutet vor allem der in Anarchistenkreisen damals in Österreich keineswegs zentrale Begriff »Parteilose« auf Prisching als Autor hin.

44 Vgl. [Polizeidirektion Wien]: *Die socialdemokratische und anarchistische Bewegung im Jahre 1900.* Wien: Druck der kaiserlich-königlichen Hof- und Staatsdruckerei 1901, S. 210 und 215.

45 Ebenda, S. 215.

46 Vgl. StLA, Statth. Präs. 8-42/1901.

47 Polizeiliche Abschrift des fehlerhaft geschriebenen Briefes, StLA, Statth. Präs. 8-42/1901, Akt Nr. 660/1901. – Bei dem hier angesprochenen »Pr.« handelt es sich offensichtlich um Franz Prisching, der auch zu Anarchisten

in Klagenfurt (»Klg.«) gute Kontakte unterhält. »L.F.«, an den der Brief offensichtlich gerichtet ist, ist wohl der Grazer »Unabhängige Socialist« und Eisenbahnarbeiter Philipp – meist »Filipp« geschrieben – Labrugger, und »Scha.« der »Unabhängige Socialist« und Bäckergehilfe Anton Schantl. Renotz Ross = Rhinozeross (Nashorn); ag = Agitation; Geno = Genosse; Concorenz = Konkurrenz; Condument = Kontinent; Situ = Situation; Klg. = Klagenfurt; Reininghaus = Johann Peter (seit 1883: Edler von) Reininghaus (1818–1901), Inhaber einer berühmten Brauerei in Graz.

48 Vgl. *Der Freie Socialist. Parteiloses Organ für geistige und wirthschaftliche Befreiung des Proletariats* (Brüx [Most]; ab Nr. 2: Graz), 1. Jg. (8. November 1901–20. März 1902), 5 Nummern.

49 Vgl. StLA, Statth. Präs. 8-42/1901.

50 Vgl. die entsprechenden Dokumente im Stadtarchiv Graz, Z. 85788/1901.

51 [Polizeidirektion Wien]: *Die socialdemokratische und anarchistische Bewegung im Jahre 1901.* Wien: Druck der kaiserlich-königlichen Hof- und Staatsdruckerei 1902, S. 111. Franz Prisching wird in diesem Bericht überhaupt nicht mehr erwähnt.

52 Die Statuten des Vereins werden mit Erlass der Statthalterei Steiermark vom 12. Mai 1900, Z. 13 961, nicht untersagt; mit Erlass vom 4. April 1902, Z. 11 873, wird die Umbenennung in »Theosophische Gesellschaft« genehmigt; vgl. StLA, 392 Te-5/1941.

53 Franz Prisching: *Das höchste Ziel des Kulturmenschen gewidmet der Menschheit von einem Arbeiter. 1. bis 3. Tausend.* Graz: Franz Prisching [1903], S. 20–21.

54 Den Eindruck, den diese Reise auf Prisching macht, zeigt seine Widmung an das »Warnsdorfer Arbeiter-Rekonvaleszentenheim« auf dem Umschlagblatt der in der folgenden Anmerkung 55 zitierten Broschüre »Das höchste Ziel des Kulturmenschen« von Franz Prisching; vgl. auch [Franz Prisching]: *An alle Abonnenten und Leser des »G'roden Michl«!,* in: DgM, 3. Jg., Nr. 7–8 (Juli–August 1905), S. 57–58, hier S. 57.

55 Vgl. Franz Prisching: *Das höchste Ziel des Kulturmenschen, gewidmet der Menschheit von einem Arbeiter. 1. bis 3. Tausend.* Graz: Franz Prisching [1903], 24 S.

56 Vgl. StLA, Statth. Präs. 5 Ver-200/1903, Akt Nr. 885/1903. Der angesprochene Verlag befindet sich zunächst in Graz, ab 1909 in Kulming, ab 1913 in Hart; vgl. dazu in diesem Buch Kapitel III: »Der Verlag von Franz Prisching«.

57 Bericht des Polizeidirektors in Graz vom 10. Jänner 1903, StLA, Statth. Präs. 5 Ver-200/1903. Wie sehr Prisching hier irrt, belegt unter anderem das Beispiel des Vegetariers Adolf Hitler (1889–1945). Prisching nimmt jedoch selbst eine Korrektur seiner Position vor; siehe Seite 263 dieses Buches.

58 Vgl. Franz Prisching: *Sozialpolitische Gedanken eines Arbeiters. 1. bis 3. Tausend.* Graz: Franz Prisching 1903, 23 S.

59 Bericht des Polizeidirektors in Graz vom 23. März 1903, StLA, Statth. Präs. 5 Ver-200/1903, Akt Nr. 885/1903. – Verschleiß: österreichisch für Vertrieb.

60 Vgl. *Der Volksanwalt. Organ des arbeitenden Volkes Steiermarks* (ab 2. Jg., Nr. 1: *Der Volksanwalt. Organ des arbeitenden Volkes!*; ab 3. Jg., Nr. 1: *Volksanwalt. Freies unabhängiges Organ*) (Graz), 1.–3. Jg. (27. September 1902–9. Juli 1904), 87 Nummern. Den zeitweiligen Einfluss Franz Prischings belegt der Abdruck einiger Texte von Anarchisten in dieser Zeitung: Josef Harrich (1872–?), Petr Alekseevič Fürst Kropotkin (1842–1921), Robert Reitzel (1849–1898), Josef Schiller (1846–1897) und Lev Nikolaevič Graf Tolstoj (1828–1910).

61 Die Statuten des Vereins werden mit Erlass der Statthalterei Steiermark vom 19. Dezember 1902, Z. 52 473, genehmigt. Obwohl der Verein bereits 1904 seine Tätigkeit einstellt, wird er erst am 15. Dezember 1922 behördlich aufgelöst. Zum Verein vgl. StLA, Statth. 53-52473/1902, Statth. Präs. 5 Ver-200/1903 und Statth. 297a-3468/1922.

62 Vgl. die polizeiliche Relation (berichtliche Mitteilung) vom 10. Jänner 1903, StLA, Statth. Präs. 5 Ver-200/1903.

63 Bericht des Polizeidirektors in Graz vom 21. Jänner 1903, StLA, Statth. Präs. 5 Ver-200/1903.

64 Vgl. Bericht des Polizeidirektors in Graz vom 14. Jänner 1903, StLA, Statth. Präs. 5 Ver-200/1903.

65 Vgl. Bericht des Polizeidirektors in Graz vom 9. Jänner 1903, StLA, Statth. Präs. 5 Ver-200/1903.

66 Vgl. Statth. Präs. 5 Ver-200/1903, vor allem Akt Nr. 1219/1903.

67 Bericht des Polizeidirektors in Graz vom 28. April 1903, StLA, Statth. Präs. 5 Ver-200/1903, Akt Nr. 1219/1903. Zu der angesprochenen Gründung eines Vereins der Konfessionslosen kommt es zunächst nicht, doch erfolgt ein entsprechender Aufruf in der steirischen Tagespresse; vgl. die Notiz in der »Grazer Tagespost. Abendblatt« (Graz) vom 14. April 1903.

68 Vgl. Franz Prischings Artikelserie »Sozialpolitische Gedanken eines Arbeiters«, welche zwischen dem 6. Dezember 1902 und 10. Jänner 1903 im »Volksanwalt« erscheint, und »Vom Barbarismus zur Zivilisation! Ein Beitrag zur Friedensbewegung«, welche zwischen dem 21. Februar und 18. April 1903 ebenda veröffentlicht wird. Daneben erscheinen noch einige kleinere Artikel; vgl. F[ranz] P[risching]: *Die Gesundheitspflege und die Arbeiter*, in: Der Volksanwalt. Organ des arbeitenden Volkes Steiermarks (Graz), 1. Jg., Nr. 12 (13. Dezember 1902), S. 3; Franz Prisching: *Gegen die Vivisektion (Tierfolter)*, in: Der Volksanwalt. Organ des arbeitenden Volkes! (Graz), 2. Jg., Nr. 4 (24. Jänner 1903), S. 3–4; Franz Prisching: *Gegen die Vivisektion!*, in: ebenda, 2. Jg., Nr. 5 (31. Jänner 1903), S. 6.

69 [Franz Prisching]: *Reise-Eindrücke*, in: DgM, 2. Jg., Nr. 1 (Jänner 1904), S. 4–5, hier S. 5.

70 [Franz Prisching]: *Reise-Eindrücke*, in: DgM, 2. Jg., Nr. 3 (März 1904), S. 21–24, hier S. 21–22. Seine Distanzierung von der Gruppe um den »Volksanwalt« gibt Prisching auch in der Zeitung »Neues Leben« kund; vgl. Franz Prisching: *Erklärung. Oesterreich*, in: Neues Leben. Anarchistisch-sozialistische Wochenschrift. Neue Folge (Berlin), 7. Jg., Nr. 27 (4. Juli 1903), S. 112, und Franz Prisching: *Situationsbericht aus Steiermark*, in: ebenda, 7. Jg., Nr. 28 (11. Juli 1903), S. 115.

71 Vgl. StLA, 5 Ver-200/1903, Akt Nr. 1227/1903, und den Artikel [anonym]: *Eine Versammlungsbalgerei*, in: Grazer Tagblatt. Organ der Deutschen Volkspartei für die Alpenländer. Abend-Ausgabe (Graz), 13. Jg., Nr. 108 (20. April 1903), S. 2–3.

72 Polizeiliche Relation vom 11. August 1903, StLA, 5 Ver-200/1903, Akt Nr. 2424/1903; vgl. auch die polizeiliche Relation vom 16. August 1903, StLA, 5 Ver-200/1903, Akt Nr. 2466/1903.

73 Vgl. Franz Prisching: *Eingesandt aus Oesterreich*, in: Neues Leben. Anarchistisch-sozialistische Wochenschrift. Neue Folge (Berlin), 7. Jg., Nr. 15 (11. April 1903), S. 61–62. Vgl. dazu auch den Bericht von [Richard Klose]: *Unsere Bewegung. (Internationale Uebersicht.) Oesterreich-Ungarn*, in: Der Anarchist (Berlin), 1. Jg., Nr. 3 (Mai 1903), S. [3].

74 Franz Prisching: *An die Genossen in Oesterreich-Ungarn!*, in: Der Anarchist (Berlin), 1. Jg., Nr. 5 (Juni 1903), S. [4]. Vgl. auch Franz Prisching: *Zur Gründung eines Blattes in Oesterreich*, in: Neues Leben. Anarchistisch-sozialistische Wochenschrift. Neue Folge (Berlin), 7. Jg., Nr. 23 (6. Juni 1903), S. 95–96, und den Bericht des Polizeidirektors in Graz vom 29. Juni 1903, StLA, 5 Ver-200/1903, Akt 1952/1903.

75 Vgl. Bericht des Polizeidirektors in Graz vom 13. Juli 1903, StLA, 5 Ver-200/1903, Akt 2117/1903.

76 Bericht des Polizeidirektors in Graz vom 16. August 1903, StLA, 5 Ver-200/1903, Akt 2517/1903.

77 Vgl. *»Der Radikale«. Parteiloses Organ. Graz, 8. August 1903*. Graz: Verlag von Franz Prisching 1903, unpaginiert (4 S.). Zur Publikation dieses Flugblatts vgl. auch den Bericht des Polizeidirektors in Graz vom 19. August 1903, StLA, 5 Ver-200/1901, Akt Nr. 2517/1903.

78 [Franz Prisching]: *Prinzipien-Erklärung*, in: »Der Radikale«. Parteiloses Organ. Graz, 8. August 1903. Graz: Verlag von Franz Prisching 1903, S. [1–2].

79 StLA, Statth. Präs. 9-2651/1903.

80 Vgl. StLA, Statth. Präs. 9-2651/1903, Akt Nr. 601/1904.

81 Bericht des Polizeidirektors in Graz vom 7. Dezember 1903, StLA, Statth. Präs. 9-124/1901, Akt 3707/1903. – Verschleiß-Lizenz: österreichisch für Vetriebsgenehmigung.

82 Der Herausgeber [d.i. Franz Prisching]: *Ein vergangenes Jahr*, in: DgM, 2. Jg., Nr. 8 (August 1904), S. 61–62.

83 Vgl. Meldezettel von Rudolf Rotter und die Angaben in der Volkszählung 1900, Band 21, Z. 48.312 (Josepha Rotter), im Stadtarchiv Graz, Graz. Als Rotter im März 1914 nach Graz zurückkehrt, hat der »G'rode Michl« sein Erscheinen bereits eingestellt, und der einst rührige Agitator wird Beamter des Magistrats Graz.

84 Franz Prisching: *Anarchismus und Edelanarchismus*, in: Der Revolutionär. Organ der anarchistischen Föderation Deutschlands (Berlin), 2. Jg., Nr. 27 (7. Juni 1906), S. 106–107, hier S. 107.

85 Ebenda.

86 [Franz Prisching]: *Leo Tolstoi*, in: DgM, 1. Jg., Nr. 2 (Oktober 1903), S. 1–2, hier S. 2.

87 Vgl. Leo Tolstoi [d.i. Lev Nikolaevič Graf Tolstoj] (1828–1910): *Leo Tolstoi über den Terrorismus und die Sozialdemokratie*, in: DgM, 3. Jg., Nr. 12 (Dezember 1905), S. 86–97; ders.: *Wir sind Brüder!*, in: DgM, 4. Jg., Nr. 9 (September 1906), S. 61; ders.: *Leo Tolstois Rede gegen den Krieg. (Übers. [Albert] Škarvan.)*, in: DgM, 8. Jg., Nr. 2 (Februar 1910), S. 11–14; ders.: *Über den Selbstmord. (Übers. [Albert] Skarvan [!])*, in: DgM, 8. Jg., Nr. 8 (August 1910), S. 57–58; ders.: *Gespräch mit einem Wanderer. (Übers. [Albert] Skarvan [!])*, in: DgM, 8. Jg., Nr. 9–10 (September–Oktober 1910), S. 67; ders.: *Zum Weiterdenken*, in: DgM, 9. Jg., Nr. 4 (April 1911), S. 33. Unter den Beiträgen über Lev. N. Tolstoj seien hervorgehoben F[ranz] P[risching]: *Verschwendete Kräfte. (Dem Bruder Tolstoi gewidmet.)*, in: DgM, 9. Jg., Nr. 1 (Jänner 1911), S. 1–2; J[ohannes] N[ohl] (1882–1963): *Ein Gespräch nach Tolstois Tod. Aus: »Der Sozialist«*, in: ebenda, S. 2–4. Dass Prisching und Tolstoj miteinander korrespondierten, belegt [Franz Prisching]: *Briefkasten / L[eo] T[olstoi], Jasnaja Poljana*, in: DgM, 5. Jg., Nr. 6 (Juni 1907), S. 47, wobei es sich bei dem hier erwähnten »Dr. A.S.« um den US-amerikanischen Anarchisten deutscher Herkunft Alfred Sanftleben (Pseudonym: Slovak; 1871–1952) handelt, der auch der »Gesinnungsfreund« sein dürfte, der die Übersetzung eines Flugblatts von Franz Prisching ins Russische mitteilt; vgl. [Franz Prisching]: *Verschiedenes*, in: DgM, 5. Jg., Nr. 7 (Juli 1907), S. 78.

88 [Franz Prisching]: *Briefkasten / Tolstoi-Verehrer in Wien*, in: DgM, 2. Jg., Nr. 1 (Jänner 1904), S. 8. Dieser »Tolstoi-Verehrer« dürfte wohl der Wiener Tolstoj-Anhänger und Übersetzer Ludwig Berndl (1878–1946) sein.

89 Vgl. Bertha v[on] Suttner (1843–1914): *Freude, Freiheit, Frieden*, in: DgM, 1. Jg., Nr. 3 (November 1903), S. 2–3; dies.: *Der göttliche Staat*, in: DgM, 2. Jg., Nr. 1 (Jänner 1904), S. 2–4.

90 Polizeibericht vom 27. April 1905, StLA, 5 Ver-715/1905. – Der Begriff »theoretische Anarchisten« ist Amtsdeutsch und bezeichnet alle Anarchisten, welche den Terrorismus ablehnen.

91 Vgl. *Die Wahrheit. Socialdemokratisches Organ* (ab 1. Jg., Nr. 6: *Die Wahrheit. Freies sozialistisches Organ*) (Floridsdorf [zu Wien], ab 2. Jg., Nr. 4: Wien), 1.–2. Jg. (10. Mai 1903–1. Juni 1904), 23 Nummern.

92 Franz Prisching: *Die frei-sozialistische Bewegung*, in: Die Wahrheit. Freies sozialistisches Organ (Floridsdorf [zu Wien]), 2. Jg., Nr. 2 (15. Jänner 1904), S. 1–2, hier S. 2.

93 [Franz Prisching]: *Zeitungs- und Bücherschau*, in: Die Wahrheit. Freies sozialistisches Organ (Floridsdorf [zu Wien]), 1. Jg., Nr. 11 (1. Dezember 1903), S. 5. Hier werden auch die *vorzüglich redigierte sozialistische Zeitschrift* »Matice svobody« (Brno; Verein der Freiheit), das Organ der tschechischen Anarchisten, *bestens empfohlen*, und später die drei bis dahin erschienenen Broschüren Prischings; vgl. [Franz Prisching]: *Zeitungs- und Bücherschau*, in: ebenda, 1. Jg., Nr. 12 (15. Dezember 1903), S. 5.

94 [Franz Prisching]: *Zeitungen*, in: DgM, 2. Jg., Nr. 1 (Jänner 1904), S. 7.

95 [Franz Prisching]: *Briefkasten / Chinese in W...*, in: DgM, 1. Jg., Nr. 3 (November 1903), S. 10. – »Chineserei« meint hier Unverständlichkeit.

96 [Franz Prisching]: *Reise-Eindrücke*, in: DgM, 2. Jg., Nr. 3 (März 1904), S. 21–24, hier S. 22. Dabei merkt Prisching in einer Fußnote zum letzten Satz an: *Ist bereits geschehen.*

97 Ebenda.

98 Vgl. Polizeibericht vom 22. Dezember 1903, StLA, 5 Ver-200/1903, Akt 3843/1903.

99 Vgl. Polizeibericht vom 4. Jänner 1904 und Bericht des Polizeidirektors vom 21. Jänner 1903, StLA, 5 Ver-200/1903, Akt 3843/1903.

100 Johann Poddany [d.i. Jan Poddaný] / Ferdinand Herzog / Moritz Lickier / Wenzel Welan [d.i. Václav Welan] / Josef Lehart / Havel Linz / Franz Zelinger / [Johann] Hajek [d.i. Jan Hájek] / Johann Tesar [d.i. Jan Tesár]: *Die anarchistische Bewegung in Wien. (Bericht an den Amsterdamer Kongress.)*, in: Die Freie Generation. Dokumente zur Weltanschauung des Anarchismus (Berlin), 2. Bd., H. 4 (Oktober 1907), S. 106–113, hier S. 110. Prisching hat schon früher die Zeitung überaus positiv rezensiert, *obwohl wir nicht mit allem einverstanden sind, was übrigens gar nicht nötig ist;* [Franz Prisching]: *Zeitungs- und Bücherschau / »Freie Worte« / »Die Wahrheit«*, in: DgM, 1. Jg., Nr. 3 (November 1903), S. 8.

101 Vgl. [anonym]: *Versammlung*, in: Die Wahrheit. Freies sozialistisches Organ (Floridsdorf [zu Wien]), 2. Jg., Nr. 1 (1. Jänner 1904), S. 3.

102 Vgl. die programmatischen Artikel vom Herausgeber [d.i. Franz Prisching]: *Anarchismus und Ordnung!*, in: DgM, 2. Jg., Nr. 10 (Oktober 1904), S. 81–83, und Franz Prisching: *Zur Philosophie des Anarchismus!*, in: Die Wahrheit. Freies sozialistisches Organ (Wien), 2. Jg., Nr. 6 (15. März 1904), S. 2–3, später wiederabgedruckt in: DgM, 8. Jg., Nr. 11 (November 1910), S. 71–72.

103 [Franz Prisching]: *Kurz gefasste Lebensgeschichte des Herausgebers*, in: DgM, 2. Jg., Nr. 10 (Oktober 1904), S. 79–81, hier S. 80.

104 Vgl. Franz Prisching: *Die frei-sozialistische Bewegung*, in: Die Wahrheit. Freies sozialistisches Organ (Floridsdorf [zu Wien]), 2. Jg., Nr. 2 (15. Jän-

ner 1904), S. 1–2, wiederabgedruckt in: DgM, 4. Jg., Nr. 4 (April 1906), S. 26–27; [Franz Prisching]: *Briefkasten / Vegetarier und Anarchist in Brasilien*, in: DgM, 3. Jg., Nr. 11 (November 1905), S. 101; F[ranz] P[risching]: *Hanswurstiaden der freien Sozialisten*, in: DgM, 4. Jg., Nr. 1 (Jänner 1906), S. 3–4; [Franz Prisching]: *Briefkasten / J.K., Marburg. E.R., Weyer*, in: DgM, 4. Jg., Nr. 1 (Jänner 1907), S. 7.

105 Vgl. *Sozialdemokratischer Arbeiterbund in Österreich* (ab 1. Jg., Nr. 3, mit dem Untertitel: *Freies, unabhängiges Organ sozialdemokratischer Arbeiter*; ab 1. Jg., Nr. 6, mit dem Untertitel: *Organ für vereinte, freie und unabhängige Sozialisten*; ab 1. Jg., Nr. 11: *Frei-Sozialdemokratischer Arbeiterbund in Österreich. Organ für vereinte, freie und unabhängige Sozialisten*; ab 1. Jg., Nr. 12: *Freisozialistischer Arbeiterbund in Österreich. Organ für vereinte, freie und unabhängige Sozialisten*) (Wien), 1. Jg. (21. Jänner–16. September 1905), 18 Nummern. In der Zeitschrift werden später auch Texte von Anarchisten veröffentlicht; vgl. beispielsweise den Abdruck aus der Broschüre von Josef Harrich: *Der Weg zum Sozialismus*, in: ebenda, 1. Jg., Nr. 5 (18. März 1905), S. 13–14. Im selben Heft, S. 22, werden auch erstmals Schriften von Franz Prisching ausgewiesen. Vgl. auch den Teilabdruck von Franz Prisching: *Sozialist und Vegetarier*, in: ebenda, 1. Jg., Nr. 11 (10. Juni 1905), S. 3–5, und 1. Jg., Nr. 12 (24. Juni 1905), S. 9–10. Bemerkenswert ist auch die ausführliche Rezension der Broschüre des österreichischen Anarchisten Pierre Ramus [d.i. Rudolf Großmann]: *Nach vierzig Jahren. (28 September 1864–28 September 1904.) Ein historisches Gedenkblatt zur vierzigjährigen Grundung [!] der Internationalen Arbeiter Association*. London: Herausgegeben von dem Communistischen Arbeiter Bildungs Verein 1905, 15 S.; vgl. [anonym]: *Verschiedenes*, in: ebenda, 1. Jg., Nr. 11 (10. Juni 1905), S. 2–3.

106 [Franz Prisching]: *Briefkasten / Freie Sozialisten von Böhmen*, in: DgM, 3. Jg., Nr. 2 (Februar 1905), S. 22.

107 P.H.: *Zur freisozialistischen Reichskonferenz. (Abdruck aus den »Freien Worten«.)*, in: Sozialdemokratischer Arbeiterbund in Österreich. Organ für vereinte, freie und unabhängige Sozialisten (Wien), 1. Jg., Nr. 6 (1. April 1905), S. 7–9, hier S. 7. – Der deutsche Philosoph Max Stirner (d.i. Johann Caspar Schmidt; 1806–1856) gilt als bedeutender Theoretiker des individualistischen (anti-sozialistischen und anti-kommunistischen) Anarchismus, der russische Schriftsteller, Geograf und Revolutionär Petr Alekseevič Fürst Kropotkin (1842–1921) als wichtiger Vertreter des kommunistischen Anarchismus. Die anderen genannten Personen sind Wirtschaftsreformer des bürgerlichen Lagers, wenngleich sie anarchistische Konzeptionen beeinflussten und teils von diesen ihrerseits beeinflusst wurden: der US-Amerikaner Henry George (1839–1897) und die Deutschen Franz Oppenheimer (1864–1943), Michael Flürscheim (1844–1912) und Benedikt Friedländer (1866–1908). Lediglich der Begründer der Freiland-Bewegung, der Österreicher Theodor Hertzka (d.i. Tivadar Hertzka;

1845–1924), weist deutlich anarchistische Ansätze auf und begründete auch eine anarchistische Tradition der Bodenreform mit.

108 Ebenda. – Krapotkin: alte Schreibweise für Petr Alekseevič Fürsten Kropotkin; siehe vorhergehende Anmerkung 107.

109 Ebenda, S. 8. – Die österreichisch-ungarische Monarchie besteht 1867 bis 1918 aus zwei Reichsteilen: 1) die österreichische Reichshälfte, inoffiziell auch Cisleithanien genannt (also diesseits des Donau-Nebenflusses Leitha gelegen), 2) die ungarische Reichshälfte, auch Transleithanien genannt (also jenseits der Leitha gelegen).

110 [Franz Prisching]: *Konferenz der freien Sozialisten*, in: DgM, 3. Jg., Nr. 4 (April 1905), S. 39; vgl. auch [Franz Prisching]: *Nochmals zur Konferenz der freien Sozialisten am 11. und 12. Juni (Pfingsten) in Wien*, in: DgM, 3. Jg., Nr. 5 (Mai 1905), S. 44–45, [Franz Prisching]: *Briefkasten / Mehrere freie Sozialisten und Vegetarier in Böhmen*, in: DgM, 3. Jg., Nr. 6 (Juni 1905), S. 55. – Mit »Parteipapst Viktor« ist der Führer der österreichischen Sozialdemokratie Victor Adler (1852–1918) gemeint, der die Partei auf dem Hainfelder Parteitag zur Jahreswende 1888/89 in der »Sozialdemokratischen Arbeiterpartei Deutschösterreichs« einte.

111 Vgl. [anonym]: *Protokoll über die Konferenz der freisozialistischen Partei in Österreich am 11. und 12. Juni 1905 in Wien (VII., Bernhardgasse [!] Nr. 37)*, in: Freisozialistischer Arbeiterbund in Österreich. Organ für vereinte, freie und unabhängige Sozialisten (Wien), 1. Jg., Nr. 13 (8. Juli 1905), S. 3–25. Dieses Protokoll erschien auch als Separatabdruck Wien 1905.

112 Ebenda, S. 18. – Mit der Zeitung »Der Freie Arbeiter« (Berlin) meint Prisching hier das Vorläuferorgan »Neues Leben« (Berlin). Bei der angesprochenen ersten Nummer eines freisozialistischen Organs handelt es sich wohl nicht um jene des »G'roden Michl«, sondern um die als Vorausnummern 1899 erschienenen Zeitschriften »Junge Freiheit. Internationales Organ der Anarchisten deutscher Zunge« [Graz] und »Der freie Gedanke. Organ zur Verbreitung freiheitlicher Ideen« [Graz].

113 Ebenda, S. 11, 13, 13, 20, 22, 25. – Gesamtreich dies- und jenseits der Leitha: gemeint sind Cis- und Transleithanien; siehe Anmerkung 109.

114 Ebenda, S. 23.

115 Ebenda, S. 24.

116 Ebenda.

117 Ebenda.

118 Dies ist eine Anspielung auf den schon erwähnten Rechtsanwalt Dr. Severin Landesberger und vor allem auf Dr. Hermann Kadisch (1861–1934), der sich auf der Konferenz für eine Bewegung zionistischer Unabhängiger im Rahmen einer jüdischen Nation ausspricht. Kadisch, auf der Konferenz Wiener Vertreter »Unabhängiger Zionisten«, war in den 1890er-Jahren Anhänger der Freiland-Bewegung Theodor Hertzkas und Haupttheoretiker der anarchistischen »Freiheitlichen Sozialisten«. Diese Äußerung Pri-

schings könnte als antisemitisch gedeutet werden, doch gilt es zu bedenken, dass sich in seinem gesamten publizierten Werk keinerlei Hinweise auf Antisemitismus finden.

119 [Franz Prisching]: *Bericht über die Konferenz der freien Sozialisten in Österreich zu Wien am 11. und 12. Juni 1905*, in: DgM, 3. Jg., Nr. 6 (Juni 1905), S. 59–61, hier S. 59–60. Auf Seite 61 stellt er noch richtig, dass er (wie unter Punkt 4 der Beschlüsse fälschlich festgestellt) kein Vertrauensmann sei und dass er sich auf der Konferenz *n i c h t als freier Sozialist, sondern als Anarchist erklärt habe*.

120 [Franz Prisching]: *An alle Abonnenten und Leser des »G'roden Michl«!*, in: DgM, 3. Jg., Nr. 7–8 (Juli–August 1905), S. 57–58, hier S. 57.

121 Bericht des Polizeidirektors in Graz vom 16. Juli 1905, StLA, 5 Ver-715/1905, Akt 2092/1905. Neben den genannten Orten in der Steiermark will er auch Abonnenten in Neunkirchen (Niederösterreich) besuchen; vgl. [Franz Prisching]: *Briefkasten / Bruck a[n] d[er]M[ur], Thörl, Mürzzuschlag, Neunkirchen*, in: DgM, 3. Jg., Nr. 7–8 (Juli–August 1905), S. 68.

122 Ad acta-Vermerk zum Bericht des Polizeidirektors in Graz vom 16. Juli 1905, StLA, 5 Ver-715/1905, ad Akt 2092/1905.

123 Bericht des Polizeidirektors in Graz vom 11. August 1905, StLA, 5 Ver-715/1905, Akt 2366/1905.

124 Bericht des Polizeidirektors in Graz vom 16. August 1905, StLA, 5 Ver-715/1905, Akt 2397/1905.

125 [Franz Prisching]: *Briefkasten / Abonnenten in Obersteier*, in: DgM, 3. Jg., Nr. 9 (September 1905), S. 76.

126 Nach den Unterlagen im Evangelischen Pfarramt Heilandskirche, Graz, im Stadtarchiv Graz, Graz, A 2-85788/1901 GVA, und Dokumenten im Besitz von Christa Struckl, Hart bei Graz.

127 Nach der Geburtsurkunde im Besitz von Christa Struckl, Hart bei Graz.

128 [Franz Prisching]: *Briefkasten / An viele Freunde des »G'roden Michl«*, in: DgM, 4. Jg., Nr. 5 (Mai 1906), S. 38. Tatsächlich erscheint die Nummer 9 des »G'roden Michl« vom September 1906 als Ersatznummer für die nicht erschienenen Nummern 7 und 8.

129 Der Herausgeber [d.i. Franz Prisching]: *Abschiedsworte!*, in: DgM, 4. Jg., Nr. 6 (Juni 1906), S. 41–43, hier S. 42.

130 Bericht der Polizeidirektion Graz vom 27. Juni 1906, StLA, Statth. Präs. E 91-784/1906.

131 Nach der Taufurkunde im Besitz von Christa Struckl, Hart bei Graz. Alle Angaben zu diesem Kind und zu den späteren Kindern von Franz Prisching und Johanna Struckl beruhen auf Unterlagen im Evangelischen Pfarramt Heilandskirche, Graz, und den Familiendokumenten im Besitz von Christa Struckl, Hart bei Graz.

132 Vgl. Franz Prisching: *Sozialist und Vegetarier. Ein Zwiegespräch*. Graz: Verlag von Franz Prisching 1905, 16 S. Zweite Auflage Graz 1905.

133 Vgl. Franz Prisching: *Ein billiges Mittel, um seine Sehkraft zu erhalten beziehungsweise um diese wieder zu erlangen.* Graz: Im Verlage von Franz Prisching 1906, 12 S.

134 Vgl. Franz Prischings Artikel in: *Der Revolutionär. Organ der anarchistischen Föderation Deutschlands* (ab 3. Jg., Nr. 22: *Revolutionär. Anarchistisches Wochenblatt*) (Berlin): *Gott und Anarchie*, in: 1. Jg., Nr. 6 (2. September 1905), S. 22–23; *Freie Sozialisten und Anarchisten*, in: 1. Jg., Nr. 6 (2. September 1905), S. 24; *Gesetz und Freiheit!*, in: 1. Jg., Nr. 7 (16. September 1905), S. 27; *Evolution und Revolution*, in: 1. Jg., Nr. 8 (30. September 1905), S. 30; *Anarchismus*, in: 1. Jg., Nr. 9 (14. Oktober 1905), S. 35; *Parlamentarismus und Freiheit*, in: 1. Jg., Nr. 14 (23. Dezember 1905), S. 54; *Sozialdemokratie!*, in: 2. Jg., Nr. 6 (10. Februar 1906), S. 23–24; *Organisation und Anarchismus*, in: 2. Jg., Nr. 8 (24. Februar 1906), S. 30–31; *Freiheit*, in: 2. Jg., Nr. 16 (21. April 1906), S. 63–64; *Nochmals die soziale Revolution*, in: 2. Jg., Nr. 24 (16. Juni 1906), S. 94 (mit einer Anmerkung des Redaktionsmitgliedes Ernst Pieron); *Anarchismus und Edelanarchismus*, in: 2. Jg., Nr. 27 (7. Juli 1906), S. 106–107 (mit einer Anmerkung des Redaktionsmitgliedes Ernst Pieron); *Die »göttliche Weltordnung«*, in: 2. Jg., Nr. 29 (21. Juli 1906), S. 115; *Demokrat und Anarchist*, in: 2. Jg., Nr. 30 (28. Juli 1906), S. 118–119; *Anarchie!*, in: 2. Jg., Nr. 35 (1. September 1906), S. 138–139; *An die Gesinnungsfreunde aller Orts!*, in: 2. Jg., Nr. 37 (15. September 1906), S. 148; *Das Höchste u[nd] der Allerhöchste oder höher geht's nimmer!*, in: 2. Jg., Nr. 42 (20. Oktober 1906), S. 166; *Klassenkampf und Anarchismus*, in: 4. Jg., Nr. 10 (7. März 1908), S. 38; *Aufreizen*, in: 4. Jg., Nr. 14 (4. April 1908), S. 54; *Fordern oder Nehmen!*, in: 4. Jg., Nr. 22 (30. Mai 1908), S. 91; *Autorität und Freiheit*, in: Beilage zum »Revolutionär« (Berlin), 4. Jg., Nr. 34 (22. August 1908), S. 134; *Freidenkertum und Anarchismus*, in: 4. Jg., Nr. 39 (26. September 1908), S. 171–172.

135 Vgl. [anonym]: *Unsere Bewegung / Oesterreich-Ungarn*, in: Der Anarchist (Berlin), 3. Jg., Nr. 17/41 (November 1905), S. [3], und P[aul] Frauböse (1869-?): *Eine Agitationstour durch Deutschland und Österreich*, in: Der Revolutionär. Organ der anarchistischen Föderation Deutschlands (Berlin), 1. Jg., Nr. 12 (25. November 1905), S. 47–48.

136 F[ranz] P[risching]: *Rundschau*, in: DgM, 3. Jg., Nr. 11 (November 1905), S. 91.

137 Vgl. [anonym]: *Unser Genosse Frauböse [...]*, in: Revolutionär. Anarchistisches Wochenblatt (Berlin), 4. Jg., Nr. 34 (22. August 1908), S. 132, und [Polizeidirektion Wien]: *Die sozialdemokratische und anarchistische Bewegung im Jahre 1908.* Wien: Druck der kaiserlich-königlichen Hof- und Staatsdruckerei 1909, S. 63.

138 Franz Prisching: *Versammlungsbericht*, in: DgM, 5. Jg., Nr. 3 (März 1907), S. 21–22, hier S. 22.

139 Vgl. Franz Prisching: *Aufruf gegen Militärismus und Krieg.* Graz: [Verlag von Franz Prisching] 1907, 8 S. Von österreichischen Anarchisten gibt es nur eine weitere Schrift zum Amsterdamer Kongress, nämlich von Pierre Ramus [d.i. Rudolf Großmann]: *Die historische Entwicklung der Friedensidee und des Antimilitarismus.* Gautzsch b[ei] Leipzig: Felix Dietrich 1908 (= Kultur und Fortschritt. Neue Folge der Sammlung »Sozialer Fortschritt«. Hefte für Volkswirtschaft, Sozialpolitik, Frauenfrage, Rechtspflege und Kulturinteressen. 153.), 12 S.; vollständig unter dem Titel: *Der Antimilitarismus als Taktik des Anarchismus. Referat, gehalten auf dem Internationalen Amsterdamer Kongresse der »Internationalen Antimilitaristischen Assoziation« am 30. u[nd] 31. Aug[ust] 1907. (Ein Kapitel aus dem nachfolgenden Referat ist unter dem Titel: »Die historische Entwicklung der Friedensidee und des Antimilitarismus« als selbstständige Broschüre im Verlag von Felix Dietrich, Gautzsch bei Leipzig, Kregelstraße 5, erschienen. Preis 30 Heller.)* Brüssel: Verlag W. Schouteten 1909 (= Wohlstand für Alle.), 23 S. Außerdem veröffentlichte Pierre Ramus die Übersetzung des Berichts des niederländischen evangelischen Pastors, Antimilitaristen und Anarchisten Nicolaas Jacob Cornelis Schermerhorn (1866–1956): *Offizielles Protokoll des Internationalen Anti-Militaristischen Kongresses gehalten zu Amsterdam, am 30.–31. August 1907. Übersetzt aus dem Holländischen des freireligiösen Pastor N.J.C. Schermerhorn.* Wien: Wohlstand für Alle 1908, 54 S.

140 Siehe Anmerkung 87. Vgl. auch Achilles Graber: *Dienstverweigerung aus religiösen Gründen,* in: DgM, 2. Jg., Nr. 7 (Juli 1904), S. 56; [Franz Prisching]: *Ein Rekrut, der kein Gewehr will,* in: DgM, 3. Jg., Nr. 7–8 (Juli–August 1905), S. 62; [Franz Prisching]: *Fort mit dem Kriege!,* in: DgM, 4. Jg., Nr. 4 (April 1906), S. 29.

141 [Anonym]: *Nasenstüber und Rippenstöße. Zum Internationalen anarch[istischen] Kongreß in Amsterdam,* in: Die direkte Aktion. Organ für syndikalistischen Anarchismus. Beilage zum »Revolutionär« 3. Jahrg. No. 22 (Berlin), 1. Jg., Nr. 1 (1. Juni 1907), S. [3], wiederabgedruckt in F[ranz] Prisching: *Es gibt auch anarchistisches Pfaffentum,* in: DgM, 5. Jg., Nr. 6 (Juni 1907), S. 45–46, hier S. 45. Dieser Artikel reichsdeutscher Anarchisten ist wohl auch der Grund für Prischings auffällige Publikationslücke im »Revolutionär« (Berlin) im Jahr 1907. Vgl. auch [anonym]: *Nasenstüber und Rippenstösse. Was ist Anarchismus?,* in: Die direkte Aktion. Organ für syndikalistischen Anarchismus. Beilage zum »Revolutionär« 3. Jahrg. No. 24 (Berlin), 1. Jg., Nr. 3 (15. Juni 1907), S. [4]; [anonym]: *Der dumme Michel. Graz,* in: Die direkte Aktion. Beilage zum »Revolutionär« 3. Jahrg. No. 26/27 (Berlin), 1. Jg., Nr. 5–6 (6. Juli 1907), S. [4].

142 Vgl. [Franz Prisching]: *Barbarismus oder Menschentum?,* in: DgM, 1. Jg., Nr. 4 (Dezember 1903), S. 4–5, hier S. 4.

143 Vgl. F[ranz] P[risching]: *Die soziale Revolution*, in: DgM, 3. Jg., Nr. 12 (Dezember 1905), S. 97–99; Berthold Cahn (1871–1944): *Nieder mit der sozialen Revolution! Eine polemische Auseinandersetzung*, in: Der Revolutionär. Organ der anarchistischen Föderation Deutschlands (Berlin), 2. Jg., Nr. 15 (14. April 1906), S. 58–59, und 2. Jg., Nr. 16 (21. April 1906), S. 61–63, Franz Prisching: *Nochmals die soziale Revolution*, in: ebenda, 2. Jg., Nr. 24 (16. Juni 1906), S. 94, sowie E[rnst] P[ieron]: *Anmerkung der Redaktion*, in ebenda.

144 [Franz Prisching]: *Briefkasten / Redaktion: »Die direkte Aktion«, Berlin*, in: DgM, 5. Jg., Nr. 7–8 (Juli–August 1907), S. 79–80.

145 Fr[anz] P[risching]: *Meine Meinung zur Koloniefrage*, in: DgM, 5. Jg., Nr. 4 (April 1907), S. 25–27, hier S. 25–26.

146 Vgl. J[ohann] Schmidt: *An alle Siedelungsfreunde*, in: DgM, 5. Jg., Nr. 9 (September 1907), S. 86–87. Im März 1909 überwirft sich Prisching mit Schmidt und tritt aus der »Freien Siedelungs-Gesellschaft« aus; vgl. Franz Prisching: *Gegen die Kolonisation in Brasilien*, in: DgM, 7. Jg., Nr. 3 (März 1909), S. 18–19.

147 Vgl. F[ranz] P[risching]: *Brasilien*, in: DgM, 7. Jg., Nr. 5 (Mai 1909), S. 33–34, hier S. 34.

148 Vgl. F[ranz] P[risching]: *Vereinigung aller Siedelungsgenossen*, in: DgM, 6. Jg., Nr. 11 (November 1908), S. 61–62, hier S. 61.

149 [Franz Prisching]: *Briefkasten / An die Auswanderungslustigen*, in: DgM, 5. Jg., Nr. 1 (Jänner 1907), S. 7.

150 Vgl. [Franz Prisching]: *An die reichsdeutschen Gesinnungsfreunde*, in: DgM, 5. Jg., Nr. 11 (November 1907), S. 109, und F[ranz] Prisching: *In eigener Sache*, in: DgM, 5. Jg., Nr. 12 (Dezember 1907), S. 116–117.

151 Vgl. F[ranz] P[risching]: *Zur Koloniegründung*, in: DgM, 5. Jg., Nr. 12 (Dezember 1907), S. 112–114.

152 [Franz Prisching]: *Briefkasten / Siedelungsgenossen verschiedener Orte*, in: DgM, 6. Jg., Nr. 6 (Juni 1908), S. 42.

153 Vgl. Franz Prisching: *Aufruf nicht an Germanen – nicht an Romanen – nicht an Christen – nicht an Buddhisten – nicht an irgendwelche Isten .... Nein! Sondern Aufruf nur an wahre Menschenfreunde! Beilage zu Nr. 6 des »Der gerade Michel«, Graz, Juni 1908*. Graz: Verlag von Franz Prisching 1908, unpaginiert (2 S.).

154 F[ranz] P[risching]: *Sind Wunder im 20. Jahrhundert möglich?*, in: DgM, 6. Jg., Nr. 6 (Juni 1908), S. 39–40, hier S. 40.

155 F[ranz] P[risching]: *An die Tierschutzfreunde*, in: DgM, 6. Jg., Nr. 8 (August 1908), S. 48–49, hier S. 48.

156 Vgl. beispielsweise F[ranz] Prisching: *Ein verunglückter Versuch, die Vegetarier lächerlich zu machen*, in: DgM, 3. Jg., Nr. 4 (April 1905), S. 32–35, hier S. 34.

157 F[ranz] P[risching]: *Gute Worte in schlechten Zeiten*, in: DgM, 6. Jg., Nr. 8 (August 1908), S. 49–50, hier S. 50.

158 Vgl. F[ranz] P[risching]: *Unfähig, praktische Arbeit zu leisten*, in: DgM, 6. Jg., Nr. 8 (August 1908), S. 50–51.

159 Vgl. F[ranz] P[risching]: *Ferien!*, in: DgM, 6. Jg., Nr. 9–10 (September–Oktober 1908), S. 58.

160 [Pierre Ramus (d.i. Rudolf Großmann)]: *Auf Agitation*, in: Wohlstand für Alle. Mit literarischem Beiblatt: Ohne Herrschaft (Wien), 1. Jg., Nr. 18 (20. September 1908), S. [5]. Es ist auch auffällig, dass Prisching in Ramus' Zeitung, damals das führende anarchistische Organ deutscher Sprache in Österreich, nur einen kurzen Beitrag veröffentlicht; vgl. F[ranz] P[risching]: *Österreich*, in: ebenda, 2. Jg., Nr. 21 (7. November 1909), S. [7–8]. Auch findet sich nur eine kurze Rezension dieser Zeitung durch [Franz Prisching]: *Zeitungs- und Bücherschau / Wohlstand für Alle*, in: DgM, 6. Jg., Nr. 1 (Jänner 1908), S. 7; ansonsten gibt es noch zwei kurze Mitteilungen; vgl. [Franz Prisching]: *Briefkasten / P[ierre] R[amus], Wien*, in: DgM, 6. Jg., Nr. 1 (Jänner 1908), S. 7, in der es um zwei österreichische Anarchisten, die Brüder Max Nacht (später: Max Nomad; 1881-1973) und Siegfried Nacht (Pseudonyme: Ein Anarchist, Gibel (al) Tarik, Gibraltarinus, S.N8, Fr. Racek, Rolewsky, Arnold Roller; später: Stephen Naft; 1878–1956), geht, und [Franz Prisching]: *Briefkasten / Pierre Ramus, Klosterneuburg*, in: DgM, 8. Jg., Nr. 4 (April 1910), S. 31; siehe auch Anmerkung 189.

Es ist wohl bislang unbekannt, dass einer der bekanntesten US-amerikanischen Anarchisten für kurze Zeit in Graz lebte: der aus Böhmen stammende Hippolyte Havel (1869–1950). Der »Unabhängige Socialist« Havel wohnte vor seinem Weg ins englische, schließlich US-amerikanische Exil, 1897, einige Zeit in Graz, wo ihn wohl auch Prisching, damals selbst »Unabhängiger Socialist«, kennen gelernt hat. Bei der schon erwähnten Hausdurchsuchung beim »Unabhängigen Socialisten« Johann Gruber vom 10. Februar 1901 werden übrigens mehrere Bücher mit dem handschriftlichen Besitzvermerk von Havel beschlagnahmt; vgl. Bericht des Polizeidirektors in Graz vom 18. Februar 1901, StLA, Präs. Statth. 8-42/1901, Akt 660/1901.

161 Vgl. [Franz Prisching]: *Ausweis für das zu gründende »Volksblatt für Tierschutz und gegen die Vivisektion«*, in: DgM, 6. Jg., Nr. 7 (Juli 1908), S. 46.

162 Franz Prisching: *Rück- und Vorwärtsblicke*, in: DgM, 6. Jg., Nr. 12 (Dezember 1908), S. 69–70, hier S. 69. Am 4. Jänner 1909 zeigt Prisching die geplante neue Erscheinungsweise – *vom 15n Jänner 1909 an halbmonatlich und zwar am 1ten und 15ten eines jeden Monats um 8h früh* – bei der Polizeidirektion Graz an, doch teilt er bereits am 13. Jänner 1909 die Beibehaltung der monatlichen Erscheinungsweise mit; vgl. StLA, Statth. Präs. E. 92. c., Akt 74/1909.

163 Vgl. F[ranz] P[risching]: *Es geht nicht*, in: DgM, 7. Jg., Nr. 1 (Jänner 1909), S. 1–2, hier S. 1.

164 F[ranz] P[risching]: *Wir Deutsche fürchten Gott, sonst nichts auf der Welt!*, in: DgM, 8. Jg., Nr. 12 (Dezember 1910), S. 81–82, hier S. 82. – »Am deutschen Wesen wird die Welt genesen«: Diese heute vor allem mit dem ersten Weltkrieg und den Nationalsozialisten in Verbindung gebrachte Phrase ist die Verballhornung eines Zitats aus dem Gedicht »Deutschlands Beruf« des deutschen Schriftstellers Emanuel Geibel (1815–1884) aus dem Jahr 1861: »(...) Und mag am deutschen Wesen / Einmal noch die Welt genesen.« – »(...) Pardon wird nicht gegeben, Gefangene werden nicht gemacht«: Dieser Spruch stammt aus der so genannten Hunnenrede von Kaiser Wilhelm II. von Hohenzollern (1859–1941) in Bremerhaven am 27. Juli 1900 anlässlich des Kriegs der Deutschen in China.

165 Vgl. Todesanzeige in: DgM, 7. Jg., Nr. 1 (Jänner 1909), S. 8.

166 Vgl. F[ranz] P[risching]: *Zum VII. Jahrgang*, in: DgM, 7. Jg., Nr. 1 (Jänner 1909), S. 4–5, hier S. 4.

167 Vgl. Übertrittsbuch im Evangelischen Pfarramt Heilandskirche, Graz.

168 F[ranz] Prisching: *In eigener Sache*, in: DgM, 7. Jg., Nr. 6 (Juni 1909), S. 41–42, hier S. 42.

169 F[ranz] P[risching]: *Aufs Land hinaus!*, in: DgM, 7. Jg., Nr. 7 (Juli 1909), S. 45–46, hier S. 46.

170 Das damalige Dorf Kulming, politischer Bezirk Weiz (Steiermark), zählt 1910 insgesamt 29 Häuser mit 165 Einwohnern; vgl. *Spezialortsrepertorium der österreichischen Länder. Bearbeitet auf Grund der Ergebnisse der Volkszählung vom 31. Dezember 1910. Herausgegeben von der k.k. Statistischen Zentralkommission. Bd. IV: Spezialortsrepertorium von Steiermark*. Wien: Verlag der k.k. Hof- und Staatsdruckerei 1917, S. 142.

171 Vgl. [Franz Prisching]: *Briefkasten / F.S., Wien*, in: DgM, 8. Jg., Nr. 4 (April 1910), S. 31, und das Inserat in: DgM, 8. Jg., Nr. 5 (Mai 1910), S. 40.

172 [Franz Prisching]: *Der »Gerade Michel« kommt!*, in [Franz Prisching]: *Der »Gerade Michel« in Oststeiermark*. Herausgeber: Franz Prisching in Kulming Nr. 28, Post Pischelsdorf bei Gleisdorf (Steiermark). Flugblatt. Kulming, 15. Dezember 1909. Kulming: Im Verlage von F. Prisching 1909, S. [1–2]. – Kulmberg, eigentlich der Kulm (975 Meter hoch): viel bewanderter Aussichtsberg nahe Weiz.

173 Vgl. ebenda, S. [1].

174 [Franz Prisching]: *Briefkasten / An viele statt brieflicher Antwort*, in: DgM, 8. Jg., Nr. 1 (Jänner 1910), S. 7–8, hier S. 7. – Kraxe: österreichisch für Rückentrage.

175 Der Verfasser [d.i. Franz Prisching]: *Hilfsstation für Tiere*, in: DgM, 8. Jg., Nr. 3 (März 1910), S. 17-19, hier S. 18.

176 Franz Prisching: *Ausweis über Ausgaben und Einnahmen zur Errichtung einer »Hilfsstation für Tiere« in Steiermark*, in: DgM, 9. Jg., Nr. 1 (Jänner 1911), S. 7.

177 [Franz Prisching]: *Briefkasten / Tierfreunde*, in: DgM, 8. Jg., Nr. 8 (August 1910), S. 62. – Das Schemerl, eigentlich Schemerlhöhe (500 Meter hoch): Erhebung in Nestelbach (Steiermark).

178 F[ranz] Prisching: *In eigener Sache*, in: DgM, 8. Jg., Nr. 6 (Juni 1910), S. 41–42, hier S. 41.

179 [Franz Prisching]: *Briefkasten / J.S. und A[nna] W[armuth] in Graz*, in: DgM, 8. Jg., Nr. 7 (Juli 1910), S. 56.

180 [Franz Prisching]: *Briefkasten / A[lbin] S[chmieder], Weinböhla i[n] Sa[chsen]*, in: DgM, 8. Jg., Nr. 5 (Mai 1910), S. 39–40, hier S. 40.

181 F[ranz] P[risching]: *In eigener Sache*, in: DgM, 8. Jg., Nr. 12 (Dezember 1910), S. 85.

182 Franz Prisching: *Ausweis über Ausgaben und Einnahmen zur Errichtung einer »Hilfsstation für Tiere« in Steiermark*, in: DgM, 9. Jg., Nr. 3 (März 1911), S. 22.

183 Vgl. Franz Prisching: *Ausweis über Ausgaben und Einnahmen zur Errichtung einer »Hilfsstation für Tiere« in Steiermark*, in: DgM, 8. Jg., Nr. 6 (Juni 1910), S. 47–48, hier S. 48, und Franz Prisching: *Ausweis über Ausgaben und Einnahmen zur Errichtung einer »Hilfsstation für Tiere« in Steiermark*, in: DgM, 8. Jg., Nr. 7 (Juli 1910), S. 53.

184 Vgl. F[ranz] Prisching: *An die Leser und Abonnenten*, in: DgM, 9. Jg., Nr. 4 (April 1911), S. 28.

185 Ebenda. Die Gemeinde Raaba, politischer Bezirk Graz Umgebung (Steiermark), zählt 1910 insgesamt 138 Häuser mit 755 Einwohnern; vgl. *Spezialortsrepertorium der österreichischen Länder. Bearbeitet auf Grund der Ergebnisse der Volkszählung vom 31. Dezember 1910. Herausgegeben von der k.k. Statistischen Zentralkommission. Bd. IV: Spezialortsrepertorium von Steiermark*. Wien: Verlag der k.k. Hof- und Staatsdruckerei 1917, S. 53.

186 [Franz Prisching]: *Gesinnungsfreunde, welche mich [...]*, in: DgM, 9. Jg., Nr. 5–6 (Mai–Juni 1911), S. 35.

187 Vgl. [Franz Prisching]: *Briefkasten / An viele, welchen ich Antwort schulde*, in: DgM, 9. Jg., Nr. 4 (April 1911), S. 34, und [Franz Prisching]: *Briefkasten / Alte Freunde*, in: DgM, 9. Jg., Nr. 8 (August 1911), S. 52.

188 F[ranz] P[risching]: *Hundstage!*, in: DgM, 9. Jg., Nr. 7 (Juli 1911), S. 44–45, hier S. 44.

189 Vgl. [Franz Prisching]: *Briefkasten / P[ierre] Ramus, Klosterneuburg*, in: DgM, 9. Jg., Nr. 9–10 (September–Oktober 1911), S. 59–60; siehe auch Anmerkung 160.

190 Vgl. Reinhard Müller: *Der aufrechte Gang am Rande der Geschichte. Anarchisten in der Steiermark zwischen 1918 und 1934*, in R[obert] Hinteregger / K[arl] Müller / E[duard] Staudinger (Hrsg.): Auf dem Weg in die Freiheit (Anstöße zu einer steirischen Zeitgeschichte). Graz: Kuratorium der Wanderausstellung »Für Freiheit, Arbeit und Recht« 1984, S. 163–195, hier vor allem S. 166–167.

191 Vgl. [Pierre Ramus (d.i. Rudolf Großmann)]: *[Francisco] Ferrer und seine Mission vor österreichischen Gerichtsschranken. Erkenntnisverhandlung gegen Rudolf Großmann (P. Ramus) über die Anklage der öffentlichen Herabwürdigung des Eigentums und Gutheißung von ungesetzlichen oder unsittlichen Handlungen etc. begangen zu haben durch einen Vortrag im Grazer Verein Freie Denker und durchgeführt vor dem Grazer Landesgericht am 8. April 1911. (Nach stenographischen Aufzeichnungen.) Mit einem Geleitwort von F[erdinand] Domela Nieuwenhuis.* Paris: Ligue Internationale pour l'Education Rationelle de l'Enfance [1911], V, 124 S.

192 Franz Prisching: Brief an Rudolf Großmann [in Klosterneuburg]. Raaba, am 15. Oktober 1911, im Internationaal Instituut voor Sociale Geschiedenis (IISG), Amsterdam, Nachlass Pierre Ramus, Mappe 142; der Abdruck erfolgt mit freundlicher Genehmigung des IISG. Der angesprochene Artikel »Die soziale Frage und die wahre Religion« von Hermann Döring blieb von den Behörden unbeanstandet.

193 [Anonym]: *Erkenntnis. Im Namen Seiner Majestät des Kaisers!*, in: DgM, 9. Jg., Nr. 11 (November 1911), S. 61.

194 Vgl. F[ranz] P[risching]: *Wandern!*, in: DgM, 10. Jg., Nr. 3–4 (März–April 1912), S. 20–21.

195 Die Gemeinde Hart bei Sankt Peter (heute Hart bei Graz), politischer Bezirk Graz Umgebung (Steiermark), zählt 1910 insgesamt 154 Häuser mit 910 Einwohnern; vgl. *Spezialortsrepertorium der österreichischen Länder. Bearbeitet auf Grund der Ergebnisse der Volkszählung vom 31. Dezember 1910. Herausgegeben von der k.k. Statistischen Zentralkommission. Bd. IV: Spezialortsrepertorium von Steiermark.* Wien: Verlag der k.k. Hof- und Staatsdruckerei 1917, S. 51.

196 Vgl. Grundbuchauszug im Besitz von Christa Struckl, Hart bei Graz.

197 Der Herausgeber [d.i. Franz Prisching]: *Und er bewegt sich doch!*, in: DgM, 10. Jg., Nr. 5–7 (Juli 1912), S. 25–26, hier S. 26.

198 [Franz Prisching]: *Gesinnungsfreunde*, in: DgM, 10. Jg., Nr. 5–7 (Juli 1912), S. 25.

199 Vgl. [Franz Prisching]: *An die Freunde des »Geraden Michel«!*, in: DgM, 10. Jg., Nr. 9 (September 1912), S. 39.

200 Der Herausgeber [d.i. Franz Prisching]: *Soll der »Michel« untergehen?*, in: DgM, 11. Jg., Nr. 5 (Mai 1913), S. 17–18, hier S. 18.

201 Vgl. [Franz Prisching]: *Briefkasten / An viele Gesinnungsfreunde und -Freundinnen!*, in: DgM, 11. Jg., Nr. 3–4 (März–April 1913), S. 16, und Der Herausgeber [d.i. Franz Prisching]: *Leben oder sterben*, in: DgM, 11. Jg., Nr. 10–12 (Oktober–November–Dezember 1913), S. 33–34, hier S. 33.

202 [Franz Prisching]: *Am Weltfeiertag*, in: DgM, 11. Jg., Nr. 5 (Mai 1913), S. 19. – Der angesprochene katholische Feiertag ist Christi Himmelfahrt.

203 Vgl. Übertrittsbuch im Evangelischen Pfarramt Heilandskirche, Graz.

204 Vgl. Stadtarchiv Graz, A 2-85788/1901 GVA.

205 Franz Prisching: *Freie Ehe*, in: DgM, 9. Jg., Nr. 8 (August 1911), S. 50–51, hier S. 51.

206 Diese Vermutung wird unter anderem durch Josefa Struckl, Graz, bestätigt, welche sich dabei auf Erzählungen von Prischings Sohn Franz beruft.

207 Vgl. [Franz Prisching]: *Hilf, was helfen kann*, in: DgM, 11. Jg., Nr. 8–9 (August–September 1913), S. 29.

208 Vgl. Franz Prisching: *1903–1913*, in: DgM, 11. Jg., Nr. 8–9 (August–September 1913), S. 25–27.

209 Vgl. E[rnst] Böttner: *Zehn Jahre. (Dem »Geraden Michel« ins Stammbuch.)*, in: DgM, 11. Jg., Nr. 10–12 (Oktober–November–Dezember 1913), S. 33. Es erschienen auch schon früher Gedichte über den »G'roden Michl«, beispielsweise [anonym]: *Verbot (Aus »Freie Worte«)*, in: DgM, 3. Jg., Nr. 3 (März 1905), S. 28.

210 Der Herausgeber [d.i. Franz Prisching]: *Leben oder sterben?*, in: DgM, 11. Jg., Nr. 10–12 (Oktober–November–Dezember 1913), S. 33–34, hier S. 34.

211 Karl Dopf: *Ist der »Gerade Michel« für die Neu-Jesu-Bewegung da?*, in: DgM, 11. Jg., Nr. 10–12 (Oktober–November–Dezember 1913), S. 38–39.

212 Karl F[ranz] Kocmata: *»Vaterland, du Land des Ruhmes – – –«*, in: Das Gesindel. Monatschrift für die Wiener Gesellschaft (Wien), 2. Jg., Nr. [2] (Jänner–Februar 1912), S. [2–4], hier S. [4]. Bemerkenswerterweise gibt es im »G'roden Michl« nur einen Hinweis auf Karl F. Kocmata, nämlich eine kurze Rezension; vgl. [Franz Prisching]: *Druckschriften-Einlauf / Jugend- und Schundliteratur*, in: DgM, 8. Jg., Nr. 9–10 (September–Oktober 1910), S. 69.

213 [Franz Prisching]: *Ein unliebsames Ereignis*, in: DgM, 12. Jg., Nr. 2 (Februar 1914), S. 11–12. – Vgl. Pierre Ramus [d.i. Rudolf Großmann]: *Das anarchistische Manifest. [2. Auflage.]* Zürich: Verlag Rainer Trindler [1913] (= Wohlstand für Alle.), 31 S., zuerst Berlin: Verlag Max Lehmann [1907], 16 S.

214 StLA, Statth. Präs. E. 92. c., Akt 568/1914.

215 Ebenda.

216 Vgl. die Todesanzeige in: DgM, 6. Jg., Nr. 5 (Mai 1908), S. 33.

217 Bericht der Polizeidirektion Graz vom 24. Dezember 1915, StLA, Statth. Präs. E 91-6136/1915.

218 Vertraulicher Bericht der Polizeidirektion Graz vom 3. September 1911, StLA, Statth. Präs. E 91-1103/1911.

219 Kocmadine [d.i. Leopoldine Kocmata] / [Louis] Gräml / Gustav Kern / Franz Prisching / [Franz] Sekanek / Math[ias] Pankoński / [Lorenz] Groß / [Simon] Kohs / Familie Brodtrager / Ludwig List / Joh[ann] Bösenhofer: Postkarte an Ignaz Holzreiter in Wien. Graz, am 15. Februar 1915, im Internationaal Instituut voor Sociale Geschiedenis (IISG), Amsterdam, Nachlass Pierre Ramus, Mappe 468; der Abdruck erfolgt mit freundlicher Genehmigung des IISG.

220 Bericht der Polizeidirektion Graz vom 25. März 1916, abgedruckt in: *Arbeiterschaft und Staat im Ersten Weltkrieg 1914–1918. (A. Quellen). I. Der Staat. (1. Vom Kriegsbeginn bis zum Prozeß Friedrich Adlers, August 1914–Mai 1917.)* Wien: Europaverlag 1964 (= Veröffentlichungen der Arbeitsgemeinschaft für Geschichte der Arbeiterbewegung in Österreich. 3.), S. 51–53.

221 Vgl. *Der Sturmruf. Sozialistisches Organ für Politik, geistigen und kulturellen Fortschritt, Volkswirtschaft und Kunst* (Graz), 1. Jg., Nr. 1 (15. Jänner 1919); mehr nicht erschienen. Der Verantwortliche Schriftleiter, der Eisenbahnbeamte Nikolaus Nicolits (1872–?), erwähnt Franz Prisching auch nicht in der Rubrik »Briefkasten«, wo er eine ganze Reihe österreichischer Anarchisten anspricht.

222 Der Herausgeber [d.i. Franz Prisching]: *Der Segen der Impfung!*, in: DgM, 5. Jg., Nr. 9 (September 1907), S. 85–86, hier S. 86.

223 Vgl. Sterberegister im Stadtarchiv Graz, Band: Juli 1919, Journal-Nummer 2906.

224 [Franz Prisching]: *Requiescat in pace!*, in: DgM, 5. Jg., Nr. 10 (Oktober 1907), S. 92–95, hier S. 93–94. – Parte: österreichisch für Todesanzeige.

225 Vgl. das Inserat »Innige Bitte« von Johanna Struckl, in welchem sie um Spenden zur Reparatur des Dachs ihres Hauses bittet, in: *Tagespost. Morgenblatt* (Graz), 65. Jg., Nr. 335 (5. Dezember 1920), S. 6. Bis Ende 1920 wurden 945 Kronen gespendet; vgl. [anonym]: *Spenden*, in: ebenda, 65. Jg., Nr. 357 (28. Dezember 1920), S. 6.

226 Vgl. [Unbekannte]: Brief an Johanna Prisching [in Hart]. Rotterdam, am 16. August 1925, im Besitz von Christa Struckl, Hart bei Graz.

227 Diese und die folgenden Angaben beruhen unter anderem auf Mitteilungen von Josefa Struckl, Graz, und Christa Struckl sowie Heinrich und Katharina Horjak, Hart bei Graz.

228 Vgl. Sterbeurkunde der Landeshauptstadt Graz Nr. 4549/1965.

229 Mitteilung von Josefa Struckl, Graz.

230 Zusammengestellt aufgrund der Meldekartei und des Einbürgerungsaktes Z. 85788/1901 im Stadtarchiv Graz, Graz, sowie der Meldekarteien der Gemeinden Kulm bei Weiz und Raaba. Für wertvolle Hinweise zur Lokalisierung der heutigen Adressen danke ich Gerhard Payer, Hart bei Graz.

231 F[ranz] P[risching]: *Es geht nicht*, in: DgM, 7. Jg., Nr. 1 (Jänner 1909), S. 1–2, hier S. 1.

232 Vgl. [Franz Prisching]: *Prinzipien-Erklärung*, in ders.: »Der Radikale«. Parteiloses Organ. Flugblatt. Graz, 8. August 1903. Graz: Verlag von Franz Prisching 1903, S. [1–2], und [Franz Prisching]: *Der Zweck eines parteilosen Blattes*, in ebenda, S. [2–3]. Siehe dazu auch »Der Radikale« im Kapitel I dieses Buches.

233 Vgl. [Franz Prisching]: *Der Bestand des »g'roden Michl« in Gefahr!*, in: DgM, 3. Jg., Nr. 3 (März 1905), S. 23–24, hier S. 23; Der Herausgeber [d.i. Franz Prisching]: *Abschiedsworte!*, in: DgM, 4. Jg., Nr. 6 (Juni 1906),

S. 41–43, hier S. 42; Franz Prisching: *1903–1913*, in: DgM, 11. Jg., Nr. 8–9 (August–September 1913), S. 25–27, hier S. 25. Der Titel »Der g'rode Michl« war damals durchaus nicht neu; vgl. *Der gerade Michel für jeden Stand, für jedes Land. Ein periodisches Flugblatt von Michel Glaub [Pseudonym]* (Wien), 1. Jg. (1848); *Der g'rade Michel. Wochenschrift für Politik, populäres Wissen und Unterhaltung* (Wien), 1.–7. Jg. (1862–1868), wiederbegründet als deutschnationales und antisemitisches Organ: *Der g'rade Michel. Volksblatt für Politik, Wissen und Unterhaltung* (Wien), 1.–5. Jg. (1886–1890), fortgesetzt als: *Politisches Volksblatt »Der G'rade Michel«* (Wien), 5.–11. Jg. (1890–1896).

234 F[ranz] P[risching]: *Unser Programm!*, in: DgM, 1. Jg., Nr. 1 (September 1903), S. 1–2.

235 F[ranz] P[risching]: *Unsere nächste Aufgabe!*, in: DgM, 1. Jg., Nr. 1 (September 1903), S. 2–3.

236 Dieser von Franz Prisching wiederholt angeprangerte Zustand wird ausführlich dargestellt in [Franz Prisching]: *Der Bannfluch über den »g'roden Michl« verhängt!*, in: DgM, 2. Jg., Nr. 3 (März 1904), S. 26–28.

237 Dies zeigt auch die Einschätzung des »Herodot der Anarchie«, des österreichischen Historikers, Sprachwissenschaftlers und Anarchisten Max Nettlau (1865–1944), der in seiner umfangreichen Geschichte des Anarchismus im Jänner 1932 schreibt: *In Graz, dann in Kulming bei Gleisdorf, Steiermark, veröffentlichte Franz Prisching* Sozialpolitische Gedanken eines Arbeiters *(Graz 1903, 23 S.),* Der Radikale *(Graz, 8. Aug. 1903),* Der g'rode Michel [!] *(vom 1. Sept. 1903 ab; Graz, dann Kulming; noch 1910);* Religion, Sozialdemokratie, Anarchismus *(Graz 1905, 4 S. in-gr. 8°);* Sozialdemokratie und Tyrannei *(Graz. Ca. 1905, 3 S.) usw. Durch solche und ähnliche Publikationen gingen sozusagen autodidaktische antistaatliche Ideen in Naturheilkunde und sektarische Schrullen der verschiedensten Art über, was die Wirkung noch so gut gemeinter Bemühungen beinahe gänzlich aufhob.* Max Nettlau: *Anarchisten und Syndikalisten. Teil 1: Der französische Syndikalismus bis 1909 – Der Anarchismus in Deutschland und Russland bis 1914 – Die kleineren Bewegungen in Europa und Asien.* Vaduz: Topos Verlag 1984 (= Max Nettlau: Geschichte der Anarchie. Herausgegeben in Zusammenarbeit mit dem Internationaal Instituut voor Sociale Geschiedenis, Amsterdam. 5.), S. 218. Nettlau stellt Prisching hier in eine Reihe mit dem ehemaligen Lehrer und Verfechter eines urchristlichen Anarchismus Anton Losert (1861–?), von dem sich allerdings Prisching früh distanziert: *Unterfertigter macht hiermit für alle Fälle aufmerksam, daß er, beziehungsweise das Blatt »Der g'rode Michl« mit Herrn Anton Losert in keiner wie immer gearteten Verbindung steht.* Franz Prisching: *Achtung!*, in: DgM, 1. Jg., Nr. 3 (November 1903), S. 9.

238 Vgl. Reinhard Müller: *Ein vergessener Steirer, der für den Frieden kämpfte. Reinhard Müller über Franz Prisching und »Der g'rode Michl«,*

in: Süd-Ost Tagespost. Die Tageszeitung der Steiermark (Graz), 38. Jg., Nr. 70 (26. März 1983), S. 11, mit einem Porträtfoto Prischings. Eine aus marxistischer Sicht geschriebene Studie aus dem Jahr 1986 sollte wegen ihrer teils einseitigen, teils überzogenen Interpretationen kritisch benutzt werden; vgl. das Kapitel »Franz Prisching – Anarchist und Lebensreformer« in Gerald Winterberger (1959–): *Lebensreformer, Anarchisten, Freisozialisten – Reformer und Revolutionäre in Österreich von der Jahrhundertwende bis zum Ersten Weltkrieg. Dissertation zur Erlangung des Doktorgrades an der geisteswissenschaftlichen Fakultät der Universität Wien.* Wien 1986, S. 203–214 (Maschinenschrift). Empfehlenswert ist dagegen der Prisching betreffende Teil in Karl Lammerhuber (1956–): *Die deutschsprachige anarchistische Presse Österreich-Ungarns. Antimodernismus und die Herstellung von Gegenöffentlichkeit in der anarchistischen Subkultur. Diplomarbeit zur Erlangung des Magistergrades der Philosophie an der Grund- und Integrativwissenschaftlichen Fakultät der Universität Wien.* Wien 1992, S. 167–208 (Maschinenschrift); dieses Kapitel wurde unverändert als Broschüre gedruckt; vgl. Karl Lammerhuber: *Der »G'rode Michl«. Porträt einer anarchistischen Zeitschrift.* Wien: Verlag Monte Verita 1993 (= Edition Wilde Mischung. 7.), 72 S.

239 In Österreich gibt es nur zwei deutschsprachige Anarchistenorgane, die länger erschienen sind als der »G'rode Michl«: die von Pierre Ramus (d.i. Rudolf Großmann; 1882–1942) betriebene Zeitung »Erkenntnis und Befreiung« (Wien–Graz), 1918–1933, welche zwischen dem 2. September 1927 und dem 22. Juli 1928 unter dem Titel »Der Anarchist« und vom 29. Juli bis 5. August 1928 unter beiden Titeln erschien, sowie die von Ferdinand Groß (1908–1998) herausgegebene Vierteljahrsschrift »Befreiung« (Graz), 1976–1997.

240 Der »G'rode Michl« wird schon zur Zeit seines Erscheinens von der Wissenschaft ignoriert: Die auch heute noch als Standardwerk anzusehende, vom Bibliothekar des »Juridisch-politischen Lese-Vereins in Wien« Josef Stammhammer (1847–1922) herausgegebene »Bibliographie des Socialismus und Communismus«, welche auch den Anarchismus integriert, verzeichnet in ihrem 1909 erschienenen dritten Band (»Nachträge und Ergänzungen bis Ende des Jahres 1908«) weder den »G'roden Michl« noch andere Veröffentlichungen von Franz Prisching. Der deutsche Politikwissenschaftler Hans Manfred Bock (1940–) kennt wiederum nur vier Jahrgänge des »G'roden Michl« (1903 bis 1906); vgl. ders.: *Bibliographischer Versuch zur Geschichte des Anarchismus und Anarcho-Syndikalismus in Deutschland*, in: Jahrbuch Arbeiterbewegung. Herausgegeben von Claudio Pozzoli. Band 1: Über Karl Korsch. Frankfurt am Main: Fischer Taschenbuch Verlag 1973 (= Fischer Taschenbuch. 6600. / Arbeiterbewegung – Theorie und Geschichte.), S. 294–334, hier S. 305. Schließlich kommt man in dem Sammelband der österreichischen Historiker Gerhard Botz (1941–) und Gerfried Brandstetter (1949–) sowie des französischen

Soziologen österreichischer Herkunft Michael Pollak (1948–1992): *Im Schatten der Arbeiterbewegung. Zur Geschichte des Anarchismus in Österreich und Deutschland. Mit einem Vorwort von Karl R. Stadler [d.i. Karl Rudolph Stavaritsch].* Wien: Europaverlag 1977 (= Schriftenreihe des Ludwig Boltzmann Instituts für Geschichte der Arbeiterbewegung. 6.), über die Feststellung einer *friedfertig-spießigen Lebensreformpropaganda des* G'roden Michl *Prischings* nicht hinaus; vgl. Gerfried Brandstetter: *So-zialdemokratische Opposition und Anarchismus in Österreich 1889–1918,* in: ebenda, S. 29–97, hier S. 87. Von daher kann es nicht verwundern, dass sich die Wissenschaft auch über das Leben Franz Prischings ausschweigt; sein Name fehlt selbst im umfassendsten biografischen Nachschlagewerk zur österreichischen Arbeiterbewegung: *Dictionnaire biographique du mouvement ouvrier international. Publié sous la direction de Jean Maitron et Georges Haupt. Vol. 1: Autriche. [Herausgegeben von] Yvon Bourdet, Felix Kreissler, Georges Haupt, Herbert Steiner. Historique de Michel Cullin. Dessin hors-texte de Hans Escher.* Paris: Les Éditions ouvrières 1971.

241 Das erste Heft des »G'roden Michl« erscheint zunächst nur in einer Aufla-ge von 500 Stück, doch erlebt es – abgesehen von den beiden konfiszierten Nummern – als einziges Heft der Zeitschrift eine zweite Auflage, diesmal in der Höhe von 1.000 Stück; vgl. Der Herausgeber [d.i. Franz Prisching]: *Achtung!,* in: DgM, 1. Jg., Nr. 2 (Oktober 1903), S. 7–8, hier S. 7. Eine wesentlich höhere Auflage hatte später noch die Nummer 7/8 des 5. Jahr-gangs; vgl. F[ranz] P[risching]: *Achtung, Gesinnungsfreunde!,* in: DgM, 5. Jg., Nr. 7–8 (Juli–August 1907), S. 76.

242 [Franz Prisching]: *Es werden die meisten Leser gewiß mit mir dahin über-einstimmen [...],* in: DgM, 2. Jg., Nr. 12 (Dezember 1904), S. 105.

243 Vgl. [Franz Prisching]: *Der Bestand des »g'roden Michl« in Gefahr!,* in: DgM, 3. Jg., Nr. 3 (März 1905), S. 23–24, hier S. 23, und [Franz Pri-sching]: *Was der »Gerade Michel« kostet?,* in: DgM, 6. Jg., Nr. 2 (Februar 1908), S. 16.

244 Vgl. Der Herausgeber [d.i. Franz Prisching]: *An alle Abonnenten und Leser,* in: DgM, 4. Jg., Nr. 2 (Februar 1906), S. 12–13, hier S. 12.

245 [Franz Prisching]: *Es werden die meisten Leser gewiß mit mir dahin über-einstimmen [...],* in: DgM, 2. Jg., Nr. 12 (Dezember 1904), S. 105.

246 [Franz Prisching]: *Briefkasten / Ein Freund des »G'roden Michl« in Graz,* in: DgM, 3. Jg., Nr. 1 (Jänner 1905), S. 8.

247 Der Herausgeber [d.i. Franz Prisching]: *An die Gesinnungsfreunde und -Freundinnen!,* in: DgM, 11. Jg., Nr. 6–7 (Juni–Juli 1913), S. 21.

248 F[ranz] P[risching]: *Plauderstube,* in: DgM, 10. Jg., Nr. 3–4 (März–April 1912), S. 22.

249 S.P. / F[ranz] P[risching]: *Dem Guten zum Nutz, dem Bösen zum Trutz,* in: DgM, 8. Jg., Nr. 6 (Juni 1910), S. 46–47, hier S. 47.

250 [Franz Prisching]: *Briefkasten / Freiheitsfreund, Berlin,* in: DgM, 4. Jg., Nr. 11 (November 1906), S. 82–83.

251 Verwiesen sei hier auf die in den Rubriken »Ausweis über Ausgaben und Einnahmen zur Errichtung einer ›Hilfsstation für Tiere‹ in Steiermark« und »Für die Hilfsstation für Tiere« genannten Personen; vgl. DgM, 8. Jg., Nr. 5 (Mai 1910), bis 10. Jg., Nr. 3–4 (März–April 1912).

252 Franz Prisching erhält unter anderem Unterstützung durch den »Internationalen Verein zur Bekämpfung der wissenschaftlichen Tierfolter« in Dresden und dem »Grazer Tierschutz- und Tierasylverein«, aber auch eine Spende der Steiermärkischen Landesbibliothek Joanneum in Graz; vgl. DgM, 10. Jg., Nr. 1 (Jänner 1912), S. 8.

253 [Franz Prisching]: *An die Freunde und Feinde des »g'roden Michl«,* in: DgM, 2. Jg., Nr. 12 (Dezember 1904), S. 98–99, hier S. 98.

254 Vgl. beispielsweise [Franz Prisching]: *Einladung zum Weiterbestand des »G'roden Michl«,* in: DgM, 5. Jg., Nr. 12 (Dezember 1907), S. 115–116, hier S. 115.

255 [Franz Prisching]: *»Der g'rode Michl« erscheint weiter,* in: DgM, 3. Jg., Nr. 4 (April 1905), S. 35–36, hier S. 35.

256 Franz Prisching: *1903–1913,* in: DgM, 11. Jg., Nr. 8–9 (August–September 1913), S. 25–27, hier S. 25.

257 [Franz Prisching]: *An die Leser,* in: DgM, 11. Jg., Nr. 8–9 (August–September 1913), S. 28–29.

258 [Franz Prisching]: *Briefkasten / M[ax] W[alther],* in: DgM, 9. Jg., Nr. 4 (April 1911), S. 34.

259 Vgl. [Franz Prisching]: *Briefkasten / Neuer Abonnent, Stuttgart,* in: DgM, 2. Jg., Nr. 5 (Mai 1904), S. 44, und [Franz Prisching]: *Briefkasten / Raunheim bei Mainz,* in: DgM, 3. Jg., Nr. 2 (Februar 1905), S. 22.

260 Vgl. die Fußnote von Franz Prisching zu: *Eingesendet / Dr. W[ilhelm] Hotz: Aufruf,* in: DgM, 2. Jg., Nr. 5 (Mai 1904), S. 41–42, hier S. 41.

261 Vgl. beispielsweise [Franz Prisching]: *Briefkasten / Neuer Abonnent in Stuttgart,* in: DgM, 2. Jg., Nr. 5 (Mai 1904), S. 44, und [Franz Prisching]: *Briefkasten / Mehreren neuen Abonnenten in Deutschland,* in: DgM, 3. Jg., Nr. 1 (Jänner 1905), S. 9.

262 Vgl. [Franz Prisching]: *Briefkasten / S[ank]t Petersburg, B.S.,* in: DgM, 5. Jg., Nr. 11 (November 1907), S. 110, [Franz Prisching]: *Halleluja!,* in: DgM, 5. Jg., Nr. 11 (November 1907), S. 108–109, hier S. 109, sowie den in Anmerkung 87 dieses Buches ausgewiesenen Kommentars zu Übersetzungen von Werken Franz Prischings ins Russische.

263 Vgl. [Franz Prisching]: *Briefkasten / F.U., Varna,* in: DgM, 6. Jg., Nr. 2 (Februar 1908), S. 18, und [Franz Prisching]: *Halleluja!,* in: DgM, 5. Jg., Nr. 11 (November 1907), S. 109.

264 Vgl. [Franz Prisching]: *Es werden die meisten Leser gewiß mit mir dahin übereinstimmen [...],* in: DgM, 2. Jg., Nr. 12 (Dezember 1904), S. 105.

265 Vgl. [Franz Prisching]: *Briefkasten / O.Z., Chicago*, in: DgM, 9. Jg., Nr. 2 (Februar 1911), S. 15, und [Franz Prisching]: *Briefkasten / Fabriksarbeiter in Chicago*, in: DgM, 11. Jg., Nr. 2 (Februar 1913), S. 12.

266 Unter den Auswanderern befinden sich teilweise Personen, die bereits in ihrer europäischen Heimat Abonnenten des »G'roden Michl« waren, vereinzelt sogar Freunde und Bekannte von Franz Prisching waren. Beispielsweise sind im Oktober 1903, also einen Monat nach dem Ersterscheinen des »G'roden Michl«, drei Frauen und neun Männer aus Prischings Umfeld von Graz nach Argentinien ausgewandert; vgl. [N.P.]: *Meine Reise nach Südamerika,* in: DgM, 2. Jg., Nr. 12 (Dezember 1904), S. 101–103, hier S. 101, und 3. Jg., Nr. 2 (Februar 1905), S. 19–20, hier S. 19.

267 Vgl. [Franz Prisching]: *Briefkasten / T[heo] H[eermann], Kokand*, in: DgM, 9. Jg., Nr. 2 (Februar 1911), S. 15, und [Franz Prisching]: *Briefkasten / Heinrich Henke in Tsingtau, China*, in: DgM, 9. Jg., Nr. 4 (April 1911), S. 34.

268 Einige wenige Orte, die aufgrund von Namensgleichheit und fehlenden Zusatzangaben nicht eindeutig zuordenbar sind, wurden weggelassen.

269 [Franz Prisching]: *Der Bestand des »g'roden Michl« in Gefahr!*, in: DgM, 3. Jg., Nr. 3 (März 1905), S. 23–24, hier S. 23.

270 [Franz Prisching]: *Was der »Gerade Michel« kostet?*, in: DgM, 6. Jg., Nr. 2 (Februar 1908), S. 16.

271 Vgl. Der Herausgeber [d.i. Franz Prisching]: *An alle Abonnenten und Leser*, in: DgM, 4. Jg., Nr. 2 (Februar 1906), S. 12–13, hier S. 12.

272 Vgl. [Franz Prisching]: *Briefkasten / Alter treuer Abonnent*, in: DgM, 10. Jg., Nr. 2 (Februar 1912), S. 16.

273 Vgl. Franz Prisching: *Situationsbericht*, in: DgM, 12. Jg., Nr. 2 (Februar 1914), S. 10–11, hier S. 11.

274 Ebenda.

275 Vgl. Der Herausgeber [d.i. Franz Prisching]: *Achtung!*, in: DgM, 1. Jg., Nr. 2 (Oktober 1903), S. 7–8, hier S. 7.

276 Vgl. F[ranz] P[risching]: *An die Leser des »Geraden Michel!«*, in: DgM, 7. Jg., Nr. 3 (März 1909), S. 18.

277 In den zwölf Jahrgängen finden sich nur zwei ganzseitige Inserate: eines vom bekannten Geigenbauer Anton Uhlschmidt (1883–?) aus Schönbach in Böhmen (heute Luby, Tschechische Republik) – vgl. DgM, 4. Jg., Nr. 3 (März 1906), S. 24 – und eines vom Buchhändler Willi Bock aus Berlin – vgl. DgM, 10. Jg., Nr. 12 (Dezember 1912), S. 64.

278 Vgl. [Franz Prisching]: *Eine ideale Agitation*, in: DgM, 4. Jg., Nr. 4 (April 1906), S. 25.

279 Vgl. [Franz Prisching]: *Auswärtige Verschleißstellen*, in: DgM, 1. Jg., Nr. 3 (November 1903), S. 9, und [Franz Prisching]: *Verschleißstellen im Ausland*, in: DgM, 2. Jg., Nr. 4 (April 1904), S. 36.

280 Vgl. ebenda. Prischings alter Mitkämpfer und Freund Franz Richard Szczodry (1875–?) ist ein Vergolder aus Konitz, Mähren (Konice, Tsche-

chische Republik), der nach Deutschland übersiedelt, 1898 Redakteur der anarchistischen Zeitung »Neues Leben« (Berlin) ist, an welcher auch Franz Prisching damals mitarbeitet, und der sich nach einem kurzen Aufenthalt in London schließlich in den Vereinigten Staaten von Amerika, in Chicago (Illinois), als Frank Shodry niederlässt.

281 Vgl. ebenda.

282 Vgl. [Franz Prisching]: *Achtung!*, in: DgM, 3. Jg., Nr. 2 (Februar 1905), S. 21.

283 Vgl. Der Herausgeber [d.i. Franz Prisching]: *Zur Beachtung!*, in: DgM, 2. Jg., Nr. 4 (April 1904), S. 36.

284 Ebenda.

285 [Franz Prisching]: *Verschiedenes. Man muß das Nützliche mit dem Angenehmen verbinden*, in: DgM, 2. Jg., Nr. 8 (August 1904), S. 70.

286 [Franz Prisching]: *Ausweis. Für den Fortbestand des »G'roden Michl«*, in: DgM, 5. Jg., Nr. 10 (Oktober 1907), S. 102. – Franz Prisching spielt hier auf das Buch »Also sprach Zarathustra« (Leipzig 1883–1885) von Friedrich Nietzsche (1844–1900) an, wo es in der Rede »Von neuen Götzen« heißt: *Staat heißt das kälteste aller kalten Ungeheuer. Kalt lügt es auch; und diese Lüge kriecht aus seinem Munde: »Ich, der Staat, bin das Volk.«* Beim Text von Heinrich Heine (1797–1865) handelt es sich um eine geringfügig veränderte Version des Gedichts »Weltlauf« (1848/51).

287 Vgl. [Franz Prisching]: *Gesinnungsfreunde, so sollt ihr es auch machen!*, in: DgM, 4. Jg., Nr. 11 (November 1906), S. 80–81.

288 [Franz Prisching]: *Gabensammlung. Übersetzt vom Herausgeber aus dem St. Bonifatiusblattl*, in: DgM, 6. Jg., Nr. 8 (August 1908), S. 51–52, hier S. 51. Hingewiesen sei noch auf die vom Herausgeber der Zeitschrift »Banner der Freiheit« (Oberweiler), dem am 16. April 1903 vor dem Schwurgericht Mannheim wegen Beschimpfung der katholischen Kirche angeklagten Pfarrer Gottfried Schwarz (1877–?), gewährte Hilfestellung für den »G'roden Michl«; vgl. Der Herausgeber [d.i. Franz Prisching]: *Hilfe für den »Geraden Michel«*, in: DgM, 11. Jg., Nr. 1 (Jänner 1913), S. 1, und F[ranz] Prisching: *Begünstigung für die Abonnenten des »Geraden Michel«*, in: DgM, 12. Jg., Nr. 2 (Februar 1914), S. 13.

289 Vgl. [Franz Prisching]: *Briefkasten / Berlin*, in: DgM, 3. Jg., Nr. 10 (Oktober 1905), S. 86.

290 [Franz Prisching]: *Briefkasten / W[enzel] B[arta], Fünfkirchen*, in: DgM, 10. Jg., Nr. 12 (Dezember 1912), S. 63.

291 F[ranz] P[risching]: *Es geht nicht*, in: DgM, 7. Jg., Nr. 1 (Jänner 1909), S. 1.

292 [Franz Prisching]: *Briefkasten / G.R. im schönen Sachsenlande*, in: DgM, 6. Jg., Nr. 11 (November 1908), S. 66.

293 Ebenda.

294 Vgl. die Ankündigungen in: DgM, 5. Jg., Nr. 9 (September 1907), S. 90, bis 6. Jg., Nr. 11 (November 1908), S. 66, hier in der Rubrik »Schriften-Verkauf«.

295 Vgl. Johann Welsch: *Des Paradieses Gründung*, in: DgM, 5. Jg., Nr. 7–8 (Juli–August 1907), S. 49–74.

296 F[ranz] P[risching]: *Situationsbericht. Liebe Gesinnungsfreunde und -Freundinnen, Leser und Leserinnen!*, in: DgM, 5. Jg., Nr. 7–8 (Juli–August 1907), S. 74–75, hier S. 75; vgl. auch F[ranz] P[risching]: *Ewigkeitswerte*, in: DgM, 5. Jg., Nr. 6 (Juni 1907), S. 42–45.

297 F[ranz] P[risching]: *Begrüssungsworte*, in: DgM, 4. Jg., Nr. 9 (September 1906), S. 53–56, hier S. 55–56.

298 [Franz Prisching]: *Ausweis*, in: DgM, 4. Jg., Nr. 11 (November 1906), S. 83.

299 [Franz Prisching]: *Briefkasten / Buenos Aires*, in: DgM, 5. Jg., Nr. 2 (Februar 1907), S. 17.

300 Franz Prisching: *Einlenken, die Wahrheit nicht so gerade heraussagen!*, in: DgM, 5. Jg., Nr. 3 (März 1907), S. 19–20, hier S. 20.; vgl. auch [Franz Prisching]: *Briefkasten / G. M[eding], Leipzig*, in: DgM, 5. Jg., Nr. 3 (März 1907), S. 24.

301 Der Quellenbeleg erfolgt nach dem Modus: Jahrgang / Nummer / Seitenerstreckung.

302 Der Quellenbeleg erfolgt nach dem Modus: Jahrgang / Nummer / Seitenerstreckung. Inserate werden beim Quellenbeleg mit * gekennzeichnet.

303 Der Quellenbeleg erfolgt nach dem Modus: Jahrgang / Nummer / Seitenerstreckung. Inserate werden beim Quellenbeleg mit * gekennzeichnet. Der Erscheinungszeitraum der behandelten Periodika wird nur vom Erstercheinen bis zur Einstellung des »G'roden Michl«, also 1903 bis 1914, ausgewiesen, ausgenommen ausschließlich vorher erschienene Organe.

304 Der Quellenbeleg erfolgt nach dem Modus: Jahrgang / Nummer / Seitenerstreckung.

ABeCe des G'roden Michl

Aus der Welt des Franz Prisching

Motto: *Nur wer sich selbst beherrschen kann,*
braucht nicht beherrscht zu werden.

Franz Prisching

Anarchie*

Also, es ist weder der Reichtum noch die Armut von Gott gewollt, sondern vielmehr ein Zustand, wo alle arbeiten und auch essen, ein Zustand, wo es weder Reiche noch Arme, sondern Menschen gibt, die in Wohlstand als Brüder und Schwestern einer für alle und alle für einen leben. Auf den Namen kommt es gar nicht an; die einen nennen es das Reich Gottes auf Erden, die anderen sagen, es sei die Anarchie.

Der gerade Michel (Raaba), 9. Jg., Nr. 11 (November 1911), S. 65.

Anarchismus

Die Behauptung, dass der Anarchismus nicht nur eine philosophische, sondern auch eine religiöse Weltauffassung ist, wurde von den Theologen und Anarchisten noch immer nicht widerlegt.

»Der g'rode Michl« (Graz), 3. Jg., Nr. 11 (November 1905), S. 92.

Anarchisten

Was die Anarchisten wollen, ja, das ist mit ein paar Worten kaum zu sagen. »Anarchie« heißt »gegen die Herrschaft«, besser gesagt »Herrschaftslosigkeit«; der Anarchist will also von jeder wie immer sich nennenden Herrschaft los, frei sein. Da jede Herrschaft die Gewalt zur Grundlage hat, das heißt, ohne Gewalt keine Herrschaft möglich ist, so ist der Anarchist ein Gegner der Gewalt; er erstrebt daher die Gewaltlosigkeit, erst dann ist der Bestand der Herrschaftslosigkeit, der vollen Freiheit gesichert. Der Anarchist erstrebt im Gegensatz zu allen übrigen Parteien die Revolution des Geistes, denn er weiß, dass mit Gewalt wohl Herrschaftsformen gestürzt werden können, aber dann sich eine neue Herrschaft etablieren würde. Denn wer Gewalt anwendet, will herrschen; wer aber nicht herrschen, sondern frei sein will und es für alle wünscht, der darf nicht Gewalt anwenden, da er dann ja kein Anarchist wäre. Dass Leute, welche sich Anarchisten nannten, Gewalttaten begingen, ist wohl ebenso erklärlich, wie es auch Christen gab, welche solche begingen, das heißt, so wenig der Christ, wenn er ein solcher ist und nicht bloß sich so nennt, einen

---

* Die Zitate wurden der neuen Rechtschreibung angepasst, Setz-, Rechtschreib- und Grammatikfehler stillschweigend korrigiert.

Mord oder Totschlag begehen wird, so wenig wird es ein Anarchist tun. Wenn also ein Mensch, der sich Christ nennt, das Christentum aber gar nicht erfasst, begriffen hat, einen Mord oder Totschlag begeht und unter Umständen das noch für verdienstlich hält, so fällt es niemandem ein, dafür die Lehre Christi verantwortlich zu machen. Nun, und was kann denn die Lehre des Anarchismus dafür, wenn Leute ihr direkt entgegenhandeln, und weil sie eben die Lehre nicht erfasst, begriffen haben, sich aber trotzdem Anarchisten nannten!

Der gerade Michel (Raaba), 9. Jg., Nr. 12 (Dezember 1911), S. 73–74.

Anarchistenfresser (An einen Kritiker in Leipzig)

Behalten Sie Ihre erbaulichen Märchen nur für sich oder bringen Sie sie jenen bei, denen es Not tut, und dies sind eben die, welche gleich Ihnen die Gewalt, den Mord, die Ausbeutung des Menschen durch den Menschen verteidigen. Wenn Sie sich unter Anarchismus Unordnung, Raub, Mord etc. vorstellen, so bin doch nicht ich, sondern Ihre Gehirnkonstruktion ist daran schuld. Wenn aber Raub und Mord unsittliche Handlungen sind, so sind sie es auch dann, wenn sie von Nichtanarchisten begangen werden. Leuchtet dies Ihrer Logik nicht ein? Ja, Bauer, das ist ganz was anderes. Darum nur fest los gegen die Anarchisten. Viel Glück und ein schönes Wetter!

»Der g'rode Michl« (Graz), 5. Jg., Nr. 2 (Februar 1907), S. 17.

Der andere Klassenkampf

Der Anarchismus muss aber trotzdem den Klassenkampf führen, aus dem einfachen Grund, weil die herrschende Klasse den Kampf gegen den Anarchismus führt. (...) Also nicht deswegen bekämpfen wir den Staat und die herrschende Klasse, weil uns die heutigen Staatsformen und Klasseneinteilungen nicht gefallen, sondern weil uns überhaupt keine Staatsformen und Klasseneinteilungen gefallen.

Der Revolutionär (Berlin), 4. Jg., Nr. 10 (7. März 1908), S. 38.

Andere über mich

Was die Leute über mich denken oder reden, ist mir gleich, aber ich nehme mir die Freiheit, nach Gerechtigkeit zu streben, und zwar nicht nur für die Menschen, sondern auch für die Tiere.

Der gerade Michel (Graz), 7. Jg., Nr. 2 (Februar 1909), S. 14.

Arbeit

Es heißt irgendwo: Wer nicht arbeitet, der soll auch nicht essen. Wir wollen aber, dass jeder essen soll, und sofern nicht jemand alt, krank oder sonst wie arbeitsunfähig ist, soll aber auch jeder für die Menschheit arbeiten. Darum fort mit der Lohnsklaverei; verwenden wir unsere Arbeitskraft nur für uns und jene, welche nicht mehr arbeiten können, aber nicht für jene, welche nicht arbeiten wollen.

»Der g'rode Michl« (Graz), 5. Jg., Nr. 9 (September 1907), S. 89.

Arbeiterführer

(...) besser gesagt Arbeiterverführer.

Der gerade Michel (Graz), 7. Jg., Nr. 2 (Februar 1909), S. 14.

Arbeiterwohnungen

Für jetzt aber soll dafür Sorge getragen werden, dass sich wenigstens der intelligentere Teil der Arbeiterschaft aufrafft, um gegen die krassesten Übelstände bei den Arbeiterwohnungen anzukämpfen, Wohnungen, wo der Fußboden morsch und verfault ist, wo die Pilze besser als auf den Mistbeeten gedeihen, wo das Wasser von der Mauer tropft wie in einer Tropfsteinhöhle, solche Wohnungen sind Brutstätten der Tuberkulose und vieler anderer Krankheiten; solche Wohnungen soll man in Zukunft nicht einmal an Selbstmörder vermieten dürfen, weil sie die Gefahr der Ansteckung und Vererbung in sich tragen.

»Der g'rode Michl« (Graz), 2. Jg., Nr. 9 (September 1904), S. 73.

Arbeitslosigkeit

Was das Arbeitfinden anbelangt, so werde ich (...) noch Gelegenheit haben, aus eigener Erfahrung zu beweisen, dass das »Arbeitfinden, wer arbeiten will« nichts weiter als eine schöne Phrase ist, deren sich wohl nur Blätter bedienen, welche von der Lage des Arbeiters keine Ahnung haben oder die im Dienste des allmächtigen Mammons stehen. Will man denn nur unter den Reichen reformieren?

»Der g'rode Michl« (Graz), 5. Jg., Nr. 9 (September 1907), S. 81.

Armee

So wie die Ursache des Krieges das Heer ist, so ist auch das Heer die Ursache aller Gewalttätigkeiten des Staates und aller Unterdrückungen und Ausbeutungen des Volkes, der Beraubung der Freiheit desselben, wie auch der Erziehung und Erhaltung in der furchtbaren Sklaverei.

Aufruf gegen Militärismus und Krieg. (Graz 1907), S. 4.

Arm und reich

Und das ist ja alles ganz natürlich, die armen Christen und Theosophen möchten schon hier im Diesseits die christlichen Grundsätze oder die Menschenverbrüderung durchgeführt sehen, hingegen die reichen dies erst im Jenseits oder Nirwana als möglich in Aussicht stellen.

Der gerade Michel (Hart), 11. Jg., Nr. 8–9 (August–September 1913), S. 26.

Armut

Wenn von gewisser Seite behauptet wird, die Armut soll nicht abgeschafft werden, indem dieselbe ein notwendiger Entwicklungsfaktor für das geistig-religiöse Leben der Völker sei; wenn die Armut als etwas Verdienstliches, als etwas Gottgewolltes darzustellen versucht wird, so sollte man glauben, die Reichen, die doch an der Quelle stehen, nämlich Gelegenheit haben, sich Wissen und Bildung anzueignen, dass die in erster Linie die Theorie prüfen können, und wenn sie dieselbe richtig finden, in Praxis umsetzen könnten. Aber die Sache muss eben anders liegen; entweder muss die Theorie ein gewaltiges Loch haben, oder aber die Reichen sind trotz ihres Wissens und ihrer Bildung so beschränkte Menschen, dass sie zeitliche Schätze gegen ewige eintauschen. Wenn dem so ist, dann sind die Reichen die Armen im Geiste; doch nein, das stimmt wieder nicht, denn selig sind die Armen im Geiste, ihnen ist der Himmel gewiss (?); da wäre ich als armer Teufel ja doppelt ums Ohr gehauen.

»Der g'rode Michl« (Graz), 3. Jg., Nr. 11 (November 1905), S. 88.

Ärzte

Das Selbstbestimmungsrecht über unseren Geist ist uns ohnehin abhanden gekommen, indem die Pfaffen unsere Gehirne verkleistern. Sollen wir das Selbstbestimmungsrecht über unseren Körper uns von den Pfaffen der Medizin nehmen lassen?

Der gerade Michel (Raaba), 9. Jg., Nr. 7 (Juli 1911), S. 45.

Atheist

Mit den Worten »Ich bin Atheist« ist nur gesagt, dass jemand nicht
an Gott glaubt; damit ist aber noch lange nicht bewiesen, dass der
Atheist unbedingt ein besserer Mensch sein müsste.

Der gerade Michel (Graz), 6. Jg., Nr. 4 (April 1908), S. 32.

Atheist oder Gläubiger (An Anton Haller in Linz)

Glaubst Du wirklich, dass nur der Atheist ein besserer Mensch als
irgendein Gläubiger sei? Nun, der Atheist glaubt eben das nicht, was
der andere glaubt, also er glaubt etwas anderes; eine gute Tat ist aber
nicht von Glauben oder Nichtglauben abhängig, denn wenn ein Christ
nur wieder einem Christen hilft, so ist dies nur seine Pflicht. Der höhere Mensch wird aber, sofern er kann, jedem helfen, ohne sich erst
zu fragen, ob der Hilfsbedürftige gerade das glaubt, was er glaubt.
Oder würdest Du einen Ertrinkenden, den Du leicht retten könntest,
erst fragen, ob er ein Atheist oder Christ sei; nein, Du wirst nur den
Menschen sehen. Also, warum soll man nicht auch Vorschläge, wenn
selbe gut gemeint sind, den Lesern zur Kenntnis bringen, gleichviel,
ob selbe ein Atheist oder Christ verfasste. Also, versteh mich gut, Du
musst Dich auch vom atheistischen Pfaffentum frei machen.

»Der g'rode Michl« (Graz), 3. Jg., Nr. 4 (April 1905), S. 40.

Attentatsempörung

Es ist deshalb gar nicht nötig, dass sich die Edelanarchisten und
-anarchistinnen gar so aufregen, wenn Leute, welche nach ihrer
Meinung verrückt, wahnsinnig und ungebildet sind, manchmal zur
Gewalt greifen. Ja, warum griffen denn »schlicht liebenswürdige«
Präsidenten, »ritterliche« Könige, die doch nicht gehirnentartet, ver-
rückt, wahnsinnig waren und Zeit genug hatten, sich genügend sozio-
logische Bildung anzueignen, warum, frage ich, griffen denn die zur
Gewalt? (...) Ja, glaubt man denn, dass die Natur oder, nach anderer
Leute Ansicht, das göttliche Gesetz für Präsidenten und Könige eine
Ausnahme gemacht haben?

Der Revolutionär (Berlin), 2. Jg., Nr. 27 (7. Juli 1906), S. 107.

Aufklärung

Vor allem andern ist es notwendig, wenn wir nicht den gleichen Weg wie Griechenland und Rom gehen wollen, den Menschen eine höhere Weltauffassung beizubringen, neue Werte fürs Leben zu schaffen; man muss allen Gesellschaftsklassen höhere Begriffe vom Leben beizubringen suchen. Ich meine damit nicht etwa, sich gleich einer Raupe einzuspinnen, um auszugrübeln, wie und was wir nach dem Tod treiben, sondern es handelt sich darum, im Menschen das Einheitsbewusstsein mit Gott und Natur wachzurufen, dahin zu arbeiten, dass der eine das Leben, die Freiheit und das Wohlbefinden des andern gleich dem eigenen achtet, da es auf Dauer für den höheren Menschen kein Einzelglück gibt.

»Der g'rode Michl« (Graz), 2. Jg., Nr. 6 (Juni 1904), S. 46.

Aufs Land hinaus!

Wenn wir in Betracht ziehen, dass wir in der Stadt sehr oft keine Gelegenheit hatten, unsere Arbeitskraft, das Einzige, was wir haben, zu verkaufen; wenn wir sehen, dass die Lebensmittelpreise von Monat zu Monat in die Höhe schnellen; wenn wir ausrechnen, dass wir in der Stadt für ein Kellerloch, welches eine Wohnung sein sollte, in zehn Jahren soviel an Miete bezahlen, dass man sich damit schon ein ganz hübsches Bauerngut kaufen kann, haben wir da nicht alle Ursache, dass wir rufen: »Zurück aufs Land, vorwärts zu einem natürlichen Leben!« Aber das Rufen allein genügt nicht, wir müssen uns organisieren, wir müssen Ernst machen.

»Der g'rode Michl« (Graz), 5. Jg., Nr. 11 (November 1907), S. 106.

Aufstieg

Man kann mit voller Überzeugung dafür eintreten, dass eine gewalt- und herrschaftslose Gesellschaftsform die höchste und idealste sei, so wird einem dies nichts nützen, solange die Menschen nicht dafür reif sind, oder bildlich ausgedrückt: Wenn ich einen Berg besteigen will, darf ich nicht im Tal stehen bleiben und davon träumen, wie schön es da droben sein könnte, wenn nur der beschwerliche Aufstieg nicht wäre, sondern ich werde mit den andern hinaufklettern müssen, und wenn es auch verschiedene Rastplätze gibt, so brauche ich ja nicht stehen zu bleiben, wenn es den andern gerade so beliebt, aber solange ich den Aufstieg nicht beginne, ist keine Hoffnung vorhanden, den Gipfel zu erreichen.

»Der g'rode Michl« (Graz), 3. Jg., Nr. 11 (November 1905), S. 89.

Augusttage (An mehrere Leser verschiedener Orte)

Jawohl, ich habe während der Ruhepause (Hundstage) vieles geschrieben; aber Sie dürfen nicht glauben, dass es deswegen unterm Hund sein müsse.

»Der g'rode Michl« (Graz), 4. Jg., Nr. 9 (September 1906), S. 63.

Ausschnaufen

»Nach getaner Arbeit ist gut ruh'n«, so lautet ein altes Sprichwort. Ja, wenn die Arbeit schon getan wäre, damit auch »Der g'rode Michl« nicht etwa ruhen – oh nein, das verlangt er gar nicht –, sondern nur einmal tief Atem holen, oder, wie man schlechtweg zu sagen pflegt, sich ordentlich ausschnaufen könnte.

»Der g'rode Michl« (Graz), 3. Jg., Nr. 12 (Dezember 1905), S. 95.

Auswandern

Und nochmals: Wir Arbeiter haben absolut in der alten Heimat nichts zu verlieren als nur Elend und Not; möglich, dass man es drüben auch findet, aber schrecklicher gewiss auch nicht wie hier.

»Der g'rode Michl« (Graz), 5. Jg., Nr. 9 (September 1907), S. 84.

Auswanderungsträume (An die Auswanderungslustigen)

So schnell geht es nicht, sobald ich etwas Positives weiß, werde ich im »G'roden Michl« darüber berichten. Bisher haben sich zirka fünfzehn Personen gemeldet, welche gesonnen wären, mit Kind und Kegel das »teuere Vaterland« zu verlassen. Selbstverständlich ist, dass ich mitgehen würde; es bleibt sich ja egal, ob »Der g'rode Michl« in Graz oder irgendwo in Südamerika oder Afrika erscheinen würde, denn auch unter den Wilden gibt es gute Menschen, oft bessere als unter uns, die wir zivilisiert sein wollen (...); so viel steht für mich heute schon fest, dass wir Besitzlose nichts als höchstens Not und Elend vermissen, wenn wir dem Vaterland, welches nur für die Reichen sorgt, für immer Lebewohl sagen.

»Der g'rode Michl« (Graz), 5. Jg., Nr. 1 (Jänner 1907), S. 7.

Barbarismus

Unter Barbarismus versteht man den Kampf ums Dasein in seiner rohesten Form, wir brauchen uns daher durchaus nicht zu schämen, dass unsere Ahnen Tiermenschen, Barbaren waren, zumal wir ja bis heute uns nicht darüber hinaus arbeiten konnten. Es ist immerhin besser, zu wissen, dass die Menschheit einst geistig auf einer noch niederen Stufe gestanden ist, als wenn das Umgekehrte der Fall ist, nämlich, dass sie vollkommen gewesen und bis jetzt schon so tief gesunken wäre.

Vom Barbarismus zur Zivilisation. Graz 1903, S. 8–9.

Bedrohung des »G'roden Michl«

Da mit den Schicksalsmächten kein ewiger Bund zu flechten ist, so kann man nie wissen, ob der »G'rode Michl« nochmals erscheinen kann. Im Falle er also nicht mehr kommen sollte, so weiß dann jeder, dass er flöten ging. »Aha«, wird mancher sagen, »hab mir's wohl gedacht, ein Blatt, welches jedem – ob reich oder arm – die Wahrheit sagt, welches von der breiten Heeresstraße der Phrase, des Geldverdienens, so stark abweicht, welches aus Gewohnheits- und Herdentieren selbstständig denkende und handelnde Menschen erziehen will, ein solches Blatt muss ja doch zugrunde gehen«.

Der gerade Michel (Graz), 7. Jg., Nr. 3 (März 1909), S. 18.

Bedürfnisse

Je weniger Bedürfnisse ein Mensch hat, desto größere Freiheit gewinnt er. Wer eben nicht mehr Sklave seiner Leidenschaften ist und den Luxus über Bord wirft, der braucht nicht unter den erbärmlichsten Verhältnissen jede Arbeit für den Kapitalismus leisten.

»Der g'rode Michl« (Graz), 2. Jg., Nr. 2 (Februar 1904), S. 16.

Befreiung durch Siedlung

Nicht reich werden wollen wir, sondern uns nur aus der Lohnsklaverei befreien, um als freie und gleiche Menschen gemeinsam zu arbeiten und zu genießen. Das ist der Zweck der Siedlungen.

Der gerade Michel (Graz), 6. Jg., Nr. 9–10 (September–Oktober 1908), S. 56.

Besitzlos

Oh, welch hässliches Wort. Aber um wie viel hässlicher ist es, noch in die Klasse der Besitzlosen hinein zu gehören. Gewiss, es mag wahr sein, der Besitz und auch der Reichtum mag seine Beschwerden haben, nämlich die, wie man seinen Besitz oder Reichtum in kurzer Zeit verzehn-, verhundert- oder vertausendfachen kann. Es gibt nämlich Menschen, welche mit Geld und allem Materiellen so gut versorgt sind, dass sie, wenn sie auch 100.000 Jahre alt würden, nie verarmen könnten. Aber trotzdem reiten solche auf jedem Heller, wie der Teufel auf einer armen Seele. Und wie häufig hört man solche Leute klagen und seufzen, dass sie von ihrem Besitz, von ihrem Vermögen nichts als Ärger haben und dass eigentlich so recht glücklich nur der ist, der nichts hat. Wie leicht wäre solchen Leuten zu helfen, wenn die Armen, die Besitzlosen nicht so eigensinnige Menschen wären, die ein Patent auf ihre Armut zu haben scheinen und nicht mit den Reichen tauschen wollen, die doch auch ihre Brüder und Schwestern sind, und ihnen das Leben erleichtern könnten, wenn sie einmal all den Kummer, die Sorgen, den Ärger, welche der Reichtum mit sich bringt, ihnen abnehmen möchten.

Der gerade Michel (Raaba), 9. Jg., Nr. 11 (November 1911), S. 64–65.

»Bessere« Leute

Ich habe beobachtet, dass »bessere« Leute es immer noch lieber sehen, wenn man zerrissene Handschuhe trägt, als gar keine. Mir sind sauber gewaschene Hände lieber. Doch das ist Geschmackssache, und über Geschmack lässt sich nicht streiten. Die Folge meiner verkehrten Ansicht wird eben sein, dass ich nie in »feinen« Kreisen verkehrt habe.

Der gerade Michel (Kulming), 8. Jg., Nr. 4 (April 1910), S. 30.

»Besseres« Fräulein

Das »bessere« Fräulein ist ein harmloses Tierchen, das für die heutigen Verhältnisse wie geschaffen ist. Es kennt ganz genau die Standesgrenzen und weiß, dass es bei den »feinen« Herrschaften sich so zu benehmen hat, wie es wünscht, dass der Taglöhner ihm gegenüber sich benehme. Aber der freche Kerl bildet sich ein, er habe sich gar nicht um es zu kümmern und grüßt es überhaupt nicht, geschweige denn respektvoll. Es findet alles in Ordnung, nur ist es, wenn es älter wird, in vielen Fällen mit seinem Los nicht zufrieden. Dank der »feinen« Herrschaften, bei denen es vielleicht als Kindermädchen, ach, was sage ich, Erzieherin tätig war, wo es weder Not an Essen und Trinken hatte, noch gezwungen war, Arbeiten zu verrichten, die man einer »besseren« Dame nicht zumuten kann. In seinen jungen Jahren hat es seinen »besseren« Körper mit Gänsen und Enten bis zum Überdruss gesättigt und seinen Geist mit Zola-Romanen[*] und dergleichen gespeist. Trotz seiner »Bildung« ist es ihm nicht gelungen, unter die Haube zu kommen, denn die verdammten Freier wollen immer neben seiner Bildung auch noch schnödes Gold und davon hatte es nie etwas, denn, da es sich standesgemäß kleiden musste, war das ausgeschlossen. Ein reines Herz und feines Benehmen genügte diesen, dem Niedrigen anhängenden Kreaturen nicht, und so wurde es immer älter und älter, und man entließ es nun auch aus seiner Stellung, um einer Hübscheren und Jüngeren Platz zu machen.

Der gerade Michel (Kulming), 8. Jg., Nr. 4 (April 1910), S. 29–30.

[*] Émile Zola (1840–1902): französischer Schriftsteller, dessen Romane zur Weltliteratur gezählt werden. (Anmerkung Reinhard Müller.)

Das beste Gesetz
Das beste Gesetz würde aber das sein, das die Gesetzmacher zwingen würde, sich nach einer nützlicheren Arbeit umzusehen.

Der Revolutionär (Berlin), 2. Jg., Nr. 35 (1. September 1906), S. 138.

Bestehende Ordnung
Ja, freilich werden jetzt viele wieder sagen, da seht den Materialisten, den ewig Unzufriedenen, er kritisiert schon wieder; dadurch wird doch niemand gebessert. Gemach, meine Herren, wenn es nie Menschen gegeben hätte, die die jeweilig bestehende Ordnung mit ihren Einrichtungen bekämpft hätten, so würden wir uns heute noch gegenseitig brüderlich auffressen, denn auch die Menschenfresserei ist einmal bestehende Ordnung gewesen.

Der gerade Michel (Hart), 11. Jg., Nr. 8–9 (August–September 1913), S. 26.

Betrug
(...) die Menschen wollen immer etwas Kompliziertes haben, das heißt, auf Deutsch gesagt, die Menschen wollen betrogen sein.

»Der g'rode Michl« (Graz), 3. Jg., Nr. 9 (September 1905), S. 71.

Beutelschneider

Die Arbeiterschaft und der Herrgott sind wohl beide gleich übel dran. Beiden wurde eben in ihrer Vertrauensseligkeit die Macht genommen, oder besser gesagt, sie haben sich's von Beutelschneidern abschwatzen lassen.

Der Revolutionär (Berlin), 4. Jg., Nr. 22 (30. Mai 1908), S. 91.

Bewaffnete Freiheit

Eine Freiheit, die beschützt werden soll, ist eben keine Freiheit.

Vom Barbarismus zur Zivilisation. Graz 1903, S. 4.

Bewaffneter Friede

Betrachten wir uns nur einmal den bewaffneten Frieden, welcher jährlich in allen Staaten Millionen verschlingt; ist ein solcher Friede nicht höchst gefährlich, da er die Völker belastet und notwendig den wirtschaftlichen Ruin herbeiführt? Wird man mit einer solchen Politik nicht gerade das herbeiführen, was man vermeiden wollte, und warum dies alles? Die Völker wollen doch alle den Frieden, in den zivilisierten Staaten dürfte es kein Volk geben, das einen Krieg wünschen würde; nun also, warum dann alljährlich immer mehr Militär, Kanonen und Kriegsschiffe? Sonst aber wird jede Gelegenheit benützt, um Kultur, Zivilisation und Humanität zu preisen. Oder will man etwa den Krieg mit dem Genannten in Einklang bringen???

Sozialpolitische Gedanken eines Arbeiters. Graz 1903, S. 9–10.

Bezahlung

Warum soll der intelligente Arbeiter besser bezahlt werden als der einfache? Hat nicht jeder seine Fähigkeiten von der Allgemeinheit erworben?!

Der gerade Michel (Graz), 6. Jg., Nr. 11 (November 1908), S. 63–64.

Bibel und Nächstenliebe

Was kann das beste Buch der Welt Menschen nützen, wenn sie den Sinn, den Geist des Inhaltes nicht erfassen? Und wie sollten Menschen, welche nach Ruhm, Ehre, Reichtum, Gewalt und Herrschaft streben, was alles nichtig und vergänglich ist, den Sinn, den Geist des reinen Christentums erfassen? Es ist doch die logische Folge, dass, wenn ich nach persönlicher Ehre, Ruhm, Reichtum, Gewalt und Herrschaft strebe, ich dann mehr und etwas Besseres sein will als meine Brüder und Schwestern. Indem ich mir anmaße, unfehlbar zu sein, bin ich ja vom Christentum schon himmelweit abgewichen; denn als Christ soll ich meinen Nächsten ja lieben wie mich selbst. Wenn ich meinen Nächsten aber wie mich selbst liebe und achte, so kann ich unmöglich verlangen, dass es ihm schlechter als mir gehen sollte, dass er mir in irgendeiner Art untergeordnet sein soll und noch weniger, dass ich über ihn zu Gericht sitze, denn es heißt: »Verdamme nicht, auf dass du nicht verdammt werdest.«

Der gerade Michel (Raaba), 9. Jg., Nr. 12 (Dezember 1911), S. 69–70.

Bittere Medizin

Die Wahrheit ist und bleibt eine bittere Medizin, aber sofern Medizin überhaupt der Menschheit helfen kann, so ist es die bittere, denn Süßigkeiten, gleichviel ob nach oben oder unten verabreicht, schmecken zwar besser, aber das Resultat ist immer ein verdorbener Magen.

›Der g'rode Michl‹ (Graz), 1. Jg., Nr. 1 (September 1903), S. 5.

Bodenreform

Wer für Selbst- und Lebensreform ist, der muss auch für die Bodenreform sein.

»Der g'rode Michl« (Graz), 4. Jg., Nr. 1 (Jänner 1906), S. 3.

Brüder sind sie alle gleich!

Kurz und gut, mancher würde einsehen, dass Anarchismus mit Gewalt nichts zu tun hat, ja, dass gerade der Anarchist der prinzipiellste Gegner von Mord und Gewalt ist. Nun aber, da die Mehrzahl der Menschen vor dem Anarchismus sich fürchtet wie der Teufel vor dem Weihwasser, so finde ich es ganz begreiflich, dass auch die liberalsten, nationalsten, sozialdemokratischen wie christlichsozialen Blätter nur dann über Anarchisten und Anarchismus schreiben, wenn sie für sich dabei etwas verdienen. Brüder sind sie alle gleich.

»Der g'rode Michl« (Graz), 4. Jg., Nr. 2 (Februar 1906), S. 12.

Bund der Harmlosen

Ja, man muss, ob man will oder nicht, alle seine ketzerischen Meinungen und Ansichten über Bord werfen, um schließlich doch zur Einsicht zu kommen, dass es außer der göttlichen Weltordnung kein Heil gibt. Deshalb habe ich auch schon seit geraumer Zeit all meine Utopien betreffs einer besseren Gesellschaftsordnung an den Nagel gehängt, bin sehr konservativ respektive zufrieden geworden, und falls sich in der schönen Mur-Stadt* noch einige ähnlich denkende Menschen finden, wollen wir einen Bund der Harmlosen gründen. Ja, ja, Glück muss man haben, dann geht's schon. Aber, ach, du lieber Himmel! Mancher Mensch bleibt eben sein Leben lang ein ganz gemeiner Sündenlümmel, der jede Wohltat, welche ihm erwiesen wird, mit schwärzestem Undank belohnt. »Herr, vergib ihnen, denn sie wissen nicht, was sie tun«, ich meine natürlich die Undankbaren, zu denen leider auch ich gehöre.

»Der g'rode Michl« (Graz), 5. Jg., Nr. 12 (Dezember 1907), S. 117.

* Gemeint ist Graz (Steiermark), an der Mur gelegen. (Anmerkung Reinhard Müller.)

Bürgerliche Presse

Wenn, zum Beispiel anlässlich einer großen Massenschlächterei, die bürgerlichen Blätter Extraausgaben veranstalteten, so rechneten sie dabei auf ein gutes Geschäft, und es machte sich auch sehr gut bezahlt. Obwohl sonst der Mord als eine unsittliche Handlung bezeichnet wird, so glauben aber da die Leute, wenn zwei dasselbe tun, so sei es doch nicht dasselbe; sonst erscheint ihnen der Mord, auch der Einzelmord, ganz und gar verwerflich, wenn es einen von ihrer Seite erwischt. Aber die Mamelucken von der Presse haben nicht die nötige Nackensteife, um auch den Mord en masse verwerflich zu finden. Im Gegenteil, mit grunzendem Behagen wird haarklein erzählt, wie trefflich die Mordwerkzeuge funktionieren; je nachdem sie für diesen oder jenen Feind (?) Partei ergreifen, freuen sie sich ganz kannibalisch, dass der oder jener siegen wird, was doch nur möglich ist, wenn eine Masse von Menschen ins Jenseits befördert wird; was aber meiner Auffassung nach mit dem Gebot »Du sollst nicht töten« auf keinen Fall übereinstimmt.

»Der g'rode Michl« (Graz), 2. Jg., Nr. 5 (Mai 1904), S. 37.

Bürgerliche Reformbewegler

Ich gebe ja auch gerne zu, dass die bürgerliche Reformbewegung manches Nützliche erstrebt, was jenen, die viel Geld haben, zum Vorteil gereicht. Aber von den besitz-, heimat- und vaterlandslosen Leuten, welchen das Leben auf jede mögliche Weise sauer gemacht wird, kann man doch nicht verlangen, dass sie Loblieder auf die göttliche Weltordnung anstimmen.

>»Der g'rode Michl« (Graz), 5. Jg., Nr. 12 (Dezember 1907), S. 118.

Cholera

Wenn man die Cholera nicht hat und man wird zwangsweise isoliert, so ist es sehr leicht möglich, dass man sie wirklich bekommt, besonders wenn man das Unglück hat, schon ein cholerisches Temperament mit auf die Welt gebracht zu haben.

>Der gerade Michel (Raaba), 9. Jg., Nr. 7 (Juli 1911), S. 44.

Christ sein

Ich bemühe mich, nicht nur ein theoretischer, sondern auch ein praktischer Christ zu sein respektive zu werden, aber zur Verherrlichung des Papsttums habe ich keinen Anlass.

>»Der g'rode Michl« (Graz), 3. Jg., Nr. 2 (Februar 1905), S. 22.

Christen und Staat

Ein Christ, der gemäß den Geboten der Religion handelt, wird dem Staat gegenüber immer als Anarchist erscheinen. Ja, sofern er sich nach seiner Religion betätigt, ist er es auch. Denn er gehorcht Gott mehr als den Menschen. Da aber Gott und die Religion den Mord verbieten, der Staat denselben aber von seinen Untertanen fordert, so müssen sich Gott, Religion und Staat stets in den Haaren liegen.

>Religion und Staat. Graz (1906), S. (2).

Christliche Hutschnur

Es wäre an der Zeit, wenn unsere Scheinchristen sich einmal die Mühe nehmen wollten, die Lehre Christi so zu verstehen, wie sie gemeint ist, nämlich, dass das Reich Gottes baldigst verwirklicht würde; aber dies scheint den Reichen und Mächtigen über die Hutschnur zu gehen. Denn, wenn alle Menschen gleich und Brüder wären, dann müsste vieles fallen, was sogar die Gebildeten aus dem Konzept bringen würde.

Der gerade Michel (Graz), 6. Jg., Nr. 12 (Dezember 1908), S. 74.

Dankentsagung

(...) aber was ist für uns Dank? Wir sind stark genug, um auf Dank und Weltlohn verzichten zu können. Tun wir weiter ja doch nichts, als jeder nach seiner Art jene Pflicht, die für uns kein Zwang ist, nach bestem Können zu erfüllen. Das Bewusstsein, für die höchsten Güter unsrer Brüder und Schwestern seine ganze Persönlichkeit einsetzen zu können, ist uns Lohn genug. Jede gute Tat, Handlung und jeder gute Gedanke birgt den inneren Lohn schon in sich, und äußere Anerkennung und Lohn fordern wir nicht. Nur dann, wenn eine größere Anzahl von Menschen einmal soweit ist, eine gute Tat um ihrer selbst willen zu tun, unbekümmert darum, dass man sie auch verkennt und verfolgt, dann sind wir unserem Ziel näher; bis dahin gute Hoffnung und unverwüstlichen Kampfesmut! Wer siegen will, muss entsagen lernen; wer die Welt neu gestalten will, muss auch ein neuer, freier Mensch werden.

»Der g'rode Michl« (Graz), 5. Jg., Nr. 7–8 (Juli–August 1907), S. 75.

Dem sozialdemokratischen »Arbeiterwillen« und dem christlichsozialen »Arbeiter« ins Stammbuch geschrieben

Na also, Liebchen Volk, was willst du noch mehr? Die beiden Blätter, die in jeder Nummer blutige Tränen weinen, weil es dem Volk so schlecht geht, die bei jeder passenden oder unpassenden Gelegenheit über die Indolenz der Arbeiter ganz jämmerlich schimpfen, dieselben Blätter suchen jeden Lichtstrahl, welcher in die Gehirne der Arbeiter eindringen könnte, mittels roter oder schwarzer Kutten fern zu halten. (...) Ja, Brüder! Das ist eben der Fluch der bösen Tat, dass sie fortzeugend immer Böses muss gebären; nämlich, dass ihr euch gegenseitig in den Haaren und im Magen liegt, dass ihr euch gegenseitig vernichten werdet. Ihr beide mit eurem Geschimpfe seid gar nicht fähig, die Menschen zu bessern, denn da müsstet ihr euch selbst bessern; das wollt ihr aber gar nicht, sondern ihr strebt nach Macht, Herrschaft und Gewalt, ihr seid innerlich wie äußerlich unfreie Menschen. Unfrei deshalb, weil ihr den Marktschreiern gleicht, wo eben jeder schreit: »Hier, meine Herrschaften, ist der gute Käse!« Doch ach! Eure Prinzipien, sofern ihr überhaupt welche gehabt habt, sind längst in Verwesung übergegangen; es ist wie mit dem alten Käse: An eurer Freiheit will sich kein Mensch mehr den Magen verderben.

»Der g'rode Michl« (Graz), 4. Jg., Nr. 1 (Jänner 1906), S. 4–5.

Denunziation (An einen Gesinnungsfreund in Český Šternberk)

Arbeiten Sie nur so fort wie bisher. Wenn Sie die roten Freiheitskämpfer auch als Anarchisten denunzieren, so lassen Sie sich deshalb keine grauen Haare wachsen, denn die Schlechtesten sind es nicht, welche dem roten Pfaffentum den Rücken kehren.

»Der g'rode Michl« (Graz), 4. Jg., Nr. 4 (April 1906), S. 31.

Deutschnational

Wer ernstlich darüber nachdenkt, der wird doch nicht behaupten wollen, dass nur die Deutschen die edelsten und besten Menschen sind; ist jemand dennoch so unvorsichtig, dies zu tun, dann muss er sich auch gefallen lassen, dass andere Nationen das Gleiche von sich behaupten.

Der gerade Michel (Kulming), 8. Jg., Nr. 12 (Dezember 1910), S. 82.

Diät

Vor einiger Zeit habe ich in mehreren Blättern eine Annonce folgenden Inhalts gelesen: »Die größten Erfolge erzielt durch Fastenkuren von 70 Kronen aufwärts etc.« Oh, welche Ironie! Die einen haben sich überfressen, und damit sie wieder gesund werden, müssen sie fasten und dafür per Woche 70 Kronen und mehr zahlen. Wenn man bedenkt, dass manche Arbeiterfamilie mit 70 Kronen nahezu zwei Monate leben muss, so möchte man die Arbeiter fast beneiden, dass die die Fastenkuren so billig haben.

»Der g'rode Michl« (Graz), 5. Jg., Nr. 9 (September 1907), S. 82.

Die die Rechnung zahlen

Ich glaube, dass (...) Bomben und Zerstörung nicht die richtigen Mittel sein dürften, um einer besseren Gesellschaftsform zum Siege zu verhelfen. Es ist ganz gleich, ob die Revolutionäre oder die Soldaten

Kulturwerte zerstören, den Schaden hat immer das Volk. Das Volk ist es, welches alles, was zerstört wurde und noch zerstört werden wird, wiederherstellen muss.

»Der g'rode Michl« (Graz), 5. Jg., Nr. 11 (November 1907), S. 107.

Dressur – Anlässlich der Verwundung von Claire Heliot[*] durch einen Löwen

Die deutsche Tierbändigerin mit dem fremdländischen Namen musste vor einigen Tagen die Erfahrung machen, dass auch die sorgsamste und liebevollste Dressur den wahren Charakter eines Raubtieres nicht zu ändern vermag. (...) Nun sei dem, wie es will, aber solche Schaustellungen zeigen deutlich den Tiefstand unsrer vielgepriesenen Kultur an. Also so etwas, wobei ein Mensch sein Leben riskiert, das bildet eine Zugnummer für das Publikum. Man weiß da wirklich nicht, wer da bedauernswerter ist, das Publikum oder die verunglückte Tierbändigerin. Da jeder Mensch, der nur bis fünf zählen kann, einsieht, dass es keine »liebevollste Dressur« gibt noch geben kann, denn »Dressur« und »liebevollst« passen wie die Faust aufs Auge. (...) Alles Ungetier lasse man in den finstern Wäldern Afrikas hausen, denn mit der Dressur von Raubtieren kommt für die Gesellschaft doch nichts Nützliches heraus.

»Der g'rode Michl« (Graz), 5. Jg., Nr. 7–8 (Juli–August 1907), S. 76–77.

[*] Claire Heliot, d.i. Clara Hanman, geb. Pleßke (1866-1953): deutsche Dompteuse, die mit bis zu zwölf Löwen arbeitete. (Anmerkung Reinhard Müller.)

Drohendes Verbot des »G'roden Michl«

Ja, gesetzt den Fall, dass derselbe in Österreich verboten würde, so ist die Welt keine Hühnersteige, und solange ich es für notwendig und gut finde, würde derselbe auch anderswo erscheinen können.

»Der g'rode Michl« (Graz), 2. Jg., Nr. 12 (Dezember 1904), S. 99.

Drohnen[*]

Nun, die Dummheit stirbt nicht so leicht aus; wenn also Tausende von Arbeitern so dumm sind und sich Drohnen auf den Hals laden, die sie dann erhalten müssen, so ist das ihre Sache; denn sie glauben eben, dass ihnen diese Drohnen helfen können und helfen werden, und glauben auch, dass es ohne dieselben nicht ginge, sie anerkennen sie als ihre Führer, und es ist recht und billig, wenn sie dafür bezahlen.

Der gerade Michel (Kulming), 8. Jg., Nr. 4 (April 1910), S. 28.

* Drohne: durch Jungfernzeugung entstehendes Männchen der Honigbiene, das sich von den Arbeiterinnen des Bienenvolks vor allem durch seinen größeren und plumperen Körper, den fehlenden Stechapparat und ein kleineres Gehirn unterscheidet. Drohnen tragen kein eigenes Futter ein und lassen sich überwiegend von den Arbeiterinnen ernähren. Sie treten im Mai in jedem Bienenstock meist zu Hunderten auf, werden aber gegen Ende Juli von den Arbeiterinnen in der so genannten Drohnenschlacht vertrieben. Die zoologische Beschreibung erklärt wohl hinlänglich, warum Anarchisten und Anarchistinnen seit den 1890er-Jahren die Bezeichnung »Drohnen« für Partei- und Gewerkschaftsfunktionäre in ihren Wortschatz aufnahmen. (Anmerkung Reinhard Müller.)

Duell (An einen Leser)

Sie fragen, warum der »G'rode Michl« zur Duellfrage noch nicht Stellung genommen hat? Erstens kann man ja nicht alles übers Knie brechen, und zweitens ist diese Frage auch gar nicht von Bedeutung. Wenn Sie etwa gefordert werden sollten, dann lehnen Sie es mit der Motivierung ab, (...) dass Sie Mitglied eines Tierschutzvereines sind, also auch keine Zweifüßler töten oder quälen wollen.

»Der g'rode Michl« (Graz), 4. Jg., Nr. 10 (Oktober 1906), S. 72.

Edel-Anarchismus (An einen Vegetarier in Wien)

Sie glauben, wenn ich mehr den Edel-Anarchismus betonen würde, dass ich dann mehr Glück hätte? Nun ja! Edel-Anarchismus, das kommt mir gerade so vor, als wenn jemand sagen würde, er sei ein Edel-Christ. Entweder ist eine Lehre, eine Weltauffassung edel, oder sie ist es nicht. Ebenso wenig wie seinerzeit die Inquisition, Scheiterhaufen und die Hexenprozesse etwa ein unedles Christentum waren, sondern geradezu dem Christentum widerstrebten, also mit der Christuslehre rein gar nichts zu tun hatten, ebenso wenig hat der Anarchismus mit irgendeiner Gewalttat etwas zu tun. Terroristen gibt es eben in allen Klassen, Parteien und Sekten. Dass ich als Anarchist die Gewaltanwendung, den Totschlag und Mord nicht für ein geeignetes Mittel halte, um die Menschen zu bessern, ist eben nur eine logische Schlussfolgerung meiner Weltauffassung; dass ich deshalb ein Edel-Anarchist sein sollte, sehe ich nicht ein. Es gibt genug Menschen, die vom Anarchismus nie etwas gehört haben und ähnlichen Grundsätzen huldigen.

»Der g'rode Michl« (Graz), 4. Jg., Nr. 9 (September 1906), S. 63.

Egoismus

Jedes Lebewesen, gleichgültig ob Tier oder Mensch, besitzt ein gewisses Quantum Egoismus und muss es besitzen, wenn es sein Leben erhalten will; daraus folgt der notwendige Schluss, dass dies durch die Natur bedingt ist; wer daher den Egoismus aus dem Menschen hinaustreiben wollte, müsste auch dessen Leben hinaustreiben; weil es aber ohne Egoismus kein Leben gibt, muss es gerade wunderbar erscheinen, nachdem alles dem Egoismus huldigt, dass die Menschen doch so halbwegs untereinander ihr Auskommen finden.

Vom Barbarismus zur Zivilisation. Graz 1903, S. 12.

Egoist

Jawohl, ich bin Egoist und werde es bleiben; fällt mir auch gar nicht ein, die Natur umkrempeln zu wollen, und gerade dies scheint es zu sein, was manche Leute am meisten ärgert, weil sich der bewusste Egoist nicht so leicht rumkriegen lässt. Gesinnungsgenossen, Brüder und Schwestern! Werdet alle bewusste Egoisten, dann sorgt jeder und jede für sich; wenn jeder und jede aber für sich sorgen, dann ist auch für die Gesellschaft gesorgt, denn die besteht ja doch nur aus vielen Einzelnen. Ja, ja, die verfluchten Egoisten sind die Karnickel, an denen alle guten und schönen Lehren zerschellen, und wenn einmal jeder zu sich selbst erwachen würde, wenn er über die Nächsten- zur Selbstliebe kommen würde, dann könnte er einfach denken: »Ich will nicht mehr für andere, sondern für mich arbeiten«; und wenn jeder irgendetwas geistig oder physisch arbeiten müsste, nun das wäre für die Altruisten, welche die verkappten Egoisten sind, etwas Schreckliches.

Der gerade Michel (Graz), 6. Jg., Nr. 8 (August 1908), S. 51.

Eigenarten

Ferner müsste ich gegen meine Überzeugung handeln, wenn der »G'rode Michl« nur für die Gebildeten allein herausgegeben werden soll. Wer sich an seiner Schreibweise, seiner Rechtschreibkunst und

Stilisierung stoßen sollte, der mag ruhig fern bleiben; für mich ist es doch ganz egal, ob ich als Maurer, Schneeschaufler oder Herausgeber eines Blattes fungiere, mehr als das Leben hat man ja nirgends, und mehr würde man ja auch nicht brauchen. Da ich aber schon einmal ein Blatt herausgebe, so soll es wenigstens originell sein. Da ich eben über vieles anders denke als die Gebildeten, so ist es doch nur natürlich, wenn dies auch in der Schreibweise zum Ausdruck kommt.

Der gerade Michel (Graz), 7. Jg., Nr. 1 (Jänner 1909), S. 1.

Eigentum und Besitz

Jeder halbwegs logisch denkende Mensch wird zugeben, dass das, was ich durch physische oder geistige Kraft schaffe, mein Eigentum ist respektive sein sollte. Die Ungerechtigkeit, dass heute Millionen davon ausgeschlossen sind, sich Eigentum zu erwerben, ist, dass heute Grund und Boden als Eigentum des Einzelnen betrachtet werden, was aber nie und nimmer richtig sein kann, da kein Mensch Grund und Boden erzeugen kann, sondern alle Menschen haben wohl ein Recht auf Nutznießung, aber keine Eigentumsrechte, denn was ich nicht erzeugt habe, kann doch nicht mir allein gehören.

»Der g'rode Michl« (Graz), 3. Jg., Nr. 11 (November 1905), S. 89.

Einerlei

Ich weiß zwar nicht, ob es einen Gott gibt oder nicht (ist mir übrigens auch gleichgültig), aber ich weiß, dass es auch unter Gottgläubigen edle Menschen gibt, so wie es unter Atheisten solche gibt. Da ich als Anarchist die Freiheit meiner Mitmenschen achte, so alteriert es mich durchaus nicht, wenn jemand an Gott glaubt; sofern mich aber jemand zwingen wollte, wider meine Erkenntnis zu handeln, so werde ich mich wehren, und zwar auch gegen atheistische Pfaffen.

Der gerade Michel (Graz), 6. Jg., Nr. 4 (April 1908), S. 28.

Einigen Wohlmeinenden zur Kenntnis

Ja, mir ist es ganz gleich. Ihr könnt mir irgendwelche Namen beilegen, aber mein Prinzip ist eben: »Ich mag nicht herrschen, aber auch nicht beherrscht werden.« Ist etwas nützlich und gut, so werde ich es freiwillig aus eigener Entschließung tun; ist es aber schädlich und böse, so lasse ich mich von niemandem dazu zwingen. In diesem Sinne fasse ich die Herrschaftslosigkeit auf. Wie sie andere auffassen, dafür bin nicht ich, sondern ist jeder selbst verantwortlich.

»Der g'rode Michl« (Graz), 4. Jg., Nr. 11 (November 1906), S. 83.

Einsam

Also aus diesen meinen Meinungen können die wenigen, welche mich verstehen, ersehen, dass es absolut ausgeschlossen ist, sich mit der Schriftstellerei durchzuschlagen, denn bisher bin ich überall angestoßen, so bei den Anarchisten, Sozialisten, Spiritisten, Theosophen, Vegetariern, Abstinenten; ja ich habe mir die Mühe genommen, ihre Welt- und Lebensauffassungen zu prüfen, habe bei manchen viel Nützliches und Gutes, aber auch viel Schädliches und Dummes gefunden. Voll- oder Idealmenschen sind sie alle nicht, ich natürlich auch nicht; doch eines haben sie alle gemeinsam, nämlich, wenn man an ihren Dogmen zweifelt, so ist man kein guter Genosse, Freund und so weiter. Nun, so stehe ich jetzt einsamer als je da, was mich, nebenbei bemerkt, gar nicht ärgert; im Gegenteil, ich fühle mich dabei freier und ungebundener, als wenn ich auch als Genosse und Gesinnungsfreund in irgendeiner Sekte oder Partei eingeschachtelt wäre.

Der gerade Michel (Graz), 6. Jg., Nr. 8 (August 1908), S. 49.

Eintagsfliegen

Wer aber glaubt, dass die Menschen geistig nie so hoch kommen werden, der geht eben von seiner noch umnachteten gewalttätigen Weltauffassung aus, das heißt, er identifiziert sich mit der Mehrzahl der heute zur Gewalt neigenden Menschheit und glaubt, weil er noch nicht die Fähigkeit in sich fühlt, ohne Gewalt sein Auskommen zu finden, dass es dann immer so bleiben müsste. Oder anders gesagt, sofern er überhaupt ein wenig Idealismus besitzt, so reicht eben dieser nur so weit, dass er zwar allenfalls zur Verwirklichung eines Ideals nur dann ein Opfer zu bringen fähig ist, wenn er Aussicht hat, dass das Ideal noch zu seinen Lebzeiten realisiert wird, wovon er einen praktischen Nutzen ziehen könnte. Dies ist aber auch ganz leicht erklärlich, denn ein solcher Mensch wurzelt nicht in der Ewigkeit; ihm fehlt das solidarische Einsbewusstsein mit der übrigen Menschheit, er fühlt eben nicht, dass er heute Dinge genießt, welche frühere Generationen geschaffen haben, folglich ist für ihn alles wertlos, wovon spätere Generationen einen Nutzen ziehen würden; kurz, er ist eine Eintagsfliege, wenn er sonst auch noch so gelehrt ist und sich noch so fein auszudrücken versteht, so bleibt sein Geist der Sklave seines Körpers, aus dem er sich nicht zu lichteren Höhen zu erheben vermag.

»Der g'rode Michl« (Graz), 3. Jg., Nr. 12 (Dezember 1905), S. 96.

Der Einzelne und die Menschheit

Denn wenn es auch schon nicht viel ist, was der Einzelne für die Menschheit leisten kann, so bleibt ihm doch das eine, dass er den Nichtdenkenden, den »Gläubigen« sagen kann, welch großer Schwindel die »göttliche Weltordnung« ist, in der man die Armen ausnützt und sie um ihr Lebensglück betrügt, – dass es Selbstpflicht jedes ehrlich denkenden Menschen ist, diese so genannte »göttliche Weltordnung« zu bekämpfen, und dass man diese »göttliche Weltordnung« zerstören und eine menschliche Weltordnung aufbauen muss, in der nicht der Großteil der Menschen sich zeitlebens wegen einer kleinen Anzahl von Nichtstuern abrackert und dabei in Not und Elend verkommt, damit diese Sklaven ihres Bauches, ihrer Genüsse und Laster sein können.

Der Revolutionär (Berlin), 2. Jg., Nr. 29 (21. Juli 1906), S. 115.

Empirie

Gibt es nach dem Tod ein noch schöneres, ewig während es Leben, dann umso besser, das wissen wir aber heute nicht, und kein Mensch weiß es, kann es nicht wissen, sondern nur glauben. Also halten wir uns zuerst einmal an das Natürliche, das Übernatürliche überlassen wir denen, die das Natürliche nicht fassen können.

Der gerade Michel (Graz), 6. Jg., Nr. 8 (August 1908), S. 50.

Entweder – Oder

Also Parlamentarismus und Freiheit gibt es nicht, entweder ich bin für das Herrschaftsprinzip, dann muss ich andere beherrschen respektive danach streben, es tun zu wollen; oder aber ich bin für Freiheit, dann habe ich aber genug damit zu tun, dass ich mich selbst beherrsche und regiere und die Freiheit meiner Mitmenschen gleich meiner eigenen achte.

»Der g'rode Michl« (Graz), 4. Jg., Nr. 2 (Februar 1906), S. 10.

Entwicklungstheorie

(...) ich selbst bin auch Anhänger der Entwicklungstheorie. Aber von selbst wird sich nie etwas entwickeln, es muss eine Ursache vorhanden sein, es muss ein Anstoß gegeben werden; zum Beispiel ein Stein auf der Straße wird immer auf demselben Fleck liegen bleiben, wenn ich ihn, oder ein anderer, nicht anstoße. Das Gleiche ist der Fall mit allen menschlichen Einrichtungen, also auch mit den Gesetzen. Einst war es ja auch Gesetz, dass man Sklaven totschlagen durfte. Nun, wenn sich gegen dieses Gesetz bisher niemand aufgelehnt und empört hätte, so würde es eben heute noch bestehen.

»Der g'rode Michl« (Graz), 4. Jg., Nr. 12 (Dezember 1906), S. 91.

Erster Mai

Heute ist die Erste Mai-Feier nur mehr eine Karikatur von ehemals. Dieselbe wird von politischen Gauklern dazu benutzt, um dem arbeitenden Volk die Früchte des Parlamentarismus anzupreisen.

Der gerade Michel (Raaba), 9. Jg., Nr. 5–6 (Mai–Juni 1911), S. 41.

Die Erster Mai-Kirchweih

Wenn die Arbeiter einmal zu sich erwacht sein werden, dann werden sie den Ersten Mai nicht mehr als Kirchweih betrachten, sie werden sich keine Erster Mai-Amulette an die Röcke hängen, sie werden nicht eine Unmasse Alkohol vertilgen, wodurch das Großkapital nebst der Völkerbefreienden[*] ein gutes Geschäft macht. Die Arbeiter werden nicht mehr dafür schwärmen, die Lohnsklaverei gegen die Parteisklaverei zu vertauschen, sondern, wenn der Gedanke der Freiheit (nicht von Freiheiten) in ihren Köpfen Aufnahme gefunden, dann ist die Völkerbefreiende und vieles andere noch verloren.

»Der g'rode Michl« (Graz), 2. Jg., Nr. 4 (April 1904), S. 29.

[*] Die Völkerbefreiende: zunächst zur Selbstcharakterisierung gebrauchter Name für die Sozialdemokratie, welche sich 1889 als revolutionäre, internationale und völkerbefreiende Bewegung in der »Zweiten Internationale« organisierte. Von Anarchisten und Anarchistinnen wurde dieser Begriff bald als Spottbezeichnung benutzt, und spätestens die nationalistische Haltung der europäischen Sozialdemokratien anlässlich des ersten Weltkriegs sollte ihrem Zweifel an der völkerbefreienden Kraft sozialdemokratischer Parteien Recht geben. (Anmerkung Reinhard Müller.)

Es ist alles eins

Jenseits oder eine neue Gesellschaftsordnung haben so ziemlich gleichen Wert, solange man im Diesseits und in der heutigen Gesellschaftsordnung sich gut oder schlecht durchdrücken muss.

»Der g'rode Michl« (Graz), 2. Jg., Nr. 2 (Februar 1904), S. 14.

Esel

(...) wenn ich auch Idealist bin, so will ich doch kein Grautier sein.

Der gerade Michel (Raaba), 9. Jg., Nr. 9–10 (September–Oktober 1911), S. 54.

Eskimos

Merkwürdige Leute, diese Eskimos und Heiden. Sie brauchen ja nur etwas nach Süden zu ziehen, und sie würden auch die Segnungen der Zivilisation und des Christentums genießen. Aber Dickschädel, wie sie solche sind, leiden sie zeitweise lieber Hunger, kämpfen mit Eisbären und leben im völligen Kommunismus, sorgen sogar für die Alten und Krüppel und betrachten sich als Brüder. Na freilich, wenn es da droben nicht gar so fürchterlich kalt wäre, würde man ihrer Herrlichkeit schon längst ein Ende gemacht haben. Aber diese Barbaren scheinen zu ahnen, dass sie da droben vor den Segnungen unserer »Kultur« am sichersten sind.

»Der g'rode Michl« (Graz), 5. Jg., Nr. 11 (November 1907), S. 108.

Etikett »Anarchist«

Der Name Anarchist ist noch lange kein Freibrief, den Anarchismus auch erfasst zu haben. Gerade so wie sich mancher auf den Namen Christ viel zugute tut, ohne in den Geist der reinen Lehre Christi eingedrungen zu sein, so ist es auch hier. Ja, gerade die, welche die Freiesten sein wollen, nehmen es einem am meisten übel, wenn man sich die Freiheit nimmt, ihre Meinung, welche sie für unfehlbar halten, zu negieren. Aber es gibt kaum etwas Lächerlicheres als dass sich (angebliche) Anarchisten in ihrer Autorität gekränkt fühlen. Na, da geht man ruhig zur Tagesordnung über.

Der gerade Michel (Graz), 7. Jg., Nr. 4 (April 1909), S. 30.

Extrawürste im Jenseits

Ja, meine Brüder! Lernt das ewige Lachen, lacht über alles Mögliche und Unmögliche, sogar über die großen Extrawürste im Jenseits, dies erheitert eure Seele, frischt euch den Leib auf und versetzt euch in einen Zustand, der viel Ähnlichkeit hat mit dem, was man elysische Freude nennt.

Der gerade Michel (Graz), 6. Jg., Nr. 9–10 (September–Oktober 1908), S. 58.

Fabriksware

Aber die Menschheit soll nach pessimistischer Weltauffassung kein Geschlecht von Philosophen, sondern nur gewöhnliche Fabriksware der Natur sein.

»Der g'rode Michl« (Graz), 1. Jg., Nr. 4 (Dezember 1903), S. 1.

Falsche Begriffe

Jenen aber, welche euch von Gott und Anarchie falsche Begriffe beibringen wollen, denen sagt, dass nach unserer Auffassung Gott kein Tyrann ist, der die Menschen quält, sondern die ganze Quälerei ist, dass sich die Menschen falsche Begriffe machen und dann die Armen im Geiste zwingen, nach diesen falschen Begriffen zu leben.

Der Revolutionär (Berlin), 1. Jg., Nr. 6 (2. September 1905), S. 23.

Feinde

Feinde gibt es nur, solange man sich solche durch verworrene Begriffe künstlich in seinem Gehirn selbst züchtet.

Vom Barbarismus zur Zivilisation. Graz 1903, S. 18.

Die Fliege

Man führe sich nur einmal vor Augen eine Fliege; dieselbe ist zwar ein niedliches Tierchen, aber immerhin noch nicht soweit zivilisiert, dass sie die Gesetze der Gesundheitspflege respektiert, sie setzt sich nächstbeliebig auf einen Düngerhaufen, nascht an einem Aas, flugs fällt es ihr ein und setzt sich auf ein Stück Fleisch und lagert darauf ihre Eier ab. Nun sagen zwar manche Leute, dass man nicht wissen könne, von was man fett wird. Mag dies auch seine Richtigkeit haben, so stelle ich aber den Satz auf: Man kann auch nicht wissen, von was man krank wird.

»Der g'rode Michl« (Graz), 2. Jg., Nr. 8 (August 1904), S. 63.

Fortschritt

Es ist zwar im Grunde genommen kein so großer Fortschritt, wie man gewöhnlich annimmt; solange wir es eben nicht dahin bringen, dass man seine Feinde, statt zu erschlagen, liebt, bleibt es sich doch so ziemlich gleich, ob man dieselben frisst oder begraben lässt.

»Der g'rode Michl« (Graz), 2. Jg., Nr. 6 (Juni 1904), S. 48.

Frauen und Mädchen!

Schmückt eure Hüte nicht mit Federn und Vogelleichen. Bänder und Blumen sind hübscher. Beweist, dass ihr dem Namen »das zarte Geschlecht« Ehre macht, indem ihr wirklich zart fühlt und euch wegen der Frau Mode nicht länger an dem Mord unserer lieblichen Sänger – der Vögel – mitschuldig macht. Schenkt der Bitte des »G'roden Michl« Gehör. Eure Männer und Verehrer werden euch auch ohne Federschmuck und Vogelleichen hübsch finden und euch lieb haben.

»Der g'rode Michl« (Graz), 3. Jg., Nr. 5 (Mai 1905), S. 47.

Freie Sozialisten

Dass sich diese Leute, welche sich früher demokratische Sozialisten, freie Sozialdemokraten nannten, seit neuerer Zeit freie Sozialisten nennen, hat seinen Grund darin, dass sie das Programm der Sozialdemokratie nach ihrem Geschmack modernisierten. Trotz des Namens »Freie Sozialisten« wollen sie auch gerne ins Parlament hineinrutschen, eben wenn sie gewählt würden. Sie streben ebenso nach Macht, Herrschaft und Gewalt wie die Sozialdemokratie und sonstige Parteien.

»Der g'rode Michl« (Graz), 3. Jg., Nr. 12 (Dezember 1905), S. 101.

Freiheit

Und die Freiheit selbst ist, sich in jedem fremden Leben wieder zu erkennen.

Vom Barbarismus zur Zivilisation. Graz 1903, S. 24.

Freiheit leben!

Arbeiter, beherzigt die Worte, die ein holländischer Arbeiter in einer Arbeiterversammlung, als er gefragt wurde, was zu machen sei, sagte: »Schaufelt ein großes Grab, legt die Führer hinein, streut Sand darauf und lernt auf eigenen Füßen stehen!« Dies ist nicht wörtlich zu nehmen, sondern soll heißen: Befreit Euch von jenen Leuten, die die Freiheit predigen, aber selbst Sklaven vom Scheitel bis zur Zehe sind! Lasst Euch die Freiheit nicht lehren, sondern versucht die Freiheit zu leben!

»Der g'rode Michl« (Graz), 2. Jg., Nr. 4 (April 1904), S. 35.

Freiheit und Gewalt

Wer daher glaubt, durch Gewalt zur Freiheit zu gelangen, der muss von Freiheit verdammt niedere Begriffe haben.

»Der g'rode Michl« (Graz), 1. Jg., Nr. 4 (Dezember 1903), S. 4.

Freiheitsdogma

Vor allem anderen musst du in Betracht ziehen, dass sich verschiedene Menschen die Freiheit auch verschieden vorstellen. Schon aus diesem Grund ist es nicht möglich, irgendein Dogma der Freiheit aufzustellen, welches alle Menschen anerkennen würden.

Sozialist und Vegetarier. Graz 1905, S. 6.

Die Freiheitsfrage

Die Frage »Was ist Freiheit?« sollte beim Stand unserer heutigen Kultur und Zivilisation jedes zehnjährige Kind beantworten können; wird es doch in allen Schulen gelehrt und ist so einfach, dass es auch jedes Kind begreifen kann. Die Antwort lautet: »Was du nicht willst, dass man dir tu, das füg auch keinem andern zu«. Dies ist die einzig richtige Argumentation der Freiheit; wer sich dazu nicht aufzuschwingen vermag, der bleibt ein Stümper, wenn er auch von irgendwelcher Partei angeblich für die Freiheit dressiert wird.

»Der g'rode Michl« (Graz), 2. Jg., Nr. 11 (November 1904), S. 91.

Freiheitskauf

Wie jedes Dogma, so ist auch das Dogma von der Freiheit gefährlich. Die Masse glaubt eben, die Freiheit wird zu ihr, zu der Masse kommen, wenn sie nur fleißig die Opfergaben an die Freiheitspfaffen darbringt, denn versprochen wird es ihr oft genug. Doch wer nicht an Gehirnschwund leidet, der gibt für die Massenfreiheit keinen roten Heller. Denn die Freiheit ist keine Dirne, die sich dem Nächstbesten in die Arme wirft, sondern sie ist die ewige Majestät im Menschen selbst, die sich jeder mühsam erringen muss.

»Der g'rode Michl« (Graz), 2. Jg., Nr. 2 (Februar 1904), S. 11.

Freiheitskrieg

Die Weltgeschichte beweist zur Genüge, dass sich die Völker schon sehr oft den Kopf blutig gerannt haben, aber hierdurch noch niemals frei wurden.

»Der g'rode Michl« (Graz), 1. Jg., Nr. 4 (Dezember 1903), S. 3.

Freiheitsstreben

Wenn es auch irgendwo heißt, »Alle Menschen sind zur Freiheit geboren«,[*] so ist dies weiter nichts als eine schöne Redensart, denn wenn es so wäre, so wären wir ja alle frei und würden dann nicht erst nach Freiheit ringen und streben müssen, das heißt, wir wüssten es dann überhaupt nicht, dass wir frei wären, denn wenn wir niemals unfrei gewesen wären, dann hätten wir ja gar keine Ursache, nach Freiheit zu streben.

»Der g'rode Michl« (Graz), 4. Jg., Nr. 4 (April 1906), S. 28.

[*] Wohl bewusste Verdrehung des Satzes »Der Mensch ist nicht geboren, frei zu sein« aus dem Schauspiel »Torquato Tasso« (Leipzig 1790) von Johann Wolfgang von Goethe (1749–1832), 2. Akt, 1. Szene. (Anmerkung Reinhard Müller.)

Freiheitswahn

Ja, meine Gutesten, die Sache liegt eben ganz anders. Die Auffassung, die die Masse von der Freiheit hat, ist nämlich, dass dieselbe eben einen Teil der Besitzenden ein luxuriöses und ausschweifendes Leben führen sieht und glaubt, ein solches Leben sei die Freiheit, daher strebt die Masse, besser gesagt, streben deren Führer danach, die wirtschaftlichen und politischen Verhältnisse zu verschieben, um auch einmal ein Herrchen spielen zu können. Gesetzt den Fall, dass es möglich wäre, so würde bei der ganzen Sache weiter nichts herauskommen, als dass die Rollen vertauscht wären, die heute Unterdrückten würden dann die neuen Unterdrücker sein. Einen solchen Zustand Freiheit zu nennen, wäre lächerlich.

»Der g'rode Michl« (Graz), 2. Jg., Nr. 5 (Mai 1904), S. 40.

Frühlingserwachen

Dem Frühlingserwachen in der Natur gehen stets Stürme als Vorboten voran; werden dem Menschheitsfrühling auch Stürme vorangehen? Wir wünschen es nicht, aber wenn es bei Geburtswehen ohne Schmerz einmal nicht abgeht, dann mag ja sein, dass es beim Geborenwerden der neuen Zeit auch nicht ohne Schmerzen gehen wird. Die Wehen sind manchmal in immer kürzer werdenden Zeitabschnitten deutlich wahrnehmbar.

Der gerade Michel (Graz), 6. Jg., Nr. 5 (Mai 1908), S. 37.

Für die Freiheit gestorben

Welche Berge von Leichen würden es sein, wenn alle beieinander liegen würden, die für die Freiheit zu sterben glaubten? Doch ach! Wo ist die Freiheit geblieben? Ja, Brüder, für die Freiheit muss man leben! Sterben ist unter Umständen gar keine Kunst, das bringt bald jemand zustande, sehr wohl aber leben, nicht nur für sich, sondern für die Menschheit.

»Der g'rode Michl« (Graz), 3. Jg., Nr. 12 (Dezember 1905), S. 98.

Futtertrogdemokratie

Die Herde ist zufrieden, wenn ihr nur ein voller Futtertrog in Aussicht gestellt wird. Ob sie dann aber auch zugelassen würde, ist freilich eine andere Frage. Aber was schadet dies; die Leute glauben eben, wenn sie nur von Zeit zu Zeit einen Zettel in den Stimmkasten stecken, das Übrige wird sich dann finden, das heißt, die Führer sind ganz verflucht gescheite Kerle, die müssen doch wissen, wie die Freiheit durchgeführt wird. Obendrauf werden dieselben dafür ja noch gut bezahlt. Also wozu sollen sich die armen Leute mit Denken den Kopf zerbrechen, wenn sie es viel bequemer haben können, nämlich zu warten, bis die Volkstribunen die ganz neugebackene Freiheit dem souveränen Volke als Morgengabe bringen.

»Der g'rode Michl« (Graz), 4. Jg., Nr. 4 (April 1906), S. 28.

Galgenhumor

Wer aber das Malheur hatte, arme Leute als Eltern zu bekommen, für den wird eben nirgends viel los sein, der muss sich eben eine tüchtige

Portion Galgenhumor aneignen, um die Launen des Schicksals zu ertragen.

Der gerade Michel (Kulming), 9. Jg., Nr. 3 (März 1911), S. 20.

Geburtenstreik

Es mag ja sein, dass es doch auch Hausherren gibt, welche nicht ultramontan* sind, und die auch Vernunft genug haben, um einzusehen, dass, wenn jeder Hausherr nur kinderlose Parteien in Miete nehmen will, er selbst auch keine Kinder haben dürfte. Denn in fünfzig bis sechzig Jahren würden dann sämtliche Hausherren keine Parteien mehr bekommen, wenn nur die reichen Leute allein das Patent hätten, eine Familie haben zu dürfen und die armen Leute aber kinderlos bleiben sollten. Im Grunde genommen wäre diese Idee gar nicht so übel, und ich würde mein halbes Leben darum geben, wenn ich es zustande bringen könnte, dass die armen Leute einmal nur zwanzig Jahre streiken würden, so dass sie kinderlos blieben.

Der gerade Michel (Raaba), 10. Jg., Nr. 3–4 (März–April 1912), S. 21.

* Ultramontan: von lateinisch »ultra montes« (jenseits der Berge, nämlich der Alpen), eine seit dem späten 19. Jahrhundert auch im deutschen Sprachraum verbreitete Bezeichnung für streng päpstlich gesinnte Personen. Der Begriff wurde bald im weiteren Sinne für gegen Aufklärung und Fortschritt gerichtete Bewegungen und Personengruppen verwendet. (Anmerkung Reinhard Müller.)

Gegensatz

Ohne Gegensatz gibt es leider einstweilen noch nichts auf der Welt.

Der gerade Michel (Kulming), 8. Jg., Nr. 12 (Dezember 1910), S. 81.

Gegenwärtiges Menschenmaterial

Eine herrschaftslose Gesellschaftsordnung (das heißt, eine anarchistische) hat höhere und edlere Menschen zur notwendigen Voraussetzung, mit dem gegenwärtigen Menschenmaterial lässt sich wohl allenfalls eine neue Herrschaft beziehungsweise die rote Tyrannei, aber keine herrschaftslose Gesellschaftsordnung gründen. Die wenigsten der heute lebenden Menschen, auch die so genannten gebildeten

Kreise, sind noch nicht soweit reif, dass sie die Gewaltherrschaft schon entbehren könnten.

Der gerade Michel (Graz), 7. Jg., Nr. 1 (Jänner 1909), S. 7.

Geld

Ob sich dann dieser erzeugte Mehrwert gerade immer in Metall- oder Papierwert wird umwandeln müssen, ist stark zu bezweifeln, denn die Menschheit könnte ganz gut existieren, wenn es gar keine Metall- und Papierwerte geben würde; aber undenkbar ist, dass sie existieren könnte, wenn es absolut keine Naturalien gäbe.

Der gerade Michel (Graz), 7. Jg., Nr. 2 (Februar 1909), S. 12.

Geldnot

(...) man muss sich strecken nach der Decken, und die ist beim »G'roden Michl« ziemlich kurz.

»Der g'rode Michl« (Graz), 5. Jg., Nr. 7–8 (Juli–August 1907), S. 75.

Gelehrte

Gelehrte fallen nicht vom Himmel, ebenso fällt auf den ersten Hieb kein Baum.

»Der g'rode Michl« (Graz), 4. Jg., Nr. 1 (Jänner 1906), S. 8.

Generalstreik

Der Generalstreik soll das Mittel sein, die Kapitalisten trotz ihrer gefüllten Kassen auszuhungern; ich zweifle auch nicht im Geringsten, dass der Generalstreik erfolgreich durchführbar ist, denn wenn das hungernde Volk zur Verzweiflung getrieben wird, hat es eben nichts zu verlieren als allenfalls das Leben, und Millionen gibt es heute, die als Menschen leben oder überhaupt nicht leben wollen. Eine andere Frage ist aber, ob nach einem erfolgreichen Generalstreik die Menschen menschlicher werden? Ich bezweifle es und scheue mich auch nicht im Geringsten, es zu bekennen, dass ich ebenso gut Anarchist bin wie die, welche für den Generalstreik Propaganda machen. Der Unterschied ist nur der, dass die Leute glauben, mit einer Änderung der Gesellschaftsordnung würden sich auch die Menschen ändern. Ich dagegen glaube aber, dass wir alle, ob Arbeiter oder Millionäre, selbst erst bessere Menschen werden müssen, um eine bessere Gesellschaftsform zu errichten. Es ist dies zwar für den hungernden arbeitslosen Arbeiter eine trostlose Aussicht, aber das ist ja eben das Schwierigste, dass man sich selbst besiegt und die Gewalt verwirft, und nicht Gleiches mit Gleichem vergilt. Mögen mich daher meine Brüder auch auslachen, dass ich als Konfessionsloser einen reinen christlichen Standpunkt vertrete, so mögen sie mich widerlegen, wenn sie können. Bis heute ist es eben noch nicht da gewesen, dass ein Mensch, der die Tragweite der Gewaltlosigkeit erfasst hat, und wenn es ihm noch so schlecht erging, zu den Mitteln seiner Gegner, nämlich zur Gewalt, greift.

»Der g'rode Michl« (Graz), 3. Jg., Nr. 1 (Jänner 1905), S. 6–7.

Gerade

Deshalb soll der »Gerade Michel« auch immer den »geraden Weg« gehen, und wenn er auch oft Anstoß erregt.

Der gerade Michel (Hart), 12. Jg., Nr. 2 (Februar 1914), S. 10.

Geschäfte

Wenn man täglich das geschäftige Hin- und Herwogen der Menschen betrachtet, wenn man bemerkt, dass diese Menschen das Gestern über dem Heute vergessen, dass jeder aus dem Existenzkampf als Sieger hervorgehen will, so muss man sich unwillkürlich fragen: Wozu das geschäftige Drängen? Warum und für was leben diese Menschen überhaupt? Dumme Frage: um ihre Geschäfte zu besorgen. Ob aber all diese Leute, die nicht fünf Minuten Zeit haben, an etwas anderes als an ihr Geschäft zu denken, ob die wohl jemals darüber nachgedacht haben, wie dieses Geschäft entstand, sich entwickelte, und was daraus werden soll? Dies zu beantworten, überlasse ich jedem selbst.

Sozialpolitische Gedanken eines Arbeiters. Graz 1903, S. 5.

Geschäftsidealisten

Übrigens werde ich ja noch Gelegenheit haben, gewissen Geschäftsidealisten warm, sogar sehr warm einzuheizen.

»Der g'rode Michl« (Graz), 3. Jg., Nr. 12 (Dezember 1905), S. 100.

Gesetzbücher

Wahrlich, man muss sich da am Kopf halten, wenn man alle Gesetzbücher lesen müsste, könnte man um Verlängerung des Lebens einkommen.

Der gerade Michel (Graz), 7. Jg., Nr. 1 (Jänner 1909), S. 7.

Gesetze

Für den besitzlosen Arbeiter bleibt es sich doch verdammt egal, welche neuen Gesetze gemacht werden. Alle Konzessionen, welche die besitzende Klasse der nichtbesitzenden machte, noch macht und machen wird, die macht sie in ihrem Interesse, niemals im Interesse der Besitzlosen. Was auf der einen Seite gegeben wird, wird auf der anderen genommen. Solange es Arbeitgeber und Arbeitnehmer gibt, werden die letzteren immer schlechter daran sein.

Der gerade Michel (Raaba), 9. Jg., Nr. 5–6 (Mai–Juni 1911), S. 40.

Gesetzgeber

Man tritt der Gesetzgebung durchaus nicht zu nahe, wenn man behauptet, dass der weitaus größte Teil der Gesetzgeber selbst nicht reif ist, um vernünftige Gesetze zu machen, die diejenigen, die zu Übertretungen hinneigen, in die Schranken rufen.

Der gerade Michel (Graz), 7. Jg., Nr. 1 (Jänner 1909), S. 2.

Gesetzlichkeit

Christus wie Sokrates haben Lehren verbreitet, die den damaligen Machthabern wider den Strich gingen. Deswegen wurden sie ja verfolgt und mussten den Tod erleiden. Hätten Sokrates oder Christus nur das gelehrt, was man damals von Gesetzes wegen lehren durfte, so wären sie ja mit den damaligen Gesetzen nicht in Kollision geraten. Aber sie haben eben den göttlichen Gesetzen (dem Gewissen) mehr gehorcht als den menschlichen.

»Der g'rode Michl« (Graz), 4. Jg., Nr. 12 (Dezember 1906), S. 95.

Gesetzlos

Gesetze, ob weise oder nicht, sind für Menschen, die noch nicht gelernt haben, sich selbst zu beherrschen, gewiss notwendig; aber nicht mehr für Menschen, die das Gute um des Guten willen tun und das Böse um des Bösen willen meiden.

Der gerade Michel (Graz), 7. Jg., Nr. 1 (Jänner 1909), S. 7.

Getrennte Wege (An einige Sozialisten)

Ihr irrt euch, unsere Wege sind doch verschieden; es ist wohl ein zeitweises Nebeneinanderkämpfen, aber kein dauerndes Miteinanderkämpfen möglich. Also greifen wir den Feind nur von verschiedenen Seiten an, jeder nach seiner Art. Jeder muss von dem Ideal beseelt sein, dass er auch allein siegen kann. Keinen Massenbrei, wo wieder Führer und Ordner nötig sein würden. Kompromiss für mich daher nicht annehmbar.

Der gerade Michel (Graz), 6. Jg., Nr. 4 (April 1908), S. 32.

Gewalt

»Liebet eure Feinde«, dies ist eben viel leichter gesagt als getan, und wir wissen, dass selbst jener der Edelsten, der diesen Ausspruch getan, ihn dann nicht hielt noch halten konnte, da sich die Wahrheit auf Dauer nicht in Dogmen pressen lässt. Wir wissen, dass Christus es selbst war, der die Händler und Wechsler zum Tempel hinausjagte, also Gewalt angewandt hat.

Der gerade Michel (Graz), 7. Jg., Nr. 1 (Jänner 1909), S. 3.

Gewissen säumigen Abonnenten des »G'roden Michl« zur Kenntnisnahme

Die Ärmsten habe ich berücksichtigt und werde es auch in Zukunft tun, gleichviel ob dann die nächste Nummer im April oder erst im Dezember erscheint. Aber jene, welche für den Suff, für Faschingsunterhaltungen und für andere Dummheiten Geld haben, denen diene zur geflissentlichen Kenntnis, dass beim »G'roden Michl« im oberen Stock alles in bester Ordnung ist. Also, entweder ist euer Interesse für den »G'roden Michl« größer, dann müsst ihr aber einsehen, dass er durch Sympathieerklärungen allein nicht auf die Beine kommt, oder aber ist das Interesse für eure noblen Passionen größer, dann müsst ihr darauf verzichten. Ich dränge mich niemandem auf. Dies ist mein letztes Wort in dieser Angelegenheit.

»Der g'rode Michl« (Graz), 3. Jg., Nr. 3 (März 1905), S. 30.

Glaube

Ein fester Glaube mag ja sicher gut sein, denn es heißt: »Der Glaube macht selig.« Aber anderseits möchte ich die Vernunft, welche ja auch eine Gabe Gottes ist, nicht ganz ausschalten. (...) Gewiss ist die Vernunft nicht ausreichend, um alles im Weltall zu erfassen und zu begreifen, jeder Mensch muss deshalb den Glauben zu Hilfe nehmen. Aber weiß ich denn, dass mein Glaube der richtige ist? Inwiefern soll denn der Mensch, der die Bibel für Menschenwerk hält, schlechter sein als der andere, der sie für Gotteswort hält? Nicht unser Glaube macht uns gut oder böse, sondern unsere Handlungen.

Der gerade Michel (Raaba), 10. Jg., Nr. 2 (Februar 1912), S. 13.

Glaubens-Bekenntnis

Ob es eine oder keine Gottheit oder mehrere Götter, Heilige, Engel, Himmel und ein Jenseits gibt, bin ich so frei, zu sagen, dass ich es nicht weiß. Ich kann es also glauben oder nicht, und glaube ich nun an dies alles, so wird man nicht deswegen in den Himmel gelangen, weil man daran geglaubt hat, sondern es müsste davon abhängen, wie wir gelebt und gegen unsere Mitmenschen gehandelt haben. Es kann aber auch anders sein, darüber will ich mir nicht den Kopf zerbrechen.

Der gerade Michel (Raaba), 9. Jg., Nr. 8 (August 1911), S. 51.

Gläubige sind wir alle, aber...

Ungläubige im vollsten Sinn des Wortes gibt es überhaupt nicht, denn jeder Mensch legt sich irgendeinen Glauben zurecht, sobald sein Wissen versagt. Ein denkender Mensch wird aber stets seinen Glauben revidieren, dabei immer nach Beweisen suchend. Mein Glaube von gestern muss nicht mehr der von heute sein. Es ist deshalb ein Attentat auf die Vernunft, vom Menschen zu verlangen, etwas zu glauben, was er nicht glauben kann. Glaube und Vernunft dürfen sich nicht feindlich gegenüberstehen. Wo dies aber der Fall ist, dort kann von freien Menschen nicht die Rede sein. Durch Gewalt, Zwang und so weiter werden nur Lügner und Heuchler großgezogen.

Der gerade Michel (Raaba), 10. Jg., Nr. 1 (Jänner 1912), S. 8.

Gleichnis: Ein König

Ein armer Hirte wurde einst gefragt, wer er sei. Er antwortete, er sei

König. – »Über wen regieren Sie denn?« – »Über meine Untergebenen.« – »Und wer sind Ihre Untergebenen?« – »Meine Neigungen.«
– Der Hirte hatte Recht, als er sagte, er sei König.

»Der g'rode Michl« (Graz), 4. Jg., Nr. 4 (April 1906), S. 30.

Gleichnis: Vom Übersinnlichen

Zwei Freunde besteigen einen Berg, der eine zeigt dem andern im fer-
nen Tal einen Wanderer, der sich so klein wie eine Ameise ausnimmt.
Unglücklicherweise ist aber der eine von beiden derart kurzsichtig,
dass er den Wanderer im Tal nicht sieht und deshalb seinem Freunde
gegenüber behauptet, dass er sich täusche, es sei niemand im Tal.
Nun, haben da nicht etwa beide Recht? Der eine sieht einen Menschen und sagt, da ist ein Mensch und hat somit Recht; der andere
sieht auch hin, aber infolge seiner Kurzsichtigkeit sieht er niemanden
und sagt, es ist niemand dort. Nun, für ihn ist auch niemand dort, weil
er nichts sieht (wahrnimmt), also hat er auch Recht. Aber der Mensch,
welcher sich im Tal befand, war nichts Übersinnliches, Außer- oder
Übernatürliches, und trotzdem existierte er nur für den einen und für
den andern nicht. (...) Was könnte es schließlich auch für einen Zweck
haben, sich darüber zu streiten, ob ich mit dem Geist meiner Groß-
mutter in Verbindung treten kann oder nicht. Ja, wird man sagen, dies
wäre höchst wichtig zu wissen, was dann dereinst aus uns wird, wenn
wir gestorben sind. Ich bin so kühn, zu behaupten, dass dies gar nicht
wichtig ist, sondern viel wichtiger wäre es, wenn wir, solange wir
leben, unseren Mitmenschen gegenüber unsere Pflicht als Menschen,
Brüder und Schwestern erfüllen würden. Gibt es dann nach dem Tod
ein Weiterleben, ein Reich von seligen Geistern und dergleichen, so
werden wir ja früh genug sehen, wie es dort ist; auch gehört die ganze
Ewigkeit uns, da ist dann Zeit genug, um über die Zukunft tiefsinnige
Betrachtungen anzustellen. Gibt es aber ein solches Weiterleben nach
dem Tod nicht, was, nebenbei bemerkt, doch noch immer sinnlich
gedacht wird, dann haben wir wenigstens hier die Zeit nicht mit un-
nützen Spekulationen vertrödelt.

»Der g'rode Michl« (Graz), 3. Jg., Nr. 9 (September 1905), S. 70–71.

Gleichnis: Was ist ein Totschläger?

Ein Mann, mit einer Hacke bewaffnet, läuft hinter Sokrates her. Er verfolgt einen andern Mann, welcher, die Beine bis in den Nacken schlagend, ausreißt. – »Haltet ihn, haltet ihn!«, ruft er Sokrates zu. – Der Lehrer Platons rührt sich nicht. – »Ach«, klagt der Mann mit der Hacke, »konntest du ihm denn nicht den Weg versperren? Er ist ein Totschläger.« – »Ein Totschläger? Was verstehst du darunter?« – »Stell dich doch nicht dumm. Ein Totschläger, das ist ein Mann, der tötet!« – »Ein Schlächter also!« – »Alter Narr! Ein Mensch, welcher einen andern tötet.« – »Ach so, ein Soldat.« – »Dummkopf! Ein Mensch, welcher einen andern in Friedenszeiten tötet!« – »Ich verstehe, ein Scharfrichter.« – »Esel! Ein Mensch, welcher einen andern Menschen in dessen Wohnung umbringt.« – »Richtig, ein Arzt.« – Der Mann mit der Hacke ging seines Weges, überzeugt, dass er einen Narren vor sich habe.

»Der g'rode Michl« (Graz), 4. Jg., Nr. 1 (Jänner 1906), S. 5.

Glückskind

Es wird ja mancher einsehen, dass, wenn man ein solches Glückskind ist, man manchmal aus der Haut fahren möchte, wenn es nur möglich wäre, und dass eine tüchtige Portion Galgenhumor dazu gehört, um an dem elenden Diesseits noch hängen zu bleiben.

Der gerade Michel (Hart), 11. Jg., Nr. 10–12 (Oktober–Dezember 1913), S. 34.

»Die Gnädige«*

Der Titel »Gnädige« ist billiger als Brombeeren; es braucht nur jemand um eine Krone etwas kaufen, und sofern die betreffende Person nur halbwegs anständig gekleidet ist, so kann sie versichert sein, dass man zu ihr »küss d' Hand, Gnädige« sagt. (...) Wie es dem Naturforscher schlecht geht, wenn er fossile Überreste von einer ausgestorbenen Tierspezies entdeckt, wo er dann nicht weiß, wohin damit, denn man hat schon alles eingeteilt, ebenso schwierig ist für den Philosophen, wo er »Die Gnädige« hintun soll; es besteht in Gelehrtenkreisen deshalb schon seit langem ein wissenschaftlicher Streit. Die eine Richtung will der »Gnädigen« einen Platz im Reich der Übermenschen anweisen, die andere hingegen behauptet, sie gehöre ins Reich der Untermenschen, wieder eine dritte Richtung behauptet, dass »Die Gnädige« überhaupt nicht existiere, dass sie nur ein Phantom sei, unfassbar und unbegreiflich, weshalb aller Streit überflüssig wäre. Ja, wenn man eben wüsste, wer von den dreien Recht hat, dann wäre es allerdings leicht, so aber bleibt nichts übrig, als zu der dritten noch eine vierte Theorie hinzuzufügen, wodurch – was ich ja einsehe – die Verwirrung nur eine noch größere wird. Ach! Schrecklich, wenn ich daran denke, »Die Gnädige« hat mir manch schlaflose Nächte verursacht. Jedoch mit Klagen und Jammern wird ein philosophisches Problem nicht gelöst.

>»Der g'rode Michl« (Graz), 3. Jg., Nr. 10 (Oktober 1905), S. 80.

* Die Gnädige: zu Zeiten Franz Prischings weit verbreitete Anrede für Frauen der höheren Gesellschaft, vielfach standesunabhängig auch bloß dazu benutzt, um die Angesprochene sich gewogen zu stimmen. Dieser Untertänigkeit heuchelnden Praxis kann man in Österreich auch heute noch insbesondere im Geschäftsleben in der Anrede »gnä(dige) Frau« begegnen. (Anmerkung Reinhard Müller.)

Götter und Gott

Also nicht darum handelt es sich, vorderhand festzustellen, ob der Gott der Christen, Juden und Freidenker ein besserer ist. Denn heute betet sowohl der Christ als auch der Jude oder Freidenker zu dem Gott Mammon.

>Der Revolutionär (Berlin), 4. Jg., Nr. 39 (26. September 1908), S. 171.

Gottesordnung

Die Überfrommen zweifeln da an Gottes Allmacht und Güte und glauben, wenn es nicht nach ihrem Willen geht, dann wäre kurzweg Gottesordnung in Gefahr. Oh, ihr Kleingläubigen, glaubt ihr denn, dass das, was ihr für Gottesordnung haltet, auch wirklich Gottesordnung sein muss? Wir Menschen werden Gottesordnung nie in Gefahr bringen können, und jene, welche dies dennoch behaupten wollen, die verkennen die Situation und möchten nur eine Ordnung, die einigen wenigen ein genussreiches Leben bietet, aufrechterhalten wissen. (...) Nach Gottesordnung sind alle Menschen Brüder und Schwestern, nämlich alle gleich. Damit meine ich aber nicht, dass alle das Gleiche essen und trinken und sich alle gleich kleiden sollten, eventuell auch noch alle das Gleiche glauben müssten. Nein, die Fähigkeiten der Menschen sind verschiedene und werden verschiedene bleiben. Unter Gleichheit verstehe ich, dass man jeden als Menschen anerkennt und gleich sich selbst achtet. Aber dies ist ja eben das Schwerste, was der Mensch vollbringen kann, denn wie sollte der eine den andern achten können, wenn er längst seine Selbstachtung als Mensch verloren hat, und nun, statt danach zu streben, Mensch, Gottes Sohn zu werden, strebt man nur nach Reichtum, Macht und Gewalt und anderen vergänglichen Dingen, die alle vom Rost und den Motten gefressen werden. Also nicht Gottesordnung ist in Gefahr, sondern die Menschen mit ihrem törichten Streben nach irdischen Dingen verrammeln sich selbst den Weg, der zur Gottesordnung führt.

Der gerade Michel (Kulming), 8. Jg., Nr. 11 (November 1910), S. 72–73.

Göttlicher Strich

Ich gestehe es, ich war auch eine Zeit lang fuchsteufelswild, dass mir die Götter durch meine Rechnung immer einen dicken Strich machen; aber man darf bei all dem doch nie den Humor, und wenn es auch nur Galgenhumor ist, verlieren.

»Der g'rode Michl« (Graz), 5. Jg., Nr. 3 (März 1907), S. 20.

Götze Mammon

In der Theorie ist es ja gewiss sehr schön, Idealen, Menschenrechten, der Freiheit und verschiedenen schönen Dingen nachzujagen, aber im praktischen Leben, ja Bauer, da ist es ganz anders, da dienen eben vom letzten Proletarier bis zur hohen und höchsten Aristokratie, mit wenigen Ausnahmen, alle dem Mammon und der Gewalt. Was liegt daran, dass sich Berge von Leichen auftürmen, wenn nur der Götze Mammon und seine Schwester – die rohe Gewalt – die Weltherrschaft behalten. Wohl sehen schon viele ein, dass es so nicht ewig fortgehen kann, aber man denkt: Solange ich lebe, wird die mit Blut und Eisen zusammengekittete Weltordnung schon noch zusammenhalten, und wenn ich einmal nicht mehr bin, mag es kommen wie es will.

»Der g'rode Michl« (Graz), 3. Jg., Nr. 6 (Juni 1905), S. 50.

Götzenlos

Wer es daher wieder missversteht und in mir einen Menschenfeind erblickt, weil mir die Masse kein neuer Götze ist, dem kann ich nicht helfen; Nürnberger Trichter halte ich nicht am Lager.

»Der g'rode Michl« (Graz), 2. Jg., Nr. 5 (Mai 1904), S. 41.

Grob (An einen Leser in Leipzig)

Wenn Sie glauben, dass ich manchmal etwas zu grob sei, so mögen Sie auch Recht haben; aber nachdem Sie das Prinzip der Toleranz hochhalten, warum verlangen Sie dann, dass ich so sein sollte, wie Sie glauben, dass es besser wäre. Einer, der Steine bearbeitet, kann sich nicht jener Werkzeuge bedienen, die dem Goldarbeiter gute Dienste leisten; im Großen und Ganzen ist alles und jedes notwendig.

»Der g'rode Michl« (Graz), 3. Jg., Nr. 9 (September 1905), S. 75.

»Der g'rode Michl«

Obzwar »Der g'rode Michl« kein ausgesprochen anarchistisches Organ ist, so sollte doch genügen, dass der Herausgeber als Anarchist bekannt ist, weshalb man ihm das Leben verflucht sauer zu machen sucht.

Der Revolutionär (Berlin), 2. Jg., Nr. 37 (15. September 1906), S. 148.

»G'roder Michl«-Gemeinschaft

Wer daher sich selbst und andere bessern will, der kann hier mitarbeiten. Es wird niemandem etwas zur Pflicht gemacht, was er nicht selbst freiwillig anerkennt, keine Statuten, Programme oder irgendwelche Disziplin sollen, werden oder können uns zusammenhalten, sondern die Souveränität des Einzelnen sagt jedem, was er zu tun und zu lassen hat.

»Der g'rode Michl« (Graz), 3. Jg., Nr. 2 (Februar 1905), S. 15.

»G'roder Michl«-Idealismus

Dass ich das Blatt durch Jahre hindurch fortführte, ist nicht den glänzenden Einnahmen zuzuschreiben, sondern dem Umstand, dass ich eben Idealist bin und keine hohen Ansprüche an das Leben stelle. Deshalb, weil ich in einem Monat oft weniger brauche als manch andere in einer Woche, war es mir möglich, das Blatt zum Wohl jener, welche die genusssüchtige Welt innerlich überwunden hatten oder überwinden wollten, zu halten.

Der gerade Michel (Graz), 7. Jg., Nr. 5 (Mai 1909), S. 36.

»G'roder Michl«-Lehren

Der »G'rode Michl« verbreitet Lehren, wofür man seinerzeit Sokrates den Giftbecher reichte.

Der gerade Michel (Graz), 6. Jg., Nr. 4 (April 1908), S. 31.

»G'roder Michl«-Standpunkt

Aber ich bin von jeher auf folgendem Standpunkt gestanden: Das Blatt muss von jedem Parteieinfluss frei bleiben; man kann zwar das Gute in jeder Partei anerkennen, aber ebenso muss auch alles Faule und Morsche rücksichtslos bekämpft werden. Das Blatt soll der ganzen Menschheit, aber keiner einzelnen Partei oder Sekte dienen. Dieser mein Standpunkt wurde mir von vielen sehr übel genommen, und so manche glaubten, ich würde ihnen gegenüber hie und da ein oder auch zwei Augen zudrücken; doch da haben sich viele getäuscht.

»Der g'rode Michl« (Graz), 5. Jg., Nr. 7–8 (Juli–August 1907), S. 76.

Große Männer

Große Männer ragen immer über die kleinen hervor, das weiß jeder; dass aber große Männer oft kleinlich denken, weiß nicht jeder, und wenn man es wüsste, so dürften wir es nicht immer sagen. Die Welt ist ja selbst kleinlich, und da muss man schon an das Große denken, ja auch dann, wenn es mit der vermeintlichen Größe nicht immer stimmt.

Der gerade Michel (Kulming), 8. Jg., Nr. 12 (Dezember 1910), S. 81.

Größenwahn Autoritätsanmaßung

Was ich aber jederzeit bekämpfen werde, ist der Größenwahn und die Autoritätsanmaßung. Nicht Knechte, Kreaturen, sondern freie, meinetwegen Gottmenschen, sind meine Ideale.

»Der g'rode Michl« (Graz), 2. Jg., Nr. 11 (November 1904), S. 94.

Gut und Böse

Vom Ewigkeitsstandpunkt aus betrachtet, gibt es ja gar kein Gut und Böse, sondern nur Notwendiges; Gut und Böse tritt erst mit der Zeit und mit den Menschen in Erscheinung.

Der gerade Michel (Graz), 7. Jg., Nr. 1 (Jänner 1909), S. 4.

Hand anlegen

Ich halte eben diese wirtschaftliche Reform, die wir allerdings selbst machen müssen, für viel nützlicher, als all jene politischen Reformen, die unsere Vertreter am grünen Tisch beschließen, denn bei unserer Reform muss jeder selbst Hand anlegen, da gibt es kein »sich vertreten lassen«.

»Der g'rode Michl« (Graz), 5. Jg., Nr. 11 (November 1907), S. 106.

Harmonieduselei

Meine Überzeugung ist es eben, dass mit schönen Phrasen von Harmonieduselei keiner Katz, viel weniger der leidenden Menschheit, insbesondere uns Arbeitern, geholfen wird.

Der gerade Michel (Graz), 6. Jg., Nr. 4 (April 1908), S. 27.

Heimat

Also ist überall dort unsere Heimat, unser Vaterland, wo die Möglichkeit vorhanden ist respektive wo wir hoffen, ein menschenwürdiges Dasein zu finden oder ein solches erst zu gründen. Vorläufig aber sind wir trotz der Reformbewegung heimat- und vaterlandslos.

»Der g'rode Michl« (Graz), 5. Jg., Nr. 9 (September 1907), S. 90.

Helfen

Wenn der Heide wieder den Heiden und der Christ wieder den Christen hilft, so ist dies eben nur Heiden- und Christenpflicht. Aber ich frage: Muss denn erst eine Pflicht da sein, bevor ich irgendwo helfe? Nein, ich kann auch helfen, ohne dazu erst durch irgendein Gebot verpflichtet zu sein.

Der gerade Michel (Graz), 7. Jg., Nr. 4 (April 1909), S. 26.

Herdenvieh

(...) ja sogar viele Anarchisten glauben noch, dass die Freiheit von außen angeflogen kommt. Wer die Freiheit nicht in sich selbst findet, der wird sie nie finden. Herdenvieh braucht einen Leithammel.

»Der g'rode Michl« (Graz), 4. Jg., Nr. 1 (Jänner 1906), S. 7.

»Herr« oder »Bruder« (An Georg Teschner in Nürnberg)

Ja, Sie haben schon Recht, wir wollen nicht herrschen und sollten daher auch nicht das »Herr« auf die Adresse schreiben. Nachdem wir alle von Gott oder der Natur aus Brüder sind, alle nackt geboren wurden, keiner von dieser Welt ins unbekannte Jenseits etwas mitnehmen kann, so sieht es mit unserem »Herrentum« doch etwas rar aus. Also es gilt; in Zukunft setzen wir bei unseren Korrespondenzen statt des Wortes »Herr« »Bruder«. Es klingt dies zwar etwas mönchartig, aber Mönche betrachten sich doch als Brüder; nun wir wollen keine Mönche, aber doch Brüder sein.

»Der g'rode Michl« (Graz), 5. Jg., Nr. 7–8 (Juli–August 1907), S. 79.

Herrschaft

Die Menschheit steht heute noch auf dem Nullpunkt, wenigstens in Bezug auf ihre Selbstherrlichkeit, sie fühlt es, dass sie noch nicht fähig ist, sich selbst zu beherrschen und zu regieren, sie braucht noch irgendeinen Begriff, ein Gespenst, welches dies besorgt. Und dazu ist eben der sozialdemokratische Zukunftsstaatsbegriff gerade recht, denn mehr als ein bloßer Begriff wird er nie werden. Denn eine Volksregierung, respektive eine Volksherrschaft, ist ein aufgelegter Unsinn. Wenn das Volk regieren, herrschen sollte, so müsste es sich selbst regieren, beherrschen; wenn aber unter den Völkern keine da wären, die man regieren und beherrschen könnte? Wenn ich mich aber selbst beherrsche, regiere, und jeder andere es auch so macht, dann gibt es überhaupt keine Regiererei im heutigen Sinn, nämlich abgeordnete Volksvertreter oder etwas Ähnliches. Dann ist eben jeder ein Einser, dann gibt es keine Nullen mehr, denn vertreten oder regieren kann man doch nur solche, die das selbst nicht fertig bringen, sobald sich aber jeder Einzelne selbst regiert und beherrscht, so ist er für sich ein Autokrat, nämlich Auto = Selbst und Kratie = Herrschaft. Da ich aber nur mich und keinen andern beherrsche, und wenn es ein anderer versuchen würde, mich beherrschen zu wollen, so könnte er es nicht, weil ich mich eben selbst beherrschen kann; also bin ich ein Feind jeder fremden Herrschaft, weil solche nur mittels Gewalt möglich wäre; also bin ich »gegen die Herrschaft«, was das griechische Wort »Anarchie« bedeutet, also bin ich Anarchist. Jedoch ist es mir gleich, ob ihr mich einen Autokraten oder Anarchisten nennt, denn wie ihr gesehen habt, bin ich beides, aber kein Demokrat.

»Der g'rode Michl« (Graz), 4. Jg., Nr. 2 (Februar 1906), S. 9–10.

Herrschaftslosigkeit

Also nicht deswegen bekämpfen wir den Staat und die herrschende Klasse, weil uns die heutige Staatsform und Klasseneinteilung nicht gefallen, sondern weil uns überhaupt keine Staatsformen und Klasseneinteilungen gefallen; und schon auch deshalb, weil der Staat ohne Arme und Reiche, ohne Herren und Knechte nicht bestehen könnte. Ja, für jene, die danach streben, Herren werden zu wollen, die handeln ganz konsequent, wenn sie eine neue Herrschaft, einen neuen Staat anstreben, ja, sie tun sogar gut daran, wenn sie schon heute beim Gesetzemachen fleißig mitarbeiten, denn sie werden es notwendiger brauchen als alle heutigen Staaten. Wenn das Volk, welches glaubt, dass es von seinen braven Führern zur Freiheit geführt wird, wenn es dann gewahr werden wird, dass es statt zur Freiheit zur Schlachtbank geht, dann wird es mit seinen Lieblingen gar »unsanft umspringen«. (...) da die Anarchisten die Herrschaftsidee negieren, leisten sie zu deren Vernichtung viel mehr, als wenn sie sich der Idee dazu bedienen würden, um ihre Macht respektive Herrschaft an die Stelle der alten zu setzen. (...) Die Anarchisten leisten also eine der schwierigsten Kulturarbeiten, indem sie dem Kampf um die Herrschaft, um den sich bisher alles gedreht hat, den Kampf um die Freiheit entgegensetzen.

Der Revolutionär (Berlin), 4. Jg., Nr. 10 (7. März 1908), S. 38.

Hilfe

Bedenke, dass du nur emporkommen konntest, indem dir andere, die sich durchgerungen, die Hand reichten. Darum reiche dem Erstbesten die Hand, frage nicht, ob er sich zu deinem Programm bekennt.

»Der g'rode Michl« (Graz), 1. Jg., Nr. 4 (Dezember 1903), S. 2.

Hinüberkommen (An den Siedlungsaktivisten Johann Gartlgruber in Brasilien)

Was mein Hinüberkommen betrifft, so werde ich wohl früher ins Gras beißen müssen, bevor ich die nötigen Mittel aufbringen könnte. Wenn es also im Jenseits kein Wiedersehen gibt, hier im Diesseits noch weniger. Gruß!

Der gerade Michel (Graz), 7. Jg., Nr. 6 (Juni 1909), S. 43.

Höchstes Ziel

Ich will hier ein Gebot zitieren, wodurch zur Genüge hervorgeht, dass die Menschheit schon hier auf Erden ihr höchstes Ziel, die Freiheit, erreichen kann. Obzwar das Gebot an und für sich für denjenigen immer ein toter Buchstabe bleiben wird, der den Geist nicht erfand. Das Gebot lautet: Du sollst nicht töten. Dass diesem Gebot von jeher nicht Folge geleistet wurde, kann eben an der Wahrheit des Inhaltes nichts ändern. Nämlich das höchste Ziel, welches die Menschheit doch noch erreicht, ist die Gewaltlosigkeit.

Das höchste Ziel des Kulturmenschen. Graz (1903), S. 17.

Hundstage

Diese Leute, die niemals Hundstage erlebten, deren Dasein immer voll Sonnenschein und Wonne war, denen der Herr reichlich ihr Pfund schon in die Wiege legte, die immer bei der vollen Krippe sitzen, solchen Leuten ist es selbstverständlich ganz unfassbar, wieso andere unzufrieden sein können, wo es auf der Welt doch ohnehin so schön ist, dass sie ewig nicht sterben möchten und auf den Himmel, den sie uns so sehr anpreisen, verzichten würden. Aber es kommen für alle die Hundstage. Für uns arme Teufel gibt es deren eben viel zu viele, für die hingegen, welche solche nie erlebten, beginnen die Hundstage dann, wenn sie all ihre Schätze verlassen müssen.

Der gerade Michel (Raaba), 9. Jg., Nr. 7 (Juli 1911), S. 44.

Hundstagsperiode

Dass für so manchen armen Teufel eigentlich die ganze Lebensdauer nur eine Hundstagsperiode ist, ist mir ja vollkommen klar, aber die muss man eben mit Geduld oder Ungeduld ertragen. Es gäbe darüber zwar vieles zu philosophieren, aber deshalb würden die Hundstage nicht um eine Minute eher enden, bis es die Menschen, deren ganzes Leben oft schlechter als ein Hundeleben ist, ernstlich wollen, und die Mehrzahl will es ja gar nicht anders haben.

Der gerade Michel (Kulming), 8. Jg., Nr. 8 (August 1910), S. 58.

Hypochondrie

Wer daher glaubt, dass irgendwelche Krankheiten von außen herangeflogen kommen, der wird gut tun, wenn er sich jemandem unterordnet, der einen tüchtigen Fliegenwedel in der Hand hat, und dass er denselben für das Abwehren der Fliegen anständig bezahlt.

»Der g'rode Michl« (Graz), 1. Jg., Nr. 4 (Dezember 1903), S. 2.

Ideale

Möge man auch sagen, dass ich ein Sklave der Wahrheit sei, dass man es mit derselben nicht so genau nehmen darf, wenn man reüssieren will. Mehr oder weniger ist doch jeder Mensch, ohne irgendwelche Ausnahme, Sklave. Der Millionär ebenso wie der Bettler. Also tut jeder das, wobei er sich am wenigsten unbehaglich fühlt. Ich für meinen Teil fühle mich bei Wasser und Brot, bei der Lohnsklaverei doch noch behaglicher, als in einem luxuriösen Leben, soferne man dort seine Überzeugung opfern müsste. Kurz und gut, die Verhältnisse können den Menschen zu Verschiedenem zwingen, aber niemals dazu, sich selbst aufzugeben, denn dann sind ja alle Erdengüter wie Freiheit, Leben zwecklos. Wir müssen, trotzdem man manchmal vom Teufel Pessimismus besessen ist, uns immer ein Ideal bewahren. Mein Ideal ist aber nicht, nur Geld zu erwerben, sondern meine Kräfte dafür einzusetzen, um für alle Menschen, soweit es die Natur gestattet, menschenwürdige Verhältnisse anzubahnen. Dies ist aber nicht möglich ohne schwere Kämpfe; die meisten Menschen scheuen aber den Kampf und wollen nur Harmonieduselei betreiben. Mögen sie es tun, ich werde kämpfen; jeder nach seinem Geschmack.

»Der g'rode Michl« (Graz), 5. Jg., Nr. 10 (Oktober 1907), S. 98–99.

Idealisten

(...) doch deswegen wird man den Idealismus nicht an den Nagel hängen, sondern solange es noch Idealisten gibt – und die gibt es immer, sonst wäre ja die Welt schon längst aus dem Leim gegangen.

»Der g'rode Michl« (Graz), 3. Jg., Nr. 12 (Dezember 1905), S. 96.

In der Oststeiermark (An einen Leser in Graz)

Ja, Du weißt ja, dass hier die Welt mit Brettern vernagelt ist, und wo noch ein Astloch zum Durchblicken wäre, da wird eine schwarze Kutte vorgehängt.

Der gerade Michel (Kulming), 8. Jg., Nr. 12 (Dezember 1910), S. 86.

Innsbruck (An einen Leser in Raunheim bei Mainz)

Böhmen ist für den »G'roden Michl« ein sehr günstiges Feld; in Innsbruck ist nichts los, weil – nun weil es dort noch finster ist.

»Der g'rode Michl« (Graz), 3. Jg., Nr. 2 (Februar 1905), S. 22.

Investition

Einige tausend neue Abnehmer sind stets willkommen; ferner will ich noch darauf aufmerksam machen, wer noch keinen Universalerben hat oder keine Aussicht, einen solchen zu bekommen, oder wer einen Haupttreffer macht und nicht weiß, wo der Mammon die besten Zinsen trägt, der wende sich vertrauensvoll an den »G'roden Michl«.

»Der g'rode Michl« (Graz), 2. Jg., Nr. 2 (Februar 1904), S. 9.

Irren ist (auch) akademisch

Um allen Missverständnissen vorzubeugen, sei gleich hier gesagt, dass wir der Sozialdemokratie im Großen und Ganzen, weil sie den Zukunftsstaat anstrebt, nicht in die Schuhe schieben möchten, dass sie es für einen großen Teil der Menschen etwa nicht ehrlich meine. Im Gegenteil! Der größte Teil der Sozialdemokratie glaubt, ein solcher Zukunftsstaat müsste das reinste Paradies sein. Ja, selbst akademisch gebildete Leute glauben daran, was sonst weiter gar nichts beweist, als dass auch studierte Leute nicht immer die richtige Erkenntnis über die zukünftige Gestaltung unserer Gesellschaftsordnung besitzen müssen.

»Der g'rode Michl« (Graz), 4. Jg., Nr. 4 (April 1906), S. 27.

Jedem sein Steckenpferd (An Hermann Döring in Castleton-on-Hudson)

Na, im übrigen lässt man die Leute reden und die Hunde bellen. Wir werden nicht auf anderen ihren Steckenpferden herumreiten, man kann sich doch selbst eines schnitzen, wenn man ein Bedürfnis danach hat.

Der gerade Michel (Kulming), 8. Jg., Nr. 9–10 (September–Oktober 1910), S. 69.

Jenseitszöglinge

Ja, wenn unsere Erde überhaupt nur eine Korrektionsanstalt zur Erzeugung von Zöglingen des Jenseits ist oder wäre, dann werden wir sicher im Jenseits auch leichter vorwärts kommen, wenn wir uns schon hier für das Höhere, das Göttliche vorbereiten. Dies kann aber nicht dadurch geschehen, dass wir dem Leben abhold gesinnten Todespredigern nachlaufen.

Der gerade Michel (Graz), 6. Jg., Nr. 9–10 (September–Oktober 1908), S. 58.

Jesus

Zu Jesus Christus ist meine Stellung folgende: Für mich ist es ganz gleich, ob er Gottes Sohn (was ja jeder Mensch werden soll) oder nur Mensch war, ob sich die Person Christi historisch nachweisen lässt oder nicht. Dies alles ist nicht die Hauptsache, sondern diese ist, dass die reine, unverfälschte Lehre Christi (und auch da bleibt es sich gleich, ob dieselbe von Christus oder jemand anderem stammt, denn schließlich muss sie doch jemand in die Welt gebracht haben) tatsächlich eine neue Erde, das heißt, eine auf Freiheit und Gerechtigkeit fußende Gesellschaftsform zu verwirklichen imstande ist. Aber dazu genügt es durchaus nicht, sich nur äußerlich als Christ zu bekennen, vielmehr muss man sich Jesus' Ziel, die Errichtung des Reichs Gottes auf Erden, selbst aneignen und dafür mit seiner ganzen Kraft, trotz aller Anfeindungen und Verfolgungen, einstehen.

Der gerade Michel (Raaba), 9. Jg., Nr. 11 (November 1911), S. 61–62.

Kampf

(...) alles Gute lässt sich nur durch Kampf, nicht aber durch Warten erringen.

»Der g'rode Michl« (Graz), 5. Jg., Nr. 3 (März 1907), S. 23.

Kämpfer

Wenn man einem Sokrates den Giftbecher reichte, einen Christus ans Kreuz nagelte, einen Giordano Bruno verbrannte, ja, und in der neuesten Zeit, 1887, in Chicago einen Justizmord* beging, wenn man im zwanzigsten Jahrhundert sich nicht scheute, noch die Folter in Anwendung zu bringen, dann findet man es ja allerdings für begreiflich, dass mancher lieber mit den Wölfen heult, als seine Kraft und Fähigkeit zum Wohl der gesamten Menschheit zu widmen, dass er den dornenvollen Pfad der Wahrheit und Freiheit verlässt und sich auf die bequeme Heeresstraße begibt, wo die Herdentiere, am Gängelband geleitet, gemächlich einher traben. (...) Wir haben im Vorhergehenden gesehen, dass diejenigen, die für die Wahrheit lebten, auch für dieselbe starben; wenn daher die heutige Gesellschaftsform sich etwas weiter entwickelt hat, so dass man wegen seiner Gesinnung, und wenn man diese seine Gesinnung andern beizubringen sucht, zwar nicht mehr materiell ans Kreuz genagelt, verbrannt, gehängt oder sonst wie um die Ecke gebracht wird, so haben wir dies alles jenen Männern zu verdanken, die seinerzeit für die Wahrheit, für die ewige Idee, das Ding an sich, die Liebe, die Urkraft oder für Gott gekämpft haben.

»Der g'rode Michl« (Graz), 2. Jg., Nr. 12 (Dezember 1904), S. 96.

* Am 4. Mai 1886 explodierte auf dem Haymarket Square in Chicago (Illinois) während einer von Anarchisten organisierten Arbeiterversammlung zum Kampf um den Achtstundentag eine Bombe, die acht Polizisten tötete. Später wurden dafür vier Anarchisten justizgemordet, und einer entzog sich durch Freitod. Der Tag der Hinrichtung der »Chicagoer Märtyrer«, die sechs Jahre später offiziell rehabilitiert wurden, der 11. November (1887), ist noch immer ein bedeutender Gedenktag in den anarchistischen Bewegungen. Dieses Ereignis begründete übrigens den Ersten Mai als internationalen Arbeiterkampftag. (Anmerkung Reinhard Müller.)

Karma

Ja, ein bisschen Überschwänglichkeit lasse ich mir schon gefallen, aber ihr mit eurem Karmagesetz stellt jede Ungerechtigkeit als gottgewollt hin. Nota bene, wenn das Karmagesetz schon das Mädchen für alles sein soll, so ist es eben mein Karma, dass ich gegen die Ungerechtigkeiten ankämpfe.

»Der g'rode Michl« (Graz), 5. Jg., Nr. 2 (Februar 1907), S. 17.

Kellerwohnungen

Leute, die durch Existenzrücksichten gezwungen sind, solche Löcher zu bewohnen, die dürfen sich vorm lebendig Begrabenwerden nicht fürchten, denn sie sind es schon zu Lebzeiten gewöhnt.

»Der g'rode Michl« (Graz), 2. Jg., Nr. 9 (September 1904), S. 72–73.

Kinderdressur

Viel mag an der Erziehung liegen, welche die Eltern ihren Kindern angedeihen lassen. Mehr aber noch dürfte dafür die Gesellschaft verantwortlich zu machen sein, die ängstlich besorgt ist und streng darüber wacht, dass sich ja keine freie Persönlichkeit aus so einem kleinen Erdenbürger entwickeln kann, und wenn es hie und da doch noch vorkommt, dass sich der Geist des Kindes nicht verkrüppeln lässt, so dass weder durch Drohungen noch Aussicht nach Belohnung doch ein Wahrheitszeuge ersteht, der den Kampf mit Millionen von Duckmäusern und Heuchlern aufnimmt, dann weiß die Gesellschaft nichts Besseres zu tun, als über Umsturz und Revolution zu faseln, und sucht die Wahrheitszeugen gleich der heiligen Inquisition, wenn auch mit modernen Mitteln, unschädlich zu machen.

Der gerade Michel (Kulming), 8. Jg., Nr. 2 (Februar 1910), S. 9.

Kinderdrill

Über Kindererziehung oder, besser gesagt, wie die Kinder gedrillt werden sollen, ist schon viel geschrieben worden und wird noch viel geschrieben werden. (...) Die Eltern sowohl wie die verschiedenen Pädagogen sind sich darüber klar, dass es am besten ist, wenn sie die Kinder so erziehen beziehungsweise drillen, dass sie nirgends anstoßen, das heißt nicht, dass die Kinder sich etwa an einer vorspringenden Ecke anrennen oder stoßen, denn dies ist beim besten Drill nicht ganz zu vermeiden, aber nach oben darf man nicht anstoßen. Wir leben heute in der besten aller Weltordnungen, was ja sehr leicht zu beweisen ist, nämlich dadurch, weil es keine bessere gibt; doch hat dies aber leider auf die Kindererziehung einigen Einfluss, und zwar nicht gerade den besten. Man erzieht die Kinder eben für die Gegenwart und vergisst leider dabei, dass die Kinder einst Menschen werden oder doch werden sollen. Ganz abgesehen davon, welches Unheil die Pädagogen stiften, ist es nicht genug an dem; in erster Linie verderben die Eltern meistens selbst ihre Kinder, was auch kein Wunder ist; wenn man bedenkt, dass ja die meisten Eltern selbst nicht erzogen, sondern nur gedrillt wurden, wie sollten sie dann wohl ihre Kinder besser erziehen können? Die Eltern sind selbst schuld daran, dass die Jugend keine Tugend hat, wo sollte die Jugend die Tugend hernehmen und nicht stehlen. Ich frage nun, wie sollen Kinder, die man systematisch zur Rohheit und Gewalttätigkeit erzieht, dereinst edle Menschen werden? Man sehe sich nur einmal in den so genannten besseren Familien etwas näher um; ist das Kind ein Bub, so muss man ihm doch eine Freude machen. Man gibt ihm also ein Gewehr, einen Säbel und eine Peitsche und freut sich dann ganz unbändig, wenn der Kleine das Dreinhauen mal ordentlich heraus hat. Dass dies auf die Charakterbildung des Kindes einen Einfluss, und zwar keinen geringen, hat, ja das verstehen eben die guten Leute nicht, denn wenn's drum und dran kommt, hauen sie wohl selbst gerne drein, nämlich auf die Kinder. Also schlagen und wieder geschlagen werden ist das Los der meisten Kinder auf Erden. Darum Brüder, Arbeiter, möchte ich euch dringend ans Herz legen, gebt euren Kindern keine Mordwerkzeuge als Spielerei, dann werden eure Kinder auch nicht roh und gewalttätig, sondern Menschen werden, welche fähig sind, eine bessere Weltordnung ins Leben zu rufen.

Der gerade Michel (Graz), 6. Jg., Nr. 2 (Februar 1908), S. 14–15.

Kirchen

Was nützen uns die herrlichsten Kirchen mit edelsteingeschmückten Heiligenbildern, solange es in unseren Herzen öde, finster und kalt ist.

Der gerade Michel (Hart), 11. Jg., Nr. 1 (Jänner 1913), S. 5.

Klassenbewusstsein

Man muss, um die Menschen verstehen zu können, frei sein, das heißt frei von irgendwelchen Parteidogmen, frei von Klassenhass, womit aber noch immer nicht gesagt ist, dass man seine Klasseninteressen verleugnen müsste. Denn sobald sich der Arme wirklich als Mensch fühlt, wird er sein Klasseninteresse trotzdem wahren können und sich besser stehen, als wenn er irgendwelche Vertreter wählt, die dann wohl ihr, aber nicht sein Interesse wahrnehmen.

»Der g'rode Michl« (Graz), 4. Jg., Nr. 11 (November 1906), S. 74.

Klassenhass

Die Menschen, solange sie auf dem Standpunkt der Wiedervergeltung stehen, ganz besonders aber jene, welche im Leben immer Amboss und nie Hammer waren, schwärmen für die soziale Revolution. Es ist auch gar nicht so schwer, dies zu begreifen, besonders wenn man selbst ein armer Teufel ist, wenn man sich mit dem Klassenhass vollgesogen hat, das heißt, wenn man eben glaubt, dass eine Klasse von Menschen besser, die andere aber schlechter sei.

»Der g'rode Michl« (Graz), 3. Jg., Nr. 12 (Dezember 1905), S. 97.

Klassenkampf

Da aber keine Klasse ein Patent hat, dass nur in ihr allein alle guten Menschen anzutreffen wären, so wollen wir keinen Klassenhass kultivieren, sondern jeder gute Mensch ist uns als Mitkämpfer für ein höheres Kulturideal lieb und wert.

»Der g'rode Michl« (Graz), 5. Jg., Nr. 9 (September 1907), S. 85.

Klerikalismus

So zum Beispiel gab es eine Zeit, wo der Klerikalismus auch die weltliche Macht ausübte. Die gehörte damals nach vieler Leute Meinung auch zur Gottesordnung. Als dann dem Klerikalismus seine Flügel und Krallen gestutzt wurden, da schrieen sie sehr vernehmlich, dass Gottesordnung in Gefahr wäre. Aber nichts davon war wahr, denn Gottesordnung besteht ja heute noch, oder besser gesagt, ist heute noch nicht verwirklicht. Es ist überhaupt schwer, diese Leute zu begreifen. Unsereinen trösten sie immer, wenn einem ein Malheur passiert, mit den Worten: »Der Herr hat es gegeben, der Herr hat es wieder genommen!« Nun, mir will eben auch dünken, dass der Herr einmal dem Klerikalismus die weltliche Macht gegeben hat, und dann hat er sie halt wieder genommen, und jedenfalls mit gutem Grund. Warum sich aber die Herren da noch immer nicht zu trösten wissen, grenzt schon nahe an Gottlosigkeit, oder muss denn ein Laie ihnen sagen: »Herr, Dein, aber nicht mein Wille geschehe!« Jedenfalls wollen aber sie die Herren auf Erden sein und keinen anderen Willen gelten lassen.

Der gerade Michel (Kulming), 8. Jg., Nr. 11 (November 1910), S. 73.

Klingelbeutel

Gesinnungsfreunde! Der Klingelbeutel des »G'roden Michl« ist ganz und gar kein Pfaffensack, welcher unten ein großes Loch hätte.

Der gerade Michel (Graz), 6. Jg., Nr. 4 (April 1908), S. 29.

Knechtseligkeit

Beschränkte Köpfe sagen zwar, dass der Einzelne allein nichts machen kann, dass er sich an andere anschließen müsse; dadurch wollen die guten Leutchen beweisen, dass die Partei notwendig sei. Notwendig allerdings für jene, die allein nicht stehen können, die von der Partei leben müssen, die in ersterbender Knechtseligkeit vor dem Götzen Partei am Bauche rutschen.

»Der g'rode Michl« (Graz), 2. Jg., Nr. 5 (Mai 1904), S. 37–38.

Kommunismus(s)

Ich habe Gelegenheit gehabt, viele theoretische Kommunisten kennen zu lernen, aber es hilft eben alles nichts, die Menschen sind einmal verdorben, es haftet uns allen zu viel Schmutz aus der gegenwärtigen Gesellschaftsform an, und wir können die Natur des Menschen nicht umstempeln durch äußere Experimente (...). Ich bin ja davon überzeugt, dass es viele so genannte kommunistische Anarchisten sehr ehrlich meinen, aber das hilft nichts. Es liegt eben im Wesen des Kommunismus, dass er autoritär ist, ob er dann Staatskommunismus, Kloster- oder anarchistischer Kommunismus heißt, es ist überall eine Autorität vorhanden, entweder durch eine oder mehrere Personen, durch eine Leitung oder durch eine beschließende Versammlung. Was ist denn eine beschließende Versammlung anderes als eine Autorität. Entweder die Majorität beschließt und die Minorität muss das tun, was beschlossen wurde, oder sie tut es nicht, und in diesem Fall geht dann auch der Kommunismus flöten.

Der gerade Michel (Kulming), 9. Jg., Nr. 3 (März 1911), S. 18–19.

Kongresspazifismus

Vor einiger Zeit wurden in der schönen Stadt Graz eine Menge Plakate angeklebt, wo die Bevölkerung zum Protest gegen den Krieg aufgefordert wurde. Gewiss, die Friedensfreunde beziehungsweise die maßgebenden Personen der Friedensgesellschaft meinen es ehrlich, aber der gute Wille wird da sehr wenig helfen. Man wird auf Kongressen viele schöne Reden halten, wie solche schon oft gehalten wurden; man wird den Krieg samt seinen notwendigen Begleiterscheinungen verdammen; man wird die Freiheit und Humanität hochleben lassen, aber der Krieg wird bleiben. Friedensfreunde gibt es wohl genug. Obwohl der Soldat zum Kriegshandwerk erzogen wird, so ist er doch auch ein Friedensfreund, das heißt, auch er ist froh, wenn er nicht in den Krieg zu ziehen braucht. Alles was lebt, freut sich des Lebens; wohl niemand wird am Krieg Freude oder Vergnügen finden, außer ein paar Großkapitalisten, die dadurch ein glänzendes Geschäft machen. Also an Friedensfreunden hat es keinen Mangel. Woran es der Menschheit mangelt, ist nicht etwa, dass es zu wenig Friedensfreunde gibt, sondern die Menschheit, zum Mindesten der Großteil derselben, hat das religiöse Bewusstsein verloren. Würden sich die Menschen ihrer religiösen Pflichten bewusst sein, dann gäbe es wohl schon lange keine Kriege mehr. Im fünften Gebot heißt es: »Du sollst nicht töten!« Also warum töten wir aber noch immer?? Ja, eben weil wir dem Menschen, aber nicht Gott dienen. Man kann nicht Gott und dem Menschen zugleich dienen. Mögen die Friedensgesellschaften noch Tausende von Kongressen abhalten, sie werden den Krieg nicht abschaffen. Den Krieg werden eben nur jene abschaffen, welche das »du sollst« in »ich will« umwandeln. Wenn man nicht töten will, so kann einen dazu kein Gott, noch viel weniger ein Mensch zwingen. Also nehmen wir es einmal mit der welterlösenden Liebesreligion ernst, und töten wir nicht mehr. Jene aber, welche noch nicht soweit sind, diesen müssen wir Licht in ihre geistige Finsternis bringen. Wir müssen sie zu uns emporziehen, wir müssen ihnen die Macht der alles besiegenden Liebesreligion klar machen. Staat und Kirche müssen uns dann dankbar sein, wenn wir ihnen die Arbeit erleichtern, nämlich die Menschen erst zu wirklichen Menschen erziehen.

»Der g'rode Michl« (Graz), 4. Jg., Nr. 4 (April 1906), S. 29.

Körper

Ein vollkommen normal gebauter Körper ist noch immer keine Garantie, dass sich in demselben alle Eigenschaften finden, die man als menschliche bezeichnen kann.

Das höchste Ziel des Kulturmenschen. Graz (1903), S. 3.

Korruption

Oder aber ist es nicht wahr, dass es in der Reformbewegung ganz raffinierte Geschäftsleute gibt, welche arme Teufel auf die unverschämteste Weise ausgebeutet und dadurch die Bewegung unter allen Edeldenkenden in Misskredit gebracht haben? Also, wohlan, wenn unsere Blätter einen Zweck haben sollen, dann müssen wir gemeinsam gegen die verdammte Korruption ankämpfen!

»Der g'rode Michl« (Graz), 5. Jg., Nr. 10 (Oktober 1907), S. 96.

Kosten

Umsonst ist der Tod, und dieser kostet das Leben.

»Der g'rode Michl« (Graz), 4. Jg., Nr. 6 (Juni 1906), S. 50.

Krieg und Kultur

Der Krieg mag in der Vorzeit, als die Menschen noch Barbaren waren, in der Entwicklungsgeschichte der Menschheit vielleicht einigermaßen, wenn nicht zu rechtfertigen, so doch verständlich gewesen sein. Aber heute, wo man sich rühmt, eine christliche Kultur zu haben, bleiben nur zwei Möglichkeiten: Entweder man hat von Christentum und Kultur gar keinen Begriff, oder einen höchst verworrenen, und ist trotz aller Äußerlichkeiten der alte Barbar geblieben, der man war, dann ist es aber ganz überflüssig, von solchen Dingen zu sprechen, von denen man nichts versteht.

Sozialpolitische Gedanken eines Arbeiters. Graz 1903, S. 10.

Krimskrams

Es ist daher nichts weiter als wieder Ausbeutung der Dummheiten, wenn man eine Klasse als Engel und die andere als Teufel bezeichnet. Gute und schlechte Menschen gibt es eben oben und unten, in jeder Nation, Rasse, Partei und wie der ganze Krimskrams heißt.

»Der g'rode Michl« (Graz), 1. Jg., Nr. 4 (Dezember 1903), S. 3.

Krone der Schöpfung

Wenn wir jede Heuchelei beiseite lassen und den Mut haben, der Wahrheit in das Antlitz zu sehen, dann müssen wir uns gestehen, dass kein Raubtier so gefährlich ist wie die Krone der Schöpfung, genannt: der Mensch. Ein Tiger, ein Löwe werden nie ihresgleichen vernichten, hingegen aber der Mensch seinen Schädel ungeheuer anstrengt, um immer bessere Mordwaffen zu erfinden, um seinesgleichen massenhaft zu vernichten, ja alles, was da kreucht und fleucht, nichts ist vor dem Menschen sicher.

Der gerade Michel (Kulming), 9. Jg., Nr. 3 (März 1911), S. 20.

Kultur

Unter Kultur verstehe ich einen Prozess der Veredlung. Wenn ein Gärtner ein Bäumchen okuliert, so bleibt das Bäumchen seiner natürlichen Beschaffenheit nach vor- wie nachher von Holz; der Veredlungsprozess soll nur bewirken, dass das Bäumchen jetzt genießbarere Früchte bringt.

Das höchste Ziel des Kulturmenschen. Graz (1903), S. 4.

Lebenslust

Ja freilich, die Lebenslust, die ist ein Luder, man muss ihr Sklave sein, man muss dies, man muss jenes. Ja, Schnecken.

Der Revolutionär (Berlin), 2. Jg., Nr. 8 (24. Februar 1906), S. 31.

Lebensreform

Warum sind die Sozialdemokraten (die Führer) gegen die Selbst- und Lebensreform? Sehr einfach, die Sozialdemokratie (die Führer) kann nur unzufriedene Leute brauchen; sie gaukelt den Massen vor, dass nur sie (die Führer) die Lage des Volkes bessern können (...). Die Führer brauchen also nur dumme Leute, denn ein selbstständiger Mensch braucht nicht geführt zu werden. Da aber nun alle diese Leute, die sich mit Selbst- und Lebensreform befassen, für die Führer der Sozialdemokratie verloren sind, so ist leicht einzusehen, dass sie sich nicht für unsere Weltauffassung begeistern werden. Die sozialdemokratischen Führer können die Massen nur so lange am Narrenseil führen, bis sie einmal aufgeklärt werden. Innerhalb der Partei ist aber jede Aufklärung ausgeschlossen; da gibt es nur eine Dressur, so wie ungefähr ein Wachtmeister Remonten dressiert. (...) Wenn wir Selbst- und Lebensreformer einmal geeint sein werden, nämlich unsere Ideen vom Volk erkannt werden, wenn wir praktisch zu arbeiten beginnen, statt wettlaufen und festessen Grund und Boden ankaufen, die Neugestaltung der Landwirtschaft in die Hand nehmen, Arbeitskolonien errichten, wo die Leute freilich nicht den ganzen Tag in der Sonne liegen und ihren Körper pflegen, sondern wo man sich auch mit Hacke und Spaten ausschwitzen wird, dabei aber jeder ein menschenwürdiges Dasein führen kann. Ja dann, Gesinnungsfreunde, wird das Umgekehrte eintreten, nämlich jene Tausende, die jetzt alljährlich nach den Großstädten ziehen, dort in Not und Elend verkommen, die werden dann aufs Land ziehen; dann aber wird auch die Sozialdemokratie geschlagen.

»Der g'rode Michl« (Graz), 4. Jg., Nr. 1 (Jänner 1906), S. 2.

Lebens-Wert

Also nicht des praktischen Nutzens halber, sondern vor allem darum, weil jedes Leben heilig und unersetzlich ist, soll kein Mord geschehen.

Vom Barbarismus zur Zivilisation. Graz 1903, S. 21.

Leithammel

Pfaff bleibt Pfaff, ob schwarz oder rot, alle existieren sie nur auf Kosten der Dummheit und klären die Bevölkerung nur so weit auf, um sie dienstbar zu machen und sie auszunutzen. Nun ja, für einen Haufen Schafe mögen Leithammel ganz nützlich sein, aber für selbstdenkende Menschen ist all und jedes Pfaffentum überflüssig.

Der gerade Michel (Kulming), 8. Jg., Nr. 5 (Mai 1910), S. 40.

Lev N. Tolstoj (1828–1910)

Was uns von Tolstoj am besten gefällt, ist, dass er sich von allen übrigen Freiheits- und Friedensaposteln dadurch rühmlichst unterscheidet, dass er sein ganzes Leben hindurch an seiner eigenen Verbesserung und Veredelung, mithin auch an seiner Befreiung arbeitete.

»Der g'rode Michl« (Graz), 1. Jg., Nr. 2 (Oktober 1903), S. 2.

Lohnsklaverei

Die wirklich Schuldigen können nur dadurch getroffen werden, dass die Arbeiter eine Organisation schaffen, welche die Produktion und Konsumtion unter ihnen selbst regelt, welche den Zwischenhandel ausschaltet, kurz: Aufhebung der Lohnsklaverei; eine Organisation, die an Stelle von Lohnsklaverei die freie Arbeit setzt, wo mir mein Arbeitsertrag von keinem Bevorrechteten mehr genommen werden kann, einfach weil sich alle Privilegien in dem Moment aufhören, indem ich mich nicht mehr als Lohnsklave, sondern als Mensch betrachte und meine Persönlichkeit dem Kapitalismus und allem, was mich knechten und unterdrücken will, verweigere.

Der gerade Michel (Raaba), 9. Jg., Nr. 9–10 (September–Oktober 1911), S. 53.

Massenmord

(...) genannt Krieg.

Sozialpolitische Gedanken eines Arbeiters. Graz 1903, S. 10.

Materialismus

Man muss selbst Materialist gewesen sein und dazu ein armer Teufel sein, um begreifen zu können, wie unglücklich und weltzerfallen man durch solche wissenschaftliche Anschauung werden kann.

Das höchste Ziel des Kulturmenschen. Graz (1903), S. 10.

Maurerkritik

Der »Michl« hat die physische Arbeit noch nicht verlernt, er versteht mit Hammer, Lot und Richtscheit ebenso zu hantieren, wie mit der Feder; da die Maurerei – außer man wäre ein Freimaurer – einmal ein plumpes Handwerk ist, so werden es mir die Gesinnungsfreunde gewiss nicht übel nehmen, wenn die Kritik des »G'roden Michl« über die Menschen, welche die Ordnung stützen, manchmal etwas zu plump ausfiel.

Der gerade Michel (Graz), 6. Jg., Nr. 11 (November 1908), S. 64.

Meineid

Liest man, dass jemand wegen Meineid angeklagt ist, so zweifelt man keinen Augenblick daran, dass der Angeklagte ein ganz verabscheuungswürdiges Geschöpf ist und sogar zu den Schlechtesten der Schlechten zu zählen ist. Denkt man aber darüber nach, dass der Meineid weiter nichts ist als eine unter besonderen Umständen getane Lüge, so erscheint er gleich in milderem Licht. Versetzen wir uns nun ins tägliche Leben, und beobachten wir, wie unzählige Male im täglichen Leben gelogen wird, so muss man sich nicht nur nicht wundern, dass der Meineid kein seltenes Verbrechen ist, sondern sogar, dass er nicht öfter vorkommt, denn die Versuchung, einen Meineid zu leisten, ist unter den heutigen Verhältnissen eine ungemein große, da wir ja schon von frühester Jugend auf zum Lügen erzogen werden.

Der gerade Michel (Hart), 11. Jg., Nr. 2 (Februar 1913), S. 10.

Mein Reich

In meinem Reich geht zwar die Sonne unter,* aber dafür gehen die Hundstage nie aus.

Der gerade Michel (Raaba), 10. Jg., Nr. 1 (Jänner 1912), S. 8.

* Anspielung auf den in Österreich weithin bekannten Lieblingsspruch von Kaiser Karl V. von Habsburg (1500-1558), »In meinem Reich geht die Sonne nie unter«, weil dieses von Europa bis Südamerika reichte. (Anmerkung Reinhard Müller.)

Mensch

Nun, der Mensch soll aber auch noch überwunden werden, wir sollen Übermenschen, Christen, Gottessöhne werden. Um dies aber zu können, muss man zuerst Mensch sein; leider ist es bedauerlich, aber trotzdem wahr, dass man noch nicht allzu viele Menschen trifft, denn wenn alles, was aufrecht auf zwei Beinen geht, Menschen wären, dann würde es nicht so viele Dinge geben, die geradezu bestialisch sind.

»Der g'rode Michl« (Graz), 3. Jg., Nr. 2 (Februar 1905), S. 12.

Menschwerden

Also lassen wir die Götter Götter sein; es soll uns genügen, wenn wir Menschen sind respektive werden wollen.

Der gerade Michel (Graz), 6. Jg., Nr. 3 (März 1908), S. 22.

Metzger, humane

Wie es für den Tischler gutes Holz gibt, so gibt es für solche Schlächterleute gutes Vieh. Das Bewusstsein, dass die armen Daseinsgeschöpfe auch Gefühl besitzen und keine Holzbretter sind, verliert sich bei einem Gewerbe, das täglich töten muss, gar zu leicht. Es ist dies erklärlich. Aber die Schlächter sind doch nur dazu da, Tiere zu töten, nicht sie unnötig zu quälen. In ihrer Macht liegt es, viele heute noch vorkommende Tierquälereien ungeschehen zu lassen, warum liegt es nicht auch in ihrem Willen! Hier müssen die humanen Metzger ihren

Einfluss aufbieten. Schon den Lehrlingen müsste in der Praxis wie in der Fachschule die möglichste Verhütung von Tierquälereien stets und ständig ans Herz gelegt werden. Nun ja, wie es der Verfasser meint, ist leicht zu verstehen, aber der Ausdruck »humane Metzger« klingt wie »heiliger Krieg«.

»Der g'rode Michl« (Graz), 3. Jg., Nr. 11 (November 1905), S. 92.

Milde Gaben

Man ist mildtätig, man errichtet Asyle für Obdachlose, man spendet für Wärmstuben, die Armen bekommen dort eine Suppe, man tanzt ganze Nächte für die Notleidenden, kurz, man könnte sagen: »Liebchen, was willst du noch mehr?« Aber dass es jemandem einfallen würde, die Ursachen von Not, Elend, Armut, soweit es möglich wäre, aus der Welt zu schaffen, keine Spur! Ja, das würde eben manchem Kopfzerbrechen verursachen und würde ihm nichts einbringen.

»Der g'rode Michl« (Graz), 2. Jg., Nr. 2 (Februar 1904), S. 14.

Millionär werden

(...) denn durch eigene Arbeit wird niemand Millionär.

»Der g'rode Michl« (Graz), 2. Jg., Nr. 4 (April 1904), S. 34.

Die Mission des Proletariers

Wenn man dies alles selbst hört und sieht, dann kann man noch so lammfromm veranlagt sein, so ist es aber doch unmöglich, daran zu glauben, dass solche Menschen befähigt wären, eine bessere Gesellschaftsordnung zu gründen. Ja, man muss sich fragen, sind denn die Leute verrückt, dass sich der Mann die ganze Woche hindurch rackert, dabei zuhause Weib und Kinder Hunger leiden, ja, gar oft der Mann bei der Arbeit nichts zu essen hat, um dann nach dem Zahltag in einigen Stunden das ganze Geld zu vertrinken und jahraus, jahrein ein solch jammervolles Leben zu führen. Wahrlich, es ist sehr fraglich, ob dies jene Menschen sind, die die weltgeschichtliche Mission des Proletariats erfüllen??? Allerdings muss zur Ehre gesagt werden, dass nicht alle so sind, denn dann wäre es tatsächlich zum Verzweifeln. Aber anderseits nimmt es sich recht sonderbar aus, wenn Leute, die vorgeben, welterlösende Ideen in sich zu tragen, die einen Idealstaat gründen wollen oder gar einen Zustand ohne Staat anstreben, wenn solche betrunken auf den Straßen herumtorkeln. Leider gibt es heute noch sehr viele, die waschechte Sozialdemokraten und Anarchisten sein wollen und ihre Weisheit dann leuchten lassen, wenn sie vom Alkohol benebelt sind.

»Der g'rode Michl« (Graz), 2. Jg., Nr. 8 (August 1904), S. 65.

Mitgefühl

Zugegeben, dass mancher Fabrikant und Bourgeois ein fühlendes Herz hat, so hat er es nur für sich und seinesgleichen. Oder glaubt man etwa, dass er aus Mitgefühl nur eine Stunde für seinen Arbeiter arbeiten würde, wenn derselbe zum Umsinken ermüdet ist?

Der Revolutionär (Berlin), 4. Jg., Nr. 14 (4. April 1908), S. 54.

Modeleichenträgerinnen

Ich meine nämlich jene Damen, welche ihre Hüte mit Vogelleichen und Federn ausstaffieren, das heißt, sich im vollsten Sinn des Wortes mit fremden Federn schmücken. Es zeigt nicht unbedingt von großem Selbstvertrauen für die natürliche Schönheit des Weibes, wenn man ohne Vogelleichen und Federn nicht auskommen zu können glaubt.

Der gerade Michel (Graz), 7. Jg., Nr. 7 (Juli 1909), S. 46.

Moral

Doch nichts währt ewig, auch solche Moral wird schäbig, alles ist vergänglich, nur das Rückgrat manches Redakteurs ist länglich. (Wahrscheinlich, um vor dem Götzen Mammon Bücklinge zu machen.)

»Der g'rode Michl« (Graz), 5. Jg., Nr. 10 (Oktober 1907), S. 93.

Mord

Böse ist nach meiner Erkenntnis nach jeder Mord, gleichviel ob unerlaubt oder erlaubt. Denn ich kann nicht einmal eine Fliege ins Leben rufen, umso weniger kann ich oder sonst jemand das Recht haben, über Leben oder Tod von anderen Menschen zu bestimmen. Ist es durch Gott, durch die Vorsehung oder das Naturgesetz bestimmt, dass dieser oder jener sterben sollte, so wird er eben sterben, ohne dass ich ihm dabei behilflich zu sein brauche. Also ist der Mord weder vor Gott, der Vorsehung, noch vor der Natur zu rechtfertigen.

Deshalb ist es an der Zeit, dass man mit derartigen Vorurteilen auf-
zuräumen beginnt.

»Der g'rode Michl« (Graz), 4. Jg., Nr. 12 (Dezember 1906), S. 95.

Mordwerkzeuge und anderer Mist

Zu diesen gehört die Erzeugung von Schnaps, Kanonen, Schießge-
wehren, Bajonetten, Säbeln und so weiter. Warum? Weil eben der
Schnaps den Menschen nie nützt, sondern immer nur schadet; derselbe ist weder für Hunger noch für Durst gut, weder für Kälte noch
für Hitze, sondern dient einzig und allein dazu, um die Gehirne zu
betäuben, um die Menschen roh und brutal und zu für jede Niedrig-
keit bereitwilligen Sklaven zu machen. Mit den Kanonen, Schießge-
wehren, Bajonetten, Säbeln und so weiter hat es auch so eine eigene
Bewandtnis. Diese Werkzeuge nützen doch niemals der produktiv
tätigen Bevölkerung, sondern sie dienen vielmehr dazu, um von Generationen geschaffene Werte zu zerstören. Sagen wir es nur gerade heraus, sie sind Mordwerkzeuge, die weder der Bauer, noch der
Arbeiter, Künstler, Philosoph, Naturforscher, Arzt und der Priester
brauchen, alle können sie entbehren.

Der gerade Michel (Kulming), 9. Jg., Nr. 1 (Jänner 1911), S. 1.

Müllbeseitigung

Auf denn, an die Arbeit! Befreien wir die Gehirne der Arbeiter
von allem Unrat, welchen rote Pfaffen in egoistischer Weise einge-
schmuggelt haben. Sind einmal die Geister vom Bann des Irrtums
befreit, dann braucht uns um die Leiber nicht mehr bange sein.

Der gerade Michel (Graz), 6. Jg., Nr. 1 (Jänner 1908), S. 5.

Mystische Salbereien (Zur Krise des »G'roden Michl«)

Wie die Freunde und Leser ja aus den Nummern des vorigen Jahrganges, speziell von den Nummern 9 bis 12, ersehen können, strebte das
Blatt einer Krisis entgegen. Nun, heute ist sie vorüber; etwas über 200
Abonnenten wurden abgestoßen, und zwar aus den Lagern der verschiedenen Lebensreformer und Harmoniedusler, welche nur mit Ro-
senöl die gesellschaftlichen Eiterbeulen betupft und die Korruption
nur mit Glacéhandschuhen angegriffen haben wollten. (...) Wenn aber
manche glauben, dass mystische Salbereien nötiger seien als prakti-

sche Arbeit, dass man den Leuten »geistig« helfen soll, indem man einen Hungernden, statt ihm Brot oder ein paar Heller zu geben, lieber mit ein paar schönen Phrasen vom Karma, Nirwana, von Adepten und mit diversen anderen Sanskritwörtern malträtiert, so mögen sie sich Leute suchen, welche für ihre Theorien reif sind; denn dazu sind wir doch nicht reif und werden es hoffentlich nie werden.

Der gerade Michel (Graz), 6. Jg., Nr. 1 (Jänner 1908), S. 3.

Na, ich gratuliere

Leute, die vorgeben, für Durchsetzung der größtmöglichen oder gar einer absoluten allgemeinen Freiheit zu wirken und zu streben, braucht man nur zu beobachten, wie ihre Handlungen mit ihren Prinzipien übereinstimmen. Man versuche nur, sie auf ihre eigenen Fehler aufmerksam zu machen, ihnen zu sagen, dass sie sich selbst beherrschen müssen, wenn sie frei werden wollen, dass sie ihre niederen Eigenschaften besiegen müssen, dass sie keine Tiere töten beziehungsweise töten lassen dürfen, um dieselben nach Art der Kannibalen zu verzehren und so weiter. Na, ich gratuliere, da kann man die Freiheitshelden zur Genüge kennen lernen. Ihre Freiheit besteht dort auch, wenigstens bei den meisten, darin, den oberen Zehntausend in Luxus, Genusssucht und Suff alles nachzuäffen. Und weil es ihnen da an dem nötigen Kleingeld mangelt, sind sie revolutionär. Würden sie das Geld haben, würden sie es um kein Jota besser machen als die, welche sie heute bekämpfen. Aber anderseits muss in Betracht gezogen werden, dass beide Teile am Volksruin Schuld tragen. Die einen, weil sie als nur materielle Genussmenschen ein schlechtes Beispiel geben, die andern aber, weil man doch nicht alles nachzuäffen braucht. Wenn es heute so dem Staat einfiele, zu sagen: »Nun denn, ihr Sozialisten, Anarchisten und wie ihr alle heißen mögt, da nehmt das Ganze und richtet euch eine Ordnung oder Unordnung nach eurem Geschmack ein!« Es wäre tausend gegen eins zu wetten, dass binnen drei Tagen die Welt verrückt würde.

»Der g'rode Michl« (Graz), 4. Jg., Nr. 4 (April 1906), S. 27.

Nachirdischer Rechtsausgleich

Und ferner noch einige Worte an alle Pfaffen, auch an die atheistischen. Falls der »G'rode Michl« noch weiterbestehen sollte, so diene euch zur Kenntnis, dass für uns Proleten der Streit, ob es einen nach-irdischen Rechtsausgleich gibt oder nicht, wenig zu bedeuten hat. Gibt es einen, nun dann werden wir es ja sehen, gibt es aber keinen, nun dann ist es doch wohl überflüssig, darüber zu streiten. Vor allem aber haben wir alle Ursache, uns das Leben schon im Diesseits so zu gestalten, dass es auch der Mühe wert ist, gelebt zu werden.

Der gerade Michel (Graz), 6. Jg., Nr. 4 (April 1908), S. 28.

Name nebensächlich

Jeder, der für Freiheit, Wahrheit und Gerechtigkeit kämpft, ist mein Bruder oder Genosse; dass ich zeitweise auch den Anarchisten meine Meinung gesagt habe, ist kein Grund, etwa anzunehmen, dass ich ein Mucker geworden wäre. Mir ist jede Parteibezeichnung oder jeder Name Nebensache. (...) Ich war nie ein Heuchler, bin es heute nicht und werde eher hinter dem Zaun verenden, bevor ich einer werden möchte. Also hab ich absolut nichts zu verlieren, wenn ich mich als Genosse jener bekenne, die mir geistig am nächsten stehen. Damit will ich aber nicht gesagt haben, dass ich mit den Anarchisten durch dick und dünn gehen müsste, sondern ich will nur konstatiert wissen, dass von allen religiösen und philosophischen Weltauffassungen mei-ner Erkenntnis und Vernunft nach mir der philosophische Anarchis-mus am meisten entspricht.

»Der g'rode Michl« (Graz), 5. Jg., Nr. 12 (Dezember 1907), S. 118.

Namensangst

Ja, nicht nur alte Weiber, sondern revolutionäre Sozialdemokraten weichen einem schon von weitem aus, wenn man als Anarchist be-kannt ist. Doch was in aller Welt kann mir daran liegen, wenn sich Einfaltspinsel vor einem Namen fürchten.

Der Revolutionär (Berlin), 1. Jg., Nr. 6 (2. September 1905), S. 24.

Narrenseil

(…) Tausende, die sich Zeit ihres Lebens am Narrenseil der Führer ziehen lassen.

»Der g'rode Michl« (Graz), 2. Jg., Nr. 12 (Dezember 1904), S. 99.

Nationen und Konfessionen

Verderblich wirkt eben alles, was man mit Gewalt dem Menschen aufzudrängen sucht. Würden sie sich nicht immer als Germanen, Romanen, Slawen, Christen, Buddhisten, Mohammedaner, Juden, Atheisten und so weiter, sondern einfach als Menschen betrachten, dann würde vieles Leid vermieden werden und noch zu vermeiden sein.

Der gerade Michel (Kulming), 8. Jg., Nr. 12 (Dezember 1910), S. 81–82.

Naturerwachen

Wir wollen hoffen, dass mit dem Erwachen der Natur auch diesmal am Ersten Mai einige zu sich selbst erwachen.

»Der g'rode Michl« (Graz), 2. Jg., Nr. 4 (April 1904), S. 30.

Naturgewalten

Es bleibt sich daher ganz egal, ob man ein frommer Heuchler oder ein gerader Michel ist. Die Elemente sind keine russischen Beamten, sie müssen sich austoben und hauen eben drein, wo es ihnen gefällt.

Der gerade Michel (Kulming), 8. Jg., Nr. 8 (August 1910), S. 58.

Naturnarr

Na, und da sagte ich mir eben: »Franzl, das tust nicht, du bist zwar ein Freund aller natürlichen Bestrebungen, aber ein Naturnarr brauchst noch immer nicht werden«.

Der gerade Michel (Graz), 6. Jg., Nr. 8 (August 1908), S. 51.

Nervöse Rossnatur

Die Freunde mögen es mir nicht übel nehmen, dass mancher schon eine halbe Ewigkeit keine Antwort erhielt. Ich müsste eine lebendige Schreibmaschine sein, um alles erledigen zu können. Die Korrespondenz, Adressenschreiben, verschiedene Laufereien und die ewigen Sorgen, wo den Mammon für die nächste Nummer hernehmen. Dies alles macht einen nervös, wenn man sonst auch eine Rossnatur besitzt.

»Der g'rode Michl« (Graz), 2. Jg., Nr. 11 (November 1904), S. 93.

Notwendige Agitation

Wo aber nichts hinkommt, da kommt auch nichts her. Die Agitation ist eine notwendige Sache und muss fort und fort energisch betrieben werden.

»Der g'rode Michl« (Graz), 3. Jg., Nr. 12 (Dezember 1905), S. 95.

Notwendigkeit

Daraus sollen wir den Schluss ziehen, dass wir niemanden wegen seiner Gesinnung, seiner Weltauffassung, seiner Religion gering schätzen oder gar hassen sollten; jeder steht eben auf derjenigen Entwicklungsstufe und verfügt über diejenige Erkenntnis, die gerade gegenwärtig für ihn notwendig ist. Denn alles, was geschah und geschieht, geschieht nicht zufällig, sondern allem Geschehen liegt eine Ursache, also eine Notwendigkeit zugrunde.

Der gerade Michel (Kulming), 8. Jg., Nr. 1 (Jänner 1910), S. 3.

Nur Mut!

Darum nur mutig vorwärts, Pessimisten können nie die Welt erobern, sie gehört den Idealisten. Der bessere und idealere Mensch wird die Bestie im Menschen besiegen, und die Folge wird eine bessere Gesellschaftsform sein.

»Der g'rode Michl« (Graz), 5. Jg., Nr. 11 (November 1907), S. 107.

Ohne Ideale ist das Leben...

Denn vielleicht gelingt es uns doch noch, einen Flecken Erde zu erobern, wo wir uns von unserer Überkultur einigermaßen befreien, für uns arbeiten und uns das Leben nach unseren Idealen einrichten könnten. Ob wir es erreichen? Je nun, wenn es uns gelingt, dass jeder einige hundert Kronen oder Mark ersparen könnte, was allerdings ein Wunder wäre, dann wäre es ja möglich; denn gleichviel ob wir es erreichen oder nicht, aber anstrengen und kämpfen müssen wir dafür. Ohne Ideale ist das Leben wertlos, das sehen wir an den Reichen, welche alle Ideale realisieren konnten; sogar da gibt es noch welche, deren Ideale sich allerdings in Schwärmerei auflösen, die sich einbilden, es müsse das individuelle Leben ewig fortdauern, die sich zu diesem Zweck ein Jenseits, ein Sommerland,* ein Nirwana und so weiter erfanden, und die uns dann, wenn wir einmal ungeduldig werden und auch ein Recht, zu leben, verlangen, mit der großen Extrawurst, welche im Jenseits für uns gebraten werden soll, abzuspeisen suchen.

Der gerade Michel (Graz), 6. Jg., Nr. 8 (August 1908), S. 50.

* Sommerland: ein im Spiritismus gebrauchter Begriff für eine jenseitige Sphäre, in der man sich das auf Erden am meisten Ersehnte schaffen könne. (Anmerkung Reinhard Müller.)

Ohne roten Heller

So kann es aber nicht fortgehen. Ich besitze absolut keinen roten Heller, außer was durch das Blatt einkommt, und dies ist verflucht wenig. (...) Manche glauben aber, dass der »G'rode Michl« auf geldlose Wirtschaft eingerichtet sei? Wohlan, besorgt mir einen Drucker, der es umsonst macht; verlangt von der Post Portofreiheit; verschafft mir eine unentgeltliche Wohnung (bitte aber keine solche auf Staatskosten), die nötigen Nahrungsmittel und Kleider, denn zum nackt Gehen ist es hier doch zu kalt, und aus Sittlichkeitsrücksichten würde es auch die Polizei nicht erlauben. Übrigens ist die geldlose Wirtschaft, solange andere von mir Zahlungen verlangen, eine fatale Sache. (...) Wenn daher jemand etwas Geld überflüssig hat, der möge es nur bald einsenden; dass es bei mir nicht schimmlig wird, das kann ich jedem schriftlich geben.

»Der g'rode Michl« (Graz), 5. Jg., Nr. 1 (Jänner 1907), S. 6.

Ora et labora? (Bete und arbeite?)

Ja, mag sein, dass manchem das Beten geholfen hat und noch hilft; aber viele beten auch, um den Haupttreffer zu machen, Erfolg im Geschäft zu haben und so weiter. Da es aber der Mensch in den meisten Fällen gar nicht weiß, was für ihn gut, besser gesagt, notwendig ist, so verschwendet mancher viel Zeit, die er besser durch Arbeit ausnützen könnte. Arbeit ist direkte, Beten aber indirekte Aktion. Übrigens soll jeder nach seiner Fasson selig werden. Wer für die Menschheit eine nützliche Arbeit leistet, ist wohl ebenso viel oder noch mehr wert als jene, die nur beten und andere arbeiten lassen.

»Der g'rode Michl« (Graz), 5. Jg., Nr. 9 (September 1907), S. 90.

Parlamentarismus (An einen Sozialdemokraten in Nový Jičín)

Lieber Freund, ein Idealist strebt nicht nach einem Mandat, im Gegenteil, er weiß, dass man durch das Parlament die Menschen nicht bessert. Aber es gibt ja Leute, die nach Macht, Ruhm und Ansehen streben, denen es nicht darum zu tun ist, ihre Ideen zu verwirklichen (nämlich die angeblich idealen), sondern die ein ideales Geschäft haben möchten, und für das Ja-Sagen sind 20 Kronen ja immerhin ein guter Verdienst. Doch ich als Antiparlamentarier ziehe es vor, heraußen zu wirken, das heißt, ich würde niemals meine Zeit im Parlament vertrödeln, wenn auch 100 Kronen Diäten gezahlt würden. Für die Arbeiter gibt's dort einfach nichts zu holen, ergo hat man dort auch nichts zu suchen.

»Der g'rode Michl« (Graz), 5. Jg., Nr. 3 (März 1907), S. 24.

Partei

Jede Partei, mag sie sich wie immer nennen, strebt nach Macht; zur Entfaltung der Macht ist Gewalt notwendig. Wer dies etwa nicht glaubt, der möge gefälligst sich überzeugen, indem er eine andere Meinung zum Ausdruck zu bringen sucht, als die der Partei! Jede Partei verfolgt Sonderinteressen, die der Menschheit zuwiderlaufen. Wenn zum Beispiel Schiller sagt:

Welche Religion ich bekenne?

Keine von denen, die du mir nennst!

Und warum keine? – Aus Religion!

Ebenso gut kann man dies auch auf die Parteien anwenden. Ein Mensch, welcher der Menschheit nützen will, kann sich keiner Partei mehr anschließen, da eben die Menschheit etwas Höheres als die Partei ist.

»Der g'rode Michl« (Graz), 2. Jg., Nr. 5 (Mai 1904), S. 37.

Partei oder parteilos

Parteilos, ach was, Unsinn, so etwas gibt es ja gar nicht, gehört doch jeder Mensch irgendeiner Partei an. Wer etwas erreichen will, muss sich unserer Partei anschließen, wir, nur wir allein sind die einzige revolutionäre Arbeiter- und Volkspartei. So rufen die, welche von der Partei leben, und die Parteischafe beten den Führern pflichtschuldigst nach. Dies gilt nicht nur für die so genannten freiheitlichen Parteien, sondern es trifft dies wohl bei jeder Partei zu. Eine freiheitliche Partei hat noch nie bestanden, besteht nicht und wird nicht bestehen; denn dem Wesen nach ist jede Partei, mag sie sich nennen wie sie will, reaktionär. Wenn diese oder jene Partei, sagen wir, mit der gegenwärtigen Gesellschaftsform unzufrieden ist, dieselbe gerne ändern möchte, so wird mancher glauben, dass dies dann eine revolutionäre oder freiheitliche Partei wäre. Doch nichts davon ist wahr, denn der Parteimensch will dasjenige, was er sich als Freiheit vorstellt, doch nur für sich und seine Parteigenossen. Deshalb schafft sich jede Partei äußere Organisationen, und dann heißt es: »Hinein in die Organisationen, zahlt die Beiträge, und wenn wir dann recht viele sind, dann können wir einen Druck auf jene ausüben, welche sich unserer Parteidisziplin nicht fügen wollen.« Jede Partei ist also ihrem Wesen nach gewalttätig und übt ohne Bedenken offen oder versteckt die Gewalt auch aus; jede Partei hat das Streben nach Macht und Herrschaft, jede Partei will so stark werden, um den Staat an sich reißen zu können, das heißt, denselben zu zwingen, ihre Parteigrundsätze allen Bürgern aufzuzwingen, und wer sich dann noch weigern würde, dieselben anzuerkennen, der würde einfach als Hochverräter behandelt werden. Also wohl oder übel müsste dann so mancher mit den Wölfen heulen, denn nicht jeder hat den Mut, die Wahrheit zu bekennen, wenn dies für ihn gefährlich erscheint. Welchen Zweck also haben dann die verschiedenen Parteien? Den einen, zu verhindern, dass die Menschen wirklich frei werden, und dass jedermann zur Heuchelei gezwungen werden soll. (...) Der wirklich freie, parteilose Mensch hingegen bildet sich nie ein, dass nur er allein in allem und jedem Recht haben müsse, er lässt vielmehr jedem anderen auch seine individuelle Freiheit. Weil er eben die seine nicht beschränkt wissen möchte, fällt es ihm auch nicht ein, die Freiheit seines Mitmenschen zu beschränken. Unter freien, parteilosen Menschen wäre jede Zwangsorganisation – und jede Organisation beruht auf Zwang – ein Unding. Da gibt es nur eine freie Vereinbarung, gleichgültig für diesen oder jenen Zweck, denn Zwang und Freiheit sind unvereinbar. Und können freie, parteilose Menschen nichts erreichen? Ja, Macht und Herrschaft sicher nicht, weil sie danach gar nicht streben. Wohl aber erreichen sie, was sämtliche Parteien nie erreichen, nämlich, dass jeder Einzelne an und für sich ein besserer Mensch wird, weil der freie, parteilose Mensch weiß, dass die Menschen nur dann besser werden, wenn jeder Einzelne selbst an seiner Vervollkommnung arbeitet.

Der gerade Michel (Kulming), 9. Jg., Nr. 2 (Februar 1911), S. 11.

Parteien

Die Sozialdemokraten, die wollen von Freiheit grundsätzlich überhaupt nichts wissen, sondern wollen die Macht, welche der Staat besitzt, an sich reißen, um einen neuen, den famosen Zukunftsstaat zu gründen, wo die Genossen, nämlich die Obergenossen, allergnädigst per Dekret die Freiheit für das Herdenvieh diktieren. Wer nicht an das einzig wahre Evangelium von Karl Marx glaubt, für den ist im Zukunftsstaat überhaupt kein Platz, also auch für mich nicht. Die Nationalen unterscheiden sich von den Sozialdemokraten nur insofern, dass sie nämlich nur jenem erlauben, frei zu sein, der ihrer Nation angehört, so wie die Sozialdemokraten jeden unbarmherzig knechten und unterdrücken, wenn er auch international und kosmopolitisch denkt und fühlt, aber nicht alles gutheißt, was das Parteikonzil vorschreibt, ebenso streben die Nationalen auch nur nach Macht, um im Namen der Freiheit andere Nationen zu knechten und zu unterdrücken. Nun kommen die Christlichsozialen; von denen ist eigentlich wenig zu sagen, denn jeder halbwegs denkende Mensch weiß ja, dass die nur Statisten der Ultramontanen sind. Dass diese Partei in den letzteren Jahren stark zugenommen hat, ist Tatsache, aber im Kampf um die Freiheit hat dies wenig zu bedeuten, es kommt eben nicht auf die Quantität der Kämpfer, sondern auf die Qualität an. Die Machtentfaltung nach außen, welche auf Kosten der Ultramontanen befohlen wird, ist das letzte Aufflackern Torquemadas* seligen Angedenkens. Dem neuen, dem freien Menschentum, das im Werden begriffen ist, droht von dieser Seite noch immer Gefahr, wird aber rechtzeitig noch erkannt und beseitigt werden.

»Der g'rode Michl« (Graz), 2. Jg., Nr. 11 (November 1904), S. 90.

* Tomás de Torquemada (1420–1498): spanischer Generalinquisitor, prägende Person der spanischen Inquisition. (Anmerkung Reinhard Müller.)

Parteiversammlung, Parteisteuer, Partei

Dass ich die Versammlungen nicht besuche, geschieht aus dem einfachen Grund, weil ich zur Bereicherung der Brauer und Wirte nicht beitragen will. Was die Vereins- und Parteisteuern anbelangt, habe ich auch keine Ursache, dieselben zu zahlen. Ich kann die Führer entbehren, bin daher auch nicht verpflichtet, für deren Existenz zu sorgen. Was die Partei anbelangt, so steht meines Erachtens die Menschheit höher als die Partei.

Sozialist und Vegetarier. Graz 1905, S. 5.

Pessimistenjammer

Wenn man also ein Pessimist wäre (und ein Wunder wäre es nicht, wenn man einer würde), müsste man sich unter den obwaltenden Umständen begraben lassen, das heißt, sich erschießen, erhängen, ersäufen oder sich sonst wie selbst ins Jenseits befördern. Doch ein vernünftiger Mensch wird dies hübsch bleiben lassen, und er wird kämpfen, denn Jammern und Wehklagen sind rein für die Katz; dadurch macht man höchstens die Sache noch schlimmer, da ohnehin die meisten Menschen schon geborene Sklavenseelen sind, und dadurch würden sie nur noch mutloser.

Der gerade Michel (Graz), 6. Jg., Nr. 1 (Jänner 1908), S. 3.

Petitionen, Resolutionen, Demonstrationen

(...) auch die organisierte Arbeiterschaft, welche petitioniert, resolutioniert und demonstriert, wird auf diese Weise nie eine Besserung erreichen. Denn Petitionen und Resolutionen sind nur billiges Klosettpapier.

Der gerade Michel (Raaba), 9. Jg., Nr. 9–10 (September–Oktober 1911), S. 53.

Pfaffen

Pfaff ist schlechtweg jeder, der anderen etwas als Wahrheit auftischt, aber selbst nicht daran glaubt. Es ist in den weitesten Volkskreisen die irrige Meinung vorhanden, dass es nur unter den Klerikalen beziehungsweise unter den Ultramontanen Pfaffen gebe. Dem ist aber nicht so; Pfaffen gibt es in allen Parteien und Lagern. Um nur einige Sorten aufzuzählen, es gibt: schwarze, rote und kornblumenblaue,[*] ferner medizinische, juristische und philosophische Pfaffen.

Der gerade Michel (Graz), 7. Jg., Nr. 4 (April 1909), S. 27.

* Kornblumenblau: damals Symbolfarbe der Nationalliberalen. (Anmerkung Reinhard Müller.)

Pfaffen und Priester

Und so wie es auf allen Gebieten Legionen von Pfaffen gibt, die nur auf ihren Vorteil bedacht sind, die ein Zeter- und Mordiogeschrei erheben, wenn von der alten morschen Gesellschafts(un)ordnung etwas geändert werden soll; weil sie in ihrer geistigen Blindheit glauben, verhungern zu müssen, wenn ihnen ihr Privilegium – auf Kosten der Dummen zu leben – entzogen würde, so gibt es aber anderseits, freilich nur wenige, wirklich gottbegnadete Priester.

Der gerade Michel (Graz), 7. Jg., Nr. 4 (April 1909), S. 28.

Pfuscherei

So, zum Beispiel, kann ich ja auch fordern, dass alle Potentaten der Welt samt dem Stellvertreter Gottes in Rom abdanken mögen, da wir all die teuren Leute für überflüssig halten, zumal ja ohne den Willen Gottes kein Spatz vom Dach fällt, so müsste es für den Herrgott doch keine Hexerei sein, die Welt selbst, ohne geistliche und weltliche Stellvertreter, zu regieren; wenn denn überhaupt regiert sein muss, so wäre es doch besser, von einem überirdischen Autokraten geschurigelt zu werden, als dass sich die armen Menschen damit plagen, an der Schöpfung herumzupfuschen.

Der Revolutionär (Berlin), 4. Jg., Nr. 22 (30. Mai 1908), S. 91.

Philanthrop (An einen Kritiker)

Ein Philanthrop oder Menschenfreund soll von der Luft allein leben (?), wie Sie meinen... Was machen Sie nachher mit Ihrem Monatsgehalt?

»Der g'rode Michl« (Graz), 2. Jg., Nr. 9 (September 1904), S. 78.

Philosophengeplänkel

(...) hat doch ein Philosoph schon längst gesagt, diese Welt sei die beste;* insofern konnte er ja Recht gehabt haben, dass er keine schlechtere wusste. Nun, wenn wir boshaft wären, könnten wir behaupten,

dass diese Welt die schlechteste sei, und zwar aus dem Grund, weil
wir bis heute noch keine bessere haben.

Sozialpolitische Gedanken eines Arbeiters. Graz 1903, S. 5–6.

* »(...) s'il n'y avait pas le meilleur parmi tous les mondes possibles, Dieu n'en
aurait produit aucun« (wenn sie nicht die beste unter allen möglichen Welten
wäre, Gott hätte sie nicht geschaffen): Satz aus den »Essais de Théodicée sur
la bonté de Dieu, la liberté de l'homme et l'origine du mal« (Abhandlungen
zur Rechtfertigung Gottes, über die Güte Gottes, die Freiheit des Menschen
und den Ursprung des Übels; Amsterdam 1710), Kapitel 1, §8, des deutschen
Philosophen Gottfried Wilhelm Leibniz (1646–1716). Diese vor allem im
18. Jahrhundert viel diskutierte Aussage wurde besonders bekannt durch deren
geistreiche Verspottung im satirischen Roman »Candide, ou L'Optimisme«
(Candide oder Der Optimismus. Genf 1759) des französischen Schriftstellers
und Philosophen Voltaire (d.i. François-Marie Arouet; 1694–1778). (Anmerkung Reinhard Müller.)

Privateigentum

Weiters stimmte ich niemals mit den Sozialisten und kommunistischen Anarchisten betreffs des Eigentums überein. Ich als Individualist erblicke im Privateigentum nicht jene Gefahr für die Gesellschaft,
welche ihm von Sozialisten und kommunistischen Anarchisten bei-
gemessen wird. Im Gegenteil bin ich der Meinung, dass jeder ein
Eigentum, soviel er zum Leben braucht, besitzen muss, wenn man
ernstlich an die Lösung der sozialen Frage denkt. So wenig wie es
der heutige Staat dekretieren kann, was jeder Einzelne an Eigen-
beziehungsweise Privateigentum besitzen darf, ebenso wenig werden
es der sozialdemokratische Zukunftsstaat oder die freie Gesellschaft
der kommunistischen Anarchisten dekretieren können.

Der »Gerade Michel« in Oststeiermark. Kulming 1909, S. (2).

Privat- und Staatseigentum

Ja, bleibt es sich denn da nicht ganz gleich, ob es Privat- oder Staatseigentum heißt, sofern ich dabei doch eigentumslos, also der gleiche
Lohnsklave wie heute bleibe? Ja, wenn aber alles Staatseigentum ist,
dann kann dich kein Privatkapitalist mehr ausbeuten, wird man einwenden. Schön, aber sobald oder solange noch ein Staat da ist, muss
es Leute geben, welche den Staat repräsentieren, ob von Gottes oder

Volkes Gnaden hat wenig zu bedeuten, denn die Regenten von Volkes Gnaden werden es nicht besser machen.

Der Revolutionär (Berlin), 4. Jg., Nr. 10 (7. März 1908), S. 38.

Prüft alles und behaltet das Beste!

Es ist zwar bedauerlich, dass die übrigen Stände, wo es doch gilt, die Menschen zu bessern und zu veredeln, sich daran stoßen und sagen: Ja, wenn der Mensch nur kein Anarchist wäre. Nun, man sollte doch glauben, dass es kein Verbrechen sei, wenn man alles prüft und das Beste behält; ja aber nur darf es nicht von einem Anarchisten kommen.

»Der g'rode Michl« (Graz), 4. Jg., Nr. 9 (September 1906), S. 54.

Radikalismus und Mäßigung

Dass ich für die einen zu zahm und für die andern zu scharf zu schreiben scheine, ist weiter kein Unglück. Den einen kann's durchaus nicht schaden, wenn sie sich ein bisschen an Radikalismus, und den anderen, wenn sie sich an etwas Mäßigung gewöhnen, denn weder durch revolutionäre Phrasen noch durch Leisetreterei werden bessere Zustände geschaffen, sondern dazu bedarf es einer von Schritt zu Schritt fortschreitenden Aufklärung.

Der gerade Michel (Kulming), 8. Jg., Nr. 6 (Juni 1910), S. 42.

Reaktionär

(...) irgendein Name tut gar nichts zur Sache, man kann sich freier Sozialist oder Anarchist nennen und dabei doch noch recht reaktionären Dogmen huldigen.

»Der g'rode Michl« (Graz), 3. Jg., Nr. 4 (April 1905), S. 39.

Redakteursdasein

Oh, welche Lust, Redakteur zu sein! Jetzt will ich aber auch noch erwähnen, welche Reichtümer man sich dabei erwerben kann, wenn man um eine Krone für das ganze Jahr ein Blatt herausgibt. Durchschnittlich kommt mir jede Nummer, welche aus der Druckerei kommt, auf fünf Heller zu stehen, dann eine Zweiheller-Zeitungsmarke, macht sieben Heller. Wenn ich für Kuverts und Adressenschreiben und sonstige Expeditionsarbeiten nur einen Heller rechne, so macht dies acht Heller, mehr kostet aber die Nummer überhaupt nicht. Ferner kommen aber noch eine Anzahl kostenlos versandter Agitationsnummern in Betracht. Es dürfte daher auch dem strengsten Kritikus klar geworden sein, dass hier mit dem Kapitalienanhäufen nichts los ist. Aber trotzdem ist es bisher gegangen, und ich habe dabei auch noch gelebt, aber fragt nur nicht wie.

»Der g'rode Michl« (Graz), 3. Jg., Nr. 3 (März 1905), S. 23.

Redaktioneller Wechselbalg

Unter dem Leserkreis sind zwei Strömungen vorhanden: eine radikale und eine gemäßigte. Die gemäßigte Richtung möchte wohl auch ihr Gutes zur Befreiung der Menschheit beitragen, aber leider nach dem Rezept: »Wasche den Pelz, mache ihn aber ja nicht nass«; die radikale Richtung aber wünscht, dass rücksichtslos gegen alle Schäden und Mängel angekämpft werden soll. Da ein bekanntes Sprichwort lautet, »Niemand kann zwei Herren dienen«, so ist es klar, dass ich es als Herausgeber auch nicht kann, zumal ich ja kein berufsmäßiger Pressknecht werden möchte. (...) Ein Kompromiss der gemäßigten mit der radikalen Richtung könnte nur einen Wechselbalg zeugen, und das halte ich für ausgeschlossen.

Der gerade Michel (Graz), 6. Jg., Nr. 4 (April 1908), S. 27.

Reform der Reformbewegung

Welch ekelhafter Konkurrenzneid unter einem Teil der Geschäftsreformer herrscht, davon kann auch ich ein Lied singen. (...) Damit soll aber nicht gesagt sein, dass die Reformbestrebungen an und für sich nichts taugen würden, weil es Leute gibt, welche sich's zur Aufgabe gestellt zu haben scheinen, sich damit ein Vermögen anzusammeln. (...) Wir dürfen uns aber niemals von falscher Scham leiten lassen, indem wir etwa die Korruption in den eigenen Reihen weiterwuchern lassen, sondern wir müssen da mit einer radikalen Reform gleich in der Reformbewegung selbst beginnen. (...) Man darf nicht so ängstlich sein und die gesellschaftlichen Mängel noch beschönigen wollen durch Redensarten wie »Jeder, der arbeiten will, findet Arbeit« und dergleichen. Allerdings wird man sich dadurch die Sympathien der oberen Zehntausend und auch die des Staates erwerben, aber ist damit für die Menschheit etwas geleistet? Im Gegenteil. Wer es mit der Menschheit ehrlich meint, der darf nicht darauf rechnen, damit Anerkennung beim Staat und den oberen Zehntausend (mit ganz geringen Ausnahmen) zu finden. Denn Menschen, die keine Automaten sind, sondern selbstständig denken und handeln können, waren dem Staat sowie den oberen Zehntausend von jeher etwas Schreckliches, sind es heute noch und werden es solange bleiben, solange die Menschen in Klassen geteilt sind. Wenn wir daher Reform um der Reform willen betreiben wollen, so dürfen wir nicht das Pferd beim Schweif aufzäumen, das heißt, es nützt gar nichts, wenn wir dem Arbeiter sagen, dass er nur in einer lichten, luftigen und trockenen Wohnung, welche so und so viel Kubikmeter Luft pro Kopf enthält, wohnen soll, es nützt nichts zu sagen, dass er sich nicht überanstrengen soll, er soll den Alkohol meiden, vegetarisch leben, im Krankheitsfall sich nur von Naturärzten behandeln lassen, es nützt nichts, ihm zu sagen, dass das Stadtleben seine Kräfte frühzeitig aufreibt et cetera. Wir müssen dafür sorgen, mit einer Boden-, Erb- und Eigentumsreform einzusetzen, müssen ihm die Bedingungen schaffen, damit er all die Reformen auch durchführen kann. Ob sich der Herr Baron Rothschild medizinisch oder nach der Naturheilkunde behandeln lässt, ob er ein Sonnen- oder Wasserbad nimmt, ist für die Menschheit höchst gleichgültig. Es ist aber nicht gleichgültig, ob Millionen Staatsbürger, die Staat und Gesellschaft erhalten müssen, in elenden Kellerlöchern zugrunde gehen, oder ob sie unter gesunden Lebensbedingungen arbeiten. Ferner ist es auch durchaus nicht gleichgültig, ob diese Millionen nützliche oder unnützliche oder gar schädliche Produkte erzeugen. Dass heute sehr viele unnütze Dinge erzeugt werden, wodurch der Gesellschaft eine ungeheure Menge von Arbeitskraft verloren geht, werden mir gewiss auch die Reformer aus den bürgerlichen Kreisen zugeben müssen. Nachdem sich aber ein Großteil der Reformer aus den bürgerlichen Kreisen bisher von einer radikalen Sozialreform ängstlich fern hielt, aller Wahrscheinlichkeit nach auch niemals dafür zu haben sein wird, so bleibt eben nichts anderes übrig, als dass sich die Reformer aus den Arbeiterkreisen zusammenschließen und allein zu erreichen suchen, was unter obwaltenden Umständen eben erreicht werden kann.

»Der g'rode Michl« (Graz), 5. Jg., Nr. 9 (September 1907), S. 83–84.

Reformbewegung und Arbeiter

Wir wollen durchaus nicht in Abrede stellen, dass die Reformbestrebungen von heute nicht auch manches Nützliche haben, aber für den Arbeiter sind sie meistens belanglos; denn was nützt es dem Arbeiter, wenn er zum Beispiel weiß, dass er eine lichte, trockene Wohnung haben soll, wenn er weiß, dass er seine Kräfte nicht übermäßig anstrengen soll, wenn er dies und jenes weiß; wenn aber die sozialen Verhältnisse derartige sind, dass er in einem Kellerloch wohnen muss, wo die Pilze wachsen, wo er tuberkulös werden muss, ob er will oder nicht; wenn er gezwungen ist, Arbeiten zu verrichten, die nicht nur gesundheitsschädlich sind, sondern noch seine Kräfte bei weitem übersteigen. Diese Übelstände, welche in der heutigen Gesellschaftsform wurzeln, die kann man nicht durch schöne Phrasen, durch Licht-, Luft- und Sonnenbäder, durch vegetarische Pensionen, Reform-Speisehäuser, Abstinenten- und Naturheilvereine beseitigen, diese Übelstände werden auch unsere Reformer nicht beseitigen, da werden die Arbeiter selbst eingreifen müssen. (...) Für den Abstinenten steht es nicht viel besser, denn ich weiß aus eigener Erfahrung, dass es Arbeiten zu verrichten gibt, die man bei klarem Bewusstsein absolut nicht leisten könnte, das heißt, man muss sich da betäuben, um sein Pensum an Arbeit leisten zu können, wenn man auch weiß, dass man es nur einige Jahre mitmachen kann, so hofft man doch immer, in eine bessere Situation zu kommen, bis man entweder eine leichtere Arbeit bekommt oder zugrunde geht.

»Der g'rode Michl« (Graz), 5. Jg., Nr. 9 (September 1907), S. 82.

Regenerationsbewegung

Unsere Bewegung ist eine Regenerations-Bewegung auf allen Gebieten, da kann jeder Reformer mitarbeiten. Die heutige Menschheit ist nicht nur physisch, sie ist auch geistig herabgekommen, und deshalb wollen wir überall einsetzen, wo es Not tut. Dabei bilden wir uns keineswegs ein, die Menschheit befreien oder erlösen zu können, nein, das muss sie selbst tun; aber den Weg wollen wir jenen zeigen, die sich aus den unerquicklichen Verhältnissen hinaussehen.

Der gerade Michel (Graz), 6. Jg., Nr. 12 (Dezember 1908), S. 70.

Regulierte Freiheit

Ja, sagen sie, wie würde es um die Freiheit traurig aussehen, wenn wir sie nicht beschützen würden; so könnte es dann vorkommen, dass mancher statt nach links nach rechts ausspucken würde.

Beilage zum »Revolutionär« (Berlin), 4. Jg., Nr. 34 (7. März 1908), S. 134.

Reich Gottes

Es heißt: »Dein Reich komme zu uns, unser tägliches Brot gib uns heute.« Da aber das Reich Gottes nicht zu uns kommt, so müssen wir sehen, dass wir in das Reich Gottes kommen. Durch bloßes Glauben kommen wir nicht hinein. Wir müssen es uns erkämpfen.

Der gerade Michel (Raaba), 9. Jg., Nr. 9–10 (September–Oktober 1911), S. 60.

Reiche Prasser und arme Lazarusse

Man sagt immer, der Besitzlose sei unzufrieden; ja gewiss, aber diese Unzufriedenheit ist das Produkt der reichen Schlemmer und Prasser. Also nicht dem Hungrigen, der ohnehin nichts hat, soll man Genügsamkeit predigen, sondern die reichen Schlemmer und Prasser sollen sich bessern. Wie vielen Armen könnte geholfen werden, wenn die reichen Prasser nur so viel essen würden, als sie ohne Schaden für ihre Gesundheit vertragen können. Aber so, welcher Hohn für uns zivilisiert sein wollenden Menschen! Auf der einen Seite Menschen, die sich mit allen raffinierten Mitteln in den Besitz des Nationalreichtums gesetzt haben und dabei zugrunde gehen, weil sie ein ausschweifendes Leben führen – auf der anderen Seite eine Masse hohläugiger, ausgemergelter Gestalten, welche den Nationalreichtum schaffen, vom Genuss aber ausgeschlossen sind. Also beide dem Untergang geweiht. Bessert euch! Lernt euch verstehen, sonst werdet ihr euch gegenseitig vernichten. Wer nicht hört, wird fühlen müssen.

»Der g'rode Michl« (Graz), 4. Jg., Nr. 11 (November 1906), S. 74–75.

Reichtum

Der Reichtum ist, sofern es überhaupt eine Sünde gibt, eine der schwersten Sünden, denn der Reichtum ist nie ohne Armut denkbar.

Der gerade Michel (Raaba), 9. Jg., Nr. 11 (November 1911), S. 65.

Reif

Da man eben immer sagt, dass die Menschen dafür noch nicht reif wären, so gibt es eben nur das eine Mittel: sie reif zu machen.

»Der g'rode Michl« (Graz), 5. Jg., Nr. 12 (Dezember 1907), S. 112.

Religion

Denn für jeden denkenden Menschen ist es doch klar, dass man dieser oder jener Konfession angehören kann, ohne aber deshalb eine Religion haben zu müssen, und umgekehrt braucht man gar keiner Sekte respektive Konfession anzugehören, und kann dabei doch seine Religion haben.

Religion, Sozialdemokratie, Anarchismus. Graz (1905), S. (2).

Salonvegetarier und Arbeitervegetarier

Für alle jene Vegetarier aber, die zu den Bevorzugten der heutigen Gesellschaft, das heißt, zu den Besitzenden gehören, für diese würde es sich verlohnen, wenn sie sich mehr mit den Ideen der Bodenreform, Genossenschaftsbewegung, des freiheitlichen Sozialismus und so weiter befassen würden. Ich bin so kühn, zu behaupten, dass ein naturgemäßes Leben für den Arbeiter in den Städten eine reine Unmöglichkeit ist. (...) In erster Linie müsste mehr als bisher dafür gesorgt werden, dass Arbeitsgelegenheit geschaffen würde, so dass es auch dem Besitzlosen möglich ist, sofern er wirklich Mensch werden will, sich eine selbstständige Existenz zu gründen. Licht, Luft und Sonnenbäder, sportliche Wettgänge und dergleichen Dinge mehr mögen ganz gut sein, aber dies alles hat nur für jene einen Wert und Vorteil, die im Besitz des nötigen Obolus sind. Wenn manche auch glauben, dass der Vegetarismus als Weltauffassung für arme Teufel viel zu hoch sei, um denselben kapieren zu können, so muss ich dem widersprechen. Im Gegenteil, es gibt genug arme Teufel, die gerne die Gelegenheit wahrnehmen würden, wenn sie ihre Lebensweise dahin ändern könnten, dass sie nicht immer mit Arbeitslosigkeit und

den daraus entstehenden Folgen zu kämpfen hätten. Da wäre also ein
Feld für ein segensreiches Wirken für manche Philanthropen, aber
leider, da müsste mancher seine schönen Theorien an den Nagel hängen und praktisch arbeiten, das ist aber eben nicht nach jedermanns
Geschmack.

»Der g'rode Michl« (Graz), 3. Jg., Nr. 1 (Jänner 1905), S. 4.

Salonvegetarismus

Nun habe ich oft in vegetarischen Schriften gelesen, dass der Vegetarismus imstande wäre, die Menschen menschlicher zu machen; dass
der Mensch kein Recht hat, andere Lebewesen zu töten, um sie zu
verspeisen, was uns an Kannibalismus erinnert, dass der Mensch, der
aus Erkenntnis und Einsicht kein Tier mehr tötet oder für sich töten
lässt, um es zu verspeisen, sicher auch keine Menschen mehr töten
würde. Ja, es klingt dies auch ganz logisch, und ich selbst habe lange
daran geglaubt, aber leider dem ist nicht so. (...) Jetzt wollen wir aber
einmal die Frage aufwerfen: Wer steht geistig höher, ein Vegetarier, der die Flinte auf den Buckel nimmt und, wenn es ihm befohlen
wird, auf Vater und Mutter schießt, aber aus Mitleid mit den Tieren
kein Fleisch genießt, oder ein Fleischesser, der trotz seines Kannibalismus ein Idealist ist und dem seine Vernunft und sein Gewissen
höher stehen als alle Machtgebote der Erde, der keinen Menschen
tötet und die Konsequenzen seiner Handlung selbst trägt? Ja, mit dem
Salon-Vegetarismus steht es eben nicht besser als mit dem Salon-
Sozialismus; beide möchten gerne fortschrittlich sein, aber die alte
Dame, genannt »heutige Gesellschaft«, mag nicht so schnell folgen,
und zurücklassen kann man sie auch nicht, also passt man sich ihr
an, damit man jetzt ein gutes Auskommen findet, denn die zukünftige Gesellschaftsform ist doch höchst ungewiss, und wir dürfen der
Entwicklung nicht vorgreifen. Dass es aber ohne die Menschen keine
Entwicklung gibt, das scheinen die Salon-Vegetarier und -Sozialisten
nicht begriffen zu haben.

Der gerade Michel (Kulming), 9. Jg., Nr. 3 (März 1911), S. 20–21.

Sankt Bonifatius

Für die Übersendung des »Sankt Bonifatius«* bestens dankend, erlaube ich mir die Bitte, mir denselben regelmäßig zugehen zu lassen.

Ich werde eine »Heitere Ecke« im »G'roden Michl« errichten, und da liefert mir der »Sankt Bonifatius« guten Stoff.

»Der g'rode Michl« (Graz), 4. Jg., Nr. 11 (November 1906), S. 82.

* Sankt Bonifatius. Apologetische (seit 1907: Katholische) Monatsschrift, herausgegeben vom Aktionskomitee der Bonifatius-Vereine Österreichs (Prag–Wien–Wiener Neustadt), 1903–1939. (Anmerkung Reinhard Müller.)

Scheinchristen und Materialisten

Es ist daher sehr begreiflich, dass solche Leute eine Heidenangst vor dem Sterben haben, da sie ja nie zum wahren Leben erwacht sind, das heißt, den göttlichen Geist nie in sich einziehen ließen, indem sie immer nur an äußerem weltlichen Tingeltangel Freude hatten, so muss es sie allerdings stark schmerzen, wenn sie dann fühlen, dass all ihre geheuchelte Frömmigkeit rein für die Katz war, und den Sprung in das weite, unbekannte Jenseits machen müssen.

Der gerade Michel (Kulming), 9. Jg., Nr. 1 (Jänner 1911), S. 2.

Scheinheilige (An Max Walther in Oberweiden)

Ich möchte nur konstatieren, dass mir in meinem Leben viele Menschen untergekommen sind, welche an Gott und ewiges Leben glaubten, und doch gute Menschen waren. Aber noch mehr sind mir solche untergekommen, welche aus lauter äußerer Frömmigkeit sozusagen dem Herrgott die Zehen abbeißen möchten und alles eher, nur keine guten Menschen waren.

Der gerade Michel (Kulming), 9. Jg., Nr. 4 (April 1911), S. 34.

Schlaumeier

Es gibt wohl welche Schlaumeier, die da sagen: »Ja, Freund, so schnell geht es nicht, es braucht sehr lange, bis sich die Menschen weiter entwickeln, sie müssen eben Geduld haben, Sie müssen sich mehr auf den Boden der heutigen Gesellschaftsordnung stellen, Sie tun zu viel kritisieren, Sie dürfen nicht so scharf schreiben, Sie dürfen nicht gegen alles Bestehende einen so feindlichen Standpunkt einnehmen.« Also der Sinn solcher guten Ratschläge ist dann immer, dass man so schreiben müsse, wie es die Leute haben wollen, und besonders wie es jene haben wollen, welche ein großes Interesse daran haben, dass es ewig so bleiben möge, wie es eben heute ist. Nun, dies mag wohl für jene passend sein, welche um jeden Preis ihre Existenz verfechten, nicht aber für solche, denen die Existenz Neben-, die Besserung der Menschen aber Hauptsache ist.

»Der g'rode Michl« (Graz), 5. Jg., Nr. 3 (März 1907), S. 19.

Schlechte Zeiten ohne Ende

Wie wir (...) gesehen, gleicht das gesellschaftliche Leben einem Fieberkranken, und es ist ohne Zweifel ein krankhafter Zustand, der die Menschen zu so rastloser Tätigkeit antreibt, ohne zu wissen, warum und für was? Freilich wird mancher einwenden und sagen, er entfalte seine Tätigkeit, um seine Existenz zu sichern; das ist ganz schön gesagt, aber nur sehr selten praktisch durchführbar; wenn ich als Arbeiter den besten Zweck habe, dort oder da so und so lang zu arbeiten, so gibt es da aber eine Menge Zufälligkeiten, die meine Vorsätze über den Haufen werfen; dann wird man enttäuscht, schimpft über schlechte Zeiten, als wenn die Zeit etwas dafür könnte, oder sucht die Schuld auf andere zu schieben. Hätte man aber gleich anfangs logisch gedacht, so hätte man leicht einsehen können, dass es in der heutigen Gesellschaft für die Dauer überhaupt keine sichere Existenz gibt, außer man hat viel Geld. Da eben jeder ein Geschäft machen will und muss, wenn er nicht untergehen will, so hat er eben keine Zeit, sich darum zu kümmern, ob er einem andern oder überhaupt der ganzen Gesellschaft durch unreelles Gebaren schadet, sondern sein Prinzip ist, möglichst schnell zu etwas zu kommen, denn Zeit ist Geld, ist nur er einmal aus dem Wasser, dann mögen die andern machen, was sie wollen. Dass eine solche Denk- und Handlungsweise keine Übermenschen hervorbringt, dürfte klar sein.

Sozialpolitische Gedanken eines Arbeiters. Graz 1903. S. 6–7.

Schleppträger

Lange genug waren wir Schleppträger der Autorität. Also suchen wir uns mal ein anderes Liebchen, und das heißt Freiheit.

Beilage zum »Revolutionär« (Berlin), 4. Jg., Nr. 34 (7. März 1908), S. 134.

Schmierige Bluse

Es schlägt unter mancher schmierigen Bluse ein edleres Herz als wie unter einer sehr teuren Kutte.

Der gerade Michel (Graz), 7. Jg., Nr. 4 (April 1909), S. 26.

Schöne Erde

Wenn es keine Idealisten geben würde, dann gliche unsere schöne Erde einem ausgebrannten Krater.

»Der g'rode Michl« (Graz), 4. Jg., Nr. 6 (Juni 1906), S. 42.

Schuld

Klassenhass, Treulosigkeit im Liebes- und Familienleben, Zerstörung des Lebensglückes und so weiter hat es schon in Babel und Rom gegeben, lange bevor man noch vom Anarchismus was wusste, also da sind wohl nicht die Anarchisten oder das anarchistische Ideal daran schuld, sondern die jeweiligen einseitigen Einrichtungen, die es ermöglichen, dass Millionen Menschen vom Lebensgenuss ausgeschlossen sind und elend zugrunde gehen, während eine kleine Anzahl durch Luxus, Laster und Ausschweifung ebenfalls zugrunde geht. Und solange die Menschen nur äußere Verbesserungen anstreben und sich nicht innerlich selbst bessern, wird es auch so bleiben.

Der gerade Michel (Graz), 7. Jg., Nr. 1 (Jänner 1909), S. 7–8.

Schulden

»Schulden und Gotteswort bleiben ewig«, lautet ein altes Sprichwort, das leider auch bezüglich der Schulden wahr bleiben wird. (...) »Borgen macht Sorgen«, sagte ein zweites Sprichwort, das ebenso wahr wie das erstgenannte.

»Der g'rode Michl« (Graz), 5. Jg., Nr. 10 (Oktober 1907), S. 99.

Schutz (Anlässlich der Russischen Revolution von 1905)

Der Mensch braucht verschiedenen Schutz, zuerst einmal Schutz des Eigentums, Schutz gegen Pocken, Schutz der persönlichen Freiheit, und nicht zu vergessen, Schutz gegen die Revolution. Nun, trotz all dem Schutz, den wir genießen, gibt es Millionen, die nicht wissen, wohin sie ihr Haupt legen sollen, sterben Unzählige nicht nur an den Pocken, sondern an allen möglichen Krankheiten. Mit der persönlichen Freiheit sieht es auch sehr windig aus, denn wenn sie ihre Not und ihr Elend demjenigen klagen wollen, von dem sie glaubten, dass er ihnen helfen würde, dann werden sie ins Jenseits befördert (siehe Sankt Petersburg), und es gibt zur Abwechslung einmal eine größere oder kleinere Revolution; der Schlusseffekt ist, dass der ganze Schutz nicht viel genützt hat.

»Der g'rode Michl« (Graz), 3. Jg., Nr. 2 (Februar 1905), S. 12.

»Sehr geehrter Herr« (An eine Briefschreiberin)

Um eines aber bitte ich Sie, schreiben Sie nicht mehr »Sehr geehrter Herr«, ich bin ein armer Teufel wie alle anderen Arbeiter und strebe nicht danach, ein »Herr« zu werden. Ich will Freiheit und Wohlstand für alle.

Der gerade Michel (Raaba), 9. Jg., Nr. 12 (Dezember 1911), S. 72.

Selberaner

Ob ich im Tolstojschen oder in einem sonstigen Geist schreibe, das ist eben meine Sache. Ich lasse mich von niemandem zwingen, ein Tolstoj- oder sonstiger »-aner« zu werden, sondern man kann auch ein Selberaner sein.

»Der g'rode Michl« (Graz), 5. Jg., Nr. 10 (Oktober 1907), S. 96.

Selbstständige Charaktere

Marionetten und Drahtzieher hat die Welt genug, schaffen wir selbstständige Charaktere, solche tun dringend Not.

»Der g'rode Michl« (Graz), 2. Jg., Nr. 12 (Dezember 1904), S. 99.

Selbstbefreiung

Was ist also zu tun? Nun, erstens, jeden Arbeiter, der von der roten Heilslehre nichts wissen will, dahin aufklären, dass er den roten Pfaffen keine Nickel in den Klingelbeutel tut, und zweitens, dass sich alle zusammentun und verschiedene Fragen besprechen, so zum Beispiel über Siedlungen für landwirtschaftliche Arbeiter und Handwerker; vor allem, dem Arbeiter klar zu machen, dass das ganze politische Parteigeschwätz für denselben keinen Pfifferling wert ist, dass der Arbeiter sich selbst befreien muss, und zwar in aller erster Linie von seinen Verführern, dass derselbe nach wirtschaftlicher Unabhängigkeit streben muss, wenn er jemals frei werden will, und dass ihm auch 800 Arbeiterabgeordnete nichts helfen können, sondern er seine

Sache selbst in die Hand nehmen muss, um selbstständig denken und handeln zu lernen.

Der gerade Michel (Kulming), 8. Jg., Nr. 4 (April 1910), S. 29.

Selbstbeherrschung

Nur zum Zerstören kann man den geistig tief stehenden Menschen fanatisieren; aber zum Bauen gehören Menschen, die denken, die sich selbst beherrschen können. Und der Anarchismus soll die Menschheit zu lichteren Höhen empor führen, als dies jemals ein Autoritätsprinzip vermocht.

Der gerade Michel (Kulming), 8. Jg., Nr. 4 (April 1910), S. 32.

Selbstbeherrschung – Gewaltherrschaft

Nun also, da haben wir es, die Selbstbeherrschung führt naturgemäß zu einer Herrschaft, ja das ist schon richtig, aber zu der Herrschaft über sich selbst, nicht aber zur Gewaltherrschaft über andere Menschen.

Der gerade Michel (Graz), 7. Jg., Nr. 2 (Februar 1909), S. 12.

Selbsterlösung

Was muss ein Mensch tun, wenn er sich hinaus in die freie Natur, nach Bergen und Wäldern sehnt? Werden die Berge zu ihm kommen, wenn er auch noch so laut nach ihnen ruft? Nein, er muss selbst hingehen. Was wird die Menschheit tun müssen, wenn sie aus Not, Elend, Qual, Barbarismus und Massenmord herauskommen will? Etwa warten, bis ein Erlöser kommt und sie hinausführt, nein, ein solcher wird niemals kommen. Jeder Einzelne, der erlöst werden will, muss dies selbst tun.

Vom Barbarismus zur Zivilisation. Graz 1903, S. 14–15.

Selbstgeleitet

Nur der, welcher die sittliche Kraft besitzt, gemäß seiner Weltauffassung allen Vorurteilen zu trotzen, auf alle Vorteile, welche einem die Heuchelei verschaffen könnte, zu verzichten, kann Anarchist genannt werden. Der Anarchist fragt nicht danach, was andere für richtig oder unrichtig halten, sondern lebt gemäß seiner Weltauffassung, wie es ihm gut und richtig scheint.

Der gerade Michel (Kulming), 8. Jg., Nr. 4 (April 1910), S. 31–32.

Selbstkritisch

Schließlich soll auch keiner glauben, dass ich etwa derart im Anarchismus vorgeschritten wäre, dass ich mich immer und jederzeit würde beherrschen können. Das eine kann ich sagen: Ich beherrsche niemanden – es genügt mir voll und ganz, wenn ich mich selbst beherrsche.

Religion, Sozialdemokratie, Anarchismus. Graz (1905), S. (3).

Selbstreform und Bodenreform (An F.W. in Weyer)

Ja, Freund, ein Aufruf in sämtlichen anarchistischen Blättern betreffs Gründung von Siedlungen in Österreich wäre rein für die Katz. Nummer 1 stehen nur wenige anarchistische Blätter mit dem »G'roden Michel« im Tauschverhältnis; würden aber einen derartigen Aufruf, von mir verfasst, kaum bringen. Nummer 2 sind wenige Anarchisten für Siedlungen zu haben, die Mehrzahl derselben gleicht den Sozialdemokraten wie ein Ei dem andern; der Unterschied ist nur der, dass die Sozialdemokraten alles Heil von ihren Vertretern im Parlament erwarten, während die Anarchisten auf die soziale Revolution warten. – Sich selbst beherrschen, damit die Herrschaft eben überflüssig würde, seine Bedürfnisse einschränken, damit man nicht immer für den Kapitalismus rackern braucht, seine Lage innerhalb der heutigen Gesellschafts(un)ordnung verbessern, wo es nur geht, das ist eben Selbstreform; und von Reform wollen die meisten Anarchisten – wenigstens die österreichischen –, soweit ich sie kenne, nichts wissen. Reform ist ihnen ja viel zu kleinlich, und Siedlungen sind eben eine Reform des Bodens, welche aber auch eine Reform des Eigentums unter den Siedlungsgenossen herbeiführen wird.

Der gerade Michel (Graz), 7. Jg., Nr. 6 (Juni 1909), S. 43.

Sentimentalität

Der Gradmesser für die Würde eines Menschen ist, wie er die Tiere behandelt, selbstverständlich frei von all und jeder Sentimentalität, denn sentimental zu sein ist noch kein Beweis für das Gutsein. So gibt es eben genug Leute, die aus lauter Sentimentalität keine Schriften lesen, die die Scheußlichkeiten der so genannten wissenschaftlichen Tierfolter ans Licht bringen, ferner verduften sie sofort, wenn wo Tiere misshandelt werden, statt helfend oder belehrend einzuwirken. Sie sagen, das regt sie auf, und aufregen wollen sie sich nicht, das schadet ihrem lieben Ich.

»Der g'rode Michl« (Graz), 3. Jg., Nr. 2 (Februar 1905), S. 13.

Sich fügen

Fügen sollen wir uns einstweilen, nun ja, der Hund fügt sich auch, also füge sich, wer – kann.

Der Revolutionär (Berlin), 4. Jg., Nr. 14 (4. April 1908), S. 54.

Sich zerreißen (An Johann Gartlgruber in Neuchâtel)

Du kannst dir gar nicht vorstellen, was ich alles zu machen hätte; ich müsste mich ja zerreißen, doch das werde ich vorläufig noch bleiben lassen.

»Der g'rode Michl« (Graz), 5. Jg., Nr. 10 (Oktober 1907), S. 102.

Siedlungsbewegung und Kolonialismus

Um allem Irrtum im vorhinein zu begegnen, soll noch kurz bemerkt werden, dass es sich durchaus nicht darum handelt, um etwa die europäische Kultur in die Urwälder Südamerikas zu verpflanzen, nein, im Gegenteil, wir wollen uns eben aus dieser Kultur (die ja über kurz oder lang ein Ende mit Schrecken nehmen wird) befreien.

»Der g'rode Michl« (Graz), 5. Jg., Nr. 12 (Dezember 1907), S. 114.

Signale der Unterdrückung

Wenn ich mir die Freiheit nicht anders denken oder vorstellen kann, als dass ich andere unterdrücke, um selbst frei zu werden, das heißt, mir es einzubilden, denn sobald ich jemanden unterdrücke, ist ja dies schon keine Freiheit mehr, so kann ich daher trotzdem nicht frei werden, wenn der andere mir auch gehorchen muss, so ist dies ein erzwungenes Verhältnis, und sobald der andere zur Macht gelangt, wird er mich unterdrücken. Auf diese Art und Weise bilden sich die Menschen ja schon seit Jahrtausenden ein, dass sie frei wären, in Wirklichkeit aber haben sie sich gegenseitig abwechslungsweise unterdrückt.

»Der g'rode Michl« (Graz), 2. Jg., Nr. 11 (November 1904), S. 91.

Soldaten

Nur wenige erkennen es von der Masse, dass sie mit dem Eintritt in das Heer das größte Verbrechen begehen. Verpflichten sie sich doch freiwillig und legen freiwillig einen Eidschwur ab, alles das sklavisch und gehorsamst zu tun, was die Obrigkeit der Armee und die von ihnen gemachten Dienstreglements, Kriegsartikel und Gesetze vorschreiben, ruht ja doch der persönliche Wille der Soldaten und ihre Kraft in den Händen der Militärgewalt.

Aufruf gegen Militärismus und Krieg. (Graz 1907), S. 4.

Sophisten

Sehr viele kennen das Schlechte, tun es aber dennoch, also mit Bewusstsein, weil sie fürchten, wenn sie das Gute tun würden, so würden sie Anstoß erregen. Deshalb sind heute die Sophisten noch oben; es ist nichts so Schlechtes auf der Welt, was man mittels der Sophistik nicht als gut hinstellen könnte.

»Der g'rode Michl« (Graz), 4. Jg., Nr. 12 (Dezember 1906), S. 95.

Sozialdemokratie (An mehrere Freie Sozialisten und Vegetarier in Böhmen)

Dem Vernehmen nach soll das rote Inquisitionstribunal beschlossen haben, sobald die Staatsmaschine in ihre Hände gelangt, alle Freien Sozialisten, Vegetarier und Anarchisten als Ketzer zu behandeln, es soll uns die rechte Hand abgehauen und die Zunge ausgerissen werden, damit wir unsere ketzerischen Lehren nicht mehr durch Wort und Schrift verbreiten sollten. Da es voraussichtlich aber noch eine Weile dauern dürfte, so freuen wir uns des fröhlichen Kampfes und schreiben lustig weiter.

»Der g'rode Michl« (Graz), 3. Jg., Nr. 6 (Juni 1905), S. 55.

Sozialdemokratischer Unsinn

Die Sozialdemokratie behauptet, die heutige Ordnung sei morsch und faul und müsse verschwinden. Nun aber arbeitet dieselbe Partei eifrigst dahin, diese morsche und faule Ordnung in ihre Hände zu bekommen, um auf einem morschen und faulen Boden ihren Zukunftsstaat zu etablieren. Wer da nicht einsieht, dass die Völkerbefreiende einen Unsinn predigt, dem ist überhaupt nicht zu helfen.

»Der g'rode Michl« (Graz), 2. Jg., Nr. 5 (Mai 1904), S. 40.

Soziale Blutzirkulation

Die »Freie Gemeinschaft« braucht nicht erst in Amerika, im Urwald gegründet werden, sie kann auch hier jederzeit in die Tat umgesetzt werden; es brauchen sich nur jene (...) schriftlich oder persönlich kennen zu lernen, welche das göttliche Recht der absolut freien Persönlichkeit und das soziale Gesetz der Gegenseitigkeit anerkennen und betätigen wollen. Es bilden sich derart von selbst freie Berufsgruppen, die wieder an vereinbarten Gesellschaftsabenden gemeinsame Interessen besprechen, so dass eine gesunde soziale Blutzirkulation und gegenseitige Befruchtung ermöglicht ist, während heute oft die besten Kräfte keine Gelegenheit zur Betätigung haben, weil sie im großen Haufen zersplittert sind.

Der gerade Michel (Graz), 6. Jg., Nr. 12 (Dezember 1908), S. 73–74.

Die soziale Frage

Wir wollen nicht der heutigen Ordnung, die in den meisten Fällen alles zu wünschen übrig lässt, das Wort reden, sondern wir konstatieren nur, dass das Geschwätz von jenen Leuten, die der untersten Volksklasse die weltgeschichtliche Mission des Proletariats so schön vordeklamieren, zwar heute noch seinen Mann ernährt, dass aber in dem Moment, wo einmal ein Teil der Menschen – und zwar, ob unten oder oben spielt gar keine Rolle – begreifen lernt, dass man isst und trinkt, um leben zu können, und dass nie und nimmer die soziale Frage dadurch gelöst wird, indem man die Leute anspornt, recht viel zu produzieren, was sie dann nicht genießen können, weil von denen, die Geld haben, nicht einer für Tausend essen und trinken kann, und diejenigen, die keines haben, denen nützen doch alle vollgepfropften Magazine nichts. (...) Würden die Menschen sich von den Naturgesetzen nicht so weit entfernt haben, wie es leider der Fall ist, so würde vielleicht mancher Millionär einsehen, dass es doch eine große Dummheit ist, wegen dieses Mammons in steter Sorge und

Aufregung zu leben, wo er doch den ganzen Krempel nie und nimmer verzehren kann.

»Der g'rode Michl« (Graz), 2. Jg., Nr. 4 (April 1904), S. 34.

Sozialismus

Sozialist bedeutet für mich, dass man das Wohl der ganzen Menschheit nach seinen Kräften fördern hilft. Der Sozialismus hat durchaus nicht die Aufgabe, eine Klassenherrschaft zu stürzen, um eine andere zu errichten, die Menschen zu entzweien, die Kluft noch mehr zu erweitern, sondern Aufgabe des Sozialismus ist es, die Menschen aufzuklären, zu bilden, zu veredeln, damit sie sich selbst beherrschen lernen, damit jede Herrschaft und Gewalt (und Herrschaft ohne Gewalt gibt es nicht) überflüssig werden. Dadurch wird die Menschheit zur göttlichen Herrschaftslosigkeit heranreifen und jeder seine Bestimmung erreichen, nämlich das Leben für sich und seine Mitmenschen zur Freude zu gestalten. In diesem Sinn will ich gerne als Sozialist oder, wenn es genauer ausgedrückt werden soll, als Anarchist gelten, getreu dem Grundsatz: »Herrsche nicht, damit du nicht wieder beherrscht wirst«.

Sozialist und Vegetarier. Graz 1905, S. 3.

Sozialistenführer

Die Soziführer, die bekanntlich nichts arbeiten, außer Maulreißen, die behaupten, dass die Arbeiter immer von den Kapitalisten so schlecht bezahlt werden, dass es zum Leben zu wenig und zum Verhungern zu viel sei, und dass der Kapitalismus ein unersättlicher Moloch sei, der dem Arbeiter die Haut abzieht. Nun scheuen sich aber diese Leute nicht im Geringsten, von den armen Arbeitern ihren angemaßten Tribut zu fordern, und zwar nicht nur von ihren Leuten, sondern von jedem.

Der gerade Michel (Kulming), 8. Jg., Nr. 4 (April 1910), S. 28–29.

Sozialistische Scharfrichter

Ach, wie weit hat es doch die »Völkerbefreiende« schon gebracht. Jetzt fehlte nur noch, dass sie die Macht hätte, in jeder Organisation auch einen Scharfrichter anzustellen, an Genossen, die für ein solches Amt taugen würden, würde es gewiss nicht fehlen.

Der gerade Michel (Kulming), 8. Jg., Nr. 4 (April 1910), S. 29.

Spenden

Unter besseren Menschen verstehe ich all jene, welche sich irgendwie zum Wohl der Menschheit nützlich betätigen. Und wer würde sich nicht gerne als ein besserer Mensch gerieren? Wie viele Dämchen, nicht nur von der Demimonde, sondern von der Ganzwelt, plagten sich und plagen sich noch für die Armen bei den diversen Wohltätigkeits-bällen. Mancher rackert sich im Schweiße seines Angesichts ehrlich ab, um die Millionen zu sparen, die andere für ihn verdient hatten. Damen aus der hohen und höchsten Aristokratie sind mit Häkeln und Sticken von Altardecken beschäftigt. Man sammelt fleißig Almosen zur Abhilfe der Kirchennot, man vergisst auch nicht für den Peters-pfennig,* nicht etwa alte Hosenknöpfe, nein, solche Racker gibt es nur vereinzelt, sondern Nickel und Silberlinge in den Klingelbeutel zu tun.

Der gerade Michel (Graz), 6. Jg., Nr. 4 (April 1908), S. 29.

* Peterspfennig: zugunsten des Papstes erhobene Steuer. (Anmerkung Reinhard Müller.)

Staat

Der Staat ist eben die Zwangsjacke, die die arbeitende Klasse hindert, von ihrer Macht, von ihrer Bewegung Gebrauch zu machen. Ob diese Jacke dann schwarz oder rot ist, hat auch nichts zu bedeuten, die alte Jacke ist schon ziemlich schleißig geworden, und alles Herumflicken daran hilft doch nichts. Also wozu braucht das Volk eine neue, aus viel stärkerem Zwillich bereitete Jacke, wenn es von Tag zu Tag wär-mer wird; der Völkerfrühling mit all seiner Pracht erscheint, wo man barfuß und in Hemdärmeln oder, den es freut, nackt laufen kann.

Der Revolutionär (Berlin), 4. Jg., Nr. 10 (7. März 1908), S. 38.

Staatsnullen

Sie glauben, nachdem der Staat einmal da ist, müsse er auch ewig dableiben, deshalb arbeiten die guten Leutchen auch emsig daran, den Staat immer zu verbessern, aber all den Staatsrettern, gleichviel sie roter oder schwarzer Couleur sind, fällt es nicht im Schlaf ein, sich selbst und die Menschen zu bessern, sondern sie glauben, die Menschen könnten bleiben wie sie sind, wenn nur der Staat besser würde. Man sucht auf alle Art und Weise dies auch fertig zu kriegen, obschon der eine für den Absolutismus, ein anderer für eine Konstitution, ein Dritter für eine Republik, ein Vierter für einen sozialdemokratischen Zukunftsstaat schwärmt, soweit sind sich aber alle einig, dass es ein Staat sein muss, und ferner, dass möglichst viele neue Gesetze gemacht werden. Wahrlich, an Gesetzen ist keine Not, hier herrscht eine kolossale Überproduktion, das Angebot ist ein riesig großes, während die Nachfrage kaum in Betracht kommt. Über kurz oder lang muss es aber da zu einer Krisis kommen, denn die Menschen werden allmählich mehr Bedürfnis nach Freiheit als nach Gesetzen haben. Ja, dem glauben unsere Schlaumeier von Sozialdemokraten schon dadurch abgeholfen zu haben, indem sie uns versprechen, sie würden uns durch das Parlament die Freiheit verschaffen. Wie bequem! Man kann ganz gemütlich die Zipfelhaube übers Ohr ziehen, in seinem altgewohnten Schlendrian weiterschlafen, nur zeitweise, wenn das »souveräne Volk« seine Vertreter wählt, dann kommen die Nullen in Betracht, indem man einer recht aufgeblasenen Null seine Stimme gibt, die dann das Weitere besorgt, nämlich die Wünsche und Interessen der übrigen Nullen vertritt. Dass sich aber die Einser von den Nullen nicht einschüchtern lassen, dies glauben die Nullen nicht. Dass die Nullen in den letzteren Jahren noch immer zugenommen haben, ist noch lange kein Beweis, dass Nullen, und wenn es noch so viele sind, eine Zahl bedeuten respektive die Freiheit erringen könnten, und Fortschritt ist es zwar immerhin, wenn sich der eine oder der andere bewusst wurde, dass er eine Null ist, mit der Zeit wird er lernen, dass er als Null nichts ist und daher danach streben, ein Einser zu werden.

Der Revolutionär (Berlin), 1. Jg., Nr. 14 (23. Dezember 1905), S. 54.

Stände, gesellschaftliche

»Stand« (ich muss bei diesem Wort unwillkürlich immer an eine Messebude* denken).

Der gerade Michel (Kulming), 8. Jg., Nr. 4 (April 1910), S. 30.

---

* Messebude: Verkaufsstand auf Großmärkten und Ausstellungen. (Anmerkung Reinhard Müller.)

Stierkämpfe

Wir Deutsche glauben immer höher wie andere Völker zu stehen und entrüsten uns über die Stierkämpfe; aber es ist tausend gegen eins zu wetten, falls nur die Stierkämpfe in Deutschland oder Österreich eingeführt würden, dass sie ein ebenso dankbares Publikum finden, wie in Spanien oder Südfrankreich.

»Der g'rode Michl« (Graz), 5. Jg., Nr. 7–8 (Juli–August 1907), S. 77.

Stimmungen

Nämlich Gutes wirken kann man nur, wenn man bei guter Stimmung ist. Hat man aber kein Geld, keinen Kredit, so ist man keine Stunde vor dem Teufel sicher; dies bringt aber auch den größten Idealisten in schlechte Stimmung, führt zum Pessimismus, dieser wieder zum Nihilismus. Nihilist soll man aber nur insofern sein, als man Vorurteile, schlechte Leidenschaften, überhaupt das Böse an sich zerstört. Anderseits aber müssen wir aufbauend, veredelnd und schaffend wirken, dazu ist aber Idealismus notwendig.

»Der g'rode Michl« (Graz), 4. Jg., Nr. 1 (Jänner 1906), S. 7.

Strategiewechsel

Wohlan, schon Jahrtausende haben die Anhänger der Gewalttheorie dem Volk die Freiheit versprochen, viel Blut ist geflossen, das Resultat war aber immer wieder die neue Herrschaft. Versuchen wir es einmal mit der Gewaltlosigkeit.

Der Revolutionär (Berlin), 2. Jg., Nr. 24 (16. Juni 1906), S. 94.

Strebensziel (An Ludwig Pramašký in Krautheim)

Sich Christ nennen ist sehr leicht, aber Christ sein und das Christentum auch betätigen ist gerade nicht unmöglich, aber es bedeutet Kampf solange man lebt. Mein Freund hofft, nach dem Tod in das Reich Gottes zu kommen, ich hingegen bin, trotzdem es eine Menge Okkultisten, Spiritisten, Mystiker und Theosophen gibt, nicht davon überzeugt, das heißt, ich weiß es nicht, ob es nach dem Tod wirklich so ist, wie sie sagen. Deshalb möchte ich das Reich Gottes auf Erden erkämpfen helfen, gleichviel, ob ich es erlebe oder nicht, denn man muss doch irgendein Strebensziel haben.

Der gerade Michel (Raaba), 10. Jg., Nr. 2 (Februar 1912), S. 13.

Streik

Wenn es doch den Gesetzmachern einmal einfiele, zu streiken!

Der Revolutionär (Berlin), 1. Jg., Nr. 7 (16. September 1905), S. 27.

Tatchristen = Anarchisten

An theoretischen Christen ist wahrlich kein Mangel, aber praktische, das heißt, Tatchristen gibt es noch sehr wenig, und wer danach strebt, ein Tatchrist zu werden, der muss allerdings damit rechnen, dass er den Kampf mit der Welt aufnehmen muss. Und wenn jemand Tatchrist werden will, muss er doch den Mut haben, mit allem, was widerchristlich ist, radikal zu brechen für immer. Der Tatchrist wird daher der Welt immer als Anarchist erscheinen, und vom theoretischen Christentum aufgefasst, ist er es auch. Entweder ist die Idee des Glaubens in ihm so mächtig, dass er dafür seine ganze Persönlichkeit einsetzt und keine Macht der Erde imstande ist, ihn zu zwingen, etwas zu tun, was ihm als bös erscheint, oder aber er sympathisiert nur mit dem Christentum, dann ist er eben nur Theoretiker und wird sein Christentum jederzeit den Verhältnissen anpassen, und zwar aus dem Grund, weil er in der Menschenfurcht lebt.

Der gerade Michel (Raaba), 9. Jg., Nr. 11 (November 1911), S. 62.

Taten statt Dünkel

Ich glaube, gerade dadurch, dass wir uns einbilden, besser als andere Völker zu sein, stoßen wir viele ab, die sich sonst bessern würden. Wenn wir wirklich besser sind, dann ist dies doch ein Vorteil, sowohl ein materieller wie geistiger, für uns, den wir aber nicht in die Welt hinausposaunen brauchen, das erfahren dann die anderen ja durch unsere Taten.

Der gerade Michel (Graz), 7. Jg., Nr. 1 (Jänner 1909), S. 1–2.

Terrorismus (An Emilia Marchesa Del Bufalo Della Valle in Trieste)

Sie verwechseln den Anarchismus mit Terrorismus. Der ideale Anarchismus hat geistig höherstehende Menschen (als die heutigen) zur notwendigen Voraussetzung und verwirft prinzipiell jede wie immer sich nennende Gewalt. Dass sich viele Terroristen Anarchisten nennen, ohne vom Anarchismus eine Ahnung zu haben, ist richtig.

»Der g'rode Michl« (Graz), 2. Jg., Nr. 7 (Juli 1904), S. 59.

Teufel Pessimismus (An Leopold Katscher in Budapest)

Ja, Freund, Du hast schon recht, wenn Du sagst, das Leben sei nicht wert, gelebt zu werden; ich begreife es ganz gut, wenn der eine oder der andere Selbstmordkandidat wird. Aber auch der Selbstmordkandidat strebt noch nach Glückseligkeit, das heißt, da für ihn das Leben wertlos geworden ist, so will er vom Leben, ihm also etwas Widrigem, los werden. Er sehnt sich also ebenfalls nach etwas Besserem, wenn auch das Bessere ihm total unbekannt ist. Na, es ist alles nur ein Übergang, auch das, wenn sie einem die Haut über die Ohren ziehen. Doch bei all dem darf man nicht verzweifeln, sondern immer hoffen, dass es besser werden muss; dies gibt Mut und neue Energie, und wir bestehen dann die härtesten Kämpfe siegreich. Eigne Dir etwas mehr Energie und Galgenhumor an, dann muss der Teufel Pessimismus das Feld räumen.

Der gerade Michel (Graz), 7. Jg., Nr. 7 (Juli 1909), S. 49.

Theorie und Praxis

Also ich habe der Theorie die Praxis entgegengestellt, und was man selbst erlebt, das kann einem praktisch nicht mehr genommen werden. Mit Worten lässt sich trefflich streiten, mit Worten ein System bereiten.* Aber trotzdem kann mir weder ein Hofrat, noch ein Professor mit der schönsten wissenschaftlichen Theorie meine praktischen Erfolge respektive meine Erfahrungen abstreiten.

Das höchste Ziel des Kulturmenschen. Graz (1903), S. 21.

* Wortgetreu wiedergegebener Satz des Mephisto aus der Tragödie »Faust. Ein Fragment« (Leipzig 1790), 1. Teil, von Johann Wolfgang von Goethe (1749–1832). (Anmerkung Reinhard Müller.)

Theosophie (An einen Neugierigen)

Ja, Freund, deine Frage, welcher Unterschied zwischen indischen und christlichen Theosophen ist, lässt sich nicht so kurz beantworten. Theo = Gott, Sophia = Weisheit, sofern Menschen von Gottes-

Weisheit überhaupt etwas wissen könnten, müsste es kurzwegs nur »Theosophie« sein. Wenn Gott der Vater aller Menschen und der Schöpfer alles Seins ist, so sind die Inder geradeso seine Kinder wie die Europäer und so weiter. Ein Unterschied unter den Theosophen besteht daher nur in den Meinungen. Die so genannten Indischen unterscheiden sich von den Christlichen dadurch, indem sie sehr konservativ sind. Bei ihnen hat es mit der Verbrüderung der Menschheit noch Jahrmillionen Zeit, sie wollen nirgends anstoßen, sich nirgends aktiv beteiligen und ärgern sich sehr, wenn man nicht alles in ebenso rosigem Licht sieht. Besonders der Krieg ist ein Kapitel, wo sie ganz außer sich geraten, wenn man demselben energisch an den Leib rückt, weshalb auch Tolstoj bei ihnen schlecht angeschrieben ist. Die christlichen Theosophen hingegen rekrutieren sich zum Großteil aus Arbeitern, Bauern und Kleinbürgern und sind naturgemäß zum weitaus größten Teil revolutionär gesinnt, sie nehmen es mit der Verwirklichung des Reichs Gottes auf Erden wirklich ernst, sie sprechen sich alle mit Bruder und Schwester an, sie haben zwar keine Sanskritwörter, geben auch aufs Theoretisieren nicht allzu viel, aber sie wollen den Willen Gottes erfüllen, das heißt, ihren Nebenmenschen helfend beispringen. Wenn man von allem Mystizismus absieht, das heißt, lassen wir jeden glauben, was er will oder kann, so sind uns die christlichen Theosophen viel näher als mancher glaubt, nämlich sie arbeiten für das Reich Gottes und wir für die Freiheit, was ja doch schließlich auf eins hinauskommt.

»Der g'rode Michl« (Graz), 5. Jg., Nr. 4 (April 1907), S. 31.

Theosophiekritik (An einen stillen Verehrer in Graz)

Ich stehe weder den indischen noch den christlichen Theosophen nahe, das heißt, meine Weltauffassung ist entschieden keine theosophische, und zwar aus dem einfachen Grund, weil ich es nicht für möglich halte, dass der Mensch, welcher nur ein winziger Teil vom All, der Liebe, der ewigen Idee, des Dinges an sich, der Wahrheit, Freiheit, Gerechtigkeit oder von Gott ist, jemals das Ganze erkennen kann. Es heißt, Gott ist alles in allem, dann aber ist Gott das Höchste, das Herrschafts- und Gegensatzlose, welches alles in sich vereint. Unser Leben aber ist nur durch Gegensätze möglich, ist also ein von Gott, All, Liebe und so weiter losgetrenntes Leben. Freilich ist da die logische Schlussfolgerung, dass wir dereinst wieder zu Gott, dem All, der Liebe et cetera zurückkehren, aber dann sind wir ja mit Gott selbst Eins geworden, dann sind wir Subjekt und Objekt in Einem. Da aber eine Erkenntnis (etwas erkennen) immer nur dort möglich ist, wo Gegensätze sind, also Subjekt und Objekt, so ist dort, wo alle Gegensätze und Vielheiten in Eins zusammengeflossen sind, ein Erkennen eines Zweiten, da es ein solches dann nicht gibt, auch nicht mehr möglich. Mag sein, dass mich wegen dieses meines Glaubens Theosophen, Spiritisten und andere religiöse Sekten einen Materialisten und Atheisten heißen, doch dies ist mir gleichgültig (...). Ich konnte mich und werde auch fernerhin mich nie entschließen können, mich weder einer religiösen, noch politischen Sekte oder Partei mit Haut und Haar zu verschreiben. (...) Also kein Unfehlbarkeitsdünkel; keiner hat das Patent, dass nur er die Weisheit mit Löffeln gegessen hat.

»Der g'rode Michl« (Graz), 5. Jg., Nr. 6 (Juni 1907), S. 47–48.

Theosophische Ruhe (An einen Parteilosen in Kempten)

Der Wahlspruch der theosophischen Gesellschaft Deutschlands lautet:»Ruhe ist die erste Bürgerpflicht.« Na also, du hast den Leuten bitter unrecht getan; sie streben nicht nur nach der ewigen Ruhe im Nirwana, sondern sie wollen auch im Diesseits schon Ruhe haben. Ja, Pflichten gibt's bei den Theosophen eine Menge, aber von Rechten, ja Bauer, das ist was anders. Maul halten, fleißig zahlen, schöne Phrasen drechseln; altes Pfaffentum in neuer Auflage. Und diese Leute wollen dem Volk Licht von oben bringen. Na, dass ich nicht lach.

Der gerade Michel (Graz), 6. Jg., Nr. 8 (August 1908), S. 52.

Tierfreundin

Die Dame, deren Schoßhund sich auf dem Sofa rekelt und Zucker und Braten erhält, während ihre Köchin in der Küche die Aale schindet und den lebenden Krebsen den Darm auszieht, verdient den Namen Tierfreundin durchaus nicht.

Der gerade Michel (Hart), 10. Jg., Nr. 8 (August 1912), S. 37.

Tierliebhaber

(...) einzelne Ausnahmen von so genannten Tierliebhabern, wie zum

Beispiel Hunde- und Katzenmütter, Pferdenarren und dergleichen Leute, haben mit dem Tierschutz überhaupt nichts zu tun, denn der wahre Tierfreund wird jedes Tier gerecht behandeln, so wie auch der gerechte Vater jedes seiner Kinder gerecht behandeln wird, wenngleich eines sein Liebling ist, so darf er doch gegen die anderen nicht ungerecht sein.

»Der g'rode Michl« (Graz), 3. Jg., Nr. 2 (Februar 1905), S. 13.

Tierschutz

Die Dümmsten antworten: Das Tier fühlt nichts. Aber sie strafen meist ihre eigene Antwort Lügen, denn der Fuhrmann, der sein Pferd prügelt, prügelt es, um ihm Schmerz zu bereiten und es durch den Schmerz aufzustacheln.

Der gerade Michel (Hart), 10. Jg., Nr. 8 (August 1912), S. 37.

Über Alternativmedizin für Arbeiter

Angenommen aber, man hat ein paar Kronen erspart, man verzichtet auf die Krankenkasse und lässt sich von einem Naturarzt behandeln, dann muss man aber gleich bei der ersten Visite fünf Kronen zahlen, und so kommt einem das Kranksein viel zu teuer, und da arbeitet man eben so lange, bis man absolut nicht mehr kann. Der Arbeiter muss sich daher immer eine Krankheit wählen, an der er in zwei oder längstens drei Tagen stirbt, denn nur in den seltensten Fällen dürften seine Mittel länger anhalten.

»Der g'rode Michl« (Graz), 5. Jg., Nr. 9 (September 1907), S. 82.

Überanarchisten

(...) in der Theorie ist es ganz gut möglich, auch Überanarchist zu sein – in der Praxis aber können wir froh sein, wenn es uns gelingt, nur bescheidene Anarchisten zu sein, das heißt, dass wir unsere Grundsätze auch praktisch betätigen, wenigstens es versuchen, tun zu wollen.

Der Revolutionär (Berlin), 2. Jg., Nr. 8 (24. Februar 1906), S. 30.

Überirdischer Beschwerdeweg

Doch sofern es die Götter beschlossen haben sollten, gibt es da keinen

Beschwerdeweg; darf man sich schon gegen die irdische Gerechtigkeit nicht auflehnen, ohne sich den Titel Rebell und schwere Strafen zuzuziehen, umso weniger dann gegen die überirdische.

»Der g'rode Michl« (Graz), 5. Jg., Nr. 10 (Oktober 1907), S. 98.

Überzeugungsfähig

Dass man einen Sozialisten und Anarchisten durch ethische Gründe leichter zur naturgemäßen Lebensweise bekehrt als einen kapitalistischen Genussmenschen, das stimmt.

»Der g'rode Michl« (Graz), 4. Jg., Nr. 4 (April 1906), S. 31.

Um Antwort wird gebeten!

Sagt einmal ehrlich: Warum bekämpft ihr nur immer die Reichen? Warum betont ihr so stark den Klassenhass? Ja, sind denn die Armen wirklich alle die reinsten Engel? He, um Antwort wird gebeten! Nun, ich weiß schon, ihr wollt Vergeltung üben, ihr möchtet auch mal als Klasse Tyrannei gegen eine andere Klasse üben.

»Der g'rode Michl« (Graz), 4. Jg., Nr. 1 (Jänner 1906), S. 4.

Umstürzler

Was den Umsturz betrifft, so sind doch nicht wir die Umstürzler, sondern gerade jene, welche eine so scheußliche, auf Gewalt, Blut und Eisen gebaute Unordnung verteidigen, denn jeder Mensch, der noch einen Funken Menschenwürde besitzt, muss zu der Einsicht kommen, dass unsere christliche Kultur etwas Scheußlicheres ist, als seinerzeit der Kannibalismus war, denn damals wurden nicht mehr Menschen gefressen, als eben dazu Appetit vorhanden war. Die zivilisierten Menschen (welcher Hohn) fressen zwar keine Menschen, aber die schlachten sie zu Hunderttausenden ab, verscharren sie dann wie die Hyänen; und warum und für was? Nun, weil eben einige hungrige Großkapitalisten bei einer Menschenschlächterei (lies Krieg) ein gutes Geschäft machen, so erfordert es das Interesse des Vaterlandes, dass man die Menschen abschlachtet. Na, wer den Kapitalismus noch verteidigt, der muss schon ein Über-Kannibale sein.

Der Revolutionär (Berlin), 4. Jg., Nr. 14 (4. April 1908), S. 54.

Umziehen

Hat man aber eine Familie, dann macht einem das Wandern überhaupt keinen Spaß mehr. Und trotzdem das Wandern durchaus nicht zu den Annehmlichkeiten des Lebens gehört, so gibt es aber doch eine Menge Leute, welche ähnlich wie der sagenhafte ewige Jude nirgends Ruhe finden, welche immer wandern müssen, bis sie schließlich in einem unbekannten Jenseits sich dann ausrasten und alle möglichen Freuden genießen werden, wenn dies nicht ebenfalls wieder nur eine Sage ist.

Der gerade Michel (Raaba), 10. Jg., Nr. 3–4 (März–April 1912), S. 20.

Unbeugsam (Allen Freunden des »G'roden Michl«)

Ja, ihr habt Recht, der »G'rode Michl« wird immer der »G'rode Michl« bleiben, wenn auch die schwarzen und roten Pfaffen Schwefel und Pech speien.

Der gerade Michel (Kulming), 8. Jg., Nr. 9–10 (September–Oktober 1910), S. 69.

Unerschütterlicher Freiheitsglaube

Und merkwürdig, niemand hat die Freiheit noch gesehen, und doch glauben alle Menschen an dieselbe.

Der Revolutionär (Berlin), 2. Jg., Nr. 16 (21. April 1906), S. 63.

Unersetzlichkeit des Lebens (An Jakob Švanda in Buenos Aires)

Wenn Sie einmal die Philosophie vom Anarchismus begriffen haben werden, dann werden Sie auch die Unersetzlichkeit des Lebens begreifen. Gewalt kann nie zur Freiheit führen.

»Der g'rode Michl« (Graz), 3. Jg., Nr. 1 (Jänner 1905), S. 9.

Ungrober G'roder

Also nichts für ungut. Wir sind kein »g'rober Michl«, sondern nur ein »g'roder«, der den Leuten die Wahrheit so sagt, wie sie es am leichtesten verstehen.

»Der g'rode Michl« (Graz), 2. Jg., Nr. 1 (Jänner 1904), S. 6.

Unterordnung (An einen Freund des »G'roden Michl« in Graz)
Gerne ordne ich mich einer besseren Einsicht unter und anerkenne
die Autorität dort, wo sie belehrend und veredelnd wirkt, dort aber,
wo sie nur die Missgunst ist, dort, wo man die gekränkte Leberwurst
spielt, weil ich nicht so tanzen mag wie es anderen zu pfeifen beliebt,
da werde ich jederzeit meine Eigenheit zu wahren wissen.

»Der g'rode Michl« (Graz), 3. Jg., Nr. 1 (Jänner 1905), S. 8.

Unzufriedenheit

Ja, wenn heute die Lüge und Heuchelei sich nicht schon derart unter
die Menschen eingefressen hätten, so würde man gar nichts Anstößi-
ges darinnen finden, wenn jemand den Mut hätte, es offen und ehrlich zu bekennen, dass er unzufrieden ist. Man braucht gerade kein
überkluger Menschenkenner zu sein, um es herauszubekommen,
dass eigentlich so recht vom Herzen zufriedene Leute auf unserem
Planeten nicht allzu viele zu finden sein dürften. Wenn auch sehr
viele sich den Anschein geben, dass sie zufrieden sind, so ist dies
eben nur Schein. (...) Nun wollen wir einmal versuchen, die Leute
zufriedener zu machen; aber auch da wird man nicht allen recht tun
können, denn es dürfte immer welche geben, denen die Zufriedenheit
der einen schon ein Anstoß zur Unzufriedenheit der andern wäre.
Daraus folgt nun, dass wir uns weder aus der Unzufriedenheit, noch
aus der Zufriedenheit der anderen nichts daraus machen dürfen, sondern dass wir eben danach streben müssen, die Zufriedenheit für uns
selbst zu erlangen; es ist dies zwar egoistisch, aber trotzdem dürfte
eine egoistische Zufriedenheit einer altruistischen Unzufriedenheit
doch vorzuziehen sein.

»Der g'rode Michl« (Graz), 5. Jg., Nr. 11 (November 1907), S. 108–109.

Vegetarische Wettarbeit

Ob ich als Vegetarier bei einem Wettgehen den ersten oder letzten
Preis gewinne, hat für die Menschheit wenig Bedeutung. Ja, wenn die
Herren Vegetarier einmal ein Wettarbeiten zum Nutzen der Mensch-
heit veranstalten würden, dann würde mancher Proletarier einse-

hen, dass es den Vegetariern wirklich ernst ist um die Regeneration der ganzen Menschheit, nicht aber bloß darum, um nur als höherer Mensch von der Masse vorteilhaft abzustechen.

Der gerade Michel (Graz), 6. Jg., Nr. 9–10 (September–Oktober 1908), S. 60.

Vegetarismus

Übrigens ist es nicht immer angebracht, barbarische Sitten und Gebräuche mit Glacéhandschuhen anzufassen. Ein getötetes Tier ist eben eine Leiche, und wenn ich dieselbe verzehre, so ist mein Magen dessen Grab. Der Mensch ist aber ein Tempel Gottes, und der Geist Gottes wohnt in ihm, ergo muss man den Tempel rein halten.

»Der g'rode Michl« (Graz), 3. Jg., Nr. 1 (Jänner 1905), S. 8.

Verdammnis

»Verdamme nicht, auf dass du nicht verdammet werdest!« Diesen Satz muss man sich merken, auch dann noch, wenn man Dinge kritisiert, die nicht mit der göttlichen Weltordnung übereinstimmen.

»Der g'rode Michl« (Graz), 3. Jg., Nr. 6 (Juni 1905), S. 50.

Verdammte Materie

Es ist zwar sehr schön Idealist zu sein, und ein richtiger Pessimist dürfte ich auch niemals werden; aber ich habe eben das Unglück, weder zum Schund- noch Schauderromanschreiben ein Talent zu besitzen, auch für Spiritismus und Theosophie sowie sonstige außerweltliche Dinge sind meine Fähigkeiten nicht die besten; also bleibt mir nur das ethische Gebiet, wie Tierschutz und Volkserziehung. Manche sagen zwar, dass ich selbst nicht gut erzogen, ja sogar manchmal ungezogen wäre. Nun sei dem wie immer, aber eine Tatsache ist es, dass man, trotz Theosophen, von übersinnlichem Zeugs nicht leben kann. Wohl oder übel muss man in der verdammten Materie herumkrabbeln, das heißt den Kampf um die Existenz bestehen oder untergehen, trotz Karma, Mahatmas, Yogis und dem Nirwana.

Der gerade Michel (Graz), 6. Jg., Nr. 8 (August 1908), S. 49.

Vergänglichkeit

Doch heute ist der menschliche Intellekt schon so weit entwickelt, dass mancher schon weiß, dass schon lange früher Menschen auf der

Erde lebten, bevor es einen Staat, geschriebene oder gedruckte Gesetze, noch Volksvertreter gab. Wenn es wahr ist, dass das Leben ein Kreislauf ist, wenn Altes vergeht und Neues entsteht, wenn die Menschheit den Zweck hat, sich zu vervollkommnen, sich höher zu entwickeln, und irgendeinen Zweck muss die Menschheit doch haben, dann ist es auch außer allem Zweifel, dass die Formen vergänglich sind, also auch die Staatsformen. Dass dann die Menschen, wenn einmal alle Staatsformen in das Meer der Vergessenheit versunken sein werden, noch existieren dürften, ergibt sich aus der Schlussfolgerung, dass die Menschen eben früher als der Staat vorhanden waren, ergo werden sie alle Staatsformen überwinden. Heute so etwas zu behaupten, obwohl es ganz logisch ist, wäre eine sehr gewagte Sache, denn die meisten Menschen können sich gar nicht vorstellen, dass es einmal keinen Staat gab, die Mehrzahl der Menschen gleicht den Eintagsfliegen und kann deshalb gar nicht begreifen, wie man sich auch mit Fragen beschäftigen mag, die das Gestern und Morgen betreffen.

»Der g'rode Michl« (Graz), 4. Jg., Nr. 1 (Jänner 1906), S. 1.

Vergebliche Abonnentenwerbung (An einen Idealisten im Rheinland)

Die Nummer mit dem Artikel »Anarchismus und Ordnung«, wo das Prinzip der Gewaltlosigkeit zur Genüge klargelegt wurde, habe ich, Ihrem Wunsch gemäß, an den betreffenden Herrn Abgeordneten, an den Bischof, an Seine Heiligkeit den Papst in Rom sowie an Seine Majestät den Deutschen Kaiser gesandt. Der Erfolg war aber ein negativer, nämlich bis zur Stunde ist kein Abonnement eingelangt.

»Der g'rode Michl« (Graz), 2. Jg., Nr. 12 (Dezember 1904), S. 105.

Vergebliche Teufelsplage

Die Mucker und Reaktionäre werden auch im neuen Jahr keine Mittel, und wenn es die schäbigsten wären, unversucht lassen, um die Oppositionsbewegung niederzuknüppeln. Wenn aber jeder, der es mit den Unterdrückten, gleichviel ob Menschen oder Tieren, ehrlich meint und seinen Mann stellt, dann soll auch der Teufel sich vergeblich plagen, das anbrechende Morgenrot einer besseren Zeit zu verdunkeln.

»Der g'rode Michl« (Graz), 5. Jg., Nr. 12 (Dezember 1907), S. 112.

Verkehrte Welt (An Ernst Heide in Bautzen)

Wie verkehrt die Welt eingerichtet ist, geht schon daraus hervor, dass reiche Leute in einer Woche 70 und mehr Kronen dafür bezahlen, dass sie in einem Reformrestaurant Fastenkur machen. Also siehst Du, welch glückliche Menschen wir sind, uns kostet das Fasten gar nichts, und immer noch sind wir unzufrieden.

Der gerade Michel (Raaba), 9. Jg., Nr. 11 (November 1911), S. 68.

Versprechen

Also, verlassen sind wir auf keinen Fall; die einen versprechen uns alles Gute im Zukunftsstaat, die anderen im Jenseits.

»Der g'rode Michl« (Graz), 5. Jg., Nr. 12 (Dezember 1907), S. 111.

Volkslehrer

Zwischen Volksführer und Volkslehrer ist eben ein großer Unterschied.

»Der g'rode Michl« (Graz), 3. Jg., Nr. 1 (Jänner 1905), S. 9.

Vom Standpunkt der Ewigkeit

Da der Idealismus nicht an Zeit und Raum gebunden ist, sondern schrankenlos ist, so lebt der Idealist nicht nur in der Gegenwart, sondern auch in der Vergangenheit und Zukunft, das heißt, er versteht es, sich mit der Ewigkeit zu identifizieren (...). Vom Standpunkt der Ewigkeit aufgefasst, bleibt es sich für den Idealisten gleich, ob sein Ideal heute oder erst in 100.000 Jahren realisiert wird.

»Der g'rode Michl« (Graz), 3. Jg., Nr. 12 (Dezember 1905), S. 95–96.

Vorübergehender Abschied vom Anarchismus
(An die Redaktion der anarchistischen Zeitung »Die direkte Aktion« in Berlin)

Ich habe doch schon in Nummer 6 erklärt, dass ich auf den Titel »Genosse und Anarchist« verzichtet habe, also kann ich mir auch nicht einbilden, dass es die Aufgabe des Anarchismus sei, alle Menschen zu Engeln zu machen. Dass ich ein Blättchen herausgebe, wird euch wenig kümmern, oder bildet ihr euch gar ein, dass auch Nichtanarchisten euch autoritätslosen Autoritäten um gütige Erlaubnis zu fragen hätten? Ihr rumort mit euren revolutionären Phrasen ganz fürchterlich und fragt, wie viele Menschen ich schon gebessert hätte? Nun, jedenfalls mehr als ihr verderben konntet, obzwar ihr es darauf abgesehen habt, euer Möglichstes zu leisten. Wenn es euch also Spaß macht, mich auch fernerhin anzurempeln, dann tut es aber nicht als »Genossen«, denn ich bin ganz entschieden nicht euer Genosse, mag es nicht sein. Doch dürft ihr aber nicht glauben, dass ich etwa aus Furcht den Titel »Anarchist und Genosse« abgelegt habe. Nein, im Gegenteil. Solange ich vom anarchistischen Ideal überzeugt war, konnten mich weder die Staatspensionate, Hinauswürfe aus der Arbeit noch sonstige Verfolgungen davon abbringen. Aber heute liegt die Sache anders.

»Der g'rode Michl« (Graz), 5. Jg., Nr. 7–8 (Juli–August 1907), S. 79.

Wahlen (An mehrere Freunde in Hartberg, Klagenfurt, Knittelfeld und Maribor)

Ja, jetzt kann's losgehen; das »souveräne Volk« wird bei den nächsten Reichsratswahlen lauter Sozialdemokraten (oder was beißt mich) wählen. Also ist jetzt auf einmal die Welt vollkommen verrückt geworden? Von nun ab brauchen sich die Menschen nicht mehr im Geringsten zu bessern, man kann die Hände in den Schoß legen; die miserablen Zustände werden von den sozialdemokratischen Abgeordneten aus der Welt geschafft werden, nämlich versprechen tun sie es schon lange, ob sie es aber auch können, vorausgesetzt wenn sie auch wollten, um das darf man nicht fragen. Ja, ja, wer hätte sich denn das gedacht, dass wir gleich mit beiden Füßen in den Zukunftsstaat hineinspringen. Na, ich bin neugierig, wie lange die rote Hypnose anhält.

»Der g'rode Michl« (Graz), 3. Jg., Nr. 12 (Dezember 1905), S. 101.

Wahre Bildung

Da nützen eben keine guten und frommen Lehren, da nützt keine Bildung, keine Wissenschaft, denn dies alles ist Sache des Verstandes; man kann eben sehr verständig, wissenschaftlich gebildet und gelehrt sein, ohne deshalb ein guter Mensch zu sein. Das Herz, das Gefühl macht erst den Menschen. Ein Dummkopf, ein Ungebildeter, kurz, ein ungeschickter Mensch lebt auch, aber der Verstand, die Wissenschaft, die Bildung kann ohne Herz nicht leben, das heißt, der Mensch ist das Erste, ohne ihn hat das Andere keine Existenz, und da der Mensch ein fühlendes Wesen ist und das Gefühl vom Herzen ausgeht, so sind das Herz, das Gefühl, das Gemüt etwas Höheres als der Verstand, die Wissenschaft und Bildung.

Sozialist und Vegetarier. Graz 1905, S. 15.

Wahrheit

Es nützt aber alles nichts, denn die Wahrheit war, ist und wird ewig sein, sie war, ehe es noch Staat und Kirche gab, und wird sein, wenn diese Institutionen längst vergessen sein werden. Mag ja sein, dass diese Institutionen heute für manche noch wünschenswert, meinetwegen notwendig seien, aber das höchste Ideal sind sie keineswegs, und sagte nicht schon Christus: »Ihr werdet die Wahrheit erkennen, und die Wahrheit wird euch frei machen«.

Der gerade Michel (Kulming), 8. Jg., Nr. 2 (Februar 1910), S. 9–10.

Was du nicht willst...

Gleichviel, ob man die geschichtliche Existenz Christi zugibt oder nicht, so wird aber doch jeder nach der Wahrheit strebende Mensch zugeben müssen, dass zum Beispiel in dem einen Satz »Was du nicht willst, dass man dir tu, das füg auch keinem andern zu« alles enthalten ist, was die Menschen glücklich machen könnte; ja, wenn sich die Menschen danach halten würden, dann brauchten wir weiters kein Gesetz, keine Richter, keine Gendarmen, kein Militär und so weiter. Es gäbe keine Armut, kein Verbrechen, keine Kriege, die soziale Frage wäre gelöst, die Bitte »Zu uns komme Dein Reich« wäre damit erfüllt. Dass aber dieses Reich bisher nicht zu uns kam, daran ist nicht die Lehre Christi schuld, sondern es sind die Menschen selbst, welche sich zwar wohl Christen nennen, aber die Lehre überhaupt nicht erfasst haben. Es ist ganz gleichgültig, ob Christus oder ein anderer den Satz »Was du nicht willst, dass man dir tu, das füg auch keinem andern zu« gesagt hat, sondern Tatsache ist, dass dieser Satz einmal, ob vor 2.000 oder 200.000 Jahren, ausgesprochen worden ist und in demselben alles enthalten ist, um die Hölle (Erde) in das Paradies (Himmel) umzuwandeln.

Der gerade Michel (Kulming), 8. Jg., Nr. 9–10 (September–Oktober 1910), S. 64.

Was ihr einem meiner Geringsten getan...

»Was ihr einem meiner Geringsten getan, das habt ihr mir getan.« Ich glaube, dass es nach nahezu zweitausend Jahren doch Zeit wäre, dass man diesen einfachen Satz, auch ohne eine Hochschule absolviert zu haben, begreifen könnte.

»Der g'rode Michl« (Graz), 3. Jg., Nr. 6 (Juni 1905), S. 50.

Weltelend

Ein Donnerruf nach Freiheit braust durch alle Länder, und jeder, der ein menschliches Gefühl im Herzen trägt, stimmt darin ein. Der Philister jedoch, der sich um seine Spargroschen ängstigt und dem das Wort Sozialismus Traumbilder von plündernden Anarchisten vor die Augen zaubert, hält sich die Ohren zu, um diesen Ruf nicht zu vernehmen. Er fürchtet sich vor der Zukunft und wünscht keine Veränderung. Wer aber hinter den schimmernden Vorhang gesehen hat, mit welchem die moderne Zivilisation die scheußlichen Geschwüre unseres sozialen Organismus bedeckt, den ergreift das Entsetzen. Er möchte aus einer Welt fliehen, die für Millionen von Menschen eine Hölle ist, und mancher wäre bereit, alles herzugeben, selbst das eigene Leben, wenn er dadurch diesem Elend ein Ende machen könnte. Überall treten Doktoren auf und preisen ihre angeblich unbedingt wirksamen Heilmittel an, jeder ein anderes. Wohl wird sich hier und dort durch Verbesserung der Gesetze und Änderung staatlicher Einrichtungen manches ausbessern lassen; aber das alles ist nur Flickwerk und sichert keinen dauernden Erfolg. (...) Die Besserung des Einzelnen ist das sicherste Mittel zur Besserung des Ganzen.

»Der g'rode Michl« (Graz), 4. Jg., Nr. 3 (März 1906), S. 18–19.

Weltklugheit

Ja, so spricht die Weltklugheit, nur nirgends anstoßen, nur immer hübsch im alten Geleise der großen, breitgetretenen Heeresstraße bleiben. Freilich, bequem ist es schon, überall hübsch glatt durchzukommen. Aber wozu hat denn der Mensch einen eigenen Willen, die Vernunft, den Geist der Opposition, wenn ohnehin auf dieser Welt alles so herrlich eingerichtet wäre, so dass manche glauben, das Reich Gottes wäre schon verwirklicht und wir brauchten nichts mehr zu tun, als zu allem Ja zu sagen. (...) Wenn ihr glaubt, dass für Einzelne von euch die Erde heute schon das fertige Reich Gottes sei, weil sie zufällig über genügend Mammon verfügen, so seid ihr in einem schrecklichen Irrtum befangen. Solange noch ein einziger Bruder in Not und Elend schmachtet, ist das Reich Gottes nicht angekommen.

Der gerade Michel (Raaba), 9. Jg., Nr. 11 (November 1911), S. 62.

Weltverbesserung

Da ich also weder ein verbissener Menschenfeind, noch ein Verbrüderungsapostel bin, sondern die Menschen je nach Umständen lieben und hassen kann, aber nie alle, so wird es wohl am besten sein, wenn ich meinen Brüdern, den Anarchisten und Theosophen, die Weltverbesserung überlasse. Schade ist es nur, dass ich dies nicht erleben werde.

Der gerade Michel (Graz), 6. Jg., Nr. 8 (August 1908), S. 49.

Weltverweigerung

Sterben wir dieser Welt ab, indem wir nicht mittun, dann haben wir Aussicht ins Reich Gottes (Freiheit) zu kommen.

Der gerade Michel (Graz), 7. Jg., Nr. 4 (April 1909), S. 28.

Wer nicht arbeitet...

Aber es handelt sich auch gar nicht darum, die Welt zum Paradies umzugestalten, sondern darum, wie es in der Heiligen Schrift heißt: »Wer nicht arbeitet, der soll auch nicht essen.« Heute aber essen gerade die, die nicht arbeiten, so viel, dass sie oft geistig und physisch degenerieren, während die, die immer arbeiten, oft samt ihren Familien an Unterernährung zugrunde gehen. Ja, die Arbeit an und für sich ist kein Ideal, nach dem die viele verlangen; aber für Millionen ist es doch ein Ideal, wenn sie's nur erreichen könnten, für sich zu arbeiten.

Der gerade Michel (Graz), 7. Jg., Nr. 2 (Februar 1909), S. 12.

Wertigkeiten

Einer meiner besten Freunde warnte mich, nicht zu viel zu lesen und besonders nicht metaphysisches Zeug, was zumeist ganz unverdaulich ist. Ja, und ich bin dem Freund sehr dankbar; denn entweder hat diese Welt einen Wert oder sie hat keinen, oder aber es können diese Welt und das Jenseits ganz gleichen Wert haben. Wenn dies der Fall ist, nun, dann müssen wir hier eine Aufgabe haben, und die kann doch nur darin bestehen, daran mitzuarbeiten, Zustände zu schaffen, in denen jedes Individuum schon hier in dieser Welt möglichst glücklich und frei leben kann.

Der gerade Michel (Graz), 6. Jg., Nr. 9–10 (September–Oktober 1908), S. 58.

Wien (An Anarchisten und Freie Sozialisten in Wien)

Freunde! In Wien ist die Dummheit noch bei weitem größer als in der Provinz.

»Der g'rode Michl« (Graz), 4. Jg., Nr. 6 (Juni 1906), S. 50.

Wissen

Wenn man alles wissen würde (allwissend wäre), dann brauchte man freilich nichts mehr glauben. Wenn man aber nichts glauben würde (was aber gar nicht möglich ist), so würde man deshalb noch lange nicht alles wissen.

»Der g'rode Michl« (Graz), 3. Jg., Nr. 9 (September 1905), S. 75.

Witzecke

»Was ist's nur, was den Kropfhofbauer von der Kirche ferne halten mag?«, fragte ein Pfarrer. »Es wird doch hoffentlich nicht der Sozialismus sein?«

»Nein«, sagte der Mesner, »aber etwas Schlimmeres.«

»Etwas Schlimmeres als der Sozialismus? Ist es denn der Pantheismus?«

»Etwas noch Schlimmeres, Herr Pfarrer.«

»Schlimmer als Pantheismus und Sozialismus? Doch nicht der Atheismus?«

»Nein, Herr Pfarrer, weit Schlimmeres.«

»Schlimmer als Atheismus, Pantheismus und Sozialismus? Allmächtiger! Doch nicht gar der Anarchismus?«

»Noch weit Schlimmeres als alles zusammen: Es ist der Rheumatismus.«

Der gerade Michel (Graz), 6. Jg., Nr. 1 (Jänner 1908), S. 6.

Wo die Freiheit wohnt

Ja, die Freiheit, wie ich sie meine, die wohnt nicht auf Bergen, auch nicht im Zukunftsstaat und kommt auch nicht von außen angeflogen, sondern jeder muss sie selbst erkämpfen, indem er seine innere Sklavenkette bricht. Um aber dies zu ermöglichen, ist es notwendig, dass der Einzelne lernt, sich selbst zu beherrschen, und diese Kunst muss sich jeder aneignen, sofern er wirklich frei werden will und nicht die Freiheit als Melkkuh betrachtet, deren Nutzmilch von dieser oder jener Partei, Sekte oder Gruppe an die Denkfaulen verkauft, verschenkt oder sonst wie verzapft werden kann.

»Der g'rode Michl« (Graz), 1. Jg., Nr. 4 (Dezember 1903), S. 3.

Wo ein Wille...

Auf dem Gebiet des Geistes ist jeder selbst sein König, da gibt es keine andere Autorität als die Vernunft, und die Vernunft ist etwas Eigenes, also ist der Geist frei, das heißt, frei von der Gewaltherrschaft eines anderen, mithin gibt es für den freien Menschen kein Müssen, sondern nur ein Wollen, und wenn wir wollen, dann können wir alles, auch die Freiheit ins Materielle überleiten.

Der gerade Michel (Graz), 6. Jg., Nr. 1 (Jänner 1908), S. 4.

Worte an einen Kommunisten

Ja, Du meinst, wir müssen warten, bis uns der echte Kommunist in sein Reich einlädt, wo alle gleich sind. Nun dieses Reich ist wohl der Kirchhof, wo alle gleich sind. Oder meintest Du es anders? Freund, lass alle Träumereien von Kommunismus, freier Gesellschaft und dergleichen mehr fahren, besinnen wir uns auf uns selbst, das heißt, entweder gelingt es, uns kämpfend durchzusetzen, oder wir gehen unter. Die Menschen begnügen sich damit, vom Zukunftsstaat, von der freien Gesellschaft und von einem außerweltlichen Himmel zu träumen. Erwachen wir aus diesen verderblichen Träumereien, und setzen wir durch, was uns jeweilig möglich ist.

Der gerade Michel (Kulming), 9. Jg., Nr. 3 (März 1911), S. 23.

Zivilisation

Es ist eben eine Tatsache, dass die Menschheit heute geistig noch nicht so hoch steht, dass sie aus Erkenntnis ihrer wahren Menschennatur die modernen Massenmorde (Kriege) abschaffen könnte. Aber wie in vieler anderer Beziehung der Egoismus gewirkt hat, so wird er auch hier wirken, und zwar umso mehr, je mehr der Einzelne zu begreifen beginnt, dass es für die Menschheit doch gar keinen Vorteil bringen kann, wenn man eine große Anzahl von Menschen abschlachten lässt und dabei noch glaubt, eine kulturelle Aufgabe zu erfüllen, weil eben dies bisher so Sitte und Brauch war. Nun, es gab auch eine Zeit, wo es Sitte und Brauch war, die Menschen zu fressen, und dann etwas später, wo man Menschen zur Ehre Gottes am Scheiterhaufen verbrannte; das sind Dinge, die heute glücklicherweise nicht mehr passieren. Aber die Welt ist eben nur so viel feiner geworden. Früher sind die Opfer nicht freiwillig in die Folterkammer gegangen, auch hat keiner in einer Art Sinnesrausch den Scheiterhaufen bestiegen, aber sich noch weit unter dem Sklaven zu erniedrigen, das blieb dem Kulturmenschen der Neuzeit vorbehalten. Früher war die Art und Weise, wie man die Menschen aus dem Dasein schaffte, mehr primitiv, heute hat man es, dank der technischen Vervollkommnung der Mordwerkzeuge, schon so weit gebracht, dass man in einem Tag mehr Menschen ins Jenseits befördern kann, als früher in Jahren. Das sind die Segnungen unserer vermeinten Zivilisation.

Vom Barbarismus zur Zivilisation. Graz 1903, S. 19–20.

Zum Schluss

Nichts für ungut, habe die Ehre, mich zu empfehlen.

Der gerade Michel (Graz), 6. Jg., Nr. 8 (August 1908), S. 51.

Verlag Graswurzelrevolution

aus unserem Programm

Graswurzelrevolution
Monatszeitung für eine gewaltfreie, herrschaftslose Gesellschaft

Jahresabo (10 Ausg.) 25 €
Schnupperabo* (3 Ausg.) 5 € Vorkasse
Auslandsabo 35 € bzw. 51,50 SFR
Förderabo 50 €
*Verlängert sich ohne Kündigung zum Jahresabo. Kündigung jederzeit möglich.

Seit 1972 erscheint die graswurzelrevolution und kommentiert die aktuelle Politik und Kultur aus gewaltfrei-anarchistischer Sicht.

Sie berichtet über:

> direkte gewaltfreie Aktionen
> gewaltfreie und anarchistische Bewegungen in anderen Ländern
> TheoretikerInnen des Anarchismus und der Gewaltfreiheit
> Befreiung im Alltag
> Rubriken: Buchbesprechungen, Concert for Anarchy
  u. v. m

AbonnentInnen, WiederverkäuferInnen und SpenderInnen sind herzlich willkommmen.

Verlag Graswurzelrevolution
GWR-Vertrieb | Birkenhecker Str. 11 | D-53947 Nettersheim
Fax 02440-959351 | abo@graswurzel.net | www.graswurzel.net